内蒙古自治区高校人文社会科学重点研究基地
红山文化研究基地系列学术著作

红山古国研究

马海玉 著

上海古籍出版社

图书在版编目(CIP)数据

红山古国研究/马海玉著. —上海: 上海古籍出版社, 2021.11
ISBN 978-7-5732-0045-7

Ⅰ.①红… Ⅱ.①马… Ⅲ.①红山文化—文化研究 Ⅳ.①K871.134

中国版本图书馆 CIP 数据核字(2021)第 226753 号

红山古国研究

马海玉 著

上海古籍出版社出版发行

(上海市闵行区号景路159弄A座5F 邮政编码201101)

(1) 网址: www.guji.com.cn
(2) E-mail: guji1@guji.com.cn
(3) 易文网网址: www.ewen.co

浙江临安曙光印务有限公司印刷

开本 710×1000 1/16 印张 21.25 插页 2 字数 382,000
2021年11月第1版 2021年11月第1次印刷
ISBN 978-7-5732-0045-7
K·3036 定价: 98.00元

如有质量问题,请与承印公司联系

序　一

一

严格意义上说,红山文化的科学发掘已经有近一百年的历史了。这与中国考古界几乎耳熟能详的一位外国地质学家有关,即瑞典人安特生,他曾经受聘于中国政府做地质调查工作。他于1921年6月在辽宁锦西沙锅屯的一处洞穴中进行考古发掘,并将这个遗址命名为沙锅屯洞穴遗址。安氏完成了详细的考古报告,即1922年在《古生物志》(丁种第一号第一册)发表的《奉天锦西县沙锅屯洞穴层》。后来我阅读安特生的报告,发现这个洞穴遗址地层复杂,文化类型多样,其中最有价值的标本当属数量较多的红山文化彩陶片与骨器。限于当时可比对的考古材料稀少,安特生并没有为这种文化正式命名,而是把这个洞穴出土的红山文化遗物认识为:"同一文化之民族所遗。即予所谓仰韶古代文化者是。"[1]可见安氏把红山文化认识为仰韶文化的异地同种。这一发现远没有他在同一年发现仰韶文化遗址所产生的影响大,更没有引发他主持的周口店北京人头盖骨发现后所产生的那种轰动。但这依然是对红山文化的首次正式考古发掘。如果安特生对这一文化有更加深入的认识,今天的红山文化可能就称之为沙锅屯文化了。

1935年日本学者东京帝国大学总长滨田耕作、东方文化研究所研究员水野清一、旅顺博物馆主事岛田贞彦等人在赤峰红山后遗址进行了历时21天的发掘整理,并于1938年以东亚考古学会的名义,出版了名为《赤峰红山后》的考古报告。他们在第二地点发掘了红山文化的房址,出土了一批石器和包括彩陶在内的陶器。日本学者在《赤峰红山后》中提出了赤峰一期文化和赤峰二期文化的概念。赤峰一期文化即后来命名的红山文化,赤峰二期文化即后来证实的处于商周时期的夏家店上层文化。

---

[1]　安特生著,袁复礼译:《奉天锦西县沙锅屯石穴层》,《古生物志》(丁种第一号第一册),农商部地质调查所,1923年。

中华人民共和国成立后我国的考古工作者又在更大的范围内进行了考古发掘和考古调查。1954年，我国考古学家尹达先生根据梁思成先生的建议，在《中国新石器时代》一书中专门列出了一章《关于赤峰红山后新石器时代遗址》。书中指出：这种新石器时代文化遗存含有长城以北文化的特点，同时含有仰韶文化中彩陶的特点，因此是长城南北两种文化互相影响形成的新的文化形态，并正式将其命名为"中国新石器时代的红山文化"，从此红山文化的名字一锤定音[1]。

至20世纪80年代，郭大顺、孙守道先生和辽宁省的考古工作者展开了大规模的考古调查，首先发现并发掘了朝阳地区的东山嘴红山文化遗址，发现了重大的文化线索，并依据苏秉琦先生的要求，在三县交界的牛河梁地区多做工作。果然不出苏公所料，时隔不久便发现了牛河梁红山文化大遗址群，并得到了国内外考古界和全社会的广泛关注。"红山文化坛庙冢，中华文明一象征"，从此确立了红山文化在中华文明起源研究领域的重要地位。

进入21世纪后，随着红山文化考古新发现的增多，对红山文化的研究与认识也获得了新的突破。沿着苏秉琦先生古国社会的学术思想的指引，赤峰学者在国内众多红山文化研究成果的基础上，提出了红山文化为神本社会的文化定义；提出了由巫而王、由祭祀而礼的中华文明发展机制；确定了敬天法祖的文化内涵；并对红山文化研究做了大量有益的探索。

二

红山文化研究确实走到了大综合、大突破的时代了。考古材料的趋于系统化和时代发出的文化自信的大声呼唤，是我们对构建红山文化学充满信心的期望所在。这个时代的到来，必将使考古学、历史学、人类学、民族学等一系列人文学科进入新境界、达到新高度，必将产生新理论和新方法。正像恩格斯谈到从文艺复兴到资产阶级革命的时代那样："一切僵硬的东西溶解了，一切固定的东西消散了，一切被当作永久存在的特殊的东西变成转瞬即逝的工业东西，整个自然界被证明是在永恒的流动和循环中运动着。"[2]

众所周知，构成一门独立学科的基本要素有三种支撑：一是研究的对象或研究的领域，即独特的、不可替代的研究对象。二是理论体系，即特有的范畴、概念、原理、命题、规律等所构成的严密的逻辑化的知识系统。三是方法论，即学科

---

[1] 尹达：《关于赤峰红山后的新石器时代遗址》，《中国新石器时代》，生活·读书·新知三联书店，1955年。

[2] 恩格斯：《自然辩证法》，人民出版社，1955年。

知识的生产方式。

从工作起点上来看,红山文化学应该属于历史学中的专门史学科。它以红山文化的本质及对中华文明的影响为研究对象,即在距今6 500年到5 000年的时长上,研究燕山南北、长城地带红山文化的继承、交流和演变的过程,重点是红山文化中晚期的文化内涵。因为历史学和考古学从本质上说都属于时间的科学。

红山文化学的主要研究方向:

1. 红山文化的经济形态。对代表当时最先进生产力的生产活动的研究,包括自然环境、生产模式、主导产业、基本结构等,主要子课题有自然环境,人地关系,生业模式,生产、加工和制造技术等。

2. 红山文化的社会形态。重点分析社会中人与人之间的关系,社会分层、社会组织及文化交流,主要子课题有红山文化人群的种属及与后红山时代人群的关系,红山文化的聚落与族群关系,墓葬群中个体之间的血缘关系,红山文化的社会分层与组织结构及古史中记载的大同社会,红山社会的对外文化交流与外来文化的影响。

3. 红山文化的意识形态。关于自然、经济和社会直接相联系的观念、观点的概括,包括世界观、人生观、艺术、宗教和其他意识形态,从高等级的祭祀用品及祭祀设施表达出的红山人价值观,主要子课题有红山玉器的主要功能,龙神崇拜研究,红山人物造像研究,祭祀活动与红山社会的生存状态,红山文化诸神系统中的天神与祖先神,红山社会中巫觋的地位与作用,祖先神与巫觋之间的关系,上古"三代"文化传统与红山文化理念比较分析。

创建红山文化学的理论支撑:

1. 马克思历史唯物主义的一般原理。家庭、私有制和国家起源的学说。

2. 苏秉琦先生关于考古学区系类型的理论;国家产生的"三阶段"即古国、方国、帝国,和国家发展的"三模式"即原生型、次生型、续生型的学说;红山文化是中华文明主根系中直根系的论断;"辽西古文化、古城、古国"的论断;"我国统一多民族国家形成的一连串问题似乎最集中地反映在这里"的论断。

3. 张光直先生关于东方文明连续性和西方文明断裂性的理论,对于东方文明连续性、整体性和动力性的论述。"在中国,资源(文明)的最初聚集,是通过政治手段(国家社会)而不是技术突破来实现的"。换言之,最初的财富积累,特指政治人物、政权出现之前,是通过原始宗教手段实现的,这种聚集是为了达到一种信仰,而不是财富自身。"对于中国古代文明的主要特征认识,可做一个扼要阐述,这就是经过巫术进行天地人神的沟通是中国古代文明的重要特征;沟通手段独占的政治因素,即人与人关系的变化;中国古代由野蛮时代进入文明时代过程中主要的变化是人与人之间关系的变化,即技术上的变化是次要的"[1]。

4. 李泽厚先生关于中国思想史两大传统的理论,即中国思想文化的基本的特色为:逐步理性化的巫史传统和以血缘为纽带的宗法传统的理论。"我以为,中国文明有两大征候特别重要,一是以血缘宗法家族为纽带的氏族体制(Tribe System),一是理性化了的巫史传统(Shamanism)。两者紧密相连,结成一体;并长久以各种形态延续至今"[2]。

5. 借鉴现代西方人类学者所提出的酋邦理论,对中国前国家社会的状态进行合理分析。诸如:社会具有等级性质,酋长领地有常设领袖和正式法律,传统习惯、社会宗教制裁都比政治力量更重要一些,酋长领地通常都是神权政治社会,个人地位在很大程度上取决于他和酋长有何种亲属关系。在文化进化论者看来,酋长领地是一种原型社会制度,它代表了介于原始社会与原始国家之间的一个发展阶段,或者进化上的连续体。酋长领地与原始社会的区别在于,它是具有等级的社会,而且已有法律的雏形。酋长领地与原始国家的区别在于,它对社会的控制不是基于暴力,而且它的行政管理机构也不如原始国家那样复杂。

6. 国内学界达成的研究共识。

一是中华文化形成的独特地理单元。中华民族所在的家园是高山、大海与草原环抱的地理单元,形成了独特的文明的盆地。在这个盆地的广阔空间中又存在着不同的文化区系,各大区系之间进行着不间断的撞击与交流,八方辐辏、汇聚中原,逐渐形成了文化的认同。在这个文明盆地中它接受过外来文化的影响,但是一直有一以贯之的文化主脉。

二是唯一薪火不断、文脉传承走到今天的连续性文化。连续性意味着我们的文化从远古到今天每一个历史阶段都有着自身的继承与发展,保持着自身优势文化基因的遗传。

三是文化的连续性使我们更加容易通过历史时期的文化,寻找到并识别出失落在历史深处的文化源头。现存的文化现象在不同的历史深处都能够听到它的回声。观今宜鉴古,无古不成今。正如我们考察今天的人类,可以比对出远古时代留下的基因。

构建红山文化学的专业支撑及学科难点。

我们构建红山文化学的立足点和基本方法是历史学的方法。我们无意对红山文化的遗址和遗物进行客观描述和分析,而是要在前期工作的成果上,对红山

---

[1] 张光直著,郭净译:《美术·神话与祭祀》,辽宁教育出版社,2002年。
[2] 李泽厚:《说巫史传统》,《由巫到礼 释礼归仁》,生活·读书·新知三联书店,2015年。

文化展开历史学分析，从而将红山文化研究推到更加综合、更加深入、更加客观的层次，最终回答红山文化在中华文明起源中的历史地位问题。

依据已知的考古学成果、人类学成果、中国古代思想史的研究成果和文化史的研究成果等，从中国古籍记载中理出线索，形成史前史的研究体系。依据大胆设想、小心求证的方法，科学分析，合理推定，得出结论。我们的研究只能是逐步接近历史的真实，不可能真正复原历史，我们的探索只能是一个过程，不可能是终极结论。

这一学科的构建需要历史学、田野考古、动植物考古、环境史、体质人类学、文献学、中国思想史等专业学者的支撑。学科构建的难点在于，考古学特别是聚落考古发掘的有限性，对于研究红山文化的社会形态还有着一定的瓶颈制约；需要用"六经注我"的研究思路梳理大量的先秦文献，特别是关于上古"三代"的文献；对诸多相关的发掘报告和研究资料的分析也是必须认真对待的问题。我们只能以此企盼有更多的各领域的专家加入这一史前文明研究的事业中来，有更多的人群更加关注我们的民族从哪里走来、将走向哪里的问题。我们也想借此机会抛砖引玉，使此构想得到诸位专家的支持与完善。赤峰学院将搭建一个最可靠最优良的学术研究平台。

三

马海玉老师在本书中正是体现了红山文化学创建的思路，基于红山文化考古资料而对红山文化研究做出了十分有益的探索。他曾经师从辽宁大学张星德先生攻读考古学硕士研究生，在牛河梁考古工作站参加查海遗址发掘报告的整理工作，对红山文化的考古材料也比较熟悉，在赤峰学院红山文化研究院也一直从事红山文化研究工作。

本书分自然环境、经济模式、社会群体、劳动分工、原始信仰、古国时代六章。根据我们提出的新的认识理论，按照"六经注我"的思路，重新组织了考古材料，做出了令人欣慰的可贵探索，为推动红山文化学的创建向前迈出了坚实的一步。

百年考古发掘，百年抽丝剥茧，我们对红山文化的认识逐步接近客观真实。我们每一次认识的突破都是以考古的新发现为基本依据的。几代人的不懈努力才走出今天的一片天地。我们十分期盼有更多的人关心红山文化学的创建，加入红山文化研究的队伍；更加期盼有更多的红山文化考古新发现，为红山文化学的发展提供更加清晰、更加深入的考古支撑。

于建设
2021 年 1 月 25 日

序 二

海玉的长篇新作《红山古国研究》从他完成初稿起我就在读了,洋洋近三十万字。从书名上他就明确了对红山文化晚期性质的定位,并通过六个章节在陈述红山文化考古发现的基础之上,试图认识和解读这个古国文化。

红山文化与文明的关系究竟如何?这是红山文化研究的一个重要课题。红山文化自20世纪20年代被发现至今,人们对它的认识历经了近百年的时间,大致可以分为四个阶段。第一阶段自20世纪20年代至1955年,这是一个由零星发现到从遗物(石器和陶器)的角度对文化进行确认的过程。1955年12月,尹达先生在其《中国新石器时代》一书中指出:"红山后新石器时代遗址,从陶器和石器的特点分析,这种文化遗存,很可能是新石器文化和仰韶文化相互影响之后所发生的新的文化遗存。也就是说,是含有新石器文化和仰韶文化两种因素的文化遗存。"[1]他进而将其命名为红山文化。第二阶段为1956~1980年,西水泉、南杨家营子、蜘蛛山、三道湾子、四棱山等遗址的发现,不仅出土了大量遗物,还发现了红山文化的房址、灰坑、陶窑等遗迹,使得学术界对红山文化遗迹和遗物的基本特征和相对年代有了初步准确的认识。同时,兴隆洼、小河沿等遗址的发现与发掘,为研究红山文化源流提供了基础。但是所有这些发现几乎都没有突破以往在黄河流域发现的新石器时代考古学文化中已经涵括的内容,基本观点仍认为红山文化是受中原文化强烈影响的一支边远地区的考古学文化。第三阶段自1981年至20世纪末,红山文化东山嘴、牛河梁、西台、白音长汗、二道梁等遗址有了突破性的发现,在文化内涵和发展进程等方面都突破了以往对中国新石器时代考古学文化的认识,在红山文化分期、渊源、聚落形态、社会形态、原始信仰、玉器工艺等多方面,尤其是包括"女神庙"、积石冢和大量以龙为代表的一直被认为属于商周时期甚至更晚时期玉器等在内的超乎学术界对氏族社会理

---

[1] 尹达:《关于赤峰红山后的新石器时代遗址》,《中国新石器时代》,生活·读书·新知三联书店,1955年。

解的红山文化遗存的发现,引起全世界学术界的广泛关注,还引发了关于中华文明起源及文明标准的大讨论。第四阶段即进入21世纪以来,随着兴隆沟、魏家窝铺、上机房等红山文化遗址的发掘,多学科综合技术手段在考古发掘和研究中的直接应用,拓展了对红山文化的认识和识读范围,为对红山文化经济形态、生态环境、生产力水平、文化谱系等方面进行研究提供了更大的空间。开始于20世纪末的对赤峰、朝阳地区的区域性考古调查,以地理信息系统为依据对红山文化遗址分布特点、聚落及聚落群结构等给予了更高层次的把控。但是红山文化中不仅缺乏学术界传统上判断文明的物化标准,同时也没有农业高度发达的证据,所以随着长江流域和黄河流域良渚古城、青台、双槐树等一系列更符合传统文明标准的遗址被发现,红山文化曾经与文明相关的光芒渐渐黯然失色。究竟应当怎样去认识红山文化,尤其是认识红山文化晚期在中华文明起源中的地位和意义呢?在扎实研究考古学基本材料的基础上,充分解读辽西地区古文化演进的特殊性、认识红山文化文明化的特殊模式,避免照搬或套用黄河、长江流域文明化进程的公式,无疑将是我们给予红山文化晚期在文明进程中准确定位的必由之路。辽西地区环境造就的其景观异质性强,边缘结构显著,食物链长,生物"金字塔"基宽,使当地居民能够具有多样性的经济形态并存的特点;抑或也是基于上述原因,红山人的定居生活不及黄河、长江流域居民稳定,进而他们具有建造标志性明显的积石冢的传统,积石冢及相应的祭祀遗址与聚落具有一定的对应性。进入红山文化晚期阶段,不同规模有等级区别的祭祀性遗址可能具有能够反映聚落的规模和等级分化的特点;红山文化自生成之日起就是由不同族群构成的,其后上千年不断的文化认同,使族群上有着截然不同起源的人们或原本就同源后天才分化开来的人们,具有了在信仰意义上具有达成共同的知识体系和价值体系的可能,这种特殊条件下以不同族群认同为基础的公共权力也成为红山文化晚期这个早期国家的特点,等等。而海玉的书中也正做着诸多这方面的尝试,从而有益于对红山文化和红山文明的认识。

张星德
2021 年 2 月 17 日

前　言

一、研究缘起

本书的写作构想源于苏秉琦先生关于古国形成的"三阶段"理论和中国国家发展阶段的"三部曲"理论。1985年牛河梁遗址发掘刚刚开始时，苏秉琦先生就提出了"辽西古文化、古城、古国"[1]概念，被学界称为古国形成的"三阶段"理论。可以说，"古文化—古城—古国"理论正是在牛河梁红山文化遗址被发现的历史背景下形成的。1994年苏秉琦先生在《国家的起源与民族文化传统（提纲）》讲话中，提出了中国国家发展阶段的三部曲（即古国—方国—帝国）和国家发展模式三类型（即原生型、次生型、续生型）理论，并认为红山文化属于古国阶段、原生型模式。他同时指出："三部曲和三模式是中国万年以来历史发展的总趋势，是关于中国文明起源和古代国家形成的一个系统完整概念，也是试对20世纪80年代以来关于中国文明起源讨论进行一次总结。"[2]根据苏秉琦先生的理论，古国是国家发展的最初形态，对于中华文明的产生、中华民族的形成至关重要。

此外，"古文化—古城—古国"是一个漫长的历史发展过程，红山古国阶段属于红山文化晚期，是红山文化发展的最高峰。半个世纪以来，学者们对红山文化做了全面而系统的研究，发表了系列论文，出版了多部专著，取得了一系列令人瞩目的成果，为红山古国研究奠定了坚实的基础。本书研究虽然着眼于红山文化晚期，但是对于自然环境、经济模式、人群特征、劳动分工的讨论依然贯穿红山文化的整个时期，因为古国根植于古文化之中。没有古文化奠基，就不会形成古国。红山古国的产生是红山文化发展到一定阶段的结果，是东北平原渔猎采

---

[1] 苏秉琦：《辽西古文化古城古国——兼谈当前田野考古工作的重点或大课题》，《文物》，1986年第8期。

[2] 苏秉琦：《三部曲与三模式》，《中国文明起源新探》，辽宁人民出版社、人民出版社，2013年。

集文化与蒙古高原和黄土高原农耕文化、东部沿海农耕文化交流碰撞的结果。从发展过程上看,红山古国时期的自然环境、经济模式、人群特征、劳动分工在整个红山文化时期基本相同。因此,本书在论述自然环境、经济模式、人群特征、劳动分工等诸多方面时,依然以延续约1500年的红山文化为背景;但在论述原始信仰和古国阶段时主要立足于红山文化晚期。

二、时空框架

既然是"古国",那么就要界定古国存在的时间和空间。关于时间问题,红山古国属于红山文化晚期,距今约5 500~5 000年。根据碳十四测年所得的数据分析,红山文化距今约6 500~5 000年,延续时间约1 500年。关于时间的具体划分,刘国祥、赵宾福、陈国庆、张星德、索秀芬等学者都对红山文化进行过分期研究,大家基本认同红山文化可分为早、中、晚三个阶段:早期距今约6 500~6 000年;中期距今约6 000~5 500年;晚期距今约5 500~5 000年。以红山文化晚期牛河梁遗址群为代表的红山古国距今约5 500~5 000年。关于空间问题,红山古国位于蒙古高原、东北平原与华北平原的交汇处。北越西拉木伦河,南抵渤海湾北岸的大小凌河流域,西过大兴安岭,东达下辽河西岸,面积约20万平方公里,牛河梁及周边遗址群为政治中心。关于文化面貌的差异,苏秉琦、郭大顺、李恭笃、杨虎、李宇峰、索秀芬等学者对红山文化进行过类型研究,大家都注意到了红山文化南北的差异性,即西辽河流域和大小凌河流域文化面貌上的不同。本书在此研究基础上,以河流为基本单元,将红山文化遗址归入西拉木伦河流域、老哈河流域和大小凌河流域三个单元分别进行介绍。

三、理论构想

本书的理论构想从宏观和微观两个方面展开。从宏观层面看,依据三大理论。一是时间维度上,依据张光直东方文明连续性理论,红山文化从古文化到古城再到古国是一以贯之的。二是空间维度上,依据费孝通中华民族多元一体理论和苏秉琦中原大熔炉理论。静态上看,中华民族是由多个民族形成的民族共同体,你中有我、我中有你;动态上看,中华文化是由中原大熔炉融铸的文化统一体,八方辐辏、汇聚中原。红山文化也是由北方和中原文化交流碰撞而产生的。三是运行维度上,依据李泽厚的巫史传统理论和于建设先生关于红山文化"由巫而王、由祀而礼"的论断,具体地说,红山文化延续了东北渔猎采集文化传统,并在与中原农耕文化的交流碰撞过程中,通过吸收—融合—发展形成的文化统一体,是以巫为中心、以祭祀神灵为目的、以祖神通天神为手段的巫史传统。从微观层面看,贯穿四个观点:一是红山文化以山地丘陵为主的自然环境决定了以渔猎采集为重的经济模式;二是渔猎采集为重的经济模式形成了人口流动频繁的人群特征;三是迁徙无常的生活方式导致了原始信仰的一致;四是原始信仰的高度一致推动了红山古国的产生。

四、内容结构

本书的内容框架依据基本理论展开,是一个紧密衔接的整体,共分六章。第一章山地丘陵为主的自然环境,主要通过地形地貌、自然环境和气候变迁三个方面论证以山地丘陵为主的辽西地区在红山古国时期适逢气候波动频繁的大暖期晚期,气候环境干凉。第二章渔猎采集为重的复合经济,从久远的渔猎业、发达的采集业和一定比例的种植业三个方面考证红山古国依然延续了东北文化区以渔猎采集为重的经济模式。第三章人口流动频繁的人群特征,从宏观的遗址分布,到中观的聚落布局,再到微观的房屋结构三个方面分析红山古国时期人群流动频繁的群体特征。第四章聚落化分等级的劳动分工,从陶器制作、骨角蚌器加工、玉器制作、人像雕塑、植物编织、聚落建筑六个方面分析红山古国社会的劳动分工,通过高等级的劳动分工出现,阐明社会结构初步分化。第五章敬天崇祖媚神的原始信仰,通过坛、庙、冢三大宏观建筑和造像、玉器、彩陶三大微观系统的考古研究,阐明红山文化晚期原始信仰的高度一致。第六章文明曙光来临的古国阶段,从神本社会、酋邦结构、古国时代、文明曙光四个维度分别论述红山古国的社会性质、社会结构、国家发展阶段及文明发展阶段。

五、预期目标

本书拟通过系统研究,达成两个目标。一是通过论证红山古国的社会性质、社会结构、国家形态及发展阶段,探讨红山古国社会运行的根本动力,阐明红山文化是中华文化从多元走向一体的典型代表,最终揭示中华文明生生不息的动力源泉和中华民族不断走向文化认同的发展规律。二是构建考古学视域下的以红山文化为代表的东北渔猎文化、以庙底沟文化为代表的中原粟作农业文化和以大汶口文化为代表的东部沿海旱稻兼作农业文化三足鼎立格局;构建文献学视域下的以红山为中心的东北夷文化集团、以华山为中心的炎帝部落集团和以泰山为中心的黄帝部落集团三足鼎立格局。通过考古学和文献学的比较研究,最终构建距今约5 500~5 000年的前五帝时代中国北方文化格局,以期为研究五帝时代早期社会提供一点思考。

目　　录

序一 ·· 于建设　I
序二 ·· 张星德　I
前言 ··· I

第一章　山地丘陵为主的自然环境 ································· 1
第一节　地形气候 ··· 1
一、东北地区自然环境总特征 ······································ 2
二、红山古国时期自然环境总特征 ································ 6
第二节　自然资源 ··· 12
一、植物资源 ·· 12
二、动物资源 ·· 15
三、土壤资源 ·· 19
第三节　环境变迁 ··· 21
一、黄土台地发育 ·· 22
二、沙地面积进退 ·· 24
三、湖泊水位升降 ·· 28
第四节　红山古国时期自然环境的重构 ························ 31
一、山地丘陵 ·· 31
二、黄土台地 ·· 32
三、有水沙地 ·· 32

第二章　渔猎采集为重的复合经济 ································· 33
第一节　久远的渔猎业 ··· 33
一、发达的细石器 ·· 34
二、丰富的骨角蚌器 ··· 43

第二节　发达的采集业 ……………………………………………… 53
　　一、石质生产工具 …………………………………………………… 53
　　二、陶质生活用具 …………………………………………………… 70
第三节　原始的种植业 ……………………………………………… 86
　　一、石耜反映的原始种植业 ………………………………………… 87
　　二、植物考古反映的原始种植业 …………………………………… 93
第四节　经济模式的重构 …………………………………………… 95

第三章　人口流动频繁的部落群体 …………………………………… 98
第一节　相对密集的遗址分布 ……………………………………… 98
　　一、遗址分布概述 …………………………………………………… 99
　　二、关于遗址分布和人群特征的讨论 …………………………… 106
第二节　稀疏分散的聚落布局 …………………………………… 111
　　一、聚落布局分析 ………………………………………………… 112
　　二、关于聚落布局和人群特征的讨论 …………………………… 128
第三节　结构简单的房屋建筑 …………………………………… 131
　　一、房址结构分析 ………………………………………………… 131
　　二、关于房址结构和家庭结构的讨论 …………………………… 151
第四节　聚落布局的重构 ………………………………………… 156
　　一、东西向的文化交流 …………………………………………… 157
　　二、南北向的文化碰撞 …………………………………………… 158

第四章　社会化专业型的劳动分工 ………………………………… 160
第一节　制陶业 …………………………………………………… 160
　　一、陶窑区出现 …………………………………………………… 161
　　二、陶器制作工艺 ………………………………………………… 165
第二节　石器和骨角蚌器加工业 ………………………………… 168
　　一、石器加工制作 ………………………………………………… 168
　　二、骨角牙蚌器加工制作 ………………………………………… 173
第三节　建筑业 …………………………………………………… 177
　　一、聚落建筑 ……………………………………………………… 177
　　二、祭祀建筑 ……………………………………………………… 180
第四节　编织业 …………………………………………………… 191

  一、头饰服饰编织 …… 192
  二、陶器纹饰编织 …… 193
 第五节　雕塑业 …… 198
  一、泥(陶)塑人像和动物像 …… 198
  二、石(玉)雕人像和动物像 …… 199
 第六节　制玉业 …… 204
  一、制玉流程的复杂性 …… 205
  二、玉器祭祀的专属性 …… 210
 第七节　劳动分工的理论重构 …… 211
  一、低等级的劳动分工是经济运行的基础 …… 211
  二、高等级的劳动分工是上层建筑的基石 …… 212

第五章　敬天崇祖奉神的原始信仰 …… 213
 第一节　坛庙陵群与敬天崇祖 …… 213
  一、陵与祖 …… 214
  二、庙与神 …… 215
  三、坛与天 …… 218
 第二节　造像系统与崇祖敬宗 …… 221
  一、祖像奉祖 …… 221
  二、神像奉宗 …… 225
 第三节　玉器系统与敬天奉神 …… 229
  一、几何形玉器 …… 229
  二、动物形玉器类型及功能 …… 238
 第四节　彩陶系统与敬天崇祖 …… 252
  一、有底彩陶器 …… 252
  二、无底彩陶器 …… 256
 第五节　红山古国原始信仰体系的理论构建 …… 262
  一、原始信仰体系的微观分析 …… 262
  二、原始信仰体系的理论构建 …… 266

第六章　文明曙光来临的红山古国 …… 268
 第一节　神本社会 …… 268
  一、神本社会的基本特点 …… 268

二、红山古国是神本社会 …………………………………………… 270

第二节　酋邦结构 ……………………………………………………… 274
一、酋邦社会的基本理论 …………………………………………… 274
二、红山古国是酋邦结构 …………………………………………… 277

第三节　古国阶段 ……………………………………………………… 280
一、古国阶段的基本理论 …………………………………………… 280
二、红山古国的运行机制 …………………………………………… 283

第四节　五帝时代 ……………………………………………………… 290
一、从历史文献分析前五帝时代和五帝时代的中华文化格局 …… 290
二、从考古发现分析前五帝时代及五帝时代的中华文化格局 …… 297
三、文献记载与考古发现的对比研究 ……………………………… 302

第五节　文明曙光 ……………………………………………………… 307
一、关于文明的基本理论 …………………………………………… 307
二、红山古国与文明曙光 …………………………………………… 311

后记 ……………………………………………………………………… 317

插 图 目 录

图 1.1　红山古国位置示意图 ……………………………………………… 4
图 1.2　科尔沁沙丘剖面图 ………………………………………………… 26
图 1.3　内蒙古奈曼旗境内教来河河岸地下剖面图 ……………………… 27
图 1.4　达里湖水位升降范围示意图 ……………………………………… 29
图 1.5　红山古国时期自然环境重构示意图 ……………………………… 31
图 2.1　西拉木伦河流域典型遗址细石器组合 …………………………… 35
图 2.2　老哈河流域典型遗址出土细石器组合 …………………………… 38
图 2.3　大小凌河流域典型遗址出土细石器组合 ………………………… 40
图 2.4　西拉木伦河流域红山文化典型遗址出土骨角蚌器组合 ………… 45
图 2.5　老哈河流域红山文化典型遗址出土骨角蚌器组合 ……………… 48
图 2.6　大小凌河流域出土骨角蚌器组合 ………………………………… 49
图 2.7　西拉木伦河流域红山文化典型遗址出土石质采集工具组合 …… 55
图 2.8　老哈河流域红山文化典型遗址出土石质采集工具组合 ………… 58
图 2.9　大小凌河流域红山文化典型遗址出土石质采集工具组合 ……… 61
图 2.10　西拉木伦河流域红山文化典型遗址陶器组合 …………………… 72
图 2.11　老哈河流域红山文化典型遗址出土陶器组合 …………………… 76
图 2.12　大小凌河流域红山文化典型遗址出土陶器组合 ………………… 79
图 2.13　红山文化、赵宝沟文化、兴隆洼文化石耜和石锄 ……………… 88
图 2.14　红山古国经济模式重构示意图 …………………………………… 96
图 3.1　半支箭河中游红山文化遗址分布图 ……………………………… 100
图 3.2　蚌河流域红山文化遗址分布图 …………………………………… 101
图 3.3　教来河上游红山文化遗址分布图 ………………………………… 103
图 3.4　孟克河下游红山文化遗址分布图 ………………………………… 104
图 3.5　老虎山河上游遗址分布图 ………………………………………… 107
图 3.6　白音长汗四期红山文化聚落 ……………………………………… 113

图 3.7　柳树林红山文化聚落 ……………………………………………… 114
图 3.8　南台子遗址红山文化 F26 ………………………………………… 116
图 3.9　二道窝铺红山文化聚落 …………………………………………… 118
图 3.10　老牛沟槽红山文化聚落 ………………………………………… 119
图 3.11　哈民忙哈红山文化聚落 ………………………………………… 121
图 3.12　魏家窝铺红山文化聚落 ………………………………………… 122
图 3.13　哈喇海沟红山文化聚落 ………………………………………… 124
图 3.14　七家红山文化聚落 ……………………………………………… 125
图 3.15　小东山红山文化聚落 …………………………………………… 128
图 3.16　白音长汗红山文化聚落房址结构 ……………………………… 132
图 3.17　柳树林红山文化聚落房址结构 ………………………………… 134
图 3.18　二道窝铺红山文化聚落房址结构 ……………………………… 136
图 3.19　老牛沟槽红山文化聚落房址结构 ……………………………… 139
图 3.20　哈民忙哈红山文化聚落房址结构 ……………………………… 141
图 3.21　西水泉红山文化聚落房址结构 ………………………………… 142
图 3.22　七家红山文化聚落房址结构 …………………………………… 144
图 3.23　西台红山文化聚落房址结构 …………………………………… 147
图 3.24　兴隆洼红山文化聚落房址结构 ………………………………… 148
图 3.25　兴隆沟红山文化聚落房址结构 ………………………………… 150
图 3.26　哈喇海沟红山文化聚落房址结构 ……………………………… 152
图 3.27　小东山红山文化聚落房址结构 ………………………………… 153
图 3.28　红山古国聚落群体重构示意图 ………………………………… 157
图 4.1　上机房营子陶窑 …………………………………………………… 161
图 4.2　小东山陶窑 ………………………………………………………… 162
图 4.3　细石器加工制作流程 ……………………………………………… 170
图 4.4　西台聚落城壕建筑 ………………………………………………… 178
图 4.5　哈民忙哈聚落房屋建筑 …………………………………………… 180
图 4.6　牛河梁第一地点庙址 J1 和 J4 位置图 …………………………… 182
图 4.7　牛河梁第一地点庙址 J1 …………………………………………… 183
图 4.8　牛河梁遗址陵冢 …………………………………………………… 185
图 4.9　牛河梁第二地点祭坛 Z3 平面图 ………………………………… 187
图 4.10　红山文化陶塑人像上的编织纹 ………………………………… 192
图 4.11　红山文化陶器底部经纬网式和同心圆式编织纹 ……………… 194

图4.12　经纬网式(1~4)和同心圆式(5~8)纹饰编织工艺实验演示……… 196
图4.13　小河西文化、赵宝沟文化编织纹…………………………………… 197
图4.14　红山文化典型遗址出土陶(泥)塑人像…………………………… 200
图4.15　社会分工的理论重构示意图……………………………………… 212
图5.1　红山古国典型遗址出土的祖形器组合…………………………… 223
图5.2　红山古国典型遗址出土的陶(泥)塑、石(玉)雕人像…………… 226
图5.3　红山古国玉璧……………………………………………………… 230
图5.4　红山古国玉箍……………………………………………………… 232
图5.5　红山古国玉镯……………………………………………………… 233
图5.6　红山古国玉管、玉珠、玉坠………………………………………… 235
图5.7　红山古国玉凤……………………………………………………… 240
图5.8　红山古国玉龙……………………………………………………… 245
图5.9　红山古国玉龟……………………………………………………… 247
图5.10　红山古国玉蝉…………………………………………………… 247
图5.11　有底彩陶器组合………………………………………………… 253
图5.12　红山古国无底彩陶器组合……………………………………… 258
图5.13　红山古国典型遗址出土的圆陶片……………………………… 264
图5.14　红山古国原始信仰体系理论构建示意图……………………… 267
图6.1　红山古国社会运行的理论模式…………………………………… 288
图6.2　红山古国社会管理的理论模式…………………………………… 289
图6.3　前五帝时代炎帝、黄帝、蚩尤三大部落联盟与庙底沟、大汶口、
　　　　红山三大文化集团分布格局示意图……………………………… 303

第一章 山地丘陵为主的自然环境

红山古国所在的辽西地区位于东北地区西南部,西北、西南、东南三面环山,中间是辽河平原,东北面向东北平原敞开。辽西地区位于蒙古高原向华北平原的过渡地带,西辽河水系的绝大多数支流都自西向东流,最终向南注入渤海。红山文化分布区的地形以山地丘陵为主,水资源和动植物资源十分丰富。距今约8 000~6 000年的辽西地区适逢大暖期相对稳定阶段,气候温暖湿润,植被茂盛,平均气温较现在高出2~3度,生物的多样性为人类的生存繁衍创造了条件;距今6 000~4 000年大暖期结束,进入干冷期。考古发现表明,辽西地区兴隆洼文化至红山文化时期的主要植物遗存中野生植物总量占绝大多数,人工种植的粟和黍数量极少;出土的大量野生动物骨骼中,以鹿、野猪等野生哺乳动物为主,但红山文化遗址中鹿的数量呈现下降趋势,而猪的数量在上升。红山文化时期辽西地区黄土台地发育、沙地面积进退、湖泊水位升降集中反映了自然环境随大暖期气候变化而变化;但随着红山古国时期气候干冷趋势加剧,沙地扩展、湖泊水位下降成为总趋势,对红山古国社会经济的发展产生了重要影响。

第一节 地形气候

中国地形大体上呈现三大阶梯形的特征。三大阶梯按照由高到低的地势分布,三级阶梯的主要地势是高原,即青藏高原;二级阶梯仍以高原为主,从北向南依次是蒙古高原、黄土高原、云贵高原;一级阶梯以平原为主,由北向南依次是东北平原、华北平原、长江中下游平原。二三级阶梯以昆仑山脉、祁连山脉、巴颜喀拉山脉、横断山脉为界,一二级阶梯大体上以大兴安岭、太行山、巫山、雪峰山为界。根据陆地地形特征,地貌可划分为山地、高原、丘陵、盆地、平原五大类型。

从整体上看,中国的地形以高原、平原为主。但高原上多盆地、平原上多丘陵、高原向平原过渡地带多山地成为中国地形地貌的另一重要特征。所谓"高原上多盆地",如青藏高原上有柴达木盆地、蒙古高原上有塔里木盆地、云贵高原上有四川盆地;"平原上多丘陵",如长江中下游平原南部有江南丘陵、两广丘陵、闽浙丘陵;"高原向平原过渡地带多山地",如蒙古高原向东北平原过渡带上有辽西山地、黄土高原向华北平原过渡带上有太行山区、云贵高原向湖广地区过渡带上有华南丘陵地带。红山文化分布区正处于蒙古高原向东北平原过渡的辽西山地。此外,在中国北方地区,盆地内部或高原由于干旱缺水或地理环境的变迁还可能会有沙化严重的现象,出现沙漠或沙地。如塔里木盆地内的塔克拉玛干沙漠;蒙古高原上的巴丹吉林沙漠、腾格里沙漠、毛乌素沙地、浑善达克沙地等。

一、东北地区自然环境总特征

东北地区位于一级阶梯,地形以平原为主,以大兴安岭为界,西部是蒙古高原。东北地区是一个比较完整且相对独立的自然地理区域,在行政区划上包括辽宁省、吉林省、黑龙江省和内蒙古自治区东四盟,即兴安盟、呼伦贝尔盟、通辽市和赤峰市,是我国纬度最高的地区。东北地区的地形呈现三面环山、中间为东北大平原的马蹄形结构,总面积约 120 万平方公里,约占全国国土总面积的1/8。从地理位置来看,红山文化分布的辽西地区属于东北地区。"如果考虑辽西地区古文化,特别是辽西地区的史前文化与东北文化区的密切关系,也可统属东北文化区"[1]。

(一)地形地貌特征

东北地区位于欧亚大陆东缘,东、南两面接近太平洋,西、北两侧分别与蒙古高原和西伯利亚高原接壤;东北地区北起黑龙江主航道,南抵辽东半岛,东起乌苏里江,西至蒙古高原,南北长约 1 600 公里,东西宽约 1 400 公里。

东北地区西、北、东三面分别为大兴安岭、小兴安岭、长白山脉环绕,中部是广阔的东北平原,南临渤海。大兴安岭山脉横贯南北,与小兴安岭—完达山脉和长白山脉构成了典型的四周山地格局[2],山脉海拔高度一般为 500~1 200 米。

---

[1] 郭大顺:《论东北文化区及前沿》,《文物》,1999 年第 8 期。
[2] Mao, D., Wang, Z., Luo, L., et al., Integrating AVHRR and MODIS data to monitor NDVI changes and their relationships with climatic parameters in Northeast China, *International Journal of AppliedEarth Observation and Geoinformation*, 2012, 18.

中部是东北平原,海拔200米左右,是我国最大的平原之一。东北平原自东北向西南又可分为三江平原、松嫩平原和辽河平原三个部分[1]。

大兴安岭全长约1400公里,宽200~300公里,北宽南窄,海拔自北向南逐渐升高,以洮儿河为界,大兴安岭可分为南北两段。北段海拔600米,至洮儿河附近海拔升至1700米,西坡向内蒙古高原缓缓过渡,东坡陡,东西两侧明显不对称。北段山顶平坦,平缓台地和山间沟谷广泛发育,河流呈放射状分布。南段在内蒙古境内,最高峰黄岗梁海拔2029米。小兴安岭是黑龙江与松花江的分水岭,东西长360公里,南北宽100~300公里,面积约13万平方公里。小兴安岭属于低山丘陵,山脉多西北向,北部较平坦,多为宽谷台地;南部地势较陡,海拔多在800~1000米,个别山峰超过1000米,最高峰平顶山海拔1429米。西北侧为丘陵和宽广台地,海拔300米左右。南坡山势浑圆平缓,水系绵长;北坡陡峭成阶梯状,气候寒冷,有呈岛状分布的多年冻土,山麓和沟谷的缓坡沼泽较多。长白山脉东部从乌苏里江边的完达山脉起,一直延伸到鸭绿江边的千山山脉,全长1360公里,最宽处有400公里,山地面积约27万平方公里。长白山脉海拔约1000~1500米,最高峰白云峰海拔2691米,是东北第一高峰。吉林、黑龙江省东部海拔1000米以上的山地丘陵主要分布在张广才岭、吉林哈达岭和老爷岭北部。分布于完达山、老爷岭和吉林哈达岭的山地海拔为500~1000米,山体浑圆,连绵不断。丘陵海拔一般较低,分布于山脉的两侧,起伏平缓,山间有牡丹江、辉发河等河谷冲积平原。由东北—西南走向的大兴安岭、西北—东南走向的小兴安岭、东北—西南走向的长白山脉和东西走向的燕山山脉构成"口"字形结构,将东北地区合围成一个相对封闭的地理单元,在这个"口"字形地理单元内是东北平原。其中,北部松嫩平原湖泊水泡相间,盐碱洼地和咸水湖泊星罗棋布;中部三江平原为黑龙江、松花江和乌苏里江冲积平原,地势平坦,由于坡降很小,土质黏稠,河流弯曲,排水不畅,形成了大面积沼泽地;南部松辽平原由松嫩平原和辽河平原构成。该地地势四周高、中心低,北、东、西三面山麓地带有广阔的山前台地。平原内中部高、南北低,广泛分布着湿地和湖泊。中部松辽分水岭,上覆黄土。辽河平原由于河道弯曲,落差小,河口处又受海潮顶托,易遭洪涝,并有程度不等的盐渍化现象。松辽平原西部和西南部的辽西山地风沙地貌发育,沙丘成群分布,沙漠化范围大,沙丘以流动沙丘为主,自西向东逐渐转为以半固定及固定沙丘为主,这里是红山古国的核心地区(图1.1)。

---

[1] 黄庭:《东北泥炭记录的全新世火山喷发事件及其古气候响应研究》,中国地质大学博士学位论文,2013年。

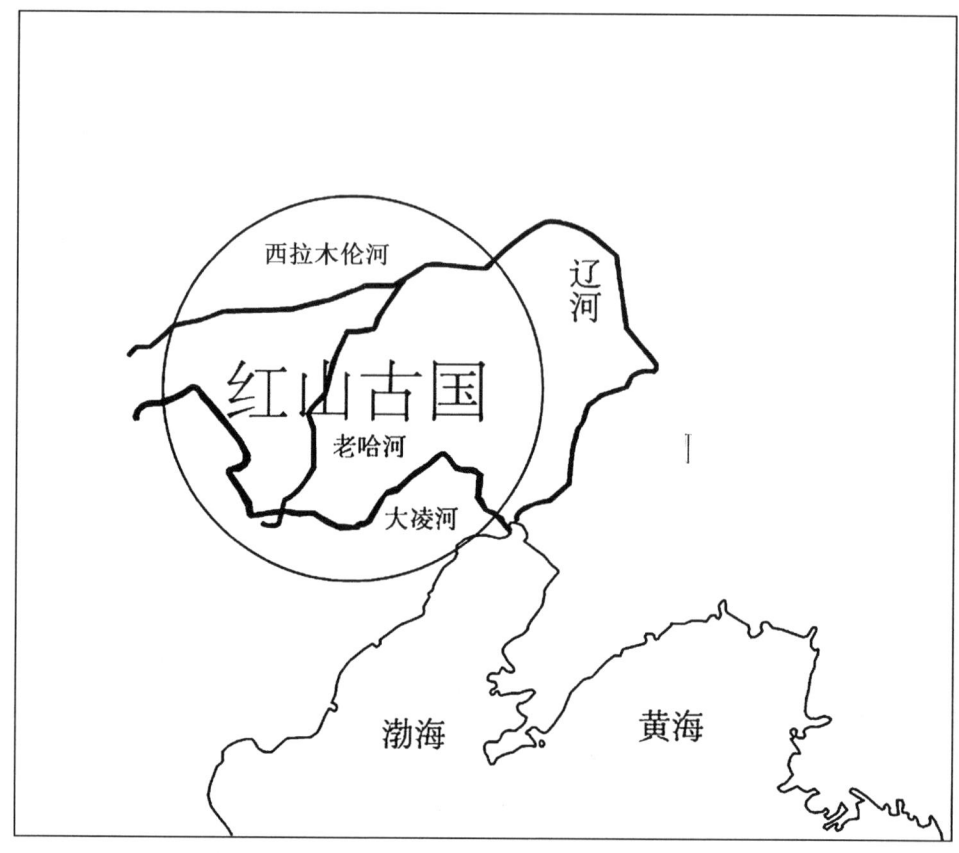

图1.1 红山古国位置示意图

(二) 气候水文特征

东北地区气候条件多样,属典型的湿润—半湿润温带大陆性季风气候。受地势、经纬度、海陆位置等因素的影响,该区域由北向南分别跨越了寒温带、中温带、暖温带三个气候带[1]。此外,根据湿度差异,东北地区从西到东可以划分为干旱区、半湿润与半干旱区和湿润区[2]。东北地区北部与西伯利亚接壤,使得来自西伯利亚寒冷干燥的冬季风能顺利进入东北地区;东南部的长白山山脉使得湿润的海洋气流不易进入东北地区;南部辽东半岛和山东半岛环抱的渤海区域加强了海洋气候对区域气候的调节。东北地区四季气温特征明显,冬季时

---

[1] 穆克华、张威、牛云博、闫玲、李川川:《东北地区全新世气候变迁》,《国土与自然资源研究》,2008年第2期。

[2] 中国科学院林业土壤研究所:《中国东北土壤》,科学出版社,1978年。

间漫长,春秋两季时间较短。冬季天气寒冷,最低温度可达-45度以下;夏季气温较高,一般为19~24度。一年中以一月平均温度最低,七月平均气温最高,年内温差高达50度;年平均气温在-5~10度,无霜期为140~170天。各地区热量资源相差较大,总体上北部温凉,中部温和,是我国热量资源较少的地区之一。降水量东部多而西部少,集中于夏季,雨热同期,7~8月降水量占全年降水量的80%以上。总体上看,东北地区气候资源丰富,太阳辐射较强,雨热同期,夏季气温高,降水丰沛,昼夜温差大,具有典型的冷湿特征。

黑龙江、辽河是东北地区的两大重要水系[1]。黑龙江在中国境内汇入了松花江、乌苏里江等大河,经俄罗斯远东注入鄂霍次克海。该河在我国境内的流域面积达90万平方公里。它的最大支流松花江的流域面积为54万平方公里。源于长白山天池的西流松花江,向西北流,至三岔河与嫩江汇合,称松花江干流,向东汇纳了拉林河、呼兰河及牡丹江等,到同江汇入黑龙江。黑龙江水系水量丰富,是我国四大河流之一。辽河水系流域总面积19万平方公里,由老哈河与西拉木伦河汇流而成。西拉木伦河源于大兴安岭南麓,老哈河源于河北省的七老图山脉;西拉木伦河和老哈河在开鲁县汇合成西辽河后向东流,在双辽市境内与源于吉林哈达岭的东辽河汇合后转向南流,称辽河,在南下途中又汇纳浑河、太子河等许多支流,最后注入辽东湾。

总的来看,东北地区地势较低,地形以平原、山地为主。东部河网纵横,湖泊湿地较多,气候湿润,适合渔业发展;西部丘陵沙地较多,气候相对干燥,适于狩猎业和采集业发展。

(三)植被土壤特征

东北地区植被受纬度位置和气候条件的影响,自北向南呈带状分布,自西向东呈条状分布。受纬度位置影响,自北向南为寒温带(植被为大兴安岭兴安落叶松林)——中温带(植被为山地红松阔叶混交林)——暖温带(植被为丘陵山地油松柞木林);受东部季风影响,自西向东依次分布有典型草原景观带——草甸景观带——红松阔叶混交林景观带。这个显然是受到了干燥的草原气候逐渐向湿润的森林气候过渡的影响。根据中科院林业土壤研究所的研究,东北地区植被特征可以分为五个区[2]:大兴安岭为兴安落叶松林区、小兴安岭和长白山地为红松阔叶混交林区、三江平原为小叶草甸和苔草沼泽区、松嫩平原和辽河平

---

[1] 张新荣:《东北地区晚全新世泥炭沉积的植硅体气候指示意义研究》,吉林大学博士学位论文,2006年。

[2] 中国科学院林业土壤研究所:《中国东北土壤》,科学出版社,1978年。

原为草甸草原区、南部丘陵山地为油松柞木林区。内蒙古高原—大兴安岭以西属于草原地带;大兴安岭—小兴安岭—长白山以及辽东属于森林地带。东北地区主要处于温带,气候干燥,水分蒸发量较大。

东北地区土壤无论是从北向南还是从西向东都呈明显的带状特征[1]。首先,自北向南,黑龙江上游——我国境内最北端的漠河附近阶地及低丘为棕色针叶林土;黑龙江中游河谷阶地主要土壤类型为黑土;向南越过嫩江与黑龙江分水的平原地带土壤类型为暗棕色森林土;小兴安岭西南部的山前台地为黑土地带;松辽平原中北部土壤为草甸黑钙土,并有暗色草甸土;辽河平原两侧土壤类型为棕色森林土,并有隐地带性土壤草甸土;松辽平原西部土壤类型为暗栗钙土、褐土和沙土。其次,自西向东,大兴安岭的山地土壤类型为暗棕色森林土,而大兴安岭东麓山前台地土壤为暗栗钙土;呼兰河较高的台地上是草甸黑钙土,以西的平原区,在肇东、安达一带土壤为草甸土;小兴安岭山前台地为黑土,西麓土壤为草甸暗棕色森林土;三江平原土壤类型主要是白浆土、草甸土和沼泽土。

二、红山古国时期自然环境总特征

(一) 山地河流

红山古国所在的辽西地区位于东北地区西南部,西北是大兴安岭,西南是七老图山,东南是努鲁儿虎山,东北面向辽河平原,在北纬 40~45 度,东经 115~125 度区间内,属中高纬度地区。从地理区域上看,它位于欧亚大陆板块东缘偏北,濒临北太平洋西岸。它的西北部为蒙古高原东南缘,东南部为渤海海湾,处在蒙古高原向东北平原和华北平原过渡带上。西北有大兴安岭山脉绵延横亘,西南有燕山余脉形成天然屏障。

红山古国地处我国一二级阶地的过渡区,地势由西北向东南倾斜,海拔高差约 2 000 米,地形自西部向东由高山渐变为低山、丘陵,直至平原,地势起伏较大,水流湍急。红山文化分布区地貌复杂多样,既有山地丘陵,又有平原盆地,地理上统称为辽西山地。总的来看,红山文化分布区西北、西南、东南三面环山,成盆地状面向东北平原,在西拉木伦河和老哈河交汇处的三角洲是沙化严重的西辽河冲积平原,也是红山古国的中心地带。

西北部的大兴安岭、西南部的七老图山、东南部的努鲁儿虎山三列高山呈

---

[1] 张新荣:《东北地区晚全新世泥炭沉积的植硅体气候指示意义研究》,吉林大学博士学位论文,2006 年。

"U"形将辽西山地环绕。老哈河中上游、教来河源头、查干木伦河中游、乌尔吉木伦河上游由于被河流切割而形成了山地地貌。三面环山的盆地中心是科尔沁沙地,其西部及西北缘属于东北向分布的侵蚀平原;东部则相间分布着东西走向的冲积平原。再次,山地和沙地的过渡地带分布的是被若干河流分隔的丘陵台地。红山古国地域范围内河流纵横,水网密布。本区主要有两大水系:西辽河水系和大凌河水系。受地形地貌特征影响,两大水系及支流走向基本是由西向东或由西南向东北流。其中西辽河水系是红山古国地域范围内最大的水系,由北向南又可分为四大支流:第一支流是乌尔吉木伦河,主要分支是新开河,源于大兴安岭东南坡,自西向东流经巴林左旗、阿鲁科尔沁旗、通辽市北部。第二支流是西拉木伦河。河道北部主要分支是查干木伦河,南部主要分支是百岔河和少郎河。西拉木伦河源于大兴安岭南麓和七老图山北麓,流经克什克腾旗、林西县、巴林右旗、巴林左旗和翁牛特旗。西拉木伦河水系处于大兴安岭西南段东侧、燕山北麓、蒙古高原东端、辽河平原以西的广大区域。流域内三面环山,东南部为东北走向的努鲁儿虎山,西南部为西北走向的七老图山,西北部为大兴安岭西南端。西侧有蒙古高原,中东部是发育成熟的科尔沁沙地,致使该流域整体上呈现为口朝东开的簸箕状。第三支流是老哈河,主要分支是羊肠子河、英金河(昭苏河、阴河、西路嘎河、半支箭河、锡伯河)、蚌河。它源于七老图山东北麓流经赤峰市三区一旗县,至通辽境内与西拉木伦河汇合。第四支流是教来河,主要支流是孟克河。它源于红山文化分布区南部的努鲁儿虎山北麓,自西南向东北流经敖汉旗、翁牛特旗至通辽境内。

西拉木伦河、老哈河核心水系三面环山的自然地理特点有利于该地形成独具特色的考古学文化;东北部的开放型地势更有利于其与东面同时期文化的交流和碰撞。虽然红山古国位于蒙古高原、东北平原和华北平原的交叉口,但是,从地形上看红山古国地域范围内的地形以丘陵、台地为主,属于东北文化区。

红山古国地域范围内地形总特征可概括为四个方面:一是地势西高东低,河水自西向东流。红山文化分布区地处蒙古高原和东北平原过渡地带,西部是蒙古高原,东部是东北平原,因此,河流多自西向东流,最终注入渤海。二是地形三面环山,中间为冲积平原。本区位于东北地区西南部,西北是大兴安岭南麓,西南是七老图山,东南是努鲁儿虎山,即所谓三面环山,东面是辽河平原。三是以山地地貌为主,台原发育成熟。西辽河及其支流自西向东不断下切,使得山地地貌成为主要地形,同时,由于河水冲击使得河谷两岸台地发育成熟。四是位于蒙古高原和东北平原过渡地带,属于面向东北平原的半开放、半封闭地形。

（二）气候温度

根据 Hafsten 1976 年的研究,全新世大暖期是冰后期以来气候最为温暖且较为稳定的阶段,又称大暖期。Hafsten 认为大暖期为 8 200~3 500 aBP；Brzenkova 则认为大暖期为 9 000~5 300 aBP[1]。施雅风等将中国的全新世大暖期定为 8 550~3 000 aBP,延续 5 500 年,其间有多次剧烈的气候波动和寒冷事件[2]。周昆叔等根据孢粉分析认为北京平原的大暖期发生于 7 500~2 500 aBP[3]；刘金陵等则将河北平原东部的大暖期定在 9 000~3 500 aBP[4]。肖河将东北哈尼地区 14 000 aBP 的气候环境演化过程划分为六个阶段[5],其中 8 000~4 800 aBP 是全新世中期气候适宜、温暖湿润的阶段,区域气候与早全新世时期的快速震荡气候相比出现了较大改变,转变为较为稳定的温暖湿润气候。王绍武先生通过对北大西洋浮冰中染色赤铁矿含量的研究发现了全新世时期发生的多起寒冷气候突变事件,对应年代分别为：400~600 aBP,1 400 aBP,2 800 aBP,4 200 aBP,5 900 aBP,8 200 aBP,9 500 aBP,10 300 aBP,和 11 100 aBP[6]。张兰生先生认为：根据古土壤和孢粉等特征,可在全新世暖期中识别出 7 800~7 600 aBP,5 400~5 100 aBP 和 4 800~4 500 aBP 等寒冷事件；6 700~6 000 aBP 为暖期盛期,6 000~4 500 aBP 冷暖波动频繁,4 500~4 000 aBP 为又一个稳定暖湿期[7]。

综合学者们的研究成果,我们发现万年以来中国东北地区乃至全国具有普遍意义的气候发展规律：8 000~3 000 aBP 属于全新世中期大暖期温暖湿润阶段,这段时间最大的特点是气候温暖湿润但有波动；其中 5 500~4 500 aBP 属于全新世中期的大暖期干燥寒冷阶段,气候向干凉方向发展。

5 500 aBP 前后的降温事件在中国有较为明显的反映。如在中国北方,北

---

[1] 转引自肖河:《东北泥炭记录的全新世气候环境变化与大气汞沉降研究》,中国地质大学博士学位论文,2017 年。

[2] 施雅风、孔昭宸、王苏民等:《中国全新世大暖期气候与环境的基本特征》,《中国全新世大暖期气候与环境》,海洋出版社,1992 年。

[3] 周昆叔、陈硕民、叶永英等:《中国北方全新统花粉分析与古环境》,《第四纪孢粉分析与古环境》,科学出版社,1984 年。

[4] 刘金陵:《长白山区孤山屯沼泽地 13 000 年以来的植被和气候变化》,《古生物学报》,1989 年第 4 期。

[5] 肖河:《东北泥炭记录的全新世气候环境变化与大气汞沉降研究》,中国地质大学博士学位论文,2017 年。

[6] 王绍武:《全新世气候》,《气候变化研究进展》,2009 年第 4 期。

[7] 张兰生、方修琦、任国玉、索秀芬:《我国北方农牧交错带的环境演变》,《地学前缘》,1997 年第 1~2 期。

京大王庄剖面的研究显示 5 600±100 aBP 前后云杉花粉再次繁盛[1]；内蒙古岱海在 5 500 aBP 左右出现低湖面[2]；关中盆地全新世古土壤发育中断在大约 6 000~5 000 aBP，其间被一层黄土分隔，反映了一次较为明显的环境变化[3]；在中国南方，云南滇池在 5 300~5 000 aBP 之间花粉突然减少[4]；宁镇一带大约在 5 800~5 000 aBP，栎林阔叶林花粉减少到最低点，而松、蒿、禾本科等针叶树及耐旱的草本植物相对增多，因此推算当时气温下降值比现在低 1~2 度或 3~4 度，冷锋时可达 5~6 度[5]；杭嘉湖平原的孢粉研究也表明低温值的高峰大约发生在 5 445 aBP[6]；中国西部的墩德冰芯记录肯定了冰峰出现于 5 300 aBP[7]；天山乌鲁木齐河源的冰川发生冰进[8]。我国数十个孢粉剖面、西部冰川前进、东部海平面停滞年代资料，也都明确显示了这次降温事件，其在考古学上被称为仰韶中期的寒冷期[9]。

红山古国所在的辽西地区是全球变化反应敏感、生态系统脆弱的过渡带。辽西地区的植物考古发现也证实了 8 000~6 000 aBP 的兴隆洼文化、赵宝沟文化直至红山文化早期，辽西地区气候温暖湿润，适宜人类生存和发展；而 6 000~5 000 aBP 的红山文化中晚期，辽西地区气候转向干凉。西辽河流域的沙丘普遍存在 3~4 组黑沙土与风沙层互相叠压咬合的遗存。一般认为，沙丘内埋藏土壤层代表了相对湿润环境，而其间的风成沙层则反映气候比较干燥[10]。辽西地区沙丘内的黑沙土层是草腐烂成土的产物，类似的黑沙层在内蒙古东部浑善达克沙地、科尔沁沙地、呼伦贝尔沙地普遍存在。辽西地区全新世大暖期的环境演变过程可以从沙丘剖面得到准确阐释。

第一，红山古国南部的大凌河流域属于半湿润半干旱气候，从凌源市东北郊

---

[1] 孔昭宸、杜乃秋等：《北京地区 10 000 年以来的植物群发展和气候变化》，《植物学报》，1982 年第 2 期。
[2] 王苏民：《岱海——湖泊环境与气候变化》，中国科学技术大学出版社，1990 年。
[3] Huang, C. C., Zhou, J., Pang, J. L., et al., A regional aridity phase and its possible cultural impact during the Holocene Megathetmal in the Guanzhong Basin, *China The Holocene*, 2000, 10 (1).
[4] 孙湘君：《云南滇池地区全新世以来植被及环境变迁历史》，《中—澳第四纪学术讨论会文集》，科学出版社，1987 年。
[5] 徐馨、朱明伦：《镇江地区 15 000 年以来古植被与古气候变化》，《地理学报》，1984 年第 3 期。
[6] 施少华：《中国全新世高温期中的气候突变事件及其对人类的影响》，《海洋地质与第四纪地质》，1993 年第 4 期。
[7] 姚檀栋等：《古里雅冰芯中末次间冰期以来气候变化记录》，《中国科学(D)》，1997 年第 5 期。
[8] 王靖泰：《天山乌鲁木齐河源的古冰川》，《冰川冻土》，1981 年第 3 期。
[9] 吕厚远：《新石器以来的北温带草原文化与气候变迁》，《文物保护与考古科学》，1991 年第 2 期。
[10] 任国玉：《中国东北全新世干湿状况的演变》，《地质论评》，1999 年第 3 期。

西八间房剖面可得到证实[1]。牛河梁剖面底部9 000 aBP以后,乔木花粉已达25%,并出现栎和榆、灌木。草本和蕨类孢子中也有胡桃、香蒲等,表明全新世气候已经变暖。剖面岩性和孢粉结果表明,这种气候一直延续到6 500 aBP左右。它大致相当于牛河梁沉积剖面第3层,大致在6 000~5 000 aBP。这一时期沉积物粒度明显变粗,粉砂含量增加,木本花粉含量降低到不足20%。草本含量增加,且木本花粉中针叶树花粉比例增加,表明气候已出现干凉化趋势。但孢粉组合中还有一些代表温湿的组分,如乔木花粉中有少量的栎、榆、栗等阔叶树种,草本、灌木花粉中有少量蔷薇科等花粉,蕨类植物有蕨、水龙骨科、卷柏等和一些喜温湿的环纹藻,表明当时的气候较6 000 aBP以前已出现干凉化趋势。牛河梁剖面第4层之上大致相当于5 000 aBP以后,在5 000~2 750 aBP,沉积物中粉砂含量较高,孢粉组合中木本花粉明显减少。喜暖的树种减少或消失,到约2 000 aBP时才有所增加,蒿属增加,水龙骨科减少,反应气候明显变干凉。其次,位于凌源市东北郊西大凌河上游一级阶地的八间房剖面厚270厘米,对该剖面按10厘米间隔连续采样27个。该剖面下层深270厘米处1号样品深灰色枯土的碳十四年代为9 100±115 aBP(经树木年轮校正),中层深190厘米处9号样品的碳十四年代为5 980±115 aBP,上层深110厘米处17号样品的碳十四年代为2 740±100 aBP。从图2可见,该剖面下部第1、2层为深灰色黏土和深灰色粉砂质黏土。剖面第3层以上以灰色黏土质粉砂为主,间多层灰色或黄色粉细砂。大约6 000 aBP以后,沉积物颜色变浅,粉砂含量增加,可能有较多的黄土物质加入,代表气候有干凉化的趋势。

第二,红山古国北部的西拉木伦河流域几组沙丘剖面黑土层可证实当时气候属于半干旱半湿润状态[2]。开通沙丘剖面位于通榆县开通镇北约5公里的沙丘上,古土壤层上、下皆为细沙层。该剖面中部年代为8 000 aBP左右;顶部绝对年代为7 200±130 aBP,推测古土壤下层孢粉或在9 000 aBP以前,组合以蒿为主,占49.3%,茜草科占8.4%,藜占5.6%,麻黄占3.5%,反映了干旱的蒿类草原环境。古土壤中部年代为8 000 aBP前后,其孢粉组合仍以蒿类为主,占60.9%,藜占5.3%,茜草科占7.5%,麻黄占2.2%,藻类、蕨类孢子含量增加,环纹藻占30%,阴地蕨和卷柏的含量均占3%,说明这一时期的气候状况虽仍较干旱,但是比早期要湿润,为半干旱到半湿润的过渡状态。古土壤顶部,亦即7 200 aBP的

---

[1] 莫多闻、杨晓燕、王辉、李水城、郭大顺、朱达:《红山文化牛河梁遗址形成的环境背景与人地关系研究》,《第四纪研究》,2002年第2期。
[2] 朱永刚、王立新、塔拉:《西拉木伦河流域先秦遗址调查与试掘》,科学出版社,2010年。

孢粉组合中,蒿类占 55.4%,藜占 11.5%,茜草科占 7.6%,麻黄含量增至 8.3%,藻类、蕨类含量降至 2.5%。剖面顶部 7 200 aBP 的孢粉组合中麻黄含量显著增加,藻类、蕨类含量下降,说明当时的气候开始变干变凉,但是降温幅度不大,因此本段气候反映了由早期的温和较干到后期的温暖较干的波动变化。翁牛特旗东部乌兰敖都甸子第 6 层剖面在 8 000 aBP 左右,pH 值近中性,无石灰反应。其孢粉总粒数 234 粒,其中乔木花粉占 5.6%;灌木及草本植物花粉占 58.1%,其中蒿属占 47%,藜属占 8.1%;孢子植物占 36.3%,其中水龙骨科占 17.1%,环纹藻占 19.1%。这说明全新世早期为森林草原景观,气候湿润温暖,湖沼数量多且面积大,反映出当时的环境较湿润。翁牛特旗中部松树山西麓下层剖面位于松树山的覆沙坡上,其第 1 层的碳十四测定年代为 7 760±105 aBP,根据其理化性质数据分析,pH 值为中性到微碱性,分子比率由上到下逐渐增加,而微量元素向下渐减。推测当时这层古土壤经历了较明显的淋溶淀积过程,气候湿润。克什克腾旗境内热水塘剖面位于大兴安岭南麓东坡上,剖面埋藏的古土壤层有机质厚达 350 厘米,各层平均有机质含量达 4%。热水塘剖面最下层距地表 3.4~4.56 米处的碳十四年代为 7 265±100 aBP;上层距地表深度 0.5~2.15 米的年代为 5 375±90 aBP。此两层木本植物花粉比例不大,仅占 6.3%,以松属为主,灌木草本植物划分主要有麻黄、蒿属、藜科、禾本科等,其中以蒿属占绝对优势,最高可达 97.8%,藜科仅占 3.1%,应属草本植被,气候特点是温暖干燥。第 3 层测定年代为 5 220±90 aBP,第 5 层为 7 060±90 aBP。第 3、5 层的有机质含量分别为 4.51%、4.56%,pH 值分别为 7.32、7.36。泰来宏升乡东升村的宏升沙丘第 2 层为黑色沙质土层,上部的碳十四年代为 4 940±175 aBP,推测底部年龄约 5 500 aBP。本层古土壤的孢粉组合为蒿占 44.2%,藜占 21%,茜草占 4%。这反映出当时本区气候为半干旱湿润状态。热水塘剖面中 7 000~5 000 aBP 发育的古土壤层厚达 180 厘米,腐殖质层厚约 60 厘米,pH 值也从下向上逐渐降低,下部尚有微量碳酸钙。综合分析,在 7 000~8 000 aBP 西拉木伦河流域气候环境温暖湿润,植被茂密,土壤有机质累积量大,且淋溶过程比较强;5 000~6 000 aBP,气候温暖,但却干燥。

　　薛志强根据对鄂尔多斯高原、岱海盆地、黄旗海盆地及赤峰丘陵三个区域的孢粉分析研究成果,对赤峰地区的古生态和气候环境做了进一步阐释[1]。他认为全新世早期(11 000~8 000 aBP),该地的植被为松、桦或蒿、藜为主的森林草原;中期(8 000~3 000 aBP)从西到东是以蒿、菊为主的草原或以松、蒿为主的

---

[1] 薛志强:《全新世以来中国北方的环境变迁》,《昭乌达蒙族师专学报(汉文哲学社会科学版)》,1998 年第 4 期。

灌丛草原——桦、松、栎针阔混交林——以蒿、藜为主的草原;晚期(3 000 aBP)是以藜、蒿为主的草原——以松、桦、蒿为主的森林草原——以蒿、藜、菊、麻黄为主的灌丛草原。全新世早期以凉干为主;中期整体暖湿,但有区域差异,西部凉湿与暖干交替,中部较温湿,东部暖湿与凉干交替;晚期均为温凉偏干。

上述研究表明,在5 500~5 000 aBP的红山古国地域范围内气候出现剧烈波动,气候干凉化趋势开始加剧。随着距今5 500年前后的降温,史前中国掀起了新的一轮排他性移民浪潮[1]。这次移民与仰韶早中期的移民不同,早期的移民一般是扩张或殖民性的,是为了解决各宜居地日益增加的过剩人口,是从中心地区向人口稀少的边缘地区疏散多余的人口,迁徙的方式是和平的[2],而这次迁徙主要表现为从四周向中心地带迁徙,从高地向变干并适合居住的低地迁徙。迁徙的结果是对新资源的开发,意味着多个社会共同体对同一资源的瓜分。在这一资源重新分配的过程中,社会共同体之间的矛盾不可避免。另外,距今5 500年前后的降温直接导致粮食减产,也大大增加了人口压力与资源之间的矛盾。这一时期,红山古国地域范围内出现了牛河梁和东山嘴遗址。它们的出现除了可能与原始宗教有关外,更可能是在资源紧张状态下的一种文化调整。资源紧张导致的社会矛盾激化或许是红山古国突然消亡的重要原因之一。

第二节 自 然 资 源

辽西地区以浅山丘陵为主的地形特征和大暖期气候变化对动植物资源的种类和分布产生了重要影响。同时,这种独特的地貌和气候变化对土壤的形成也起到了至关重要的作用。

一、植物资源

通过植物考古获取红山古国时期植物资源情况是研究红山古国经济发展的重要途径之一。然而,目前的植物考古研究成果多集中于红山文化早中期,对于红山文化晚期的红山古国植物考古研究并不多,但是,我们依旧可以从红山文化早中期的考古发现中获取动植物资源的相关信息。目前,经过系统发掘并进行植物遗存检测的红山文化遗址有魏家窝铺、哈民忙哈等,学界对这些辽西地区史

---

[1] 吴文祥、刘东生:《5 500 aBP气候事件在三大文明古国古文明和古文化演化中的作用》,《地学前缘》,2002年第1期。

[2] 曹兵武:《从仰韶到龙山:史前中国文化演变的社会生态学考察》,《环境考古研究(第二辑)》,科学出版社,2000年。

前遗址植物遗存的研究也较为深入。此外,学者们对富河沟门遗址、二道梁子、西台、东山嘴祭坛进行的剖面分析,也是我们探讨红山古国时期植物资源的重要依据之一。

(一) 植物考古反映的红山古国时期植物资源

根据孙永刚、赵志军先生的研究[1],在魏家窝铺遗址127份浮选样品中共发现了98粒各种炭化植物种子。作为农作物的粟和黍,总数为49粒,占所有出土炭化植物种子总数的50%。其他可鉴定的还有禾本科、葵科、豆科、唇形科、茄科等科属的植物种子。另外还有一些特征不明显,或者由于炭化过甚而失去了特征部位的未知种属的植物种子。在魏家窝铺遗址浮选出土的农作物籽粒中,炭化粟为33粒,占出土植物种子总数的33.7%。这些炭化粟粒均呈圆球状,直径多在1.2毫米左右,粟粒表面光滑,胚部较长,因烧烤而爆裂呈凹口状。出土的炭化黍粒数量为16粒,占出土植物种子总数的16.3%。这些炭化黍粒的形状近圆球状,籽粒长度多在1.8毫米,宽度和厚度多在1.6毫米,表面粗糙,胚区较短,爆裂后呈"丫"状。魏家窝铺遗址浮选出土的非农作物植物遗存数量共计49粒,其中禾本科植物种子为24粒,占出土植物种子的24.6%;葵科植物种子总数为14粒,占出土植物种子的14.3%,其中包括葵属种子13粒、猪毛菜属猪毛菜种子1粒;豆科种子有5粒,约占出土植物种子的5.1%,其中3粒被鉴定为黄芪属,另外2粒未鉴定到属。虽然从炭化植物种子的比例上看,作为农作物的粟和黍占比较高,但从形状上看,这些粟和黍颗粒的人工培育痕迹不明显,仍属于野生植物颗粒。魏家窝铺遗址出土的植物资源表明,采集业仍旧占有十分重要的地位,原始种植业刚刚起步。

哈民忙哈遗址的植物考古研究[2]表明,44份样品中共出土各种植物种子816 342粒,其中数量最多的是大籽蒿,共计815 632粒。除大籽蒿种子之外,其他种子合计710粒,其中粟、黍和大麻三种农作物合计638粒。其他非农作物植物遗存有葵科的葵属,禾本科的狗尾草属、野稷和马唐等植物种子。哈民忙哈遗址出土的炭化黍粒的数量较多,共出土615粒,占出土植物种子总数(除大籽蒿,以下统计同此)的86.6%。炭化黍粒的形状也是圆球状,个体较大,直径大于2毫米,表面粗糙,胚部爆裂呈V状。共出土炭化粟粒20粒,占出土植物种子总数

---

[1] 孙永刚、赵志军:《魏家窝铺红山文化遗址出土植物遗存综合研究》,《农业考古》,2013年第3期。
[2] 孙永刚、赵志军、吉平:《哈民忙哈史前聚落遗址出土植物遗存研究》,《华夏考古》,2016年第2期。

的2.9%。炭化粟粒均呈圆球状,直径多在1.5毫米左右,表面较为光滑,胚部因烧烤而爆裂呈凹口状。出土大麻3粒,占出土植物种子总数的0.4%,形状近圆球状,均已残破。除了农作物种子之外,哈民忙哈遗址还出土有数量可观的非农作物植物遗存。其中葵科的葵属种子66粒,占所有植物种子总数的9.3%,经鉴定全部是葵的种子,整体呈现为扁圆形,两面呈凸透镜或双凸透镜形状,表面有光泽,顶部圆形,基部突出,有凹口,胚部呈环形。禾本科的植物种子6粒,其中3粒是狗尾草,1粒是马唐,2粒为野稷。狗尾草、马唐和野稷等禾本科植物都生长于路旁、田野,既是家畜的饲料和优质牧草,也是危害农田的杂草。此外,在哈民忙哈遗址F57内发现了144粒保存比较完整的坚果遗存。经鉴定为羹核。羹核的形状呈扁卵形或扁心脏形,两侧不对称,质地坚硬致密。羹核又名扁核木、马茹刺等,为蔷薇科扁核木属的一种多年生落叶灌木。羹核的根系发达,能很好地固结土壤,抗旱抗寒,适于在干旱、半干旱区生长,多呈群团状分布于地埂、崖边护坡上,其保水作用极其明显。羹核天然分布区主要为黄土高原的丘陵山区,内蒙古南部、东北西部亦有少量分布。通过对哈民忙哈遗址浮选出土的植物遗存以及出土鱼类、动物骨骼的综合分析,可以发现在哈民忙哈遗址先民的经济结构中,采集业仍然是当时人类的主要生业模式,以黍和粟为代表的旱作农业生产并不十分发达。

(二)地层剖面反映的红山古国时期植物资源

根据汤卓炜博士的研究[1],辽西地区一些典型遗址的地层剖面也反映了红山古国时期的植物资源情况。富河沟门遗址位于巴林左旗北部,乌尔吉木伦河上游支流乌达坝河东岸,年代在5 300 aBP左右。剖面Ⅰ三个样品的孢粉分析结果表明,孢粉含量高,种类丰富,木本植物花粉占孢粉总数的9.1%,有松属、栎属、桦属等;草本植物花粉占80.9%,主要有蒿属、藜科、菊科、大戟属,还有蓼科、豆科、香蒲属等;蕨类植物孢子占10.4%,代表了温暖湿润气候下的针叶、落叶、阔叶混交林植被。剖面Ⅱ五个样品的孢粉分析结果表明,其可划分为两个孢粉带。第一带三个样品的草本花粉含量高,占61.3%,主要有蒿属、菊科、锦葵科、藜科、大戟属、豆科等;木本植物花粉占29.9%,有松属、栎属、胡桃属、麻黄科;蕨类植物孢子占8.8%,主要是石松科,反映了温暖湿润气候下的针叶、落叶、阔叶混交林草原植被。第二带两个样品的木本植物花粉含量高,达到65.7%,主要有

---

[1] 汤卓炜:《中国东北地区西南部旧石器时代至青铜时代人地关系发展阶段的量化研究》,吉林大学博士学位论文,2004年。

松属、栎属、麻黄科;草本植物花粉占24.5%,有蓼科、藜科、菊科、豆科、禾本科;蕨类植物孢子占9.4%,有石松、中华卷柏,可能为温暖湿润气候下的针叶阔叶混交林草原植被。二道梁子遗址位于林东镇东南约12公里的友好村二道梁子,地处西拉木伦河北侧支流乌尔吉木伦河右岸,年代在5 500 aBP。剖面三个样品的孢粉分析结果表明,草本植物花粉占绝对优势,占孢粉总数的88.5%,有禾本科、蓼科、藜科、菊科、芒属、大戟属等;蕨类植物孢子占10.3%,有石榴科、中华卷柏;木本植物花粉仅占1.2%,主要为松属。敖汉旗西台剖面的年代在5 500 aBP。两个样品的孢粉分析结果表明,草本植物花粉占优势,占孢粉总数的70.9%,主要为蒿属;木本植物花粉占3.1%,主要有松属;蕨类植物孢子占26%,有石松科、中华卷柏。喀左县东山嘴遗址祭坛剖面的年代在5 500 aBP。三个样品的孢粉分析结果表明,孢粉含量高,木本花粉占孢粉总数的14%,有松属、栎属、忍冬科、金合欢属、麻黄科等;草本植物花粉占2.8%(此数据有待核实),有蒿属、锦葵科;蕨类植物孢子占23%,有中华卷柏、石松科、卷柏科。

从上述地层剖面的孢粉分析结果看,红山古国时期的植物资源主要是以蒿属为代表的草本植物和以松柏为代表的木本植物占大宗,这与红山古国时期针叶、落叶、阔叶混交林草原植被特征吻合。

二、动物资源

红山文化早期适逢全新世中期大暖期稳定阶段,气候温暖湿润。魏家窝铺遗址、哈民忙哈遗址、白音长汗遗址、牛河梁遗址发现的动物遗存证实,这一时期的辽西地区动物资源丰富,人类获得肉食资源相对容易。

(一)魏家窝铺遗址

魏家窝铺遗址于2010年和2011年发掘出土的动物遗存虽然数量不多,但是种类丰富[1]。动物骨骼有2 492件,可鉴定种属的标本有311件,种属至少有22种,分别属于哺乳类、鸟类、硬骨鱼类、爬行类和软体动物类。其中哺乳动物占绝大多数,种属包括野猪、马鹿、梅花鹿、狍子、牛、马、家犬、狐狸、獐、熊、草原鼢鼠、鼠、兔。从骨骼数量上看,狍子数量最多,有85件,属于4个个体;马鹿25件,属于3个个体;鼢鼠23件,属于10个个体;鼠25件,属于4个个体;其余熊7件、梅花鹿3件、狐狸2件、獐1件、兔4件、牛2件、马1件、狗33件,均属于

---

[1] 陈全家、张哲:《赤峰市魏家窝铺遗址2010~2011年出土动物的考古学研究》,《草原文物》,2017年第1期。

1个个体。此外,魏家窝铺遗址出土的软体动物主要是蚌壳类,其中圆顶珠蚌8件,属于4个个体,毛蚶3件,属于2个个体,无齿蚌11件,帘蛤科8件,属于3个个体。该遗址出土的硬骨鱼类、爬行类、鸟类骨骼数量较少。通过还原以上动物的生活环境,可以推测当时魏家窝铺整个地区覆盖着郁郁葱葱的阔叶林或针阔混交林,其间还有水流平缓的河流或是湖泊,气候温暖湿润,为温带森林草原景观。

(二)红山后遗址

赤峰红山后第二住地[1]出土的动物骨骼来自原始东北猪、东北梅花鹿、东北赤鹿、东北獐、羊和鸟。属于夏家店下层文化时期的动物有犬、牛、马,而红山文化时期没有;红山文化时期有獐,而夏家店下层文化时期没有;二者都有猪、赤鹿、梅花鹿、羊。因此,夏家店下层文化时期有牛、羊、犬、猪等各种家畜,而红山文化时期的家畜只有猪,以及鹿、獐、羊等野兽。此外,红山文化时期猪的肢骨总体较粗、关节面发育较好,更加野兽化,而夏家店下层文化时期猪的家畜特征更明显。赤峰红山后第二住地出土磨薄蛤状贝壳,根据黑田德米先生的鉴定,此贝类在朝鲜、中国分布极广泛,在日本盐分浓度大的海域也有分布。另据黑田德米先生对两枚淡水贝壳的鉴定,分别为褶纹冠蚌和圆顶珠蚌。这两种蚌不仅在中国中部、南部有,在中国北部、东北地区也有。根据赤峰红山后第二住地出土的动物骨骼数量和种类分析,红山文化时期鹿、猪仍然是主要的动物资源。

(三)白音长汗遗址

白音长汗遗址[2]动物骨骼主要出土在兴隆洼文化和红山文化时期埋藏较浅的地层中,小河西文化、赵宝沟文化、小河沿文化则只有极少量动物遗存出土。动物骨骼绝大多数出自房址,其次是灰坑中。可鉴定的标本有663件,以鹿科为主,主要是马鹿,其次是斑鹿、狍,还有少量的野猪、野牛,以及极少的野兔、狐、熊、狗獾、蛙类及鸟类。根据《白音长汗——新石器时代遗址发掘报告》统计,兴隆洼文化时期鹿科动物中马鹿在数量上占有绝对优势,斑鹿次之,野牛、狍再次之。野牛比野猪占的比例略大。红山文化时期马鹿和斑鹿的数量明显减少,狍、野猪的个体数也减少了,狗獾、野兔、鸟类等体形较小的哺乳动物成为古代人类

---

[1] 东亚考古学会著,戴岳曦、康英华译,于建设、李俊义、戴顺主编:《赤峰红山后》,内蒙古大学出版社,2015年。

[2] 内蒙古自治区文物考古研究所:《白音长汗——新石器时代遗址发掘报告》,科学出版社,2004年。

的捕食对象。例如，兴隆洼文化时期房址 BF6、AF12、AF11、AF15、BF55、AF61、BF62、BF68、BF69 出土动物骨骼中，马鹿标本占绝对优势，斑鹿次之。和兴隆洼文化时期房址相比，红山文化时期房址出土的动物标本种类比例规律性较差。但是，红山文化时期灰坑出土的动物更能反映捕猎动物多样性的特点。例如，BH2、AH6、AH18、AH43、AH44、AH57 同时含有野猪骨骼；AH4、AH6、AH13、AH35、AH39、AH44、AH45、AH90 同时含有野牛骨骼。白音长汗遗址出土数量最多的三种脊椎动物中，马鹿属于大型食草动物，斑鹿属于中型食草动物，狍属于小型食草动物。从兴隆洼文化时期到赵宝沟文化时期，马鹿、斑鹿和狍始终是古代人类的主要捕猎对象，但是到红山文化时期大型食草动物马鹿、中型食草动物斑鹿在数量上明显减少，反映了野生动物资源的日益匮乏。

（四）哈民忙哈遗址

哈民忙哈遗址共出土动物骨骼 25 857 件，其中可鉴定种属标本共 9 349 件，包括五大类动物资源：软体动物类、爬行动物类、鸟类、鱼类、哺乳动物类，种属至少有 38 种[1]。通过对遗址内出土动物骨骼标本的形态特征和测量数据的比较，并结合居民食谱分析和分子 DNA 结果推断：遗址内发现的动物均为野生动物，尚未发现家养动物。根据数据分析，哈民忙哈遗址野生动物资源具有以下典型特征。第一，哈民忙哈遗址的各大类野生动物中，小型哺乳动物数量最多，远超其他动物；其次为软体动物类；鸟类、大中型哺乳动物和鱼类数量最少。可见，当时的原始居民主要以小型哺乳动物为狩猎对象。第二，就各个种属动物的最小个体数来看，野兔所占比例最大，近 45%，占有绝对优势；其次为软体动物类和环颈雉，所占比例分别为 26%、12%；包括鸭、大雁在内的鸟类，以鳡鱼为主的鱼类，野猪，以狍为主的鹿科动物所占比例大致相当；犬科动物及牛、马的数量最少。第三，从主要野生动物提供的肉量来看，整个遗址的总肉量为 4 138.5 千克。其中野猪所占比例最高，近 60%，其次为野兔、牛、獾等，但其与野猪所占比例相差悬殊。野兔、牛、獾、马、马鹿、环颈雉，与野猪一起构成原始居民的主要肉食来源。同时，梅花鹿、獐、鱼类、蚌类、鸟类是次要肉食来源。由此可见，原始居民的肉食来源丰富，肉食结构复杂，肉食对象多元化。结合以上野生动物的生活习性及环境分析，哈民忙哈遗址所在地是以林缘灌丛、草原、低山为主的森林草原过渡带。这种复合型的生态景观可以为众多野生动物提供适宜的栖息地，为红山

---

[1] 陈君：《内蒙古哈民忙哈遗址出土动物遗存及相关问题研究》，吉林大学硕士学位论文，2014 年。

文化居民提供充足的食物来源。遗址不远处应存在大片水域,可能是流经的河流或原有的湖泊。在这片水域中栖息繁衍了大量的贝类及鱼类。水域周围生长着各类水生植物及芦苇等,为喜水动物提供了栖息地及水源地。同时,遗址周围应有大面积的草原及具有成片林木的低山区,地势平坦。从整体来看,哈民忙哈遗址所在地应属于平原地带的温带森林—草原生态系统,周围存在大面积水体,生态环境较为优越,可为人类的生产、生活提供必要的动植物资源。

（五）牛河梁遗址

牛河梁遗址[1]出土的动物骨骼主要分布在第一地点、第二地点和第五地点。第一地点出土的动物骨骼有337件,其中N1H1发现336件,N1H3仅有1件。337件标本中有202件是肢骨片或碎骨,约占59.9%,不能确定动物种类。能鉴定动物种类的标本有135件,约占40.1%。其中数量最多的是梅花鹿,其次是狍,獐和猪的数量大致相当。第一地点H1位于"女神庙"南12米的一处断崖壁上,与动物骨骼一起发现的还有陶直筒罐、小口罐、钵和刮削器、研磨器和石片等。H1发现的336件动物骨骼中有99件是鹿的掌骨下端残块,其中属于梅花鹿的有54件,属于狍的39件,属于獐的6件。有11个梅花鹿、9个狍和5个獐的掌骨集中在一起发现。第二地点发现的骨骼共有278件,其中172件是肢骨片,能鉴定种类的有106件,约占38.1%。其中猪的数量最多,其次是梅花鹿,其余的依次是狍、黑熊、獐,以及狗和鼹鼠。在N2Z4南墙外发现8块河蚌的残块。第五地点共发现717件骨骼,分布在16个灰坑、1条探沟和一号冢中。动物骨骼中仅有175件可以鉴定种属,约占总数的24.4%。其中梅花鹿的骨骼数量最多,其他依次为狍、猪、獐、鼠、鸟、野兔、黑熊和獾等。总的来看,牛河梁遗址出土的动物反映了狩猎是当时重要的生产活动,人们常年通过狩猎来获取肉食。

从红山文化早中期到红山文化晚期的红山古国阶段,各遗址出土的野生动物骨骼有两个明显变化:一是动物骨骼种类增加,二是动物骨骼数量减少。野猪数量的相对稳定反映了红山文化居民在野生动物资源日益匮乏的情况下,只能更多地依赖体形较小的动物。红山文化时期大量捕获獾、兔和鸟类、蛙类的现象反映了红山文化居民大型动物资源的日益匮乏。虽然兴隆洼文化到红山文化时期人类获取肉食的方式均属于依赖型,但是,红山文化时期在肉食来源上发生了变化,野生动物总体数量减少。

---

[1] 辽宁省文物考古研究所：《牛河梁——红山文化遗址发掘报告(1983~2003年度)》,文物出版社,2012年。

三、土壤资源

（一）土壤类型

红山古国地域范围内的土壤主要有五类[1]：一是淋溶土壤，包括山地淋溶土壤和森林—草原过渡型半淋溶土壤；二是腐殖土壤，包括腐殖质土壤和草原钙层土壤；三是水成土壤，包括草甸类型的半水成土壤、沼泽—泥炭的水成土壤；四是土壤化初期的初育土；五是盐碱地的盐碱土。山地淋溶土壤主要分布于海拔高度在800~1 000米以上的山地上；森林—草原过渡型半淋溶土壤主要分布于最南端的低山丘陵地带，属于华北褐土带北缘，其中栗褐土主要分布在大兴安岭南段东麓、七老图山东北麓、努鲁儿虎山西北麓，与山地上的棕、褐土构成垂直分布。这类土壤更适于森林和草原生长，是狩猎经济和牧业经济的物质基础之一。腐殖质土壤主要有黑土、黑钙土、草甸土。黑土多分布在海拔1 650米以上的平缓山顶或熔岩台地上，主要集中于克什克腾旗南部的熔岩台地一带，并与草原土壤或森林土壤相接；黑钙土主要沿大兴安岭西南段东麓、乌尔吉木伦河北岸、科尔沁沙地北部、七老图山北端分布，海拔高度多在1 000米以上，在垂直分布带中上接黑土、下接暗栗钙土；草甸土主要分布于西拉木伦河流域西段北部和西部的山间谷地，如乌尔吉木伦河、西拉木伦河上游沿岸的低洼地段。上述土壤类型肥力较高，适于草原植被的生长，宜农、宜牧，为牧业经济和低强度农耕活动提供了条件。作为西拉木伦河流域的主要草原土壤类型之一的栗钙土分布广泛，发育于大兴安岭南段东麓山前低山丘陵、河谷平原，西部高原及海拔1 200米以下的熔岩台地上也有发育。栗钙土水平上与南面的栗褐土相接，垂直上与黑钙土相接。这类土壤属于温带半干旱大陆性气候类型，多在草原植被的作用下形成。这种土壤具有双重适宜性，既在水热条件较好时可适于以农业为主、牧业为辅的经济形态，又可在较干旱的气候条件下适于以牧业为主、兼有农业的经济形态。水成土壤类的灰色草甸土主要分布于栗钙土发育区的河谷阶地或河漫滩等低洼地带；浅色草甸土分布于老哈河中下游，西拉木伦河下游沿岸的局部低洼地段及沙丘间甸子地。上述土壤类型宜农，但是易受旱涝灾害及盐碱化的影响。与区域性水文地质条件密切相关的水成土（沼泽土或泥炭土）、盐碱土零星分布。沼泽土散布于河谷泛滥地、湖泊周围、丘间洼地和沙丘间甸子地低洼处；

---

[1] 汤卓炜：《中国东北地区西南部旧石器时代至青铜时代人地关系发展阶段的量化研究》，吉林大学博士学位论文，2004年。

泥炭土仅限于局部的河岸阶地边缘及低洼地上,如阿旗良种场河岸、克旗宇宙地附近。这类土壤为湿地生态的重要物质基础,也为湿地鸟类的栖息创造了条件,成为狩猎经济的基础之一。虽然其并不适于农业直接利用,但是其丰富的腐殖质可用作农肥。土壤化初期的初育土(即风沙土)其母质是风积砂,主要分布于西拉木伦河流域西部高平原及上游平原上,是原始农业的沃土。极少量的盐碱土分布于克旗达里湖东岸。这类土不适于一般植物的生长,因此不能成为农业和畜牧业的良好资源。

总体上讲,本区的土壤资源更适于畜牧经济和狩猎经济,作为农业经济的土壤资源主要分布于西拉木伦河以南地区,并不十分丰富。因此,在气候干旱化与人类过度樵采和农耕活动加剧的双重作用下,会导致荒漠化速度加快,可耕土壤更容易遭到破坏,土壤肥力快速降低,丧失农业活动赖以存在的物质基础。

(二)土壤发育

从宏观的角度讲,作为本区土壤发育的母体——黄土的分布并不均衡,但是,各种类型的土壤,特别是风沙土在红山文化时期发育成熟。根据裘善文等对东北西部沙地古土壤与全新世环境的研究,全新世以来东北西部沙地有四次是在半干旱半湿润气候条件下形成的,几类草原植被和稀疏草原植被参与的古土壤发育期分别为:第一期 12 000~7 000 aBP,第二期 6 000~4 500 aBP,第三期 3 500~2 800 aBP,第四期 1 400~1 000 aBP[1]。这四次古土壤发育期反映了全新世环境变化经历了由干旱变为半干旱半湿润的过程,说明本区季风带发生了多次迁移,半干旱、半湿润地带多次推进和萎缩。其中第二期古土壤发育的 6 000~4 500 aBP 恰好是红山文化中晚期。8 000~5 000 aBP 也是西拉木伦河流域古土壤发育盛期,例如,海拔 1 200 米的大兴安岭南麓东坡克什克腾旗热水塘剖面就发育了有机质层厚达 3.5 米的古土壤层。而在 4 000 aBP 和 2 000 aBP 左右,曾在干冷气候控制下出现两次风沙活动强烈期。当然,现代东北地区日趋严重的沙漠化主要应当归咎于人类不合理的垦荒活动与气候干旱的叠加作用。随着垦殖或放牧日益加剧,在风蚀和水流下切的双重作用下,水土流失加剧,黑土地的下伏地层(形成于更新世的以细砂为主的河—湖相松散堆积)将暴露在地表,在强烈的风蚀作用下成为沙漠化的主要物源。早在新石器时期中期前段,亦即兴隆洼文化时期约 8 200 aBP,由于农耕活动的出现,黑土地就已经开始遭受

---

[1] 裘善文:《东北西部、内蒙古东部土地沙漠化现状、成因及综合治理途径研究》,中国地理学会 2008 年学术年会论文。

农耕活动的影响,但是当时处于早期农业开发的阶段,人口压力小,生产力低下,种植规模很有限,还没有对固定沙丘上发育草原或森林草原为主的生态环境造成破坏。人类通过农耕活动拉开了东北地区的荒漠化的序幕,而这一幕悲剧正是从新石器时代晚期开始,在西拉木伦河流域这个舞台上上演的。还有一个十分重要的原因,就是本区存在大量有水沙地和大量林间腐质土,成为原始旱作农业产生的基础条件。如科尔沁沙地处在红山文化分布的核心区域里,在全新世大暖期中,科尔沁沙地植被茂盛,腐殖层发育,沙丘稳固,沼泽众多,水线较高,属于疏林沙地草原景观,动植物资源十分丰富,这是原始农业最适宜的摇篮。有水沙地也是催生中国北方原始旱作农业的温床。因为疏松的沙质土地上没有高大的树木,适合开垦;沙质土壤中的地温较高,也没有无法解决的积水问题,植物入侵的问题也容易得到解决。这无疑节约了劳动成本,提高了生产效率,所以说原始旱作农业最早在沙地上诞生了。当然,人类对于沙地的开垦是一把双刃剑。开垦沙地的同时,也为沙地的生态恶化埋下了隐患,一旦开垦规模过大或气候发生了微小的变化,沙地面积伸缩就会引发环境危机。与受气候影响的沙漠扩张与收缩相对应,以西拉木伦河流域为中心的各考古学文化时期人类经济活动呈现出有规律的变化。在科尔沁沙地中不断发现属于兴隆洼、赵宝沟和红山文化各个时期的文化遗存,这些遗存今天大都被湮灭在的茫茫的沙海之中。而且多数文化遗存都出现在黑沙土、灰褐沙土和黑土层中。这些沙土层是在温暖、湿润的条件下形成的,这种现象说明新石器时代早中期气候温暖湿润,晚期趋于干旱。红山古国地域范围内有水沙地的形成既有内因也有外因:内因是红山文化所在的东北地区河流密布、水资源丰富,地表水浅,容易形成有水沙地;外因是辽西地区处于蒙古高原向东北平原的过渡地带,在风力作用下蒙古高原和黄土高原的土可以轻而易举地侵入辽西,并形成沙土层。沙质土壤为耜耕农业的诞生提供了优越的条件,但这种耕作模式限于沙土的流动性强并不稳定,因此,在沙土地上更适合游牧式的轮耕,即于建设先生所说的"游耕"。

第三节 环境变迁

红山文化距今约 6 500~5 000 年,时间跨度约 1 500 年。研究表明,由于适逢气候不十分稳定的大暖期,红山文化分布区的自然环境曾发生多次变迁,主要表现在黄土台地发育、沙地面积伸缩、湖泊水位升降等方面。由于红山文化时期的时间跨度相当长,在不断与环境抗争的过程中,红山文化的文化面貌逐渐统一。特别是在 5 500 aBP 的红山文化晚期社会进入古国阶段,黄土台地发育、沙地面积扩展、湖泊水位下降,环境的变迁很可能对红山古国的社会变革产生重要影响,是红山古国社会发展变化的重要推动力之一。

一、黄土台地发育

　　黄土台地发育最典型的地区在西拉木伦河两岸。根据夏正楷等先生的研究,在西拉木伦河流域史前文化遗址的垂直分布与河流阶地的发育有密切的关系[1]。据野外初步调查,西拉木伦河及其支流普遍发育有两级阶地,其上为黄土台原。黄土台原由厚厚的黄土组成,原面一般高于河面 150~180 米左右。在林西县西南西拉木伦河南岸的马家沟营子,台原面上覆盖有厚厚的风沙层,其下部黑沙土夹层的碳十四年龄为 6 380±110 aBP,指示黄土台原形成于 6 500 aBP 以前。兴隆洼和赵宝沟时期的文化遗存往往被埋藏在风沙层的黑沙土夹层之中。河流二级阶地高于河面 10 米左右,主要为基座阶地,基座为黄土或基岩,其上往往覆盖有黄土,其中夹有 2~3 层古土壤。在赤峰东南的下洼村,二级阶地上覆盖的黄土中的古土壤,其碳十四年龄为 3 750±150 aBP,表明该阶地形成于 3 750 aBP 以前。由此推断,河流的下切和二级阶地沉积物的堆积发生在 6 500~3 750 aBP 之间。红山文化和小河沿文化时期的遗存主要分布在二级阶地的沉积物之中和黄土台原之上。河流一级阶地高于河面 2~4 米左右,属基座阶地或堆积阶地。在敖汉旗东南的王祥沟,一级阶地沉积物下部的碳十四年龄为 3 980±80 aBP,中部为 2 520±80 aBP,上部为 1 060±75 aBP,表明河流的第二次下切和二级阶地的形成发生在 4 000 aBP 前后,一级阶地沉积物的堆积发生在 4 000~1 000 aBP 之间,在 1 000 aBP 前后,河流发生第三次下切并形成一级阶地。夏家店下层文化时期的文化遗存主要分布在一级阶地的沉积物和二级阶地的上覆黄土之中,在黄土台原面上也有分布;辽代的文化遗存主要分布在一级阶地的阶地面上。河流阶地的发育是本区全新世重要的地貌事件之一。它直接影响了古人类的生存环境,对人类选择和迁移栖息地起着重要作用。

　　兴隆洼—赵宝沟文化时期(8 000~7 000 aBP),现代河流水系的雏形刚刚出现,本区主要为宽广的山间黄土堆积平原。当时人类游弋在黄土平原及其周围的山麓地带,从事渔猎、采集和原始农业。6 500 aBP 前后的红山文化早期,河流水系形成并发生强烈下切,黄土堆积平原被分割为黄土台原和河谷。由于河流的摆动,河谷中河漫滩发育十分成熟。小河沿文化时期人类除继续活动在由黄

---

[1] 夏正楷、邓辉、武弘麟:《内蒙西拉木伦河流域考古文化演变的地貌背景分析》,《地理学报》,2000 年第 3 期。

土平原演变而来的黄土台原之外,新生的河漫滩也是人类的活动场所。在夏家店下层文化时期的 4 000 aBP,河流再次下切,形成了二级阶地和河漫滩。阶地的形成为人类提供了一个更加安全和适合发展农业的场所。阶地地势平坦、土质肥沃、取水方便而又无水灾之患,是当时人类理想的栖息地,而河流下切形成的河漫滩也是当时人类的活动场所。在 1 000 aBP 的辽代,河流再次下切,形成现在的一级阶地,辽代人类主要活动在这一级阶地面上。由于河谷地貌的发育以及人类对栖息地的选择,造成了区内史前文化遗址自早到晚垂直向下的分布格局:兴隆洼文化和赵宝沟文化时期的文化遗址分布部位较高,主要见于黄土台原面和台原后缘的山坡上;红山文化和小河沿文化时期的遗址分布部位降低,主要见于黄土台原面和台原后缘的山坡,但也见于河流的二级阶地沉积物之中;夏家店下层文化和上层文化时期的文化遗址分布部位更加降低,主要分布在河流的二级阶地上,但在黄土台原面及其后缘的山坡地带,以及一级阶地沉积物之中也有分布;辽代的文化遗址主要分布在河流的一级阶地上,在其他地貌面上也有分布。黄土在西拉木伦河以南有广泛分布,构成黄土台原、黄土丘陵和黄土阶地等。在西拉木伦河以北,黄土分布面积较少,仅见于查干沐伦河上游及林东镇周围地区。由于原始定居活动对黄土有很强的依赖性,因此,目前发现的绝大多数遗址均分布在西拉木伦河南北的黄土分布区,其中西拉木伦河以南的黄土发育地区,尤其是老哈河流域,一直是古代先民的主要栖息地。由于黄土覆盖面积的变化以及人类活动对黄土依赖程度的不同,由此造成不同时期人类文化分布的范围存在明显差异。

兴隆洼文化和赵宝沟文化时期属渔猎、采集并存的新石器时代早期,生产方式的多样性使得人类对黄土的依赖性较小。同时,黄土堆积平原上水系刚刚开始发育,侵蚀作用较弱,全区普遍为黄土覆盖。因此,这一时期的文化遗址几乎遍及整个西拉木伦河流域。红山文化时期发生的河流强烈下切,不但使黄土堆积遭受严重侵蚀,广阔的黄土平原被肢解为破碎的黄土台原,黄土分布范围大为减少,而且也使兴隆洼和赵宝沟时期的文化遗址在一定程度上遭到破坏。由于生产生活有赖于黄土的良好性能,并受黄土分布范围缩小的影响,红山文化时期的人类不得不频繁迁徙。小河沿文化时期的遗址分布面积比红山文化时期明显收缩。人类主要选择黄土分布区中水热条件较好的地区,如西拉木伦河上游和老哈河上游的山前黄土丘陵和谷地。夏家店下层文化时期属定居农业社会,农业和手工业十分发达,先民对土地质量有更高的要求,以求提高农业产量来养活众多的人口。因此,当时人类的活动范围主要集中在西拉木伦河以南的黄土区,其中尤以老哈河流域遗址最为密集。这里河谷开阔,阶地平展,黄土层厚,土质肥沃,水热条件较好,是发展旱作农业的最佳场所。

二、沙地面积进退

红山文化分布区内最大的沙地为科尔沁沙地。研究科尔沁沙地的形成与变化能更好地了解红山文化时期的自然环境变迁。根据夏正楷等先生的研究[1],科尔沁沙地形成于晚更新世。在全新世时期,受全球气候波动的影响,科尔沁沙地与我国北方其他沙区一样,有过多次的扩大和缩小。其中发生在全新世大暖期的两次大规模进退对本区史前文化有巨大影响,是导致古代农业兴衰和向畜牧业转化的重要原因。

科尔沁沙地形成之后的第一次大规模收缩出现在 8 000~6 000 aBP。当时正值大暖期中气候最适宜的时期,本区与我国北方其他沙区一样,广泛发育了一层全新世最厚的古土壤。在林西县西拉木伦河南岸的马家沟营子,这一期的黑沙土厚 0.8 米,碳十四年龄为 6 380±110 aBP,孢粉组合代表了植被比较繁盛的温干疏林草原环境。由于植被覆盖较好,更新世形成的科尔沁沙地在此一时期趋于固定,沙地面积缩小,以兴隆洼、赵宝沟和红山文化为代表的早期农业在西拉木伦河流域兴起。在白音长汗遗址围沟属于兴隆洼时期的文化层(7 800 aBP),孢粉组合代表温干的疏林蒿藜草原环境;在敖汉旗小山遗址赵宝沟文化时期的文化层(7 000 aBP)中,有喜湿的中华卷柏、石松等,代表了比较温暖湿润的森林草原环境。

沙地的第一次扩展出现在 5 500~4 000 aBP 的红山文化晚期(红山古国时期)和小河沿文化时期。在我国北方沙地可以普遍见到上述大暖期中最厚的古土壤层,厚厚的风沙层中夹有 2~3 层古土壤,这是大暖期中最适宜时期结束之后气候逐渐恶化,并具有明显波动的产物。在巴林左旗大坝、二道梁子、敖汉旗西台等地的红山文化时期文化层(5 500 aBP)中,草本植物一般占 70.9%~88.5%,有蒿属、藜科和菊科;蕨类占 10.3%~26%;木本植物占 1.2%~3.1%,代表了比较温干的疏林草原环境。在科尔沁沙地,根据该期风沙层中古土壤夹层的碳十四测定推知风沙层的年龄在 5 000~4 000 aBP 之间。气候恶化引起的沙地复活和扩大,势必造成居住环境恶化,红山文化被小河沿文化所取代,后者在分布范围上要远远小于红山文化,土地沙化可能是造成这次社会变革的主要原因之一。

沙地的第二次收缩出现在 4 000~3 300 aBP 的夏家店下层文化时期。当时

---

[1] 夏正楷、邓辉、武弘麟:《内蒙西拉木伦河流域考古文化演变的地貌背景分析》,《地理学报》,2000 年第 3 期。

正值大暖期中又一个比较适宜的时期,气候暖湿,波动和缓,西拉木伦河流域与我国北方其他沙地一样,发育了全新世大暖期中另一层较厚的古土壤。在翁牛特旗测得该土壤层碳十四年龄为 4 010±85 aBP 和 3 190±80 aBP;老哈河的王祥沟一级阶地沉积物下部黑淤泥层的碳十四年龄为 3 980±80 aBP;敖汉旗喇嘛洞山相当于这一时期的文化层中,孢粉组合反映了较为温湿的森林草原环境。良好的气候有助于植被的恢复和土壤的发育,沙地趋于固定,沙化面积减少,农田扩大,促进了夏家店下层时期农业经济的发展,并达到空前的水平。

沙地的第二次扩展出现在 3 300～2 800 aBP 的夏家店上层文化时期。当时全新世大暖期结束,新冰期来临,气候明显恶化。受全球气候变化影响,我国北方沙地再次覆盖本区,可以见到夏家店下层时期形成的古土壤层普遍被风沙层所覆盖。科尔沁左翼后旗老爷庙风沙层上覆盖的古土壤的碳十四年龄数据为 2 870±120 aBP;林西风沙层上覆盖的古土壤的碳十四年龄数据为 2 950±80 aBP;老哈河王祥沟一级阶地沉积物中风沙层上覆盖的古土壤的碳十四年龄为 2 520±80 aBP。根据风沙层上覆盖的古土壤的年龄,推断风沙层堆积的时代在 3 300～2 800 aBP 之间。气候恶化是风沙层形成和发展的主要原因。随着风沙层的发育,沙地面积扩大,农田遭到破坏,农业经济迅速衰落,夏家店下层的农业文化被夏家店上层的畜牧业文化所取代。

对于 5 500 aBP 的红山古国时期科尔沁沙地扩展这一现象,很多学者做过深入研究。1974 年,朱风瀚同志曾调查了奈曼旗大沁他拉镇以北沙丘中的五个红山文化地点。这五个地点都处在固定或半固定沙丘之中,周围是半流动沙丘,这五处的地层均是:第一层为黑沙土层,不含遗物,第二层为灰褐色沙土层,即红山文化层。1975 年哲里木盟文物普查时,在沙化较为严重的科尔沁左翼后旗境内发现十四处红山文化或同时期的文化遗存。除被破坏无法区分地层者外,这些遗址的遗物都出土于黑沙土中。这些发现表明,红山文化晚期科尔沁沙地已经出了沙化现象。20 世纪 50 年代末,为了搞清西拉木伦河流域的文化面貌和地层关系,吕遵谔先生等人对林西县的沙窝子和锅撑子山两处新石器文化遗址做了详细的调查和发掘。吕先生在调查报告结语中说:"从调查和发掘的结果看,文化遗物确是包含在第二层的黑沙土层内。"张柏忠先生也发现了红山文化遗物多见于黑沙土层这一规律。

刘新民通过相对完整的科尔沁沙丘剖面研究复原了科尔沁沙地沙漠化的过程,在这一剖面中他发现了三个土壤层和三个风沙层(图1.2)[1]。

---

[1] 刘新民:《科尔沁草原生态系统的破坏与恢复机制》,第三届国际沙漠会议,1990 年。

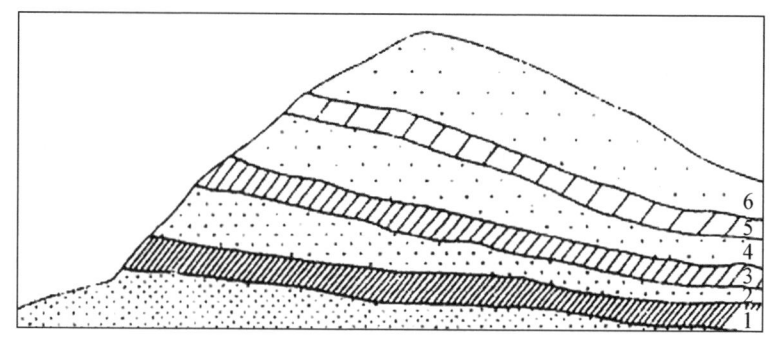

图 1.2 科尔沁沙丘剖面图

1. 第一层黑色的土壤层；2. 第一层灰黄色的风成沙层；
3. 第二层黑褐色的土壤层；4. 第二层灰黄色的风成沙层；
5. 第三层浅褐色的土壤层；6. 第三层浅黄色的风成沙层。

他认为这一地区经历了三次沙漠化与恢复的循环。剖面上的三个土壤层反映的是固定沙丘时期和恢复阶段，而三个风成沙层则是在更严重的风沙冲积和沙化过程中形成的。根据刘新民先生所绘表格（表 1.1），第一周期第一个古土壤层形成于新石器时代中期，5 100~4 800 aBP，恰好是红山文化晚期（红山古国时期）和小河沿文化早期交替阶段。4 850 aBP 以后，这里的环境沙化，小河沿文化遗址数量的大大减少或许与此有关。接下来的沙漠化阶段是青铜时代早期夏家店下层文化和铁器时代早期的夏家店上层文化。

表 1.1 科尔沁草原沙漠化过程各时期

	固定的风成沙阶段	流动的风成沙阶段	固定的风成沙阶段	移动的风成沙阶段	固定的风成沙阶段	移动的风成沙阶段
沙丘剖面	①层古土壤层	②层风成沙层	③层古土壤层	④层风成沙层	⑤层古土壤层	⑥层风成沙层
地层厚度	0.28	1.53	0.42	0.73	0.28	0.35~0.5
时间范围	前3100~前2850年	前2850~625年	625~825年	825~1300年	1300~1700年	1700年~现今
气候条件	温暖半干旱	寒冷干旱	温暖半干旱	寒冷干旱	温暖半干旱	寒冷干旱
主要地貌	固定和半固定沙丘	风成沙形成松软地表	固定和半固定沙丘	风成沙形成松软地表	固定和半固定沙丘	风成沙形成松软地表
沙丘高度		2.01		3.16		5~6

此外，也有学者对教来河河岸的剖面进行了研究。研究显示，堆积自下而上可分为三个大的地层：下层、中层和上层(图 1.3)[1]。下层为草根冲积沙层，堆积厚 3 米，属于一层曾被草原植被覆盖的合成堆积，年代为距今 19 890±360。中层厚约 3.5 米，堆积内的炭化植物遗存提供的年代是 11 040±580 aBP；自下而上 6.5 米处的泥炭层年代为 10 250±85 aBP，这一层从地形学上来讲属于小洼地堆积，在这个未经扰乱的水平堆积之上是低温条件下形成的厚厚的堆积，表明在这一地区全新世早期普遍存在着冻土。上层自下而上可分为四小层。第一层为低温时形成的堆积物，厚约 1 米；第二层是土壤和风成沙混合层，风成沙有时与土壤结为一体，在这一土壤层广泛分布着新石器时代的聚落遗迹；第三层是层状淤泥堆积和深约 1 米充满芦苇根茎的黏土层，表明其是在洼地里形成的淤积带；第四层便是堆积的风成沙层，其中部分被植被覆盖或形成抛物线形、新月形沙丘。

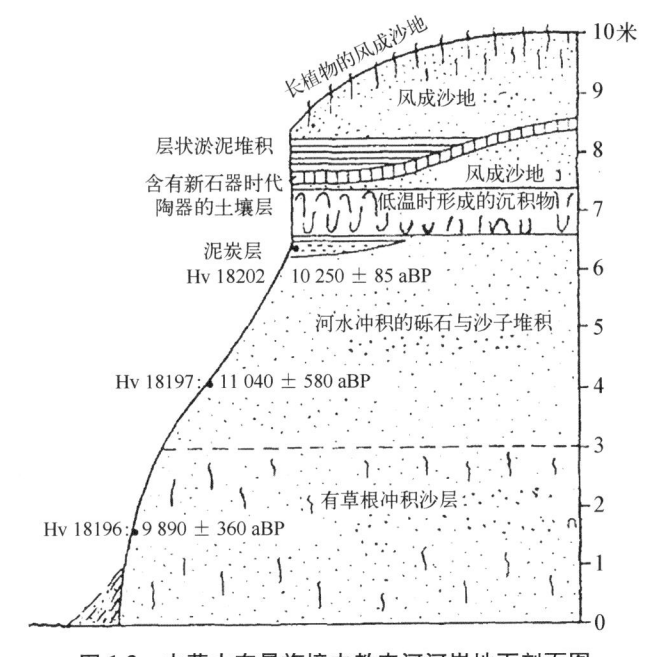

图 1.3　内蒙古奈曼旗境内教来河河岸地下剖面图

根据学者们对教来河河岸剖面的研究，在更新世晚期和全新世早期，由于河流的冲积作用这里形成了沙和砾石堆积(也就是上层中自下而上的第一层，也

---

[1] [德]梅克·汪耐尔著，靳桂云译：《科尔沁草原史前时代的聚落与沙漠化过程的环境考古学研究》，《辽海文物学刊》，1996 年第 1 期。

可称为永冻层),但由于此后气候干燥这种冲积的方式再也没有发生过。此外,由于永冻层所阻,水无法向下渗入,而一旦永冻层上面风成沙层形成、雨水充沛就会形成有水沙地;或者在剖面低处堆积形成的过程中,洪水从草原植被上流过,植物遗迹保存良好而没有腐烂,形成土壤层。风成沙和土壤混合层(也就是上层中自下而上的第二层)恰好适合人类开垦和居住。虽然教来河河岸剖面上层中风成沙和土壤混合层没有明确的碳十四测年,但是该土壤层上下均为沙土层,并有大量的新石器时代遗物出土,这表明教来河地区新石器时代气候干燥、土壤沙化严重。

三、湖泊水位升降

红山古国地域范围内最大的湖泊是位于内蒙古中东部克什克腾旗西北的达里湖,海拔1 226米,是地处东亚季风过渡区的封闭湖泊。遥感数据显示,2010年湖面面积188.48平方公里,湖水最大深度11米。达里湖东西两侧分别发育两个小湖(岗更诺尔和多伦诺尔),面积分别是17.8平方公里和2平方公里,分别经萨林河和浩来河与达里湖贯通。此外还有贡格尔河从东北侧注入达里湖,亮子河由西南侧注入达里湖。湖泊流域范围内,新生代玄武岩主要分布在湖泊的北部和西部,南侧为浑善达克沙地的风成沙沉积,东部为古湖积盆地的一部分。

早期的研究以湖泊周边的湖岸堤和湖相沉积剖面为主要研究对象。李容全等人根据湖岸堤重建了岱海、黄旗海、达里湖的湖面变化过程,认为湖泊自全新世以来经历了不断收缩的过程[1]。湖岸堤是湖泊演化过程中水动力作用形成的一种地貌,是湖岸变迁历史以及不同时期古湖面高程的直接证据[2]。刘瑾博士对全新世以来达里湖湖泊水位变化过程进行了系统研究(图1.4)[3],认为其演化过程大体可划分为四个阶段:自早全新世至10 000 aBP,剖面岩性主要为细砂;10 000~6 600 aBP,剖面岩性为粉砂质黏土,底部偶见软体动物壳体,两个剖面均显示湖泊水位增高;6 600~1 000 aBP,剖面岩性主要为粉砂及细砂,湖面的下降过程显著;1 000 aBP之后,剖面的湖相沉积结束,由风成沙沉积所取代,此时湖面下降、湖泊退缩。她结合达里湖湖心钻孔记录和达里湖西侧湖相沉积剖面的研究指出:达里湖在全新世经历了中—高—中—低湖面的演化过程。全

---

[1] 李容全、郑良美、朱国荣:《内蒙古高原湖泊与环境变迁》,北京师范大学出版社,1990年。
[2] 沈吉等:《湖泊沉积与环境演化》,科学出版社,2010年。
[3] 刘瑾:《内蒙古中东部湖泊沉积记录的全新世以来的气候变化》,中国地质大学博士学位论文,2017年。

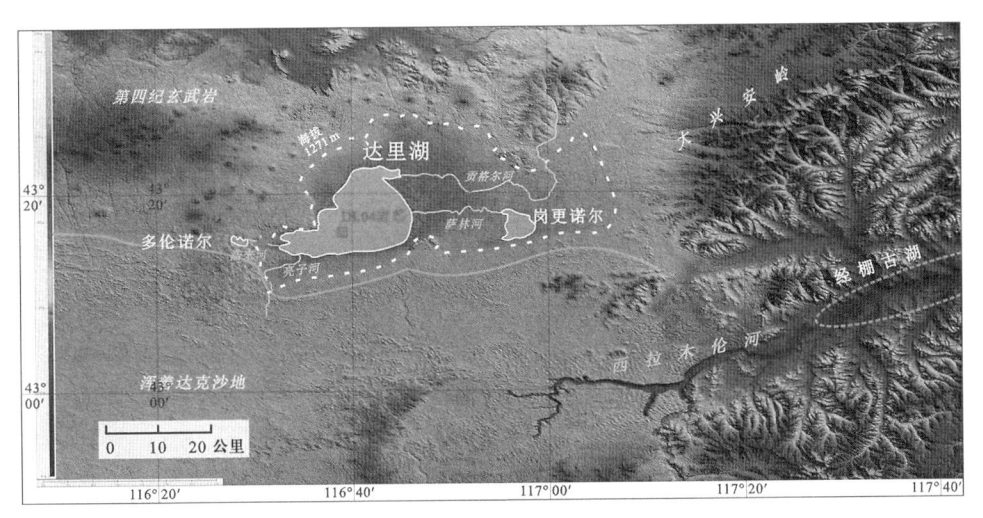

图 1.4　达里湖水位升降范围示意图

新世中期 10 000~6 600 aBP 为高湖面期,湖面可能达到最高一级湖蚀平台(海拔 1 291 米)或更高的高度。全新世中期的高湖面结束之后,湖面下降,并于 4 800 aBP 下降到 1 279 米,4 600 aBP 降至 1 275 米高度。湖岸堤记录的全新世湖面上升期结束之后的 4 800~4 600 aBP,湖面仍高于现代湖面 50 米左右,可见达里湖全新世湖面波动之剧烈。全新世以来达里湖湖泊水位不仅波动频繁,还有着较大的波动幅度。全新世中期最高水位虽无直接记录,但是根据沉积序列,其幅度至少可达到 53 米。刘瑾博士的研究表明:相当于红山文化和小河沿文化时期的 6 600~4 600 aBP,达里诺尔湖处于中湖面期,水位持续下降。全新世内蒙古中东部湖泊均经历了剧烈的湖面波动,不同湖泊湖面变化的幅度差异较大,从 54 米至近 10 米不等。内蒙古西部吉兰泰盐湖的高湖面出现在 9 000~7 000 aBP,5 400 aBP 以来湖面下降迅速;腾格尔古湖全新世中期 8 500~5 100 aBP 年湖水深度为 15.6~14 米,全新世晚期 3 600 aBP 的深度为 7~8 米。全新世晚期至今达里湖的湖面下降幅度约 50 米。此外,在 7 100~6 000 aBP,内蒙古东部位于浑善达克沙地东缘的浩来呼热古湖数据指示气候环境有所退化。内蒙古东北部的呼伦湖沉积物中的介形虫及其壳体地球化学指标显示 6 200 aBP 之后,湖泊水位持续下降[1];Zhang et al.通过粒度和 OLS 重建了黄旗

---

[1] Zhai D. Y., Xiao J. L., Zhou L., et al., Holocene East Asian monsoon variation inferred from species assemblage and shell chemistry of the ostracodes from Hulun Lake Inner Mongolia, *Quaternary Research*, 2011.

海湖泊记录,认为自 6 700 aBP 之后区域气候持续恶化[1]。根据湖泊水位变化推断,辽西区域气候恶化约开始于 6 000 aBP 左右的全新世中期。

东北地区包括内蒙古东部地区的湖泊水位均处于下降趋势,其主要原因应当与气候整体干旱有关。耿侃、张振春先生进一步指出:"该湖群地貌退缩演化的综合特征,与气候干旱化的总发展趋势相对应,湖泊退缩的直接主导因素是气候因素。也就是说,全新世以来,达来诺尔地区长期处于干旱或半干旱化的环境中,湖泊长期处于蒸发量大于补给量的状况中,水分入不敷出,湖泊水体逐渐减少,水中矿物质浓度因不断蒸发而增加,最终导致湖泊缩小,水体咸化的现今结果……在蒸发量大于补给量的干旱或半干旱地区,湖水滞流的封闭湖泊由淡水向半咸水、咸水方向演化,是在气候干旱趋势下的必然结果。"[2]张兰生先生认为:"中国边缘海第四纪中、晚期以来的历次海进、海退,特别是末次冰期的大范围海退以及全新世初期的海进,距今 5 000~6 000 年间达到最高海面,然后波动性下降,更是全球性现象,虽有一定的区域特征,但在时间上和升降幅度上,大致都可以作世界性对比。"[3] 5 000 aBP 的红山古国晚期,随着降温和干旱的加剧,海洋和湖泊水位下降已呈现普遍化趋势,红山古国人群的生存面临严峻挑战。

总的来说,红山古国时期(5 500~5 000 aBP)气候波动加剧,干冷化趋势明显,这种变化可以从黄土台地发育、沙地面积扩展、湖泊水位下降等方面体现出来。从微观上看,土壤层与沙土层交替叠压,沙地面积有进有退,湖泊水位有升有降。但从宏观上看,由于气候逐渐向干凉趋势演变,黄土台地裸露,土壤沙化;随着沙丘流动,沙地面积不断扩大的趋势明显;与此同时,湖泊水位也在不断下降。这种变化趋势与大暖期气候不稳定、逐渐向干冷化趋势演变有关。红山文化晚期环境变迁对红山古国社会发展影响深远。它影响了红山古国时期的经济模式,进而影响了红山古国居民的生活方式。没有大的社会变革很难发生经济方式的根本性革命。山地丘陵为主的自然环境决定了红山古国居民必然会充分继承本地区渔猎采集为主的生业模式。然而,随着气候波动和环境变迁,由于渔猎业和采集业具有不稳定性,红山古国居民不得不频繁迁徙,寻找更充足的食物

---

[1] Wen, R. L., Xiao, J. L., Chang, Z. G., et al., Holocene precipitation and temperature variations in the East Asian monsoonal margin from pollen data from Hulun Lake in northeastern Inner Mongolia, China, *Boreas*, 2010.

[2] 耿侃、张振春:《内蒙古达来诺尔地区全新世湖群地貌特征及其演化》,《北京师范大学学报(自然科学版)》,1988 年第 4 期。

[3] 张兰生:《中国第四纪以来环境演变的主要特征》,《北京师范大学学报(自然科学版)》,1984 年第 4 期。

资源和水源。同时,选择多种经济模式维系生存,特别是采用中原地区原始种植业模式成为理想的选择,因为原始种植业能为红山古国居民生存提供相对稳定的食物来源。不过,西辽河流域生态环境脆弱,即使气候稳定时古土壤发育的腐殖层也很薄,气候不稳定时沙地面积扩展,可开垦的有水沙地由于土地肥力不够也无法向黄河流域那样形成定居式农耕,而是形成流动式"游耕"。由于气候干旱趋势加大,风成沙的不断堆积,松软的沙土地为原始粗耕农业的发展提供了可能。而且由于气候逐渐向干凉趋势发展,植被萎缩,黄土台原面积逐渐扩大,适宜人类建房居住的地域不断扩大,为人群活动提供了更为广阔的空间。总之,气候环境变迁导致的黄土台地裸露和土壤沙化客观上产生了两个结果:一是人群活动面积的扩大,二是在极端条件下当渔猎业和采集业不能维系生存时,原始种植业产生,能最大程度保障人群生存下来。在渔猎资源日益枯竭的情况下,基于采集业而发展起来的原始种植业成为渔猎采集业的有机补充。

第四节　红山古国时期自然环境的重构

红山古国所处的辽西地区以山地丘陵为主,属于半干旱半湿润气候,土壤植被脆弱。一旦气候干凉加剧,蒙古高原的季风裹挟着黄土向沼泽湿地密布的东北平原推进,便极易形成有水沙地,有水沙地为原始农业的诞生创造了条件。红山古国独特的自然环境可以从三个维度进行重构(图1.5)。

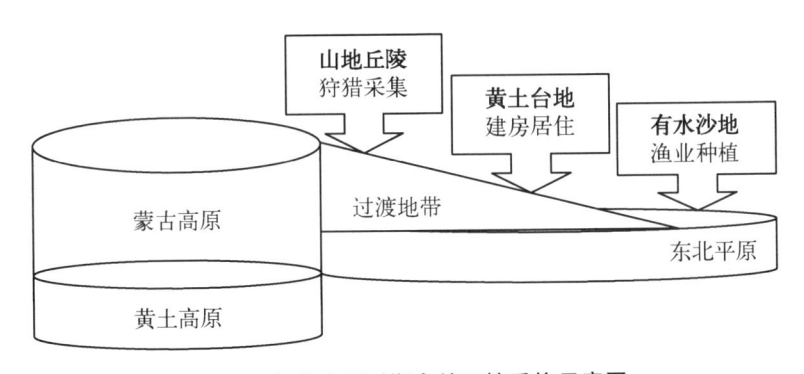

图1.5　红山古国时期自然环境重构示意图

一、山地丘陵

红山古国所在的辽西地区地处蒙古高原向东北平原的过渡地带,地形以山地、丘陵为主。受西高东低的地形限制,西部山地丘陵海拔较高,多高山深谷,东部山地丘陵海拔较低,多为黄土台原;河流大多自西向东流,水流落差较大。同时,由于北部是东北—西南走向的大兴安岭,使得自西北向东南流的西拉木伦河北部支流对沿岸山地不断切割,形成山谷地带。山地丘陵为主的地貌提供了丰富的动植物资源,为狩猎和采集业的发展提供了可能。

二、黄土台地

黄土高原向东北一直延伸到辽西地区。从大的地理范围讲,辽西地区西部的七老图山属于黄土高原的最东端,这里的黄土台地虽不像陕西、山西境内的黄土层那样厚,但却有零星分布。此外,蒙古高原的黄沙土在西北季风的作用下不断向东移动,并在河流下游两岸形成相对固定的沙丘。辽西山地下层的黄土和上层叠压的黄沙土综合作用形成的黄土台地很具典型性,一方面,黄土地适合建筑半地穴式房屋,但流动的沙丘使得房址在使用一段时间后即被废弃的可能性大;另一方面,黄沙土也为"游耕"创造了条件。总之,黄土台地既能为红山古国居民建造房屋提供理想的栖息地,也能为原始种植业发展创造条件。

三、有水沙地

当黄沙土移动至河湖纵横、沼泽密布的平原地带时,黄沙土掩盖了湿地,形成了有水沙地。一方面,尽管红山古国时期气候干凉化趋势加剧,但由于本地区地下水资源丰富,鱼类和蚌类水产资源仍然很可观,这为红山古国的渔业发展奠定了坚实基础;另一方面,气候干凉对于沙土地的形成也产生积极影响。由于沙土地比黄土地更松软,气候干凉、水位下降使得大片沼泽地萎缩、更多的沙土地暴露于地表,更适合开垦。因此,原始种植业很可能作为渔猎采集业的重要补充得到了发展。

第二章 渔猎采集为重的复合经济

辽西地区以山地丘陵为主的地貌特征和大暖期的气候环境一方面有利于植物资源的多样性发展,另一方面也为鹿和野猪等大型动物的生存提供了优越的生存环境。动植物资源的多样性为居民提供了更广泛的食谱,居民既能获得充足的植物资源,也能获得丰富的肉食资源,为生存提供了充足的物质保障。通过渔猎获得更多的肉食资源,通过采集获得更多的植物资源,实现两种资源的有机互补,是红山文化居民的主要生业模式。红山文化分布区出土的大量石镞、石叶、石片等细石器和骨角蚌器表明,自兴隆洼文化以来,本地区的渔猎经济始终占有重要地位;同时,红山文化分布区出土的大量石斧、石刀、石磨盘、磨棒、石臼、石饼等石器组合和罐、钵、壶等陶器组合以及炭化的野生植物颗粒表明,采集业也占有重要地位。出土的石耜和双孔石刀表明,原始种植业占有一定比例,是渔猎采集业的重要补充。魏家窝铺遗址出土粟、黍的绝对数量和出土概率很低,说明当时的农作物栽培技术与种植业尚处于初级阶段,经济活动的主体仍然是渔猎和采集,种植在当时仅仅是辅助性的生产活动。此外,土壤层和文化层稀薄表明这里的山地农业并非像黄河流域平原农业那样属于定居式农业,而是迁移耕作的"游耕"式农业。红山文化在晚期步入古国阶段,由于气候逐渐转向干冷,食物资源匮乏,居民进行了频繁的迁徙,"游耕"式农业作为渔猎采集业的重要补充,有了一定规模的发展。

第一节 久远的渔猎业

生产工具是生产力发展水平的重要标志。红山文化时期的生产工具以石器为主,主要分为两类:一是打制石器,主要有砍砸器、刮削器、石镞、石叶、石核等;二是磨制石器,主要有石斧、石锛、石磨盘、石磨棒、石臼、石杵、石饼、石环、石网坠等。其中打制石器中的细石器是东北地区极具地方特色的文化传统之一，当和狩猎有关。红山文化遗址出土的大量与渔猎活动相关的细石器、石环、石网坠和骨角蚌器表明，红山文化居民继承了本地区发达的渔猎传统。此外，体质人类学研究成果也表明，红山文化居民摄入的大量肉食资源主要是野生动物。因此，渔猎业占有重要地位。"从红山文化遗址出土较多野生动物骨骼，如熊、赤鹿、马鹿，具有较多野生特征的猪、羊等，以及细石器和打制石器较发达，居住遗址文化堆积普遍较薄所反映的定居不稳定性等方面看，仍属森林草原地区文化，采集、渔猎在经济生活中仍举足轻重。……尤其是红山文化以筒形陶罐和细石器为主要文化特征，这是东北地区以至东北亚地区普遍的文化特征，所以，红山文化是以东北渔猎文化为本的一支史前文化"[1]。红山文化在晚期进入古国时代，其居民继承了东北地区久远的渔猎文化传统。

一、发达的细石器

细石器是渔猎业发达的重要标志之一。根据考古调查和发掘的情况来看，红山文化时期一些典型遗址出土了大量的细石器。这表明红山文化社会渔猎业十分发达，是红山文化居民最重要的生业模式之一。

（一）细石器组合

红山文化典型遗址出土的细石器组合主要包括石叶、石片、石镞和石核四种类型。从数量上看，各个典型遗址出土的石叶和石片数量最多，石镞也有一定数量的发现。从形制上看，石叶呈条状，两侧的刃部十分锋利；石片呈不规则的圆形或椭圆形，周缘是锋利的刃部；石镞多呈三角形，不仅两侧刃部锋利，尖部也十分锋利；石核多呈现棱柱状、棱锥状或台柱状。每一类型的细石器虽然个体会有一些细小的差别，但造型基本一致，加工工艺大体相同，应该有着相同的使用功能。

林西县白音长汗遗址[2]四期出土大量细石器，主要有石叶、石片、石镞、石核四种类型。其中石叶和石片最多，共39件，还有石核9件、石镞3件。石叶一般为长条形直刃，均压制而成，背面平滑，正面有纵向凸棱脊，器身短小，一般长2~6厘米，宽0.5~2厘米，AF36②：1（图2.1，1）。石片一般是在石片上压制或

---

[1] 郭大顺：《红山文化研究回顾》，《中国考古学研究的世纪回顾——新石器时代考古卷》，科学出版社，2008年。

[2] 内蒙古自治区文物考古研究所：《白音长汗——新石器时代遗址发掘报告》，科学出版社，2004年。

打制出石刃,或者直接利用石片边缘的利刃,呈不规则形状,弧刃,有明显的使用痕,AH46:10(图2.1,2)。石镞多等腰三角形,压制成型,BF1①:4(图2.1,3)。石核多为棱柱形和棱锥形,BH89:5(图2.1,4)。

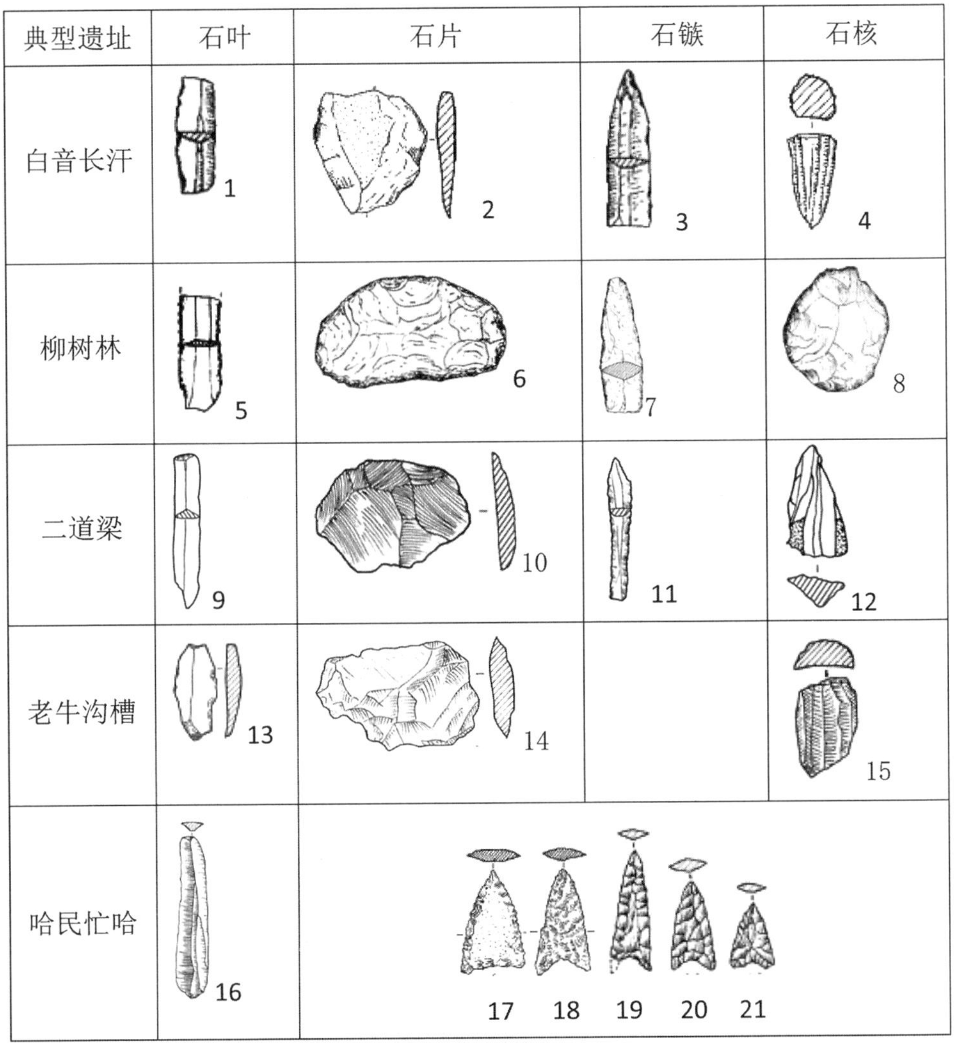

典型遗址	石叶	石片	石镞	石核
白音长汗	1	2	3	4
柳树林	5	6	7	8
二道梁	9	10	11	12
老牛沟槽	13	14		15
哈民忙哈	16		17 18 19 20 21	

图2.1　西拉木伦河流域典型遗址细石器组合

林西县柳树林遗址[1]出土细石器数量较多,大多为石叶、石片,加工精制。石叶标本1件,T0207②:2,灰褐色石片压制而成,长3.5、宽1.1厘米(图2.1,

---

[1] 内蒙古自治区文物考古研究所:《赤峰市林西县柳树林红山文化遗址发掘简报》,《草原文物》,2015年第1期。

5）。石片标本1件，T0205②：2，灰白色砂岩打制而成，器体遍布打制疤痕，上端较厚，下端略薄，长6.4、宽3.2厘米（图2.1,6）。石镞标本1件，F18：6，整体呈瘦长的三角形，灰白色岩石打制而成，尖端略残，周身遍布细密的打制疤痕，两侧刃部打制较薄，中间形成一道棱脊，长11.2、宽3.5、厚1.2厘米（图2.1,7）。石核标本1件，T0205②：1，不规则圆形，灰色泥岩打制而成，器体遍布打制疤痕，长6.7、宽5.8厘米（图2.1,8）。

巴林左旗二道梁遗址[1]出土了大量细石器，主要器形有石叶、石镞、石核三种，一般都经过多次加工。石叶呈桂叶形，边侧带琢齿，扁三棱体，断面呈三角形。标本1件，T59①：1，长5.6、宽1.7厘米（图2.1,9）。石片大体呈椭圆形，周缘打制出锋利的刃部。标本1件，91ZE：370（图2.1,10）。石镞呈柳叶形，扁四棱体，尖部粗大，边侧有琢齿，断面为梯形。标本1件，T26①：1，长4.8、宽0.5~0.1厘米（图2.1,11）。石核整体呈三角锥形体，截面为三角形。标本1件，91ZE：2（图2.1,12）。

翁牛特旗老牛沟槽遗址[2]出土的细石器主要有石叶和石片。石叶100余件，绝大多数为红褐色砂岩，也有其他石质，用直接锤击法打制，多不规则形，无使用痕迹，刃部锋利。标本1件，H11：5（图2.1,13）。石片150余件，大部分为红褐色砂岩，少部分为沉积岩和玄武岩，器形较小，使用痕迹明显。标本1件，F2：8（图2.1,14）。石核4件，整体呈柱状，截面呈半圆形。标本1件，H19：2（图2.1,15）。

通辽哈民忙哈遗址[3]出土的细石器主要有石叶和石镞两种类型。石叶，长条形，上宽下窄，两边有明显的修整痕迹。标本1件，F46：24，长11、宽2.2、厚0.6厘米（图2.1,16）。石镞5件，F12①：3，长2.5、宽1.5、厚0.2厘米（图2.1,17）；F6：6，长2.6、宽1.3、厚0.2厘米（图2.1,18）；F45①：7~2，长3.8、宽1.3、厚0.2厘米（图2.1,19）；F45①：7~1，长2.8、宽1.4、厚0.4厘米（图2.1,20）；F53：13，长2、宽1.35、厚0.3厘米（图2.1,21）。

林西县水泉遗址[4]出土细石器20件，约占石器总数的三分之一。器形主

---

[1] 内蒙古文物考古研究所：《巴林左旗友好村二道梁红山文化遗址发掘简报》，《内蒙古文物考古文集（第一辑）》，中国大百科全书出版社，1994年。

[2] 内蒙古自治区文物考古研究所：《翁牛特旗老牛槽沟红山文化遗址发掘简报》，《内蒙古文物考古文集（第四辑）》，科学出版社，2013年。

[3] 内蒙古文物考古研究所、科左中旗文物管理所：《内蒙古科左中旗哈民忙哈新石器时代遗址2010年发掘简报》，《考古》2012年第3期；内蒙古文物考古研究所：《内蒙古科左中旗哈民忙哈新石器时代遗址2012年的发掘》，《考古》2015年第10期。

[4] 内蒙古文物考古研究所：《内蒙古林西县水泉遗址发掘简报》，《考古》，2005年第11期。

要有石叶和石镞两类,其中镞5件,均为三角形;其余多为石叶和石片。

综合分析,西拉木伦河流域红山文化遗址出土的细石器不仅数量占比高,而且器物组合十分稳定,主要是石镞、石叶、石片和加工这些细石器后剩下的石核。从加工工艺上分析,石镞、石叶、石片从石核上剥离后几乎全部为打制成形,一般不经过二次加工,因此石器刃部十分锋利,基本上保留了一次打制痕迹。

赤峰红山后遗址[1]第二住地出土的细石器燧石打制品中,有石叶、石片和石镞等,未发现石核。石叶扁平细长,两侧为刃部,断面呈三角形或者梯形,其中,有对两侧或者表面的一端进行再加工的;此外,还有将上端斜切成尖头的(图2.2,1~2)。石片经过精心打缺,在边沿打出刀刃(图2.2,3~4)。石镞都是三角形,有逆刺(图2.2,5~6)。

赤峰西水泉遗址[2]出土的细石器共221件,其中采集品170件。主要器形有石叶、石片、石镞、石核四种。石叶共68件,其中长条形石叶50件,都是从有台面的石核上剥落下来的,以燧石居多。标本1件,F17:1,腹面的两侧长边有加工痕迹,长1.9厘米(图2.2,7)。石片65件,不规则薄片48件,多是从石料表面剥落的石皮。圆形圆刃17件,加工部位多在厚石片的腹面的边缘,有的在周边或周边的一部分有琢痕。标本1件,63采:18(图2.2,8)。石镞发掘出土4件、采集11件,有三角形和锥形两型,从底部看三角形有平底和凹底之分。标本1件,63采:15(图2.2,9);锥形石镞用薄而长的石片腹背两面各一侧长边的中腰至尖端加工而成,锥尖偏向一侧,利于剔剥。石核5件,其中条形3件,台面利用平整的自然石面,靠台面一端的石片疤痕较窄,其余石片疤痕较宽,不规整;锥状2件,尖端残,台面经修整,近于圆形,周边有长条形石片剥落痕。标本1件,63采:20(图2.2,10)。

敖汉旗七家遗址[3]出土有石叶,压制,正面有凸棱脊,背面平滑。石叶2件,F7:1,长9.4、宽1.7、厚0.6厘米(图2.2,11);F3:10,长5.8、宽0.7、厚0.2厘米(图2.2,12)。石片2件,白色玛瑙石,整体呈梯形,用压制的石叶压出边刃,刃缘略带弧形,顶面平直,标本1件,H55:1,长1.6、宽1.5、厚0.3厘米(图2.2,13)。石镞2件,标本1件,F2:8,褐色,等腰三角形,略带尖底,顶部残断,

---

[1] 东亚考古学会著,戴岳曦、康英华译,于建设、李俊义、戴顺主编:《赤峰红山后》,内蒙古大学出版社,2015年。
[2] 刘晋祥、杨国忠:《赤峰西水泉红山文化遗址》,《考古学报》,1982年第2期。
[3] 赤峰市博物馆、敖汉旗博物馆:《赤峰市敖汉旗七家红山文化遗址发掘报告》,《草原文物》,2015年第1期。

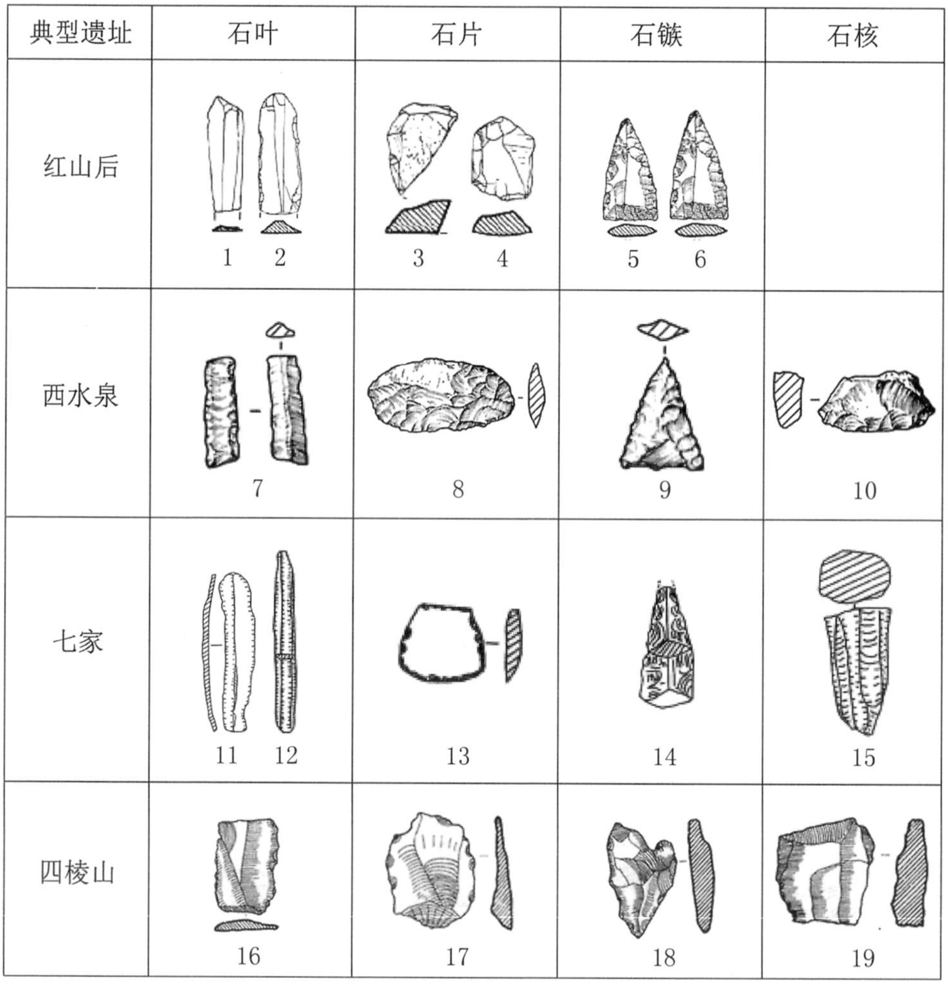

典型遗址	石叶	石片	石镞	石核
红山后	1 2	3 4	5 6	
西水泉	7	8	9	10
七家	11 12	13	14	15
四棱山	16	17	18	19

图 2.2　老哈河流域典型遗址出土细石器组合

正面及背面各有一条棱脊,截面呈菱形,残长 3.4 厘米(图 2.2,14)。石核 1 件,F2∶1,黑灰色,棱锥型,台面经修整,近圆形,侧面有长条形、柳叶形石叶剥落痕,长 3.6、宽 2 厘米(图 2.2,15)。

敖汉旗四棱山遗址[1]出土细石器 142 件,其中采集品 100 件。石叶 30 件,标本 1 件,T9∶4,长方体,边刃薄,使用痕明显,加工精致,为装在骨槽中的石刃,长 3.4、宽 2.4 厘米(图 2.2,16)。石片 79 件,标本 1 件,T3∶5,破裂面清楚,边刃锋利,长 3.3、宽 2.5 厘米(图 2.2,17)。石镞 22 件,标本 1 件,T2∶5,两端尖,中

---

[1] 李恭笃、高美璇:《内蒙古敖汉旗四棱山红山文化窑址》,《史前研究》,1987 年第 4 期。

间宽,燧石打制,长5、宽1.6厘米(图2.2,18)。石核11件,标本1件,T2∶2,圆柱体,台面平整,剥落痕迹明显,长3、宽1厘米(图2.2,19)。

老哈河流域红山文化遗址出土的细石器也主要是石镞、石叶、石片和加工这些细石器后剩下的石核,其中以石叶和石片占大宗,石镞和石核的数量相对较少。

朝阳牛河梁遗址[1]第一地点出土有石叶,燧石质,深红色,石片制成,体长,两侧面向一面加工,使用痕迹明显。石叶1件,N1H3∶6,长4.6、宽1.6厘米(图2.3,1)。石镞1件,N1J3∶1,下部残缺,整体窄长,规整,两面经过精细加工,长2.8厘米(图2.3,2)。石核1件,N1H3∶5,灰黑色燧石,有较平的台面,锥体周边进行了二次加工,通高3.5、台面宽4.1厘米(图2.3,3)。牛河梁第五地点以小石片、石叶、石镞等为代表的细石器多达400件,在数量上占绝对优势。石叶标本1件,N5采∶19,硅质页岩,粉红、淡黄色,长条状,截面近梯形,长2.4、宽0.9、厚0.2厘米(图2.3,4)。石片标本1件,N5采∶21,红色燧石,近三角形,长2.7、宽2厘米(图2.3,5)。石镞标本2件,N5采∶53,黑褐色钙质页岩,等腰三角形,底平,两侧刃部及镞底经过细致加工,锋刃锐利,长2.8、宽1.3厘米(图2.3,6);N5采∶29,暗褐色钙质页岩,等腰三角形,镞底内凹,两侧形成后锋,其中一侧后锋残断,刃部经修整,尖锐锋利,长3.2、宽1.5厘米(图2.3,7)。石核标本1件,N5采∶34,绿色硅质页岩,多棱长柱状,历经多次压削剥落,台面台体已成窄条状,高6厘米(图2.3,8)。

朝阳小东山遗址[2]出土的细石器组合多为石叶和石片,少见石镞和石核。F8出土的9件细石器中,石叶5件,石片4件;H35出土的4件细石器组合中,石叶和石片均为2件;H40出土的细石器组合中石叶和石片各1件。石叶标本2件,F8①∶60,长2.2、宽1.1、厚0.6厘米(图2.3,9);H40∶21,燧石质,红色,长条形,截面为三角形,双面刃,压制,长1.8、宽0.5、最厚0.2厘米(图2.3,10);石片标本1件,H40∶22,玛瑙质,白色,不规则形,截面为三角形,压制,单面刃,刃部弧曲,最长3、最宽1.7、最厚0.7厘米(图2.3,11)。

锦西沙锅屯遗址[3]出土石叶背面稍加锤击,灰褐色,半透明,质似燧石

---

[1] 辽宁省文物考古研究所:《牛河梁——红山文化遗址发掘报告(1983~2003年度)》,文物出版社,2012年。

[2] 辽宁省文物考古研究所、朝阳市博物馆、朝阳县文管所:《朝阳小东山新石器至汉代遗址发掘报告》,《辽宁道路建设考古报告集(2003)》,辽宁民族出版社,2004年。

[3] 安特生著,袁复礼译:《奉天锦西县沙锅屯洞穴层》,《古生物志》(丁种第一号第一册),农商部地质调查所,1923年。

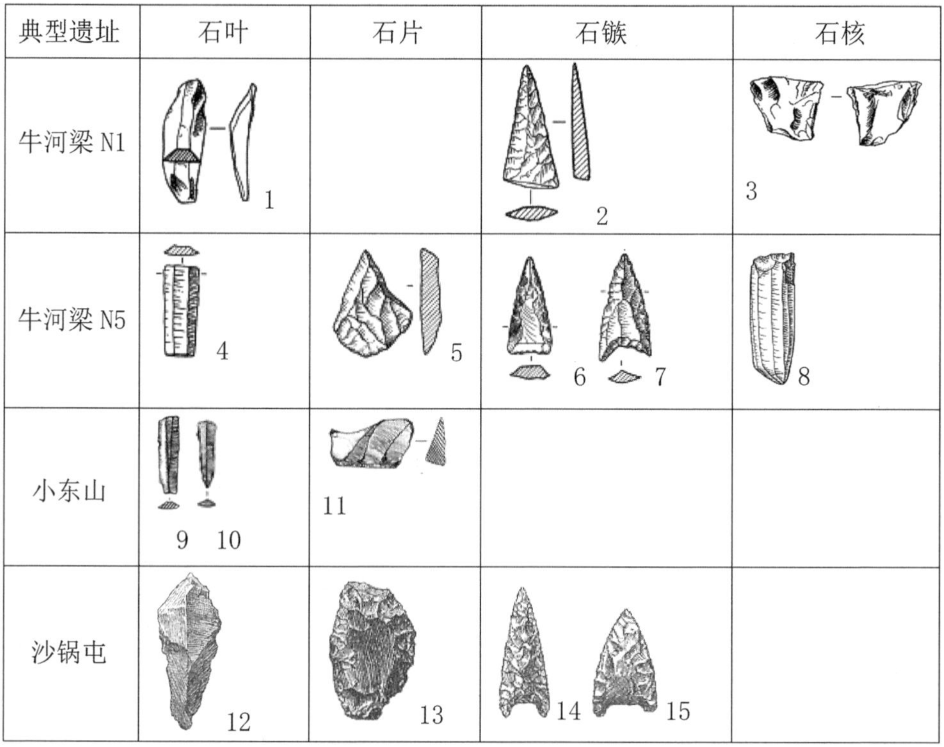

典型遗址	石叶	石片	石镞	石核
牛河梁 N1	1		2	3
牛河梁 N5	4	5	6　7	8
小东山	9　10	11		
沙锅屯	12	13	14　15	

图 2.3　大小凌河流域典型遗址出土细石器组合

（图 2.3,12）。石片背部未经琢磨、粗糙不平,一侧边缘磋磨尖利,可作刃用（图 2.3,13）。石镞均为三角形,用于安装箭杆,有凹槽,皆加工、精致（图 2.3,14,15）。

大小凌河流域红山文化遗址出土的细石器主要器形有石叶、石片、石镞和石核。从出土数量看,石叶和石片数量占绝对优势,石镞和石核的数量较少。

（二）细石器组合反映的渔猎经济模式

红山文化分布区内的西拉木伦河流域、老哈河流域和大小凌河流域细石器不仅普遍存在,而且器物组合相对稳定,主要是石镞、石叶和石片三种,其中石叶和石片的数量占绝对优势。除此之外,另有打制细石器后剩余的石核,但数量不多。谢飞先生认为在旧石器时代晚期向新石器时代过渡时,燕山南北长城地带有别于中国南方的东部地区,也有别于华北平原地区。这里在新兴的细石器工业基础上实现了向新石器文化的过渡,其最为深厚的社会经济基础是高级狩猎采集经济,后来的红山文化便是在这一基础上发展起来的[1]。类型学分析、微痕分析、残留物分析均表明红山文化时期出土的大量细石器是渔猎经济发达的实证。

第一,类型学分析表明,细石器多用于狩猎和动物加工。在石器类型学的基础上,运用微痕分析来了解石器的功能,这是目前石制品功能研究中常用的手段。狩猎工具的出现是狩猎经济最重要的特征,其中投掷用的石矛以及射击用的石镞是最主要的标志性工具。石矛尺寸大,是一种复合工具,以木头或骨头为柄,在柄的两边各开一条凹槽,将几何形细石叶或截断后的细石叶镶嵌在其中以增加杀伤力,尖部可以是捆绑的石质矛头,也可以是将木柄或骨柄削尖后直接使用,使用方式为直接投掷后穿刺猎物。而石镞尺寸小,可以在底部捆绑一根较长的木柄,搭配弓进行远距离射击。石片是渔猎工具中数量比较多的一类,其主要作用是用来处理动物的肉、皮、骨和鱼蚌类水生动物。其中,动物新鲜的皮或肉出现的频率最高,动物骨头次之。目前看来刮骨这一行为有两个原因,其一是处理骨头上残存的肉渣,其二是刮磨骨头以制作骨质工具或复合工具的柄。因此,石片可能存在两类功能,其一是加工食物,这应是主要功能;其二是用于制作骨质工具或复合工具。石叶是各地旧石器文化中最常见的一类工具,贯穿整个旧石器时代,某些地区会延续至新石器时代。石叶类细石器代表了特定环境下一种以开拓动物资源为主的工艺技术,石叶类工具主要用于加工动物,但石叶类工具中狩猎工具的比例要明显高于石片类工具中的狩猎工具。

第二,微痕分析表明细石器多用于狩猎和动物加工。陈虹博士研究团队通过对辉河水坝遗址出土的细石器进行微痕研究,认为细石器主要用于狩猎和加工[2]。该团队研究发现,辉河水坝遗址的431件石器中仅发现1件上有明确加工植物类材料的痕迹。由此推断,辉河水坝遗址的古人对于植物资源的利用十分有限,其经济模式应以狩猎为主。细石器中石片工具占比达44.8%,石叶工具占比达53.4%,石镞类工具的比例非常低。微痕观察发现,大量工具中还伴有触碰硬性材料而形成的卷边状、阶梯状片疤,这表明辉河水坝遗址的石片工具在屠宰动物的过程中会不断和骨头与软骨相接触。其研究同时发现,55.7%的石叶工具可能用于动物生产及加工,加工对象以动物为

---

[1] 谢飞:《环渤海地域新旧石器文化过渡问题研究纲要》,《中国考古学跨世纪的回顾与前瞻》,科学出版社,2000年。
[2] 陈虹:《华北细石叶工艺的文化适应研究——晋冀地区部分旧石器时代晚期遗址的考古学分析》,复旦大学博士学位论文,2010年。

主,尤以软性动物类材料最多。相比于石片工具,更倾向于使用石叶工具进行狩猎活动。"在北方地区一些新石器时代的文化遗址中,发现了一些用细石叶刃片镶嵌于骨、木柄中的复合工具。这类工具的功用可分两类:一是切割猎获品的肉、皮;二是切割植物。对此,学术界已经取得了共识"[1]。红山文化时期出土的大量细石器与辉河水坝遗址出土的细石器形制近乎相同,二者同属东北渔猎文化区,使用功能当无差别。如果排除特殊情况,就整体而言,石镞类工具当用于猎杀动物,石叶类当和骨柄组成复合工具,用于切割加工肉和皮;石片类工具用于刮肉剔骨等。三类器物的组合完成了渔猎活动中从猎杀到肢解,再到进食的完整过程。

第三,残留物分析证明细石器是狩猎和动物加工工具。大量的证据表明,世界各地的史前人类都使用石镞类尖状器猎杀动物。在丹麦的沼泽坑中发现了前北方期一头野牛的两条肋骨上嵌着燧石尖状器,其中一处伤口愈合而另一处伤口没有愈合,据此推断这只野牛至少经历了两次围猎。在新墨西哥州福尔瑟姆发现古印第安尖状器与灭绝野牛骨骼伴生;在林登迈尔遗址古印第安断裂的尖状器与野牛的脊椎骨共存;在俄克拉荷马州库珀发现了野牛胸腔里有破损的尖状器。此外,加拿大艾伯塔省的碎头崖野牛屠宰遗址发现了尖状器上残留的5 600年前的野牛或麋鹿血液,这也可以证实石镞类尖状器与猎杀动物有关。在已发掘的红山文化遗址中虽未发现更为直接的证据,但是大量的石镞石矛类工具和世界各地出土的尖状器在质地、形制和加工工艺上极为相似,其猎杀动物的功能十分明显。多位国内外学者对石叶穿刺、切割动物的功能已有研究,并给出了合理的解释。北京上宅遗址曾出土过一件距今7 000多年的骨柄石刀,石刀出土时,刃部与柄部脱离,骨柄上有剖面呈"V"字形的凹槽,石刃以细石叶为毛坯,镶嵌于凹槽内的细石叶采用压制法进行两面加工,刃缘部位锋利。残留物分析表明,这件骨柄石刀是处理兽肉的工具[2]。王小庆认为赵宝沟遗址出土的部分细石叶工具具有处理肉类、兽皮的功能[3]。方启通过对吉林省东部地区7处以黑曜石为主要原料的旧石器遗址进行微痕分析,结果显示细石叶多用于切鲜肉类极软物质[4]。2012年Kononenko对马来西亚多个全新世中晚期遗址中

---

[1] 于志勇:《试论中国北方细石器的起源》,《考古与文物》,1995年第1期。
[2] 崔天兴、杨琴、郁金城等:《北京平谷上宅遗址骨柄石刃刀的微痕分析:来自环境扫描电镜观察的证据》,《中国科学:地球科学》,2010年第6期。
[3] 王小庆:《兴隆洼与赵宝沟遗址出土的细石叶的微痕研究——兼论兴隆洼文化和赵宝沟文化的生业形态》,《西部考古(第一辑)》,三秦出版社,2006年。
[4] 方启、高星、陈全家:《黑曜岩石器加工木质材料的微痕研究》,《边疆考古研究(第12辑)》,科学出版社,2012年。

出土的 6 件石叶进行了微痕分析与残留物分析。结果表明,这些石叶是装柄使用的,主要用于穿刺和切割,并且都留有血迹和黑色炭化的植物残渍[1]。红山文化遗址出现了大量的石叶和石片,这两种器形是细石器中数量最多的。虽然目前尚无具体的残留物分析证明红山文化时期细石器刃部有动物血液等残留物,但是根据上述研究可以推断,红山文化的石镞、石叶和石片组合无疑是狩猎工具。

张宏彦先生对东亚地区的石镞进行了分类和分期研究[2]。他认为叶形石镞早期约距今 10 000~8 000 年,主要分布于东亚的西伯利亚及远东沿海等地;中期约为距今 8 000~6 000 年,分布已遍及东亚的大部分地区,包括中国东北地区的新乐、新开流、昂昂溪早期遗存;晚期约在距今 6 000 年以后,这一阶段的石镞仅在中国东北的富河沟门遗址有发现。而三角形石镞早期距今约 10 000~6 000 年,中期约为距今 6 000~4 000 年,使用范围更广,延续时间更长。东北地区三角形石镞逐渐代替叶形石镞大体发生在红山文化时期,以辽西地区的红山文化诸遗址为代表。距今 6 000 年以前的东亚大陆主要流行局部加工的叶形石镞,之后两面加工的三角形凹底、平基石镞开始流行,并逐渐取代了叶形石镞而成为东亚地区史前石镞的主要类型。红山文化时期出现的石镞大多为三角形,人们可以在三角形石镞底部凹槽安装木柄,对小型动物进行远距离射杀,这不仅标志着东北地区渔猎业的进一步发展,同时也表明渔猎业在红山文化经济模式中仍占有重要地位。

二、丰富的骨角蚌器

红山文化居住址出现了大量的骨角蚌器,这是红山文化渔猎文化发达最重要的标志之一。通过渔猎活动红山文化居民获取了充足的肉食资源,同时,动物肢骨也能被加工并二次利用。在生产力水平低、物质资源相对匮乏的条件下,物尽其用是最佳的选择。红山文化居民在充分享用肉食资源的情况下,也不会对大量的动物肢骨弃之不顾,在敲骨吸髓的同时,对动物骨骼的坚硬质地也有了充分的认识,他们会充分利用动物的骨骼制作生产工具和生活用具。红山文化诸多遗址中均能发现被加工过的动物肢骨残块和制作完成的骨角蚌器。这一方面说明红山文化居民制作工具选用的材料部分源于动物骨角等,另一方面也

---

[1] Kononenko, N., Middle and late holocene skin-working tools in melanesia: tattooing and scarification? *Archaeology in Oceania*, 2012(47).

[2] 张宏彦:《东亚地区史前石镞的初步研究》,《考古》,1998 年第 3 期。

表明了在发达的渔猎文化背景下,居民对生产资料高效合理的使用。不仅大量骨角蚌器本身是渔猎文化发达的实证,其形制更是渔猎文化发达的重要标志。根据考古发掘情况来看,红山文化诸多遗址均出土了大量的动物骨骼和骨角蚌器。

(一)骨角蚌器组合

经过系统调查和发掘的红山文化遗址基本都有骨角蚌器出土,器物组合相对固定。选择各个遗址出土的骨角蚌器进行分类研究,探讨每一类器形的基本功能,从而推断红山文化时期居民的生产方式和生业模式十分必要。

林西县白音长汗遗址[1]四期出土骨器26件,可辨器形20件全部经过磨制加工。其中用动物骨骼和牙齿磨制的骨锥12件,骨刀2件,均是用动物肢骨劈裂后磨制的。另有骨匕、骨针、骨簪、骨刀柄各1件,用野猪獠牙磨制的牙饰1件。白音长汗遗址四期出土蚌器和蚌饰9件,其中5件蚌器基本保持蚌壳形状,只在边缘进行磨制;4件蚌饰在蚌壳一端或中部钻孔。

林西县柳树林遗址[2]出土骨角蚌器数量较少,出土的动物骨骼也不多,而在地层中发现的自然蚌壳较多。骨锥3件,呈扁圆体或圆锥体,长约8~10厘米,锥尖锋利。T0204②:1,长8厘米(图2.4,1);F8:13,长9.5厘米(图2.4,2);F4:2,长9.2厘米(图2.4,3)。鹿角1件,F3:14,长9.8厘米(图2.4,4)。穿孔蚌饰2件,F18:1,下端磨平后钻孔,长2厘米、孔径0.4厘米(图2.4,5);F10:2,上端单面钻孔,长3.7厘米、孔径0.4厘米(图2.4,6)。长方形蚌饰2件,F8:3,下端存有一小型单面钻孔,长3.1、宽0.9厘米、孔径0.2厘米(图2.4,7);T0105②:1,下端存有一单面钻成的穿孔,长2.2、宽1.1厘米、孔径0.1~0.3厘米(图2.4,8)。

巴林左旗二道梁遗址[3]出土的骨角器以动物骨骼及角类琢磨而成。骨锥3件,T23②:2,长12、径1.2厘米(图2.4,9);H67:1,长8.8、宽1.8厘米(图2.4,10);H159:1,长10厘米(图2.4,11)。骨管1件,H95:1,长1.5、外径0.8、孔径0.3厘米(图2.4,12)。

---

[1] 内蒙古自治区文物考古研究所:《白音长汗——新石器时代遗址发掘报告》,科学出版社,2004年。

[2] 内蒙古自治区文物考古研究所:《赤峰市林西县柳树林红山文化遗址发掘简报》,《草原文物》,2015年第1期。

[3] 内蒙古文物考古研究所:《巴林左旗友好村二道梁红山文化遗址发掘简报》,《内蒙古文物考古文集(第一辑)》,中国大百科全书出版社,1994年;内蒙古自治区文物考古研究所:《巴林左旗友好村新石器时代墓地发掘》,《草原文物》,2014年第1期。

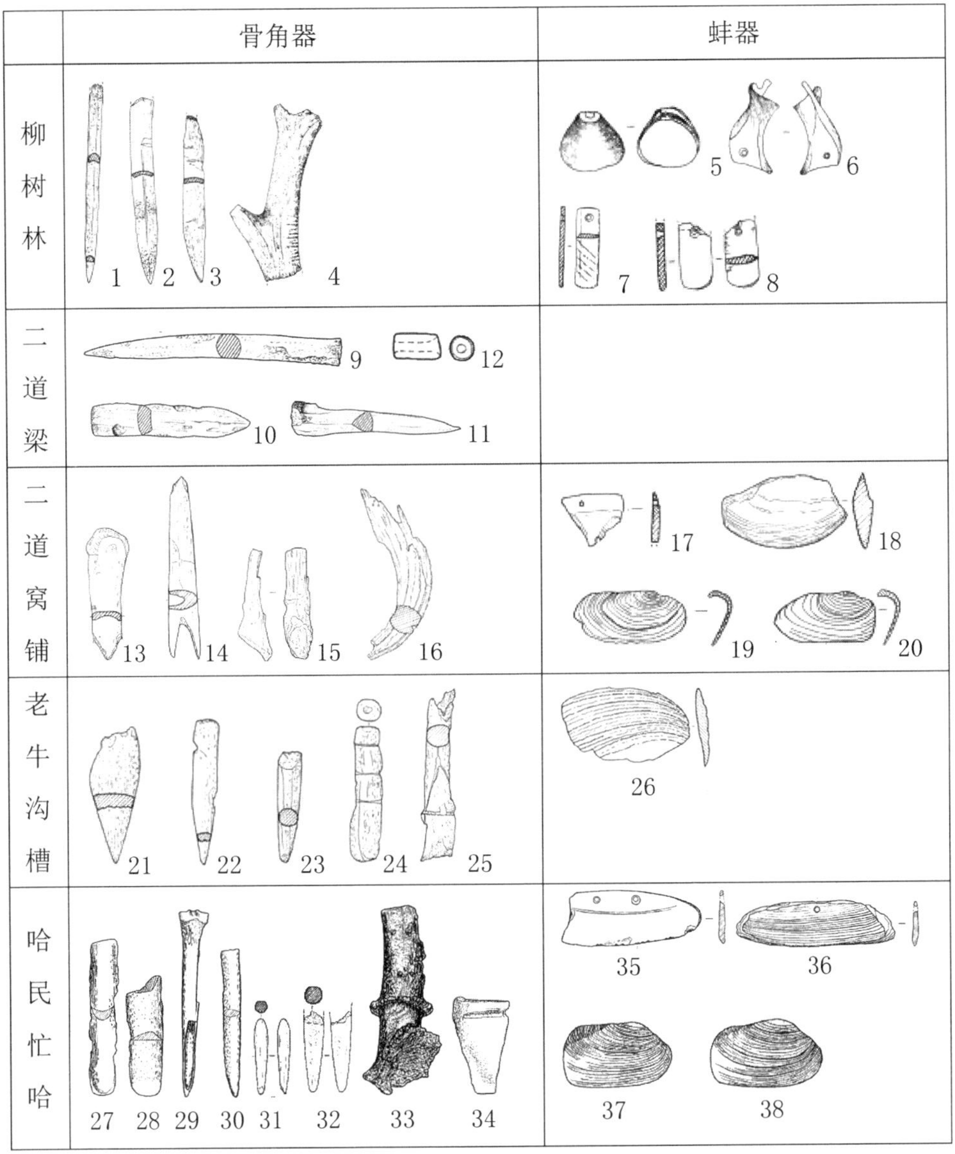

	骨角器	蚌器
柳树林	1 2 3 4	5 6 7 8
二道梁	9 10 11 12	
二道窝铺	13 14 15 16	17 18 19 20
老牛沟槽	21 22 23 24 25	26
哈民忙哈	27 28 29 30 31 32 33 34	35 36 37 38

图 2.4 西拉木伦河流域红山文化典型遗址出土骨角蚌器组合

翁牛特旗二道窝铺遗址[1]出土骨器有骨锥、骨梗刀柄、蚌制品等,数量不多。骨锥1件,H19:1,用动物腿骨磨制而成,锥中部靠一边有一单面钻小孔,长10.2、宽2.3~3厘米(图2.4,13)。骨梗刀柄1件,F3:1,用动物肋骨制成,将

---

[1] 内蒙古自治区文物考古研究所、赤峰市博物馆、翁牛特旗博物馆:《翁牛特旗二道窝铺遗址发掘简报》,《内蒙古文物考古文集(第四辑)》,科学出版社,2013年。

肋骨一侧磨出平面,然后加工出凹槽用来嵌黏石叶,后端呈燕尾状,长 14.3、宽 1.5~2.4 厘米(图 2.4,14)。鹿角 1 件,F2:6(图 2.4,15)。牛角 1 件,F2:5(图 2.4,16)。蚌饰 1 件,H11:1,残存双穿孔,均从凹面向凸面单钻而成,高 2.4 厘米(图 2.4,17)。另有蚌片标本 1 件,H13:4(图 2.4,18)。蚌壳标本 2 件:H2:1(图 2.4,19);F1:6,两侧边被磨平,圆弧外磨出锋利的刃,长 4.7、宽 2.3 厘米(图 2.4,20)。

翁牛特旗老牛沟槽遗址[1]出土骨锥均为骨片或动物尖角磨制。标本 3 件,H12:13,长 8、宽 1.4、厚 0.5 厘米(图 2.4,21);H12:21,曾用作刀,有使用痕迹,长 7.6、宽 2.8、厚 0.8 厘米(图 2.4,22);H23:5,动物角尖磨制而成,残长 6.5、锥径 1 厘米(图 2.4,23)。骨刀柄标本 1 件,H12:16,柄尾中心有一小圆坑,前端劈裂以夹刀刃,柄身刻三道凹槽,用以缠绕线绳固定刀刃及防止柄裂,长 8.5、径 1.6~2 厘米(图 2.4,24)。角器标本 1 件,H11:9,为动物角的主干,角尖断损,角身布满骨钉,残长 14.3、径 1.8 厘米(图 2.4,25)。蚌壳标本 1 件,H25:1,残长 9、宽 5.2、厚 0.7 厘米(图 2.4,26)。

通辽哈民忙哈遗址[2]出土了较多动物骨骼,多出自灰坑和地层中,个别房址(如 F11)也有较多出土。但骨、角器的数量不多,并以骨匕和骨锥为主,其他器类发现较少。骨匕 8 件,长条状,体扁平。标本 2 件,H21:7,长 10.1、宽 1.6、厚 0.6 厘米(图 2.4,27);F11:9,残长 7、宽 2、厚 0.5 厘米(图 2.4,28)。骨锥 6 件,多呈圆柱状,尖部锐利,柄端多保留关节头。标本 3 件:F11①:1,长 10、宽 0.8 厘米(图 2.4,29);F10:2,残长 8.6、宽 0.8、厚 0.5 厘米(图 2.4,30);F13:28,长 3.4、厚 0.6 厘米(图 2.4,31)。角锥 1 件,F13:29,用动物角烧骨制成,残存尖部,呈锥状,残长 3.8、厚 1 厘米(图 2.4,32)。角料 2 件,标本 1 件,F11:5,用动物角磨制而成,将角截断,断面经磨制修理,长 10.5 厘米(图 2.4,33)。骨料 1 件,F11①:12,用动物骨管磨制而成,两端面经磨制,一端有一横向刻槽,并残留一穿孔,残宽 2.5、高 4.3 厘米(图 2.4,34)。遗址中出土较多蚌壳,蚌器并不多,只有蚌刀和蚌壳。蚌刀 10 件,用蚌壳加工而成,边缘多经过修理,顶端有一对或一个圆形穿孔。标本 2 件,F11:12 顶端有对称的两个圆形穿孔,一端残,残长 8.6、宽 3.5、厚 0.4 厘米(图 2.4,35);F11:14,顶端有一圆形穿孔,一端残,

---

[1] 内蒙古自治区文物考古研究所:《翁牛特旗老牛槽沟红山文化遗址发掘简报》,《内蒙古文物考古文集(第四辑)》,科学出版社,2013 年。

[2] 内蒙古文物考古研究所、科左中旗文物管理所:《内蒙古科左中旗哈民忙哈新石器时代遗址 2010 年发掘简报》,《考古》,2012 年第 3 期;内蒙古文物考古研究所:《内蒙古科左中旗哈民忙哈新石器时代遗址 2012 年的发掘》,《考古》,2015 年第 10 期。

残长 12.3、宽 3.3、厚 0.5 厘米(图 2.4,36)。蚌壳 18 件,用蚌壳加工而成,形制均相同,后端磨制成弧刃,刃缘不锋利。标本 2 件,H23∶3,长 4.4、厚 0.3 厘米(图 2.4,37);F11①∶8,长 4.7、厚 0.3 厘米(图 2.4,38)。

赤峰红山后遗址[1]出土骨角牙器共 7 件,可辨器形的有 6 件(图 2.5,1~6)。骨器 3 件,一是用肋骨加工而成的骨匕;二是将一端制成扁平的骨匙;三是经过加工的,难以推定其全形的骨器。角器有 2 件,用鹿角制成,前头尖,是一种尖头器。牙器有 2 件,经过磨制,有明显的使用痕迹,无孔。除以上加工品外,还有鹿、獐、猪等哺乳动物的兽骨。蚌器为磨薄蛤状贝壳,做环状,没有完整器,有一端带小孔的,还有小碎片。(图 2.5,7~9)。

赤峰西水泉遗址[2]出土骨饰 1 件,F17∶6,呈圆顶锥状,上部有一两面对钻的圆穿孔,高 2.4、底径 1.5~1.8 厘米(图 2.5,10)。蚌器 28 件,大多残断。蚌刀标本 3 件,F17∶25,长方形,残留一孔(图 2.5,11);T25②∶1,长方形,背部有一穿孔(图 2.5,12);F17∶22,刃残,弧背,靠背部有两个穿孔,一孔残(图 2.5,13)。蚌饰的用料与赤峰红山后所出相同,为海产的紫斑蛤类。可辨器形的标本 1 件,T14②∶2,用较厚的蚌壳磨制成饰件,一端有一穿孔(图 2.5,14)。

敖汉旗四棱山遗址[3]出土骨器 6 件。骨针 1 件,H2∶1,扁圆体,针尖锋利,针鼻处扁薄,长 7.5、宽 0.4 厘米(图 2.5,15)。骨锥 3 件,H1∶2,扁圆体,尾部稍残,长 7.5、宽 0.9 厘米(图 2.5,16);H1∶1,尖与尾均残断,仅存中部,锥体扁平,残长 4 厘米(图 2.5,17);H3∶2,两端细、中间粗,为最小的一件,长 4 厘米(图 2.5,18)。骨饰 2 件,H2∶2,扁平体,残断,尾端有一圆孔,长 3.5、宽 1 厘米(图 2.5,19);H3∶1,扁平板状,一面平,一面稍有弧度,中间残断,钻有小孔,刻有骨槽,残长 3.5、宽 1.3、厚 0.2 厘米(图 2.5,20)。

元宝山哈喇海沟遗址[4]出土蚌壳 5 件。标本 2 件,F1∶4,长 4.6、宽 2.4 厘米(图 2.5,21);F4∶1,长 4.6、宽 2.8 厘米(图 2.5,22)。蚌饰 3 件,F2∶7,边缘薄,中间稍厚,中部有一凹槽,长 2.1、宽 1.2、厚 0.2 厘米(图 2.5,23);F2∶5,磨制得十分光滑,略带弧形面,一端很尖,另一端略弧,长 2.3、宽 1.3、厚 0.1 厘米(图 2.5,24);F1∶1,边缘较直,两端较尖,长 1.9、宽 0.8、厚 0.1 厘米(图 2.5,25)。

---

[1] 东亚考古学会著,戴岳曦、康英华译,于建设、李俊义、戴顺主编:《赤峰红山后》,内蒙古大学出版社,2015 年。
[2] 刘晋祥、杨国忠:《赤峰西水泉红山文化遗址》,《考古学报》,1982 年第 2 期。
[3] 李恭笃、高美璇:《内蒙古敖汉旗四棱山红山文化窑址》,《史前研究》,1987 年第 4 期。
[4] 内蒙古文物考古研究所、赤峰市博物馆:《元宝山哈喇海沟新石器时代遗址发掘报告》,《内蒙古文物考古》,2008 年第 1 期。

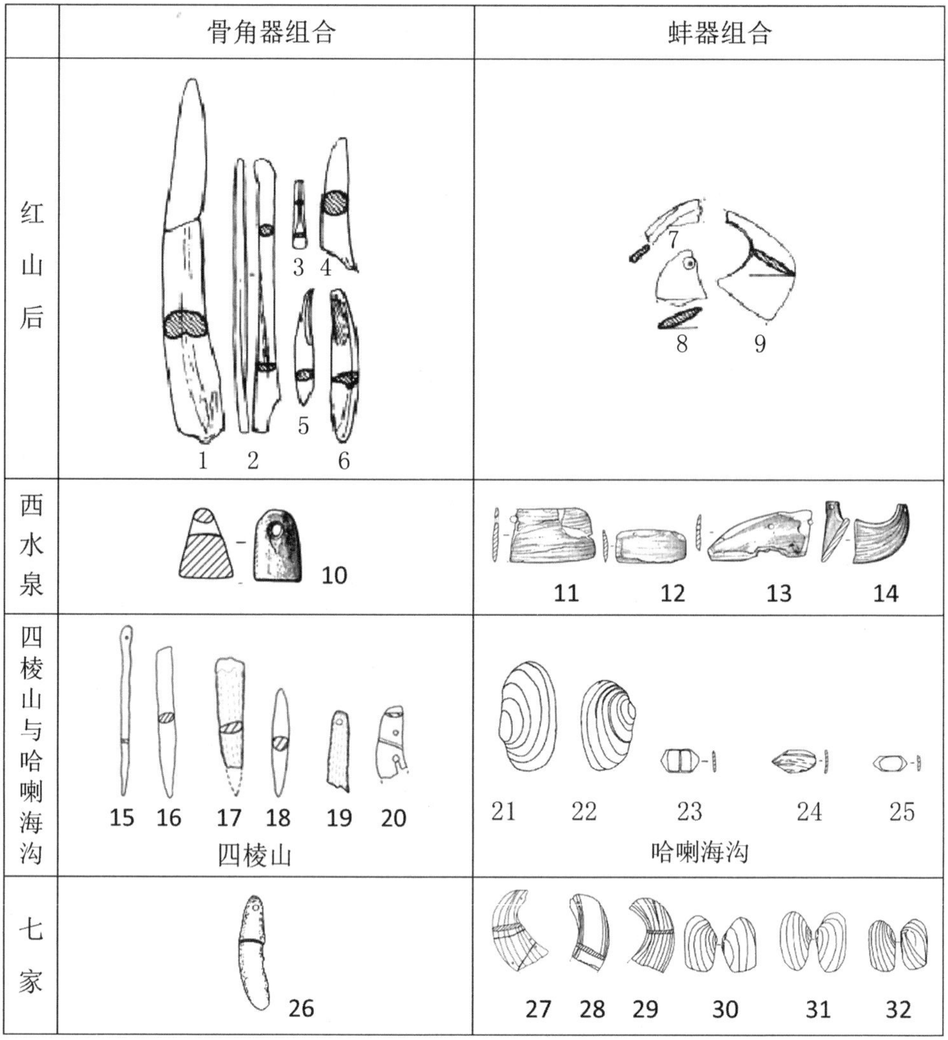

	骨角器组合	蚌器组合
红山后	1 2 3 4 5 6	7 8 9
西水泉	10	11 12 13 14
四棱山与哈喇海沟	15 16 17 18 19 20 （四棱山）	21 22 23 24 25 （哈喇海沟）
七家	26	27 28 29 30 31 32

图 2.5　老哈河流域红山文化典型遗址出土骨角蚌器组合

敖汉旗七家遗址[1]出土骨器1件,为匕形骨饰件,用骨片加工而成,条状,略带弧形,上下两端均磨出圆弧,下端带有一穿孔。H17:1,通长7.8、宽1.5、厚0.2厘米(图2.5,26)。蚌器7件,有蚌饰和蚌刀两种。蚌饰4件,将蚌壳磨制成角状,带有悬挂的穿孔。标本3件,H11:2,顶端及中间弧形一侧均带有穿孔,断裂处两侧有修复留下的小孔,残长8.5、宽4.5~1.5、厚0.5厘米(图2.5,27);

---

[1] 赤峰市博物馆、敖汉旗博物馆:《赤峰市敖汉旗七家红山文化遗址发掘报告》,《草原文物》,2015年第1期。

H26∶1,残长 6.5、宽 2.9、厚 0.5 厘米,顶端带有两个穿孔(图 2.5,28);F1∶7,残长 6.3、宽 3、厚 0.3 厘米(图 2.5,29)。蚌刀,基本保持蚌壳原形,只将一端或侧边磨成略带弧状。蚌刀 3 件,F5∶3,侧边经磨制,长 5.6、宽 2.9 厘米(图 2.5,30);F5∶6,侧边和一端均被打磨,长 4.3、宽 2.2 厘米(图 2.5,31);F5∶7,一端被打磨得较为平齐,长 4.9、宽 2.3 厘米(图 2.5,32)。

朝阳牛河梁遗址[1] N2Z4 出土骨刀 1 件。N2Z4L∶20,磨制,体甚扁平,规整,尖端圆钝,宽端从两面磨薄,长 5.1、厚 0.02 厘米(图 2.6,1)。骨针 1 件,N2Z4L∶21,通体磨制光滑,显黑色,似经火烧,针体甚细而扁,粗细均匀,柄端从两面磨薄后由一面钻孔,针尖端甚锐,长 7.1 厘米(图 2.6,2)。此外,还在第二地点采集骨针 1 件,上部残缺,体扁,针尖锋利,残长 2.7 厘米(图 2.6,3)。第五地点下层出土骨器 3 件,为小型的装饰品和日常用具。第五地点采集骨镞 1 件,N5 采∶43,铤部扁方形,上下都有残断,锋刃部四棱形,残长 4.7、铤部宽 0.9、厚 0.4 厘米(图 2.6,4)。采集鹿角 1 件,N5 采∶44,尖端残缺,质地坚硬,未见加工和使用痕迹,不排除曾作为工具使用,残长 14.6 厘米(图 2.6,5)。N2Z2 表土层发现蚌环 2 件,椭圆形,中孔为圆形,薄片状,体甚小,径 0.8~1 厘米(图 2.6,6)。

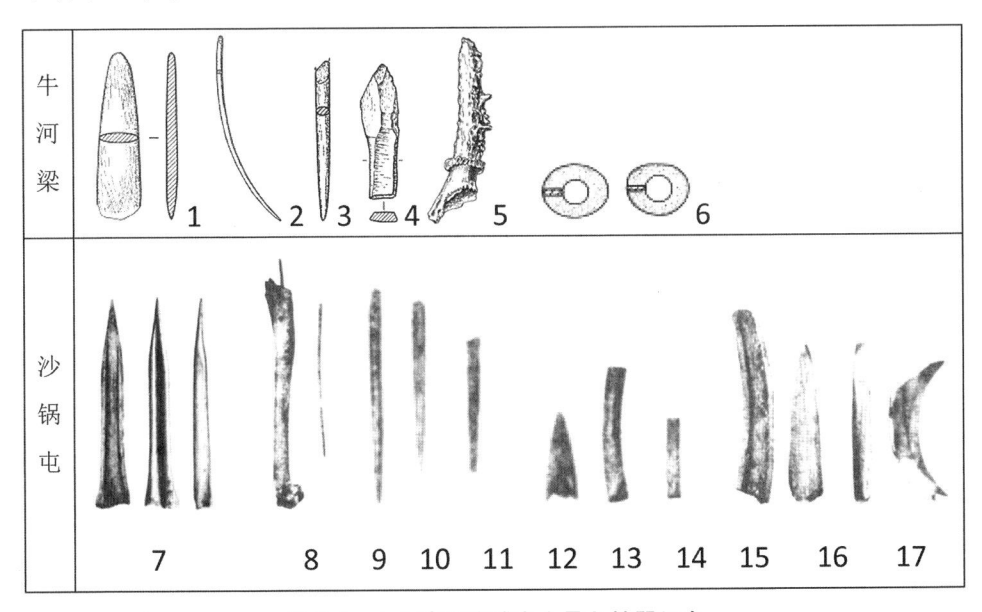

图 2.6 大小凌河流域出土骨角蚌器组合

[1] 辽宁省文物考古研究所:《牛河梁——红山文化遗址发掘报告(1983~2003 年度)》,文物出版社,2012 年。

锦西沙锅屯遗址[1]出土骨锥长10.2厘米,当为麋鹿足骨所制(图2.6,7)。骨针置一空骨中以护之,发现时针尖稍外露,但空骨较长,足以容针,针长8.3厘米,稍弯曲,尖处较钝,针孔破裂,只余其半(图2.6,8)。此外,另有无孔骨针3件,其横剖面为圆形,或近圆形,一端有尖,另一端平滑。两件完整器长分别为5(图2.6,9)、4厘米(图2.6,10),残器两端皆破损,长短不明(图2.6,11)。骨镞尖处断折,长2厘米,底部宽0.75厘米(图2.6,12)。骨管扁长且薄,中空,大者极薄,两端似经磨去(图2.6,13)。小者一端破损,另一端遗留有制造时的切痕(图2.6,14)。骨匙由骨劈裂两半后,将劈裂处磨光而成,其一端稍窄而圆,另一端有裂痕,原物应当更长(图2.6,15)。骨刀以为骨裂之凿刀,窄而高,刃痕极利(图2.6,16)。猪牙饰较宽一端呈弯曲形,大概是一未制成之器物(图2.6,17)。

(二)骨角蚌器组合反映的渔猎经济模式

红山文化诸遗址出土的骨角蚌器组合虽然因各个遗址不同而略有差异,但整体面貌一致。就器形而言,骨器中最大宗的是骨锥,其次是骨匕,蚌器几乎全部为蚌刀和蚌饰。就质地而言,骨器绝大多数为兽骨,鸟骨少见,这应该与红山文化时期居民以兽类为主要肉食资源有关。此外,蚌壳在红山文化很多遗址中也大量出土,这些蚌壳是红山文化渔业发达的实证。从出土的大量骨角器和蚌器分析,渔猎仍然是红山文化时期最重要的经济模式之一,红山文化晚期的古国时代渔猎业依然是主要的经济模式。

第一,大量的动物骨骼和蚌壳本身就是渔猎发达的实证。魏家窝铺遗址虽然出土的蚌壳数量较少,但出土的动物遗存种类丰富。动物骨骼共计2 492件,动物种属至少有22种,有哺乳类、鸟类、硬骨鱼类、爬行类和软体动物类。其中哺乳动物占大多数,种属有野猪、马鹿、梅花鹿、狍子、牛、马、家犬、狐狸、獐、熊、草原鼢鼠、米鼠、鼠、兔。哈民忙哈遗址出土的动物种类有鹿、狍、牛、马、猪、兔、鸡、鼠、鸟等,其中以啮齿类和鸟类数量最多。其中马鹿角6件,狍角25件;牙制品5件,均由野猪雄性犬齿制成。哈民忙哈遗址发现的蚌制品和蚌壳蚌料数量庞大,根据陈全家等先生的统计,遗址内共计发现蚌制品91件,种类包括蚌刀、蚌匙、蚌饰、蚌链等,其中蚌刀数量居多,多为长条形。其中无孔蚌刀2件,单孔蚌刀14件,双孔蚌刀5件,另有不规则形蚌刀10件[2]。另外,发现蚌料70余

---

[1] 安特生著,袁复礼译:《奉天锦西县沙锅屯洞穴层》,《古生物志》(丁种第一号第一册),农商部地质调查所,1923年。

[2] 陈全家、吉平、陈君、王春雪:《内蒙古哈民忙哈新石器时代遗址出土蚌制品研究》,《考古》2015年第12期。

件。牛河梁第五地点下层灰坑出土了数量较多的兽骨,经鉴定,梅花鹿的骨骼数量最多,其次为狍、猪、麝、鼹鼠、鸟、野兔、黑熊和獾等野生动物,因此推测狩猎是当时人们的重要生产活动,野生动物是其重要食物来源。第五地点出土了一些人工敲击骨片和取料后废弃的废料,说明人们在此制作骨器,主要用鹿的掌骨做原料,用敲击的方法取料[1]。除上述遗址出土大量动物骨骼外,其余遗址也见有大量野生动物骨骼和蚌壳出土。从动物骨骼和蚌壳数量上分析,渔猎活动在红山文化时期(包括红山文化晚期的古国时代)仍然是很普遍的。

第二,骨角器和蚌器既是渔猎活动中获取的重要生产资料,又是渔猎工具,是渔猎业发展的双重证据。首先,骨锥应该是最主要的宰杀工具。如前文所述,石镞、石矛等尖刃锋利的猎杀工具在狩猎活动中可能会根据动物大小被使用,捕杀大型动物时人们应该优先选用带柄的石矛类工具远距离投射;而对于小型动物人们会更多地选择装柄石镞,利用弓发射。但是,无论选择怎样的工具,猎杀动物时都不可能一击毙命,只能先让动物丧失反抗能力,以便于人类迅速捕获猎物。当猎物被捕获后首先要完成宰杀,因此骨锥便是最优先被使用的工具。其次,当动物被宰杀之后,需要骨刀分解动物肢体,得到鲜美的肉食资源和坚硬的骨头。前文已述,磨光石斧能迅速完成对动物的肢解。接下来如何才能将动物的骨肉进行分离呢?最理想的工具除了石刀外,恐怕骨柄石刃刀和骨刀都是最佳的切割工具。从形制分析,红山文化遗址出土的骨柄是用来安装细石器石叶的,将细石叶嵌入骨柄的凹槽内并固定,制作成复合工具,用于分离骨肉。当骨肉分开后,用骨刀锋利的刃部切割并刮掉骨头上的肉。再次,骨针可以缝制兽皮,制作衣服。

因此,红山文化居民狩猎业发达不仅体现在遗址内出土了大量动物骨骼,还体现在居民充分享用肉食的同时对动物骨骼的充分利用方面。同样的现象也出现在渔业方面。通过动物考古分析,在哈民忙哈遗址珍珠蚌的数量占有绝对优势,可辨的 70 余件蚌料均为珍珠蚌的腹侧。通过动物考古学分析,当地生业模式主要以渔猎与狩猎为主,农业和饲养业的发展水平较低,故蚌刀作为农业工具的可能性较小,而作为切割用具或采集工具的可能性较大。蚌刀刃缘多为直刃或凸刃,通过刃缘形状及器身特征分析,有孔蚌刀的功能与穿孔石刀大抵相同。使用时用皮或绳通过钻孔系缚在手上,进行切割、划、削等动作,用以肢解动物、剥皮剔肉、剖解鱼腹或是切割植物等。而无孔蚌刀直接手握使用,用作厨刀切割

---

[1] 辽宁省文物考古研究所:《牛河梁——红山文化遗址发掘报告(1983~2003 年度)》,文物出版社,2012 年。

鱼类皮肉或加工食物。这样,通过捕获、宰杀、肢解、分离、切割等环节,最终形成了对整个动物的完整加工链。

表 2.1 狩猎活动基本步骤及使用工具组合

步骤	第一步	第二步	第三步	第四部	第五步
程序	捕获动物	宰杀动物	肢解动物	分离骨肉	切割碎肉
石质工具	石镞、石矛		磨光石斧	石刀	石片、石叶
骨蚌工具		骨锥、骨匕			蚌刀

第三,红山文化遗址出土的猪为野猪而不是家猪,这也表明狩猎业十分发达,而养殖业尚未形成。对于如何区分野猪和家猪,袁靖先生曾提出过比较全面的标准:形体特征、年龄结构、性别特征、数量比例、考古现象、食性分析和考古DNA 等[1]。陈国庆先生根据已有的研究成果——阎家岗遗址出土的猪鉴定为野猪,姜寨遗址出土的猪则被鉴定为家猪——分析魏家窝铺遗址出土的猪第 3 臼齿,发现其尺寸与阎家岗的野猪相近,大于姜寨出土家猪的尺寸。同时,魏家窝铺遗址出土的动物骨骼种类较多,其中野生哺乳动物占有较大的比例,野生动物中狍子和马鹿的数量最多,应是古代先民主要的狩猎对象。据此判断:魏家窝铺遗址中出土的猪骨应该属于野猪。此外,遗址中也有少量的硬骨鱼类和软体动物,可能兼有一些捕捞的活动。由此可见,魏家窝棚遗址的先民是以狩猎经济为主兼有渔猎经济的生业模式。

第四,成熟的骨角牙蚌器制作工艺表明,红山文化的渔猎业十分发达。陈全家等学者对哈民忙哈遗址出土的骨角牙蚌制品进行了初步研究[2]。通过对哈民忙哈遗址中的百余件骨、角、牙、蚌制品进行整理和统计,可以发现原始居民已熟练掌握打制、磨制、锯割、剔刮、砍砸、抛光等技术,并将这些技术运用到工具制作中。根据对哈民忙哈遗址骨角制品的分类研究,可以看到制品分为两类:一类是从事狩猎、渔猎、采集的工具;一类是日常生活用具,装饰品极少。就哈民忙哈遗址蚌刀上所能观察到的加工痕迹来看,加工工艺流程大致分为:选料—截料—改料—定型—钻孔。蚌刀采用珍珠蚌壳体的腹侧面部分制作而成,选择珍珠蚌的原因主要是因为珍珠蚌个体硕大、壳体厚重、坚硬、壳面光滑、弧度小,是

---

[1] 袁靖:《中国新石器时代家畜起源的几个问题》,《农业考古》,2001 年第 3 期;袁靖:《中国新石器时代家畜起源的问题》,《文物》,2001 年第 5 期。
[2] 陈全家、陈君、吉平、王春雪:《内蒙古哈民忙哈遗址出土骨、角、牙制品的初步研究》,《人类学学报》,2016 年第 3 期。

制作蚌刀的理想材料。无论是蚌壳还是蚌刀质地都比较坚硬,穿孔所使用的工具应为细石器。我们大胆推断:红山文化时期骨角蚌器的使用和被加工的动物种类有着某种对应关系,如骨刀最有可能被用于宰杀动物,骨针最可能被用于缝制兽皮,蚌匙最有可能被用于加工和提取蚌肉,蚌刀最有可能被用于剔刮鱼鳞。总之,红山文化遗址出土的大量骨角蚌器一方面表明红山文化居民对于生产数据的有效使用,另一方面也表明红山文化居民是以渔猎业为主的经济模式。这是一种循环经济模式:渔猎活动使得居民获取了大量骨料和蚌料,将骨料和蚌料加工成渔猎工具,渔猎工具再次为渔猎活动提供支撑。

此外,哈民忙哈遗址出土的号角是典型的狩猎工具。人类在狩猎动物时,会采用模拟动物形象或使用拟声工具的诱猎方式,如伪装成鹿或使用鹿笛诱惑鹿群。民族学资料中号角的主要功能是狩猎,既可用于伪装,又能够发出声音。哈民忙哈遗址中出土的号角用作捕猎时吸引鹿群、诱猎猎物,应是一种捕猎工具。号角一般由鹿角制作而成,在北方渔猎文化中,鹿崇拜及尚鹿习俗由来已久。距今8 000年前的兴隆洼遗址出土了大量鹿骨,赵宝沟文化时期鹿更是被作为神灵祭祀。经过精细加工而成的号角表明,原始居民已能熟练掌握鹿角加工技艺。经过漫长的历史,号角由猎人模仿鹿群呼唤同伴的狩猎功能逐渐演变为军事首领吹号集结部队、召集部众的军事功能。

第二节 发达的采集业

红山文化聚落出土了大量的石质生产工具和陶质生活用具。根据一些石质工具和陶质用具的微痕和残留物分析推断,红山文化时期的采集业非常发达。直到红山文化晚期的古国时代其依然是维系居民生存的最重要手段之一。

一、石质生产工具

(一)器物组合

林西县白音长汗[1]遗址四期共有石质工具139件,磨制、琢制和压制的数量相当,打制的数量较少。石器有石斧、石锛、石凿、石耜、石刀、石磨盘、石磨棒、

---

[1] 内蒙古自治区文物考古研究所:《白音长汗——新石器时代遗址发掘报告》,科学出版社,2004年。

石杵、石臼、石球、石饼、磨石、敲砸器等类型(图2.7,1~7)。

林西县水泉[1]遗址的石器有石斧、石刀、石凿、石磨盘、石磨棒、石杵、石饼、石球等。石斧2件,标本1件,F4①:7,磨制,平面近梯形,斜顶,弧刃,正锋,刃锋利,横剖面呈扁圆形,长17.2、最宽8.2、最厚3.4厘米(图2.7,8)。石刀2件,H7:1,近圆角长方形,弧背,弧刃,双面开刃,背部有两个钻孔,长9.2、宽4.2、厚0.4、孔径0.3~0.5厘米(图2.7,9);T26①:8,近半圆形,弧背,直刃,一面开刃,背部有两个钻孔,残长7、宽5.3、厚0.5、孔径0.35厘米(图2.7,10)。磨盘2件,标本1件,T27①:13,圆角长方形,两端略厚,向中部渐薄,底部平,使用面内凹,残长23、宽20.6、厚0.6~3.6厘米(图2.7,12)。磨棒5件,标本1件,F4①:1,两端下垂,使用面内凹,器体扁平,横剖面呈圆形,长32.5、宽7.5、厚2.6厘米(图2.7,11)。

林西县柳树林[2]遗址的石器加工较为粗糙。根据形制特点,其石器有石斧、石刀、石磨棒、石磨盘等。石斧2件,标本1件,F18:5,灰白色砂岩磨制而成,平面略呈梯形,下端平直,刃部略弧,斧身剖面呈中间厚、两侧较薄的椭圆形,长14、宽5.4~6.2厘米(图2.7,13)。石刀4件,椭圆形双孔,磨制而成。标本1件,F3:9,黄褐色板岩磨制而成,整体呈三角形,尖端圆钝,两侧为打磨的刃部,一侧存有两个从背面单面钻的孔,残长5.6、宽4.3厘米(图2.7,14)。磨棒12件,大多为灰白色砂岩磨制而成,剖面呈椭圆形、四棱形等。标本2件,T0205②:9,一侧为原石的自然面,一侧为加工的横截面,加工规整,长22.8厘米(图2.7,15);F8:7,圆柱状体,灰白色砂岩磨制而成,一端残,一段圆钝,残长5.1、宽2.8厘米(图2.7,16)。磨盘1件,F13:3,砂岩加工而成,表面光滑,平面呈长方形,两端较厚、中间较薄的凹形,残长28、宽20、厚2~8厘米(图2.7,17)。

巴林左旗二道梁[3]遗址的石器类型有石斧、石刀、石磨盘、石磨棒、石臼、石杵、石饼等。石斧12件,标本1件,T36①:1,长16.8、宽6.4厘米(图2.7,18)。石刀7件,标本1件,91采:19,长方形,脊背弧形,有双穿孔,长10.6、宽3~5.4厘米(图2.7,19)。磨盘4件,标本1件,H104:1,压磨面较为平直,长36、宽24、厚6厘米(图2.7,21)。磨棒9件,横剖面呈扁圆形的3件,横剖面呈

---

[1] 内蒙古文物考古研究所:《内蒙古林西县水泉遗址发掘简报》,《考古》,2005年第11期。
[2] 内蒙古自治区文物考古研究所:《赤峰市林西县柳树林红山文化遗址发掘简报》,《草原文物》,2015年第1期。
[3] 内蒙古文物考古研究所:《巴林左旗友好村二道梁红山文化遗址发掘简报》,《内蒙古文物考古文集(第一辑)》,中国大百科全书出版社,1994年;内蒙古自治区文物考古研究所:《巴林左旗友好村新石器时代墓地发掘》,《草原文物》,2014年第1期。

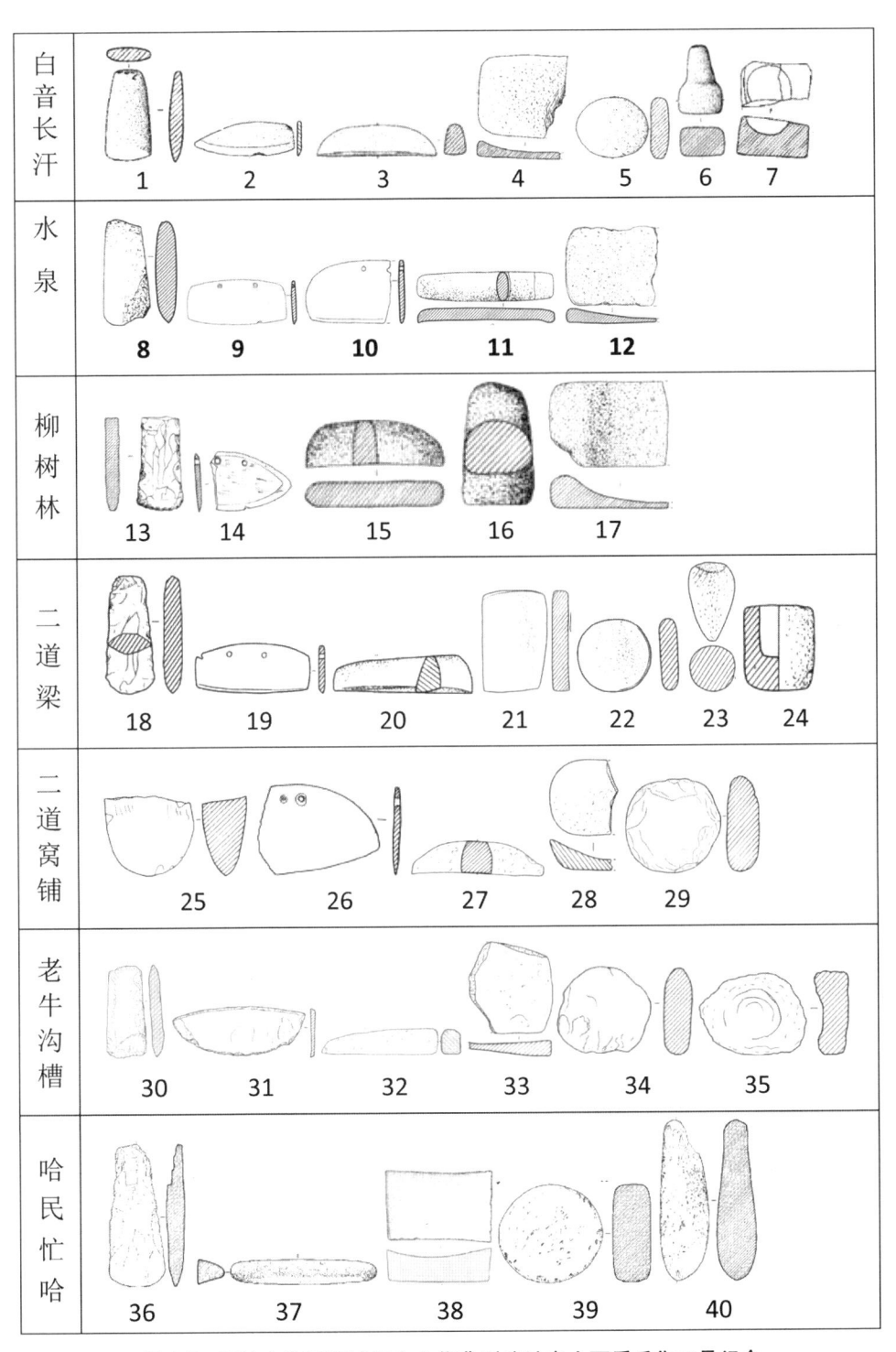

白音长汗	1　2　3　4　5　6　7
水泉	8　9　10　11　12
柳树林	13　14　15　16　17
二道梁	18　19　20　21　22　23　24
二道窝铺	25　26　27　28　29
老牛沟槽	30　31　32　33　34　35
哈民忙哈	36　37　38　39　40

图 2.7　西拉木伦河流域红山文化典型遗址出土石质采集工具组合

正梯形的4件,横剖面呈三角形的2件。标本H2∶1,剖面为正梯形,纵面呈宽梯形,长27.2厘米(图2.7,20)。石饼2件,T7①∶1,圆饼形,双压磨面,径7.8、厚2厘米(图2.7,22)。石杵5件,标本1件,H100∶1,断面呈圆形,长5、粗头直径2.9厘米(图2.7,23)。石臼2件,圆柱状,坑为圆底,侧壁有划纹。标本1件,H141∶1,高7、体径6、孔径2.6厘米(图2.7,24)。

翁牛特旗二道窝铺[1]遗址的石器类型有石斧、石刀、磨棒、磨盘、石饼。石斧9件,标本1件,F2∶2,通体磨光,刃部锋利,残长6.5、宽7、厚3.6厘米(图2.7,25)。石刀4件,均残,标本1件,F2∶11,黑色磨光,弧背改刃,刃部锋利,弧背上磨出小平面,上残存双穿,其中小孔没钻透,大孔为一面钻透后再从另一面稍钻而成,残长7.2、宽5.2、厚0.4厘米(图2.7,26)。磨棒5件,扁舟形,标本2件,F2∶21与F2∶20出土时并排在一起,其中一件有一稍大的立面,磨面较平,横断面近梯形;另一件有一小的立面,压磨面内凹,横断面近梯形,两件长度、厚度基本一样,长24、厚6厘米(图2.7,27)。磨盘3件,标本1件,F2∶17,琢制,长方形,青白色石料,石料坚硬,磨盘一端呈圆弧状,磨面内凹,底部平整,残长20.8、宽19.2、厚3.2~9.2厘米(图2.7,28)。石饼5件,标本1件,T110②∶2,圆形完整,两面略加磨制,周边为使用后留下的疤痕,直径7厘米(图2.7,29)。

翁牛特旗老牛沟槽[2]遗址出土石器数量较多,石质大多数是红褐色沉积岩,多为打制,磨制较少。器形种类丰富,有石斧、石刀、石磨盘、石磨棒、石杵、石饼和研磨器等。其中石斧、石耜数量较多,其他石器的数量较少。石斧多为打制,少数磨制,主要有大型打制石斧和磨制石斧两类。标本1件,F1∶1,磨制。红褐色砂岩磨制,周边布满砸痕,器身扁平,长16、顶宽5.6、刃宽6.8、厚2厘米(图2.7,30)。石刀2件,标本1件,T7②∶12,灰褐色沉积岩打制,月牙形,直刃,弧背,单向打击而成,长17.6、宽6.5、厚0.7厘米(图2.7,31)。磨盘标本1件,H17∶1,红褐色砂岩磨制,中间宽边端窄,中间薄边缘厚,磨面光滑内凹,残长15、宽13~16、厚1~3厘米(图2.7,33)。磨棒标本1件,F1∶10,横截面呈圆角方形,红褐色坚硬砂岩,两侧面平整光滑,另两侧面圆鼓,顶端尖圆,砸面圆鼓,长16.5、宽3.5、厚2.8厘米(图2.7,32)。研磨器标本1件,F1∶11,不规则圆形,磨面因使用磨损呈内凹之圆窝状,研磨面直径6.2、器体最大

---

[1] 内蒙古自治区文物考古研究所、赤峰市博物馆、翁牛特旗博物馆:《翁牛特旗二道窝铺遗址发掘简报》,《内蒙古文物考古文集(第四辑)》,科学出版社,2013年。

[2] 内蒙古自治区文物考古研究所:《翁牛特旗老牛槽沟红山文化遗址发掘简报》,《内蒙古文物考古文集(第四辑)》,科学出版社,2013年。

直径14.6、厚4.6厘米（图2.7,35）。石饼，器身有的扁平，有的圆鼓，均为砂岩打制。标本1件，F2：7，浅绿色青石打制，周边圆钝，砸痕明显，直径7.5、厚2.2厘米（图2.7,34）。

哈民忙哈[1]遗址的石器以打制、琢制和磨制为主，压制者较少。石器形制有石斧、磨盘、磨棒、石杵、石饼等。石斧8件，平面近梯形，纵截面呈楔形，形制规整，打制成形，磨制成器。标本1件，IT007066②：1，局部磨光，平面近梯形，横截面呈梭形，柄端较小成面，两壁斜直，弧刃，长23.8、宽3.5~9.4、厚3.5厘米（图2.7,36）。磨盘29件，未见完整器，从残存部分看，多琢磨而成，近扁平长方体，形制规整。标本1件，F47：15，整体呈长方形，磨面内凹，体型较大，四边整齐，长34.2、宽21.6、厚11厘米（图2.7,38）。磨棒27件，多呈长条状，研磨面外凸，琢磨成器，形制规整。标本1件，F12：16，两端斜弧，直背，研磨面较平，有明显的研磨痕迹，长20.2、高3.8、厚3.3厘米（图2.7,37）。石杵9件，其中6件型体较大，琢磨而成，整体呈柱状，皆一端头大，一端头小。标本1件，F7：1，横截面近椭圆形，两端皆有明显的使用磨痕，形制规整，长25.2、宽7.7、厚6.5厘米（图2.7,40）。石饼42件，多打制成型，表面局部可见磨痕，个别经通体磨光，平面多近圆形，亦有少量呈椭圆形，形制规整。标本1件，F7：17，琢制成形，磨制成器，平面近圆形，横截面近长方形，直径8.2~8.8、厚3.4厘米（图2.7,39）。

赤峰红山后[2]第二住地出土的石器器形有石斧、石刀、石磨盘、石磨棒等。石斧有打制石斧和磨制石斧两种。打制石斧为长18~25、宽9~12厘米的重器。质地主要是玄武岩，安山岩、砂岩、石灰岩、角岩次之，也使用石英砂岩、片岩、片麻岩。磨制石斧主要为长身长条型（图2.8,1）。小型石斧中细长型共有4件，平行梯形共有5件，另有不少短身型石斧。石刀有两种，一种是双孔半月形的，石质多为砂岩（图2.8,2）；一种是片刃形的，石质多为页岩。石磨棒有垂直使用的，也有水平使用的。前者一端略细，另一端有明显被使用的痕迹，用于捣物，其石质为闪绿岩、玄武岩等；后者均系粗砂岩，呈棒状，两端相等，主要在石磨盘上做水平移动，起到磨碎东西的作用（图2.8,3）。石磨盘呈鞍状，和石磨棒配合使用，此器石质是砂岩，也有极少数疑似为石灰岩（图2.8,4）。石饼呈圆形，留有

---

[1] 内蒙古文物考古研究所、科左中旗文物管理所：《内蒙古科左中旗哈民忙哈新石器时代遗址2010年发掘简报》，《考古》，2012年第3期；内蒙古文物考古研究所：《内蒙古科左中旗哈民忙哈新石器时代遗址2012年的发掘》，《考古》，2015年第10期。

[2] 东亚考古学会著，戴岳曦、康英华译，于建设、李俊义、戴顺主编：《赤峰红山后》，内蒙古大学出版社，2015年。

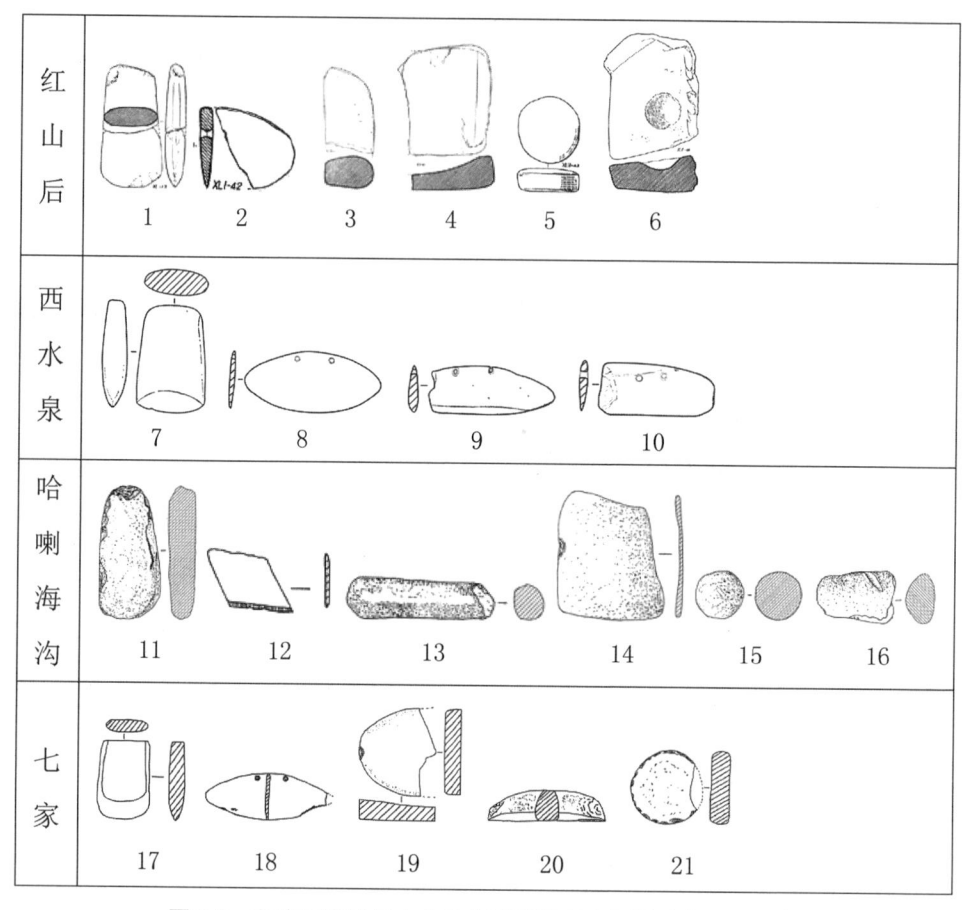

红山后						
1	2	3	4	5	6	
西水泉						
7	8	9	10			
哈喇海沟						
11	12	13	14	15	16	
七家						
17	18	19	20	21		

图 2.8　老哈河流域红山文化典型遗址出土石质采集工具组合

明显打缺的痕迹，也有略扁平的，用石英、玄武岩、砂岩、片麻岩等制成（图 2.8，5）。石臼上面有一圆形凹状坑，应是长期使用所致（图 2.8，6）。

赤峰西水泉[1]遗址出土石器 278 件，其中细石器 221 件，磨制和打制石器 57 件。器形有石斧、石刀、石磨棒等。石斧 5 件，另采集 1 件。长条形 3 件，弧刃，两侧边磨成一道棱线，直达刃边。T23①：4，磨制，泥质粉砂岩，长 13.7、宽 4.8 厘米。H24：6，平面呈梯形磨制，两侧厚钝，两面磨刃，钙质粉砂岩，长 8.7、宽 5.5 厘米（图 2.8，7）。桂叶形石刀 6 件，刃与背呈对称的弧形，近背部中间有两个穿孔，孔为对钻。标本 2 件，H24：1，碧玉质，长 10.4、宽 4.6 厘米（图 2.8，8）；T53②：1，右面一孔经使用已从背边豁开，刃经多次使用、重磨，已成直刃（图

---

〔1〕　刘晋祥、杨国忠：《赤峰西水泉红山文化遗址》，《考古学报》，1982 年第 2 期。

2.8,9)。采集的桂叶形石刀均是未经钻孔的半成品。近长方形石刀 5 件,靠近背部中间有两个穿孔,孔两面对钻。标本 1 件,T25②:2,残长 8.2、宽 3.7 厘米(图 2.8,10)。

元宝山哈喇海沟[1]遗址的石器有打制、磨制和琢制三种,器形有石斧、石刀、石磨棒、石磨盘、石饼、石杵等。石斧 8 件,以磨制为主,也有打制和琢制。标本 1 件,F2:12,灰色,磨制,边缘保留有打制疤痕,顶部略带弧形,稍窄,弧形刃稍宽,长 16.5、宽 6.8、厚 3.2 厘米(图 2.8,11)。石刀 1 件,F7:7,残断,青灰色页岩,磨制,刃部锋利(图 2.8,12)。石磨棒 6 件,琢制,均残断,横断面为半圆形,使用面平直。标本 1 件,F8:18,浅绿色,残长 12.4、直径 3.8 厘米(图 2.8,13)。石磨盘 3 件,标本 1 件,F8:6,浅灰色,形状不太规则,较薄,使用面光滑且凹下,长 13.8、宽 11.6、厚 0.4 厘米(图 2.8,14)。石饼 1 件,F1:16,浅灰色,琢制,局部磨平,加工疤痕明显,器物中间厚,边缘渐薄,略呈椭圆形,直径 6~6.9、厚 2.2 厘米(图 2.8,15)。石杵 1 件,F7:12,青灰色,琢制,一端粗,一端较细,通长 10.6 厘米(图 2.8,16)。

敖汉旗七家[2]遗址的石器以磨制、琢制、压制为主,少数打制。器形有石斧、石刀、石磨盘、石磨棒、石饼等。石斧 8 件,标本 1 件,F1:19,灰白色,磨制,整体呈梯形,正锋,平顶,刃缘略带弧形,通长 9、顶宽 5.4、刃缘宽 6.2、厚 1.4 厘米(图 2.8,17)。石刀 3 件,标本 2 件,F8:2,磨制,黑色,弓形背,弓形刃,靠背部有两个穿孔,残长 12.5、宽 4.7、厚 0.3 厘米(图 2.8,18)。石磨盘 1 件,F5:4,花岗岩质,琢制,使用面下凹、光滑,底面琢制平整,残长 18、宽 20、厚 5~3.2 厘米(图 2.8,19)。石磨棒 3 件,标本 1 件,H29:1,花岗岩质,琢制,弧形背,使用面平整,淡黄色,制作规整,截面略呈圆角梯形,长 26.5、高 6.5、厚 5.5 厘米(图 2.8,20)。石饼 3 件,呈不甚规整的圆形,大小不等。标本 1 件,H38:1,淡黄色花岗岩质,顶端较圆,底端呈椭圆状,长 12、宽 6.2、高 4.5 厘米(图 2.8,21)。

朝阳牛河梁遗址[3] N2Z2 表土层、冢下垫土层中发现石斧 3 件、砍砸器 2 件、蚌环 2 件,还有细石器石核和石片发现。牛河梁第五地点下层出土石器有石斧、石刀、磨盘、磨棒等。石斧 5 件,标本 1 件,N5XC:10,片麻岩,青灰色,磨制,长条状,顶部平,两侧边微外弧,刃部斜弧状。此件石斧保存较好,刃部锋利,长

---

[1] 内蒙古文物考古研究所、赤峰市博物馆:《元宝山哈喇海沟新石器时代遗址发掘报告》,《内蒙古文物考古》,2008 年第 1 期。
[2] 赤峰市博物馆、敖汉旗博物馆:《赤峰市敖汉旗七家红山文化遗址发掘报告》,《草原文物》,2015 年第 1 期。
[3] 辽宁省文物考古研究所:《牛河梁——红山文化遗址发掘报告(1983~2003 年度)》,文物出版社,2012 年。

11.5、刃部宽4.8厘米(图2.9,1)。石刀1件,N5XC：13,钙质页岩,青灰色,通体磨制,呈梭形,体甚扁平,已残断,背部有两个圆形穿孔,均为两面对钻而成,其中残断孔里有一未钻透的圆洞,刃部锋利,残长8.7、宽4.5厘米(图2.9,2)。磨盘1件,N5XC：2,石英细砂岩,黄褐色,体扁平,残断,由于长期使用,磨盘中部下凹,底部平,残长26、宽27、中间厚3.8、边缘厚6.6厘米(图2.9,4)。磨棒2件,N5XC：8,石英长石砂岩,黄褐色,残断,长条柱状,磨面较平,截面近椭圆形,长24厘米(图2.9,3)。牛河梁N1J4建筑址居住面室内堆积中出土石器有磨制石饼N1J4：1(图2.9,5)、带钻窝石件N1J4：2(图2.9,6)。

朝阳半拉山[1]遗址的石器以打制为主,少量为磨制和压制,器形有石斧、石铲、石耜、石球、石环。石斧1件,米27：2,磨制,青灰色,体长,呈扁柱状,双面弧刃,不对称,刃部有使用的破损疤痕,斧身有多处未打磨平整的凹坑,长12.3、宽4.8、厚2.4厘米(图2.9,7)。石铲4件,标本2件,T0508①：2,亚腰石铲,暗红色。刃部残,体宽大、厚重,近梯形,柄部对称打制出凹口,呈束腰状,体表布满疤痕,残长14.1、残宽9.7、厚4.2厘米(图2.9,8);T0607②：1,亚腰石铲,青灰色,完整,利用薄石板打制而成,扁体,体宽大、轻薄,平面近梯形,柄部窄,两侧有对称打制的凹口,单面弧刃,刃部有使用的破损疤痕,长14.4、宽10.9、厚2.2厘米(图2.9,9)。石饼2件,标本1件,T0605②：3,青灰色,完整,打制,扁体,平面近圆形,中部厚重,边缘稍薄,体表布满使用的疤痕,最大径9.9、厚5.6厘米(图2.9,10)。

朝阳小东山[2]遗址的石器有石斧、石刀、磨棒、石杵、石球、磨石。石斧7件,标本1件,H2：1,花岗岩质,黑色,顶窄刃宽,两面略鼓,两侧长边磨平,顶部残缺,正锋,弧刃,较锋利,通体磨光,残长6、最宽4.1、最厚1.4厘米(图2.9,11)。石刀2件,标本1件,F5：7,砂岩质,磨制,体薄,两侧刃较锋利,残长14.5、宽10、厚0.1~0.5厘米(图2.9,12)。磨棒4件,标本1件,F5：8,长条形,砂岩质,磨制,两端稍残,粗细较均匀,上面弧形,下面稍平,截面呈扁圆形,残长30、宽6.5、厚3.1~4厘米(图2.9,13)。石杵1件,H10：4,长条形,墨绿色,通体磨光,前端为扁方体,一面微凹,其余三面微凸,转角处圆弧,顶面较平,后端为圆柱体,尾端圆弧,通长20.6厘米(图2.9,14)。石球2件,标本1件,H44：2,卵圆形,砂岩

---

[1] 辽宁省文物考古研究所、朝阳市龙城区博物馆:《辽宁朝阳市半拉山红山文化墓地的发掘》,《考古》,2017年第2期;辽宁省文物考古研究所、朝阳市龙城区博物馆:《辽宁朝阳市半拉山红山文化墓地》,《考古》,2017年第7期。

[2] 辽宁省文物考古研究所、朝阳市博物馆、朝阳县文管所:《朝阳小东山新石器至汉代遗址发掘报告》,《辽宁道路建设考古报告集(2003)》,辽宁民族出版社,2004年。

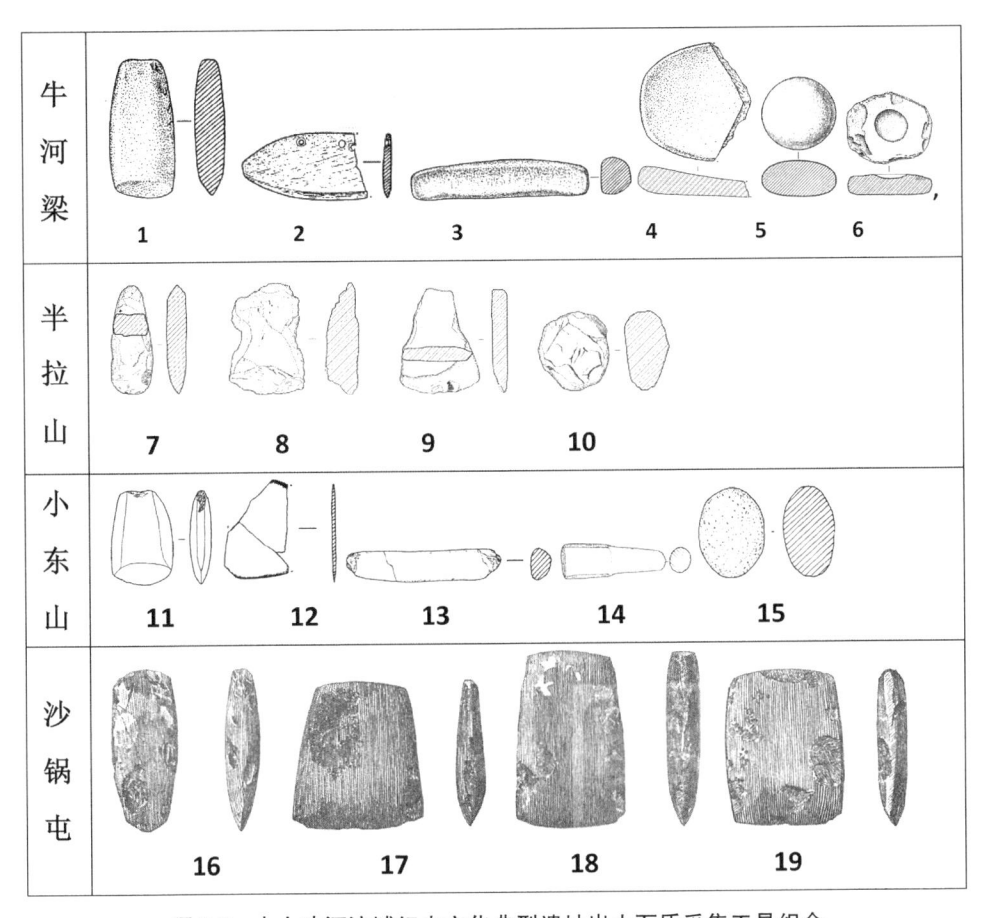

牛河梁	1　2　3　4　5　6
半拉山	7　8　9　10
小东山	11　12　13　14　15
沙锅屯	16　17　18　19

图 2.9 大小凌河流域红山文化典型遗址出土石质采集工具组合

质,白色,长径 18.8、短径 7.8、最厚 6.2 厘米(图 2.9,15)。

锦西沙锅屯[1]石穴第二土层中发现石斧 4 件(图 2.9,16~19)。17、18、19 形制相似,长 5~6 厘米,宽 3~4.5 厘米;16 身长,近椭圆。弧刃最宽处狭窄;17、18 刃较宽;19 略呈正方形。4 件石斧颈部皆平,16、17、18 的纵切面左右对称,刃居中线;19 则不对称。石斧 16、18 为细颗粒火成岩,17 似砂页岩、19 为千枚岩。

(二)石器组合所反映的采集经济

石器作为生产工具能更直接反映红山文化居民的生产方式和生业模式。确

---

[1] 安特生著,袁复礼译:《奉天锦西县沙锅屯洞穴层》,《古生物志》(丁种第一号第一册),农商部地质调查所,1923 年。

定器物的专属功能,首先需要对研究材料做一个基本的分类。红山文化聚落遗址出土了大量石器,根据各个遗址出土的石器形制类别判断,器形主要有石斧、石锛、石凿、石锄、石耙、石铲、石刀、石磨盘、石磨棒、石臼、石杵、石饼,此外还有石球、石环、网坠、磨石、砺石等。已有研究表明,石耙和石铲等属于翻土和掘土工具;石球、石环和石网坠被用于抛掷击打猎物,或结网扑鱼、栓系麻绳和皮索围捕动物等,属于渔猎工具;磨石和砺石主要用于磨制骨器、石器,属于加工工具。上述器物的使用功能暂不予讨论。对于其余各种类型生产工具的使用功能,历史文献多有记载,民俗学资料也能够为我们提供更为直观的认识。以下将通过系统梳理历史文献、民俗资料、科技考古、实验研究成果,对上述器形进行分组研究,探讨每种石器组合的使用功能。进而推断红山文化时期居民的生产方式和生业模式。根据其形制特点,我们将上述器形大体上分为砍伐类、收割类、碾磨类、捣杵类、敲砸类五种组合。砍伐类主要是石斧、石锛、石凿等;收割类主要是石刀;碾磨类主要是石磨盘、石磨棒;捣杵类主要是石杵、石臼;敲砸类主要是石饼、石球和有窝石器。

1. 砍伐类工具——石斧、石锛

第一,根据古今文献记载,斧和锛的最基本功能之一为砍伐树木。《释名·释用器》载:"斧,甫也;甫,始也。凡将制器,始用斧伐木,已乃制之也。"《孟子·梁惠王(上)》载:"斧斤以时入森林,材木不可胜用也。"这里的"斧"和我们今天斧的造型和功能大体一致,"斤"就是后来的锛。《司马法逸文》曰:"夏后氏谓辇曰余车,殷曰胡奴车,周曰辎辇。辇,一斧、一斤、一凿、一梩、一锄。"这说明先秦时斧、锛、凿等就作为一个工具组合整体配合使用,是最基本的砍伐工具组合,其最重要的加工对象就是林木。

第二,从制作工艺上分析,斧和锛作为砍伐树木的工具,功能略有不同。现代定义中斧为砍东西用的工具,头呈楔形,装有木柄。由于其做功时需要借助惯性和斧身的势能支撑,所以既要绑柄使用,又要器身相对厚实一些。首先,所谓的"楔形"是指刃部截面为"V"型设计,这也就是正锋。在砍伐树木时,石斧的重量与刃部的锋利程度则是影响其工作效率的关键因素。斧刃越锐利做功越有效,也就是说刃部的夹角越小越好。其次,如果斧具有的动能越大,那么斧对树木所能做的功就越大,保证重量的同时要兼顾挥斧速度。劈砍比较大的树木,要求所用斧子重量比较大,斧柄也比较长,斧头重力势能越大,作用于树木时其动能也就越大。一般来说,石斧绑柄时要求斧刃平行于木柄。如果说斧是正锋,那么锛就是偏锋,其功能是要刨掉一些物体表面的凸起,使之变平。由于锛的刃部在入木时会有一个向内的作用力,因而石锛的厚度一般都比石斧要薄得多,不适合从事强度更大的砍伐工作。

第三,实验研究和民族学资料也证实了斧、锛适用于砍伐树木。国外考古学家用玉斧伐倒一棵直径 25 厘米的冷杉用了 20 分钟;新几内亚的毛利人砍倒直径约 8.5 厘米的树的时间大概为 4 分钟;砍伐一棵直径约 17 厘米的树用时 7 分钟。当然,斧和锛也很可能在砍伐树木时混合使用。在夏家店下层文化大山前遗址与二道井子遗址中,发现有厚度大于 2 厘米、长大于 10 厘米的石锛,此类石锛也有可能参与一些强度更大的砍伐工作。

特别值得注意的是,红山文化时期一些典型遗址一般都有大型打制石斧和小型磨光石斧(也可称作磨光手斧)出土,两类石斧应具有各自不同的功能。根据器型特点和微痕分析,用于砍伐树木等采集活动的石斧应是大型打制石斧。而红山文化时期磨光石斧磨制精美,体量较小,似乎不适于砍伐树木。因为对于砍伐树木这样高强度的劳动来说,只有势能越大才会产生更大的动能,所以砍伐树木用的石斧体量首先要够大,应该是大型石斧。红山文化时期很多聚落的房址都发现有规则排列的柱洞,甚至在哈民忙哈遗址房址内还发现坍塌后已经炭化的檩木堆积,这表明红山文化居民建造半地穴式房址时大多使用过经砍伐并加工过的树木。而在红山文化所有的生产工具中,石斧和石锛最具备砍伐优势。一是刃部锋利,适于砍伐坚硬木材。二是器身厚重,易于增加势能。三是柄部渐收,便于装柄使用。那么小型磨光石斧的主要用途是什么呢? 1977 年 Keeley 在对英国 Hoxne 石制品的微痕研究中,特别对 Hoxne 遗址出土的两件手斧的使用功能进行了分析,结果证实在 Hoxne 早期工业的手斧中发现屠宰活动中留下的磨光痕迹。他的研究还表明在旧石器时代的工具中存在加工兽皮和木料等其他活动[1]。2015 年 Natalya Solodenko 等对以色列的晚期阿舍利 Revadi 遗址中出土的刮削器和手斧进行研究,他们在这两件器物上都发现了清楚的刃缘破损和磨光痕迹。手斧上的使用痕迹显示它可能用于刮兽皮。而端刮器的使用痕迹则暗示其有可能是用来加工动物的机体组织。在两件工具上都发现了动物的脂肪残留物,暗示了其可能用于屠宰或制皮等相关的活动[2]。高星通过对洛南地区手斧所做的残留物分析,推测中国手斧的主要功能是用来挖掘可食性植物的根茎,与西方阿舍利手斧通身修理出的切割刃功能上存在明显的区别[3]。可见,红山文化时期斧锛类工具的使用功能也应该具有多样性,但砍伐树木、采集

---

[1] Lawrence Keeley, The functions of Paleolithic flint tools, *Scientific American*, 1977.
[2] Natalya Solodenko, et al., Fat residue and use-wear found on Acheulian Biface and Scraper associated with but chered elephant remains at the site of Revadim, *Israel*, 2015. PLos One 10(3).
[3] 高星:《中国旧石器时代手斧的特点与意义》,《人类学学报》,2012 年第 2 期。

食物是主要功能之一。正因为石斧在居民的日常生活中占有重要地位,所以后来逐渐被作为权利和财富的象征,在后世的军事战争中被作为武器发展起来。如新石器时代晚期红山文化和良渚文化中出现的玉钺、青铜时代商周时期出现的青铜斧都是由石斧演变而来的,追根溯源,石斧最初的功能应该是砍剁。

总的来说,红山文化时期石斧分为打制和磨制两种,打制石斧器型更大一些,是专用的砍伐林木工具;而磨制石斧器型较小,应该用于分解动物肢骨。一方面,砍伐树木不需要制作工艺过于精细,而分解动物肢骨可能对石器的制作工艺要求更高,因为肢解动物,砍剁骨头要求尽可能少产生碎屑,不仅要刃部锋利,还要器身光滑。另一方面,在红山文化时期能有效肢解动物的只有石质工具,骨角蚌器无法完成,因此,磨制石斧的出现既是对本地区文化的传承,也是狩猎的需要。

红山文化打制石斧和磨制石斧共存的传统在本地区先行的考古学文化中一直存在。从兴隆洼文化、赵宝沟文化、红山文化到小河沿文化,在各个考古学文化的典型遗址中两种形制的石斧都有发现。如兴隆洼文化时期的白音长汗、塔布敖包、南台子、兴隆洼遗址,赵宝沟文化时期的白音长汗、杜力营子、赵宝沟遗址,红山文化时期的白音长汗、二道梁、红山后遗址,小河沿文化时期的哈喇海沟、大南沟遗址都有发现。

2. 收割类工具——石刀

根据出土情况来看,红山文化石刀主要有两种:一种为磨制,多带单孔或双孔;另一种为打制,多不带孔。两种石刀见之于红山文化的诸多典型遗址。白音长汗遗址四期遗存有石刀4件,分磨制与打制两种:2件磨制石刀均桂叶形,刃部磨制锋利,其中1件背部有两个穿孔;2件打制石刀均长条形,弧刃,都是中间厚向两侧刃部渐薄,横剖面近菱形。巴林左旗友好村二道梁红山文化遗址石刀也分为两种,一种为磨制,弧背,近背部有两个穿孔,偏锋,刃部平直,两端或平直,或呈尖状,长度在10厘米左右;另一种为打制,一侧弧刃,一侧为直刃。哈民忙哈遗址出土石刀4件,分为磨制和打制两种:磨制石刀长方形,背上有双孔,刃部磨制成锯齿状。还有3件骨柄石刃刀,石刃的宽度一般为2厘米左右,最长者近7厘米,两边平行,压制修理。此外,有些遗址虽然仅仅见到磨制石刀,但由于未对整个聚落进行全部发掘,不排除有打制石刀的可能。如林西水泉遗址出土的2件石刀均磨制,平整光滑,器体扁平,弧背,近背部有两个穿孔,偏锋,刃锋利;赤峰西水泉遗址出土的石刀均为磨制,桂叶形,即刃与背呈对称的弧形,近背部有穿孔。

结合两类石斧的使用功能,我们推断两类石刀的用途也应该是不一样的。

磨制双孔石刀应该是采集工具,而打制石刀应该是切割工具。对于东北地区两类石刀的来源与功能,陈国庆先生做了系统的研究。他认为:东北地区新石器时代较早的考古学文化中尚未见到石刀,而这些文化中常见到的小石叶、小石片和小刮削器起着石刀的作用。到了红山文化时期,开始出现了长方形双孔石刀、长方形两侧带缺口石刀、桂叶形石刀和梯形石刀等。其中长方形双孔石刀和长方形两侧带缺口石刀,是中原地区仰韶时代较盛行的石刀,红山文化的这两种石刀,很可能是受中原地区影响的产物[1]。根据陈国庆先生的研究,双孔石刀源于中原地区,是典型的农业生产工具;而红山文化打制石刀应源于本地区久远的渔猎文化传统,是用于切割肉食的渔猎工具。红山文化时期出现的磨制双孔石刀是原始种植业发展到一定阶段的产物,但石刀既可用于采集野生植物,也可采摘谷穗等原始农作物,与采集业和原始种植业有着密切的关系。

第一,类型学比较分析表明双孔石刀是掐谷穗用的采摘工具。红山文化时期石刀造型规范,一是弧背弧刃石刀,长度在10~15厘米,宽约5厘米,近背处有对钻双孔,磨制较精;二是直背直刃石刀,呈长方形,近背处有对钻双孔,长、宽与弧背弧刃石刀最大值大体相同;三是直背直刃梯形石刀,近背处也有对钻双孔。无论是哪种形制的双孔石刀,都为磨制,使用方法是用绳缚在手背部上使用,使用时手握住石刀顶部,刃部向内,即可采摘谷穗等。红山文化桂叶形石刀和现代仍在使用的掐谷刀(也叫掐刀)形制极为相似。

第二,实验研究表明磨制双孔石刀可用于收割谷穗。通过手持石刀收割谷子的实验,我们发现该种石刀的大小很适合手持。首先在两个穿孔处穿绳系住,形成一个绳套;然后将绳套在右手五指上,使手掌握住柄部,刃部向内,不必担心手和绳套分离,也不会丢失。采集作业时,左手握住谷穗,右手握住石刀向内拉动,石刀刃部便能轻易将谷穗柄割断。从实验效果来看,双孔石刀可以用来收割,虽然与徒手采摘的对比实验结果显示,速率并未有明显的提高,但是徒手实验超过一个小时,手会有疼痛感,而使用石刀可以连续作业。在野外的采集工作时,套在手上的石刀要比带木柄的石刀更方便携带。从设计上来讲,该型石刀凸弧的背、紧挨背部的穿孔、相对称的设计、刃的长度等特点,都不适合绑柄使用。从大山前遗址发现的石刀来看,一件石刀的残器上面至少有三个孔,从残刃的长度来看,应是至少两个孔同时使用。

第三,民族学的比较研究表明双孔石刀用于采摘谷穗。在农业早期的发展阶段,人们只收割禾穗,而不收割植物的茎。《小尔雅·广物》说:"禾穗谓之颖,

---

[1] 陈国庆、静修:《浅析东北出土的石刀》,《农业考古》,1993年第3期。

截颖谓之铚",这说明汉代以前有用刀来单掐禾穗的采摘方式。在大量出土的青铜镰刀里,也有部分器身带有孔的,形制上与石刀也多有相似,只是在捆绑使用的方式上会有不同,这大概是青铜和铁器产生后,生产力提高的结果。战国、汉代的铁刀和现代仍在使用的铁质掐刀就是由磨制双孔石刀演变而来的。双孔石刀被作为掐谷刀采集植物穗的传统一直到近代仍然可以从农业生产中找到痕迹。在我国北方地区的广大农村有一种掐刀,也叫爪镰,与石刀非常相似,长度在10厘米左右,刃外凸弧较多,平直刃与内凹刃均有,农忙季节的时候用来掐谷穗、高粱穗等作物。中华人民共和国成立后,在我国的广大农村地区,仍可见到用于掐谷穗用的铁刀,刀背部有两个穿孔用于系绳,农民在使用时用绳将手掌套牢,手指握住刀背,刀刃向内,一手抓住谷穗向外,另一只手握刀背向内用力,使刀刃对谷穗形成切割作用。通过认真观察,我们会发现有些纵向的磨制痕迹是在反复的使用过程中形成的,而不是有意为之。因此双孔石刀应该就是镰刀的祖源。

双孔石刀作为中原农耕文化传入辽西地区的收割工具,是红山文化原始种植业发展的实证,但我们也不能排除双孔石刀的采集功能,一些大籽蒿、狗尾草等野生植物穗子的采摘也需要用双孔石刀。此外,石磨盘磨棒组合、石臼石杵组合既具有加工野生植物颗粒的可能,也有加工人工栽培植物颗粒的可能。在使用过程中,原始人工栽培的植物种子颗粒占有多大比例,还需要更多的实验检测和深入的科学研究。但是,红山文化时期双孔石刀的出现无疑反映了中原农耕文化元素的影响。

3. 碾磨类工具——磨盘、磨棒

关于磨盘与磨棒的碾磨功能很多学者做过认真研究,其主要功能就是将野生植物颗粒和种植的谷物脱壳,这可以从民俗学、物理学设计原理、微痕观察和残留物分析等多角度加以验证。

第一,从民俗学角度看,石质的碾磨工具在人们的粮食加工中扮演着重要角色。电动机械出现以前,两种碾磨工具一直在人们的生活中扮演重要角色:一种是石碾。其组成主要是一个圆柱形石碾和圆形磨盘;另一种是小型石磨。上下两部分融为一体且都是圆形,使用时滚动上部石碾就可将下部的谷、麦等脱壳、磨粉,其原理主要是利用增大压力来加大对加工物的破坏,这两种石磨一直到现在还偶有发现,直到电动机械出现后,它才逐渐被取代。石碾和石磨与石磨盘和石磨棒组合的工作原理是相通的,只是石碾和石磨充分利用了杠杆传动原理,其工作效率是石磨盘和石磨棒难以相比的。

第二,从物理学设计原理分析,石磨盘与石磨棒主要是利用二者对加工对象所产生的相反摩擦力使加工对象破碎。我们知道,产生摩擦力需要物体间相互接触、相互摩擦运动、摩擦面粗糙、有相对运动这四个条件。增大摩擦力的方法就可对应为增加接触面粗糙程度、增大压力。从原料的选择和制作分析,石磨盘与石磨棒基本上都是结晶颗粒比较大的花岗岩、砂岩类,这无疑是加大摩擦力的好材料。仔细观察会发现,磨盘呈两边高、中间低的"U"形,或者呈一边高、一边低的"U"形,甚至呈"L"形,应该说这都是强化摩擦动作的结果。石磨棒与石磨盘一样,理论上并不需要精细的打磨,只要二者匹配即可。

第三,微痕观察表明,石磨盘和石磨棒的摩擦痕是推动而不是滚动产生的。首先,我们通过观测几件石磨棒发现,其磨面擦痕全部是垂直于长度的,而石磨盘的微痕显示,其磨面擦痕平行于磨盘的最长面。其次,红山文化时期的石磨棒多为棱柱形,棱面的产生是使用推力而不是滚动力最直接的证据。根据使用面微痕推断:红山文化居民在碾磨谷物时,借助石磨棒用推力反复摩擦石磨盘表面,当石磨棒上出现了摩擦面后,再变换一个凸面继续使用,直到凸面变平,这样一直不断变换凸面使用,最终形成了棱柱状。石磨盘在制作或使用过程中如意外破损,也可用来制作石磨棒。

第四,残留物分析表明,石磨盘、石磨棒的主要功能是碾磨谷物。虽然目前较为流行的微痕分析和植物淀粉粒分析结果表明,石磨盘与石磨棒可加工对象十分庞杂,从禾本科的种子、栎属橡子到栝楼根等。但研究者也承认,在这种研究中不可控的变量有很多,因此分析结果未必全面。如果从器物生命史的角度来分析,这组器物最初始的功能应该就是加工谷物,但这种功能很可能被掩藏在其中,其痕迹很可能被二次利用所掩盖。

石磨棒和石磨盘组合在辽西地区从兴隆洼文化时期一直延续到小河沿文化时期,是本地区最重要、最传统的石器组合之一。虽然绝大多数都为残器,但从数量上看,无论是兴隆洼文化还是赵宝沟文化几乎所有遗址都出土了大量石磨棒和石磨盘,是出土数量最多的磨制石器。从形制上看,各个时期的石磨棒基本都存在棱柱状和弧背拱状两种。兴隆洼文化时期白音长汗遗址的二期乙类遗存共发现33件,查海遗址共发现170件,塔布敖包遗址共发现24件,南台子遗址发现23件。赵宝沟文化赵宝沟遗址共出土14件;林西水泉遗址共发现6件,白音长汗遗址三期甲类遗存共出土8件,小山遗址共出土13件。作为组合的另一半——石磨盘也在不同时期文化遗存中也大量出土。兴隆洼文化时期白音长汗遗址二期乙类遗存共发现13件,塔布敖包遗址发现有8件,南台子遗址共发现13件;赵宝沟文化林西水泉遗址发现9件,小山遗址共发现5件。石磨盘和石磨棒作为东北地区重要的采集加工类工具组合是本地区久远的文化传统之一。

4. 捣杵类工具——石杵与石臼

诸多证据表明石杵与石臼是一组捣杵工具,二者相互配合使用。

第一,古文献记载证实石杵与石臼是相互配合使用的捣杵工具。《周易·系辞下》记载:"断木为杵,掘地为臼,臼杵之利,万民以济。"可见,至少到商周时期已经有了"木杵地臼"的配套使用。我们推断地臼不一定是掘土而成的土坑,很可能是人们在地表岩石上找到自然岩石,并利用岩石表面的凹坑进行食物加工。

第二,民俗学资料中有很多关于石杵、石臼使用功能的证据。比如云南拉祜族、哈尼族基本都使用木杵木臼;苦聪人则是在地上挖一个土坑,夯实,内垫一张光板皮革,再将粮食倒入地臼内,以木杵舂米;海南黎族亦是以木杵、木臼进行舂米,而且一次加工量极大;四川凉山彝族的杵臼很有意思,他们以小型的石杵、石臼用来舂面磨粉,木杵木臼则是用来舂米。从以上民族学资料来看,木杵、木臼更适合脱壳等一些工作,而石杵、石臼则能够舂面磨粉。最近央视纪录片《舌尖上的中国》记录了一段关于莽山瑶族捶打蕨根以获取蕨根粉的生活场景,真实再现了杵、臼在生产加工方面的捣杵作用。

第三,石杵和石臼的功能应是将类似于粟和黍一类的小型植物颗粒碾碎。从民俗学角度来看,石磨盘与石磨棒和石杵与石臼组合都能一直延续至今,这为我们研究两组器物组合使用功能的差异提供了思路。直到 20 世纪我们还能从民间发现用于磨制豆腐的石磨、磨制面粉的石碾、捣杵蒜汁的蒜臼。从使用情况来看,石磨和石碾似乎更适合用于粟、黍类小颗粒谷物脱壳;而臼似乎更适合用于加工植物根茎。当然,两种器物组合在某种情况下都可作为脱壳工具。如云南独龙族与怒族将谷粒加热烘干后,再用磨盘磨棒去壳;藏族则是将青稞加热烘干后,用杵臼加工脱壳。二者的功能在处理禾本科种子的适用性上是相似的。从考古发掘情况来看,红山文化分布区石磨盘和石磨棒的发现量要比石臼和石杵大得多,这应该引起我们的重视。

石臼和石杵组合在红山文化分布区的新石器时代各个时期均有发现,是典型的捣杵工具组合。兴隆洼文化时期石杵和石臼组合模式已经出现。属于兴隆洼文化时期的白音长汗遗址二期乙类遗存有石杵共 6 件,分两种形制:一种为圆柱状,一端较细,一端较粗,粗端向细端渐变,两端均有使用痕迹;一种为有柄类,侧平面呈"凸"字形,较粗部分为圆柱状,柄部为圆锥状,或为手直接把握或者是安木柄使用,长度较大。白音长汗遗址二期乙类遗存有石臼共 12 件,长度与宽度都比较大,最大臼窝的长度达 50 厘米,宽度近 40 厘米。巴林右旗塔布敖包新石器时代遗址有石杵 5 件、臼 1 件。赵宝沟文化时期克旗南台子、林西西梁、白音长汗、水泉等遗址均有发现。红山文化时期完全因袭了兴隆洼文化和赵宝沟文化捣杵器的组合特征,其中白音长汗遗址四期遗存中共发现8件石杵,分两种;巴林左旗友好村二道梁遗址发现石杵3件、石臼1件;哈民忙哈遗址也有两种石杵,一种为圆柱状,磨面平整,一端粗一端细,粗端向细端渐变;另一种型体较大,尾端经过修整。

5. 敲砸类——石饼、有窝石器

属于红山文化时期的白音长汗遗址四期遗存共有5件石饼,均磨制而成,大体呈圆形饼状,直径在8~10厘米,厚度为2~4厘米。巴林左旗友好村二道梁红山文化遗址,发现2件石饼,圆形饼状,双面压磨,直径7~8厘米,厚2厘米。翁牛特旗二道窝铺遗址共出土6件石饼,打制为主,有的稍加打磨,大体呈圆形饼状,直径在7~9厘米之间,厚为2~3厘米。哈民忙哈遗址共出土27件石饼,多呈圆角方形,长约8厘米,厚约4厘米,边缘琢制,有两个磨面。白音长汗遗址四期发现有窝石器1件,侧面琢制不甚规整,上下面琢制平整。呈长方体,一侧较厚,一侧较薄,圆形臼窝位于较厚侧。

从造型和局部特点分析,石饼和有窝石器当和磨棒磨盘组合、石杵石臼组合一样,是一组有对应关系的器物,属敲砸类采集工具。第一,通过微痕分析推断,二者应是一组配套使用的器物。仔细观察石饼两个圆形使用面我们发现,石饼光洁的使用面上偶尔可以见到因敲砸而产生的窝坑,这种窝坑虽然并不是每个器物上都有,但却可以在某种程度上说明该类器物是在敲砸一些坚果时留下的痕迹。此外,敲砸坚果最重要的是找到合适的手持工具。因为敲砸时可以随便找一处坚硬的石块将采集到的坚果垫起来,甚至可以将其垫在居住址附近的天然岩石上,不需要刻意加工专用的垫石。因此,我们在遗址中发现的有窝石器并不多,但是,石饼作为敲砸器是经常人工手持使用的,如果制作粗糙、不规整,长期使用会对手产生磨损,因此需要人工磨制。事实上,考古发现中红山文化典型遗址出土的石饼数量要远远大于有窝石器。第二,二者均属于敲砸器。首先,从使用痕迹来分析,石饼应该是敲砸器。查海遗址和林西水泉遗址有的石饼中间有小凹坑,哈民遗址的石饼有的有小凹槽。其次,磨制石饼形制规整,扁圆形的器型一般有两个磨面,8~10厘米的直径非常适合手握使用。再次,有窝石器大小和石饼个体基本对应,而且内部窝坑也有一定的对应关系。根据窝坑的大小判断,石饼和有窝石器主要敲砸的果核大小属于中型,如核桃、山杏核等。红山文化诸多遗址中都存在石饼与有窝石器组合共出于同一单位的现象,如在保存较好的牛河梁N1J4建筑址居住面室内堆积中出土了2件石器,其中一件是石饼,另一件是带钻窝石器。这既表明牛河梁居民曾在N1J4对采集来的果核进行敲砸和加工，也表明红山文化时期牛河梁居民采集活动频繁。

石饼和有窝石器组合在兴隆洼文化和赵宝沟文化时期也有发现，是典型的生产工具组合之一。属于兴隆洼文化时期的白音长汗二期乙类遗存有石饼共13件，器形规整，大多数为圆饼状，近方形，器表遍布小麻点，直径10厘米，厚2~4厘米。查海遗址也发现有大量的石饼，从形制上看为饼状，有的精心磨制，器形规整，大多为圆形，少数呈方形，有些是石斧等器物改制而成。南台子遗址有12件石饼，打制而成，一般都近似圆形，直径约10厘米。塔布敖包遗址共出土13件石饼，凝灰质砂岩，器形较统一规整，圆饼状，两面平滑，直径厚度基本一致。赵宝沟文化时期的赵宝沟遗址所出石饼器形规整，磨制，大多数呈圆形饼状。白音长汗遗址的三期甲类遗存出土石饼5件，形制规整，圆形饼状，长度9~11厘米，厚度3~4厘米。林西水泉遗址出土4件石饼，直径8~9厘米，厚度2~3厘米。白音长汗三期遗存出土石臼1件，四周较为规整，一端较粗，一端较细，臼体中部有一个椭圆形有窝石器，旁边有个小臼窝。

红山文化砍伐类工具、收割类工具、碾磨类工具、捣杵类工具、敲砸类工具形成了一套完整的采集工具组合，充分证明了红山文化时期采集业的发达。虽然我们无法判断究竟采集业在红山文化经济模式中占多大比例，但是，植物考古研究表明，红山文化时期原始种植业并不发达。可以推断，红山文化时期采集业的规模要远远高于原始种植业，是红山文化居民最重要的生业模式之一。

二、陶质生活用具

（一）陶器组合

红山文化陶器多见于居住址，以夹砂灰陶和泥质红陶为主，另有少量彩陶钵发现。就器形而言，陶器分四类：罐类、钵类、壶类、斜口器。

林西县白音长汗遗址出土陶器种类丰富，有筒形罐、斜口罐、钵、壶、盆、瓮、盘和纺轮等[1]。夹砂陶以筒形罐数量最多，泥质陶以钵数量最多。绝大部分为平底器，偶有三足器出现。其中筒形罐121件，斜口罐3件，钵101件（有尖唇敛口鼓腹钵、叠唇折肩钵和敞口斜腹碗式钵），小罐和小钵14件，小三足鼎3件，壶3件，瓮3件，盆2件，盘1件。各种器物标本12件：AH34∶5、AH34∶6、BT306②∶2、AT15②∶1、AT376②∶2、BH78∶3、M15∶1、BF74①∶1、BF77∶1、

---

[1] 内蒙古自治区文物考古研究所：《白音长汗——新石器时代遗址发掘报告》，科学出版社，2004年。

BF74①：2、BH89：8、AH46：18(图2.10,1~12)。

林西县水泉遗址出土陶器主要有直腹罐、鼓腹罐、高领罐、钵、器盖等[1]。筒形罐8件，标本1件，T17①：5，口径21.2、底径9.5、高20厘米(图2.10,13)。鼓腹罐2件，标本1件，H7：18，口径20.4、残高16.1厘米(图2.10,14)。钵7件，标本1件，H7：14，残高5.2厘米(图2.10,15)。小罐1件，H7：5，口径7.1、底径3.8、高5.2厘米(图2.10,16)。小钵1件，H7：7，口径7.2、高4.8厘米(图2.10,17)。

林西县柳树林出土陶器以夹砂陶为主，器形有筒形罐、斜口罐、器盖等；泥质陶器以钵、盆为主，多为叠唇钵、敛口钵和敞口盆等[2]。其中筒形罐50件、钵30件、盆瓮等6件、斜口器2件、器盖1件、纺轮6件、网坠1件。筒形罐中口沿下饰一周戳刺状坑点纹34件，口部一周素面11件，口部饰有一周附加堆纹5件，部分存有凸钮。标本2件，T0109①：1、T0109①：3(图2.10,18~19)。斜口罐2件，标本1件，T0109②：1，口部饰一周戳压窝纹，以下饰竖向之字纹，纹饰较为疏朗(图2.10,20)。敛口钵4件，标本1件，T0109②：1(图2.10,21)。叠唇钵26件，标本1件，F14：15(图2.10,22)。盆1件，F4：1(图2.10,23)。瓮1件，F14：7(图2.10,24)。器盖1件，H4：1(图2.10,25)。

巴林左旗二道梁遗址出土的陶器有泥质陶与夹砂陶两种，二者各占50%左右。夹砂陶绝大多数为筒形罐，多泥条盘筑，其他器形还有直口折肩罐、小口短颈罐、斜口器及器盖等。泥质陶多为轮制，主要有钵、盆、瓮及少量的器座[3]。筒形罐口沿部有附加堆纹、锥刺纹、无纹饰三种。标本1件，91采：2，口沿部饰一周附加堆纹，口径24、底径12.6、高29.4厘米(图2.10,26)。小罐1件，F7：1，口径8.4、底径4.8、高6.4厘米(图2.10,27)。斜口罐1件，T12②：1，夹砂红陶，尖唇，口沿外敞，腹壁内收成亚腰状，两侧安一对泥钉式鋬，口径20、底径13.6厘米(图2.10,28)。钵有尖唇钵、叠唇钵、折腹钵和深腹钵四种。尖唇钵，标本1件，T17②：1，口径24、底径7.2、高10.2厘米(图2.10,29)。叠唇钵，标本1件，F7：5，口径25.2、底径7.2、高9.6厘米(图2.10,30)。壶有夹砂与泥质两种。标本1件，91采：5，口径7.20厘米(图2.10,31)。瓮有泥质红、灰陶两种，部分泥质红陶肩腹部饰黑条带彩。标本1件，T24①：4，口径31.2厘米(图2.10,32)。

---

[1] 内蒙古文物考古研究所：《内蒙古林西县水泉遗址发掘简报》，《考古》，2005年第11期。

[2] 内蒙古自治区文物考古研究所：《赤峰市林西县柳树林红山文化遗址发掘简报》，《草原文物》，2015年第1期。

[3] 内蒙古文物考古研究所：《巴林左旗友好村二道梁红山文化遗址发掘简报》，《内蒙古文物考古文集(第一辑)》，中国大百科全书出版社，1994年。内蒙古自治区文物考古研究所：《巴林左旗友好村新石器时代墓地发掘》，《草原文物》，2014年第1期。

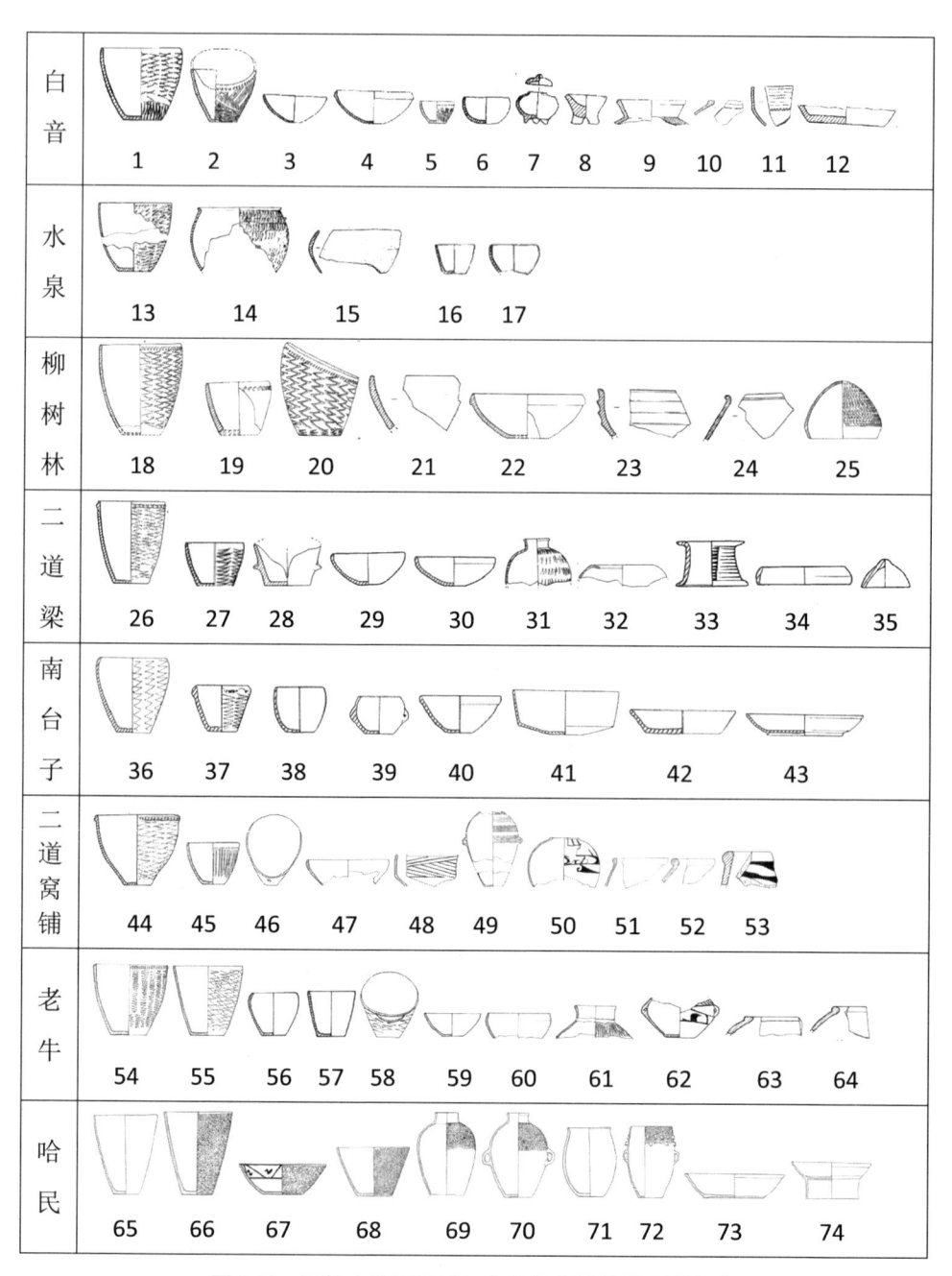

图 2.10　西拉木伦河流域红山文化典型遗址陶器组合

器座2件，T29①：1，泥质红陶，上下口沿呈喇叭口状，腹部饰长三角形黑彩，上口径18.6、下口径19.6、高12.6厘米（图2.10，33）。91采：9，泥质红陶，口沿方平，腹部呈山脊状，整体呈带圈形，口径22.8、底径25.2厘米（图2.10，34）。器盖1件，91采：10，泥质褐陶，顶部存一拱形钮，素面，口径9.6、高5.6厘米（图2.10，35）。

克旗南台子遗址出土陶器以夹砂陶为主，也有少量泥质陶。器形有筒形罐、敞口钵、直口钵、圈足盘等[1]。筒形罐底部常见有编织纹，未见彩陶。筒形罐为夹砂陶，大口、深腹、弧壁、小平底。标本4件，M13：1，口沿下饰稀疏的横压竖排之字纹，器底饰编织纹，口径21.8、底径11、高24.5厘米（图2.10，36）。M13：4，口沿下贴有泥饼饰，并刻划有斜线，腹饰较密的横压竖排之字纹，口径13.4、底径7.2、通高11.6厘米（图2.10，37）。M13：3，口径10.2、底径5.6、通高10厘米（图2.10，38）。H51：2，内外壁素面磨光，腹饰对称竖錾耳，耳上穿孔，口径11、底径8、通高9.8厘米（图2.10，39）。钵有斜腹钵和折腹钵两种。斜腹钵，标本1件，M13：2，泥质黄褐陶，器内外壁磨光，敞口，厚圆唇，弧壁，小平底，口径18.4、底径6.4、高8.5厘米（图2.10，40）。折腹钵，标本1件，T48②A：1，夹细砂灰褐陶，器内外壁素面磨光，直口，圆唇，折腹，上腹较直，下腹斜收，小平底，口径28.1、底径9.2、通高11.6厘米（图2.10，41）。盘有平底和圈足两种。平底盘，标本1件，H46：1，夹砂黑灰陶，敞口，圆唇，直壁，平底，口径23.2、底径16.4、高5.2厘米（图2.10，42）。圈足盘，标本1件，T11②B：3，泥质黄褐陶，素面磨光，大敞口，圆唇，微弧腹，矮圈足，口径31、圈足径20、通高5.8厘米（图2.10，43）。

翁牛特旗二道窝铺遗址出土遗物以陶器为主，陶质分为泥质红陶、泥质灰陶、夹砂褐陶三种，其中泥质红陶占二分之一以上，夹砂褐陶次之。器形主要是罐、钵、壶、瓮、盆、斜口器等[2]。筒形罐根据口沿部纹饰可分为两种：一种口沿下饰附加堆纹，腹部施之字纹。标本1件，F2：25（图2.10，44）；另一种口沿下饰戳印窝点纹。标本1件，F2：22（图2.10，45）。斜口罐H12：1（图2.10，46）。钵有素面陶钵和彩陶钵之分，素面陶钵直口或敛口弧腹，标本1件，F2：6（图2.10，47）。彩陶钵均为敞口深折腹，标本1件，H5：1（图2.10，48）。壶分刻划纹陶壶和彩陶壶两类。标本2件，划纹陶壶H5：2（图2.10，49）；彩陶壶F2：8（图2.10，50）。陶瓮也分素面瓮和彩陶瓮两类，素面瓮口沿标本2件，T111①：

---

[1] 内蒙古文物考古研究所：《克什克腾旗南台子遗址发掘简报》，《内蒙古考古文集（第一辑）》，中国大百科全书出版社，1994年。

[2] 内蒙古自治区文物考古研究所、赤峰市博物馆、翁牛特旗博物馆：《翁牛特旗二道窝铺遗址发掘简报》，《内蒙古文物考古文集（第四辑）》，科学出版社，2013年。

2、T102②:3(图2.10,51~52);彩陶瓮口沿标本1件,T103②:2(图2.10,53)。

翁牛特旗老牛沟槽遗址出土陶器主要有筒形罐、斜口罐、钵、壶、瓮等[1]。筒形罐均为夹砂陶,褐色多于灰褐色,质地坚硬,火候高。根据口部纹饰特征其可分为两类。一类口部饰按压圆窝纹附加泥条,斜弧腹,腹部弧度不同,标本1件,F1:8(图2.10,54);另一类口部外唇部无纹饰,标本1件,F5:1(图2.10,55)。另有小罐2件:H23:6、H23:4(图2.10,56~57)。斜口罐,标本1件,H38:9,夹砂灰褐陶,火候高,质地坚硬,口斜敞,厚圆唇,唇外附加一周泥条,手指压印窝点纹,腹壁略弧,平底,下口部附一垂弧窝点纹附加泥条,器表横划竖排直线之字纹,口径29.2、高33、底径11.6厘米(图2.10,58)。钵数量仅次于筒形罐,分敞口鼓腹钵和敛口折腹钵两类。鼓腹钵直口,圆唇,鼓肩,斜弧腹,平底。标本1件,H22:4(图2.10,59);彩陶鼓腹钵1件,T37②:20,敛口,尖圆唇,深腹(图2.10,60)。折腹钵直口,尖圆唇或厚圆唇,折肩、深腹。标本1件,F3:17(图2.10,61)。壶为泥质褐陶,火候高,质地坚硬,直口,圆唇,高领,广肩,沿部略外倾。标本1件,H26:1(图2.10,62);彩陶壶1件,H26:3(图2.10,63)。瓮2件,均为口沿部残片,T50①:37、T50①:46(图2.10,64)。

哈民忙哈遗址出土陶器的主要器形有筒形罐、鼓腹罐、双耳壶、钵、盆、盘等[2]。筒形罐敞口,圆唇或方唇,斜直壁,深腹,平底或微内凹,依器表纹饰差异,分为两类。素面罐4件,标本1件,F49:16(图2.10,65)。麻点纹罐1件,F49:12,方圆唇,平底,通体饰不规则麻点纹,口径15.4、底径6.8、高18厘米(图2.10,66)。钵均斜壁敞口,圆唇或方唇,平底,外壁饰麻点纹,依器壁分浅腹钵和深腹钵两型。斜壁浅腹钵4件,标本1件,F52:17,内壁上部有红彩带状纹饰,其间以斜线分割为十个区域,每个区域内均填有简化的"鸭"形图案,口径31.5、底径14、高10厘米(图2.10,67)。深腹钵标本1件,F54:3,口径22、底径11、高14厘米(图2.10,68)。双耳壶小直口微侈,圆唇,矮领,有肩,鼓腹斜收,平底或微内凹腹部两侧有桥形双耳,耳部及器身上部饰麻点纹。标本2件,F48:4,口径9.4、残高34.8厘米(图2.10,69);F46:37,口径7、底径9、高27.8厘米(图2.10,70)。鼓腹罐分无耳罐和双耳罐两类。无耳罐小侈口,圆唇,弧腹,平底。标本1件,F52:18(图2.10,71);双耳罐,标本1件,F52:12,泥质黄褐陶,方唇,

---

[1] 内蒙古自治区文物考古研究所:《翁牛特旗老牛槽沟红山文化遗址发掘简报》,《内蒙古文物考古文集(第四辑)》,科学出版社,2013年。

[2] 内蒙古文物考古研究所、科左中旗文物管理所:《内蒙古科左中旗哈民忙哈新石器时代遗址2010年发掘简报》,《考古》,2012年第3期;内蒙古文物考古研究所:《内蒙古科左中旗哈民忙哈新石器时代遗址2012年的发掘》,《考古》,2015年第10期。

大口，微弧腹，耳部以上饰麻点纹，竖桥形双耳置于最大腹径处，双耳外表施麻点纹，口沿下方有两组对称小孔，每组两个，口部之下、双耳以上贴有七组鹰嘴形钮，三个为一组，共22个，口径24.8、底径15.2、高40厘米（图2.10,72）。盘为泥质黄褐陶，敞口，圆唇，弧腹，圈足。矮圈足盘F48①：2（图2.10,73）。高圈足盘，标本1件，F52：14（图2.10,74）。

赤峰红山后遗址[1]出土陶器一种是彩陶，另一种是夹砂黑褐色陶器。彩陶器形比较单一，可分为钵、壶、罐三类。钵类有浅腹钵和深腹钵，前者数量非常多，后者数量少，仅限于几例（图2.11,1~4）。壶类有两种（图2.11,6~7）：一类为短颈长腹，腹部纵向呈球体，小平底，左右下方有一对环耳；另一类为短颈球形，均装饰水平环绕的并列黑线，有的也有同样的环耳。罐类分两种：一种为彩陶鼓腹罐，在形制上像彩陶瓮（图2.11,8~10）；另一种为夹砂陶筒形罐（图2.11,11），一般呈黑褐色，但褐色的也较多，较粗糙。其形状基本固定，均为敞口、小平底，高约24~27厘米，口径约30厘米。口部有尖唇、方唇之分，腹部有直腹和斜腹之分，器腹有环状或纽状錾。另有一两件器盖（图2.11,5）。

西水泉遗址的泥质陶器主要有筒形罐、钵、壶、双耳罐、盆瓮等[2]。钵最多，约占陶器总数的56%以上。夹砂陶器种类少，以大口深腹罐为主，斜口罐和器盖等数量很少，夹砂陶罐约占总数的37%以上。夹砂陶器表面常有一层很厚的烟炱，说明这种陶器主要作为炊具使用。筒形罐分直腹罐和鼓腹罐。鼓腹罐腹壁弧度明显，底小，器表多压饰"之"字形线纹或篦点纹，有的底部印有编织物痕。标本2件，F13：31，口径28.8、高26厘米（图2.11,12）；H1：5，口径14、高9.7厘米（图2.11,13）。钵分红顶素面陶钵和彩陶钵，红顶素面陶钵数量多，约占钵总数的一半左右。标本4件，H21：10，口径21厘米（图2.11,14）；H3：2，子母口，下施黑彩，底残（图2.11,15）；H4：2，腹部饰黑色并行线纹组成的图案，口径9.8、高6.9厘米（图2.11,16）；T7②：20，口部涂黑陶衣一周，腹部深色，口径19.5、高10厘米（图2.11,17）。壶均泥质红陶，器表多施黑或红色彩，有的饰纵"之"字形篦点纹。标本1件，H2：21，直颈，圆肩，底残，腹有双环耳，肩腹部饰黑彩（图2.11,18）。双耳罐，标本1件，T13①：22，腹饰黑色并行线三角形和涡纹组成的图案，腹部残留一耳，口径8厘米（图2.11,19）。盆有泥质陶盆和夹砂陶盆，数量少。泥质陶盆，标本1件，H10：21，素面磨光，唇沿外凸，口微敛，

---

[1] 东亚考古学会著，戴岳曦、康英华译，于建设、李俊义、戴顺主编：《赤峰红山后》，内蒙古大学出版社，2015年。

[2] 刘晋祥、杨国忠：《赤峰西水泉红山文化遗址》，《考古学报》，1982年第2期。

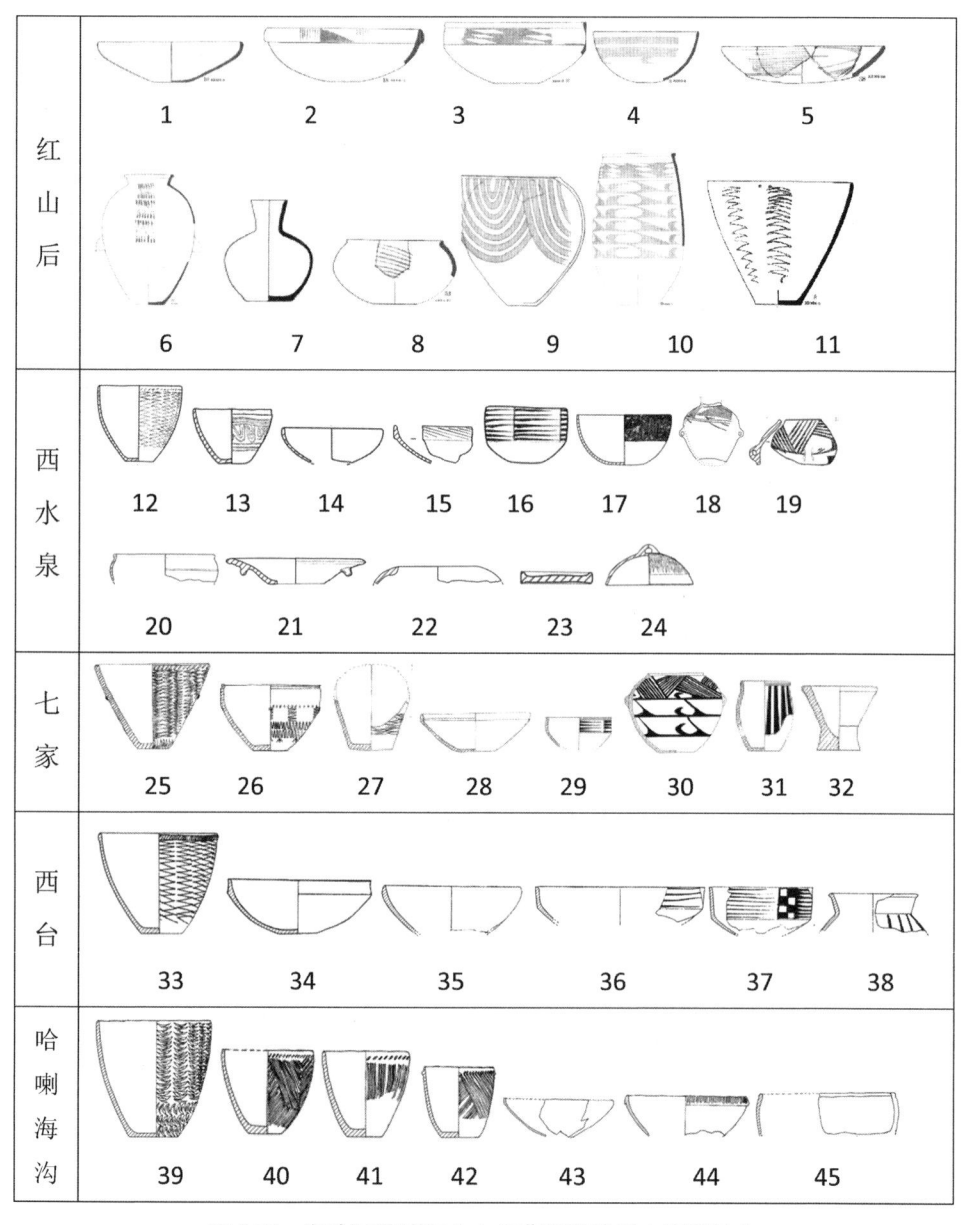

图 2.11 老哈河流域红山文化典型遗址出土陶器组合

口腹分界处有一周浅沟,腹壁斜收,底残,口径 35.4 厘米(图 2.11,20)。夹砂陶盆,标本 1 件,T1②:2,敞口,浅腹,平底,腹部有实耳一对,器表粗糙,口径 30、高 6 厘米(图 2.11,21)。瓮器形较大,多为泥质红陶,敛口平底,器表多饰黑或红彩,素面或饰压纹的很少。标本 2 件,T4:15,尖圆唇,饰红彩鳞形纹(图 2.11,22)。盘,标本 1 件,63 采:24,夹砂褐陶,浅腹,平底,口径 9 厘米(图 2.11,23)。

器盖3件均为夹砂陶,口边素面,沿以上饰纵向"之"字形线纹或篦点纹,有的加附加堆纹或小泥饼,拱形钮。标本1件,T8①:10,口径24厘米(图2.11,24)。

敖汉旗七家遗址[1]出土的遗物中陶器数量最多,主要是生活用具。彩陶器不多,多为红色陶衣,黑色彩,一般饰在罐、钵等泥质陶口沿以下或腹部。筒形罐10件,分直腹罐和鼓腹罐两种。直腹罐大敞口,斜壁,小平底,口沿外饰一匝附加堆纹。标本1件,F1:21,口径37、底径10、通高27.6厘米(图2.11,25)。鼓腹罐,标本1件,H61:1,口径22.8、底径8.6、通高18.2厘米(图2.11,26)。斜口罐1件,H12:2,下部残,夹砂红陶,胎体厚重,圆底,背部略向外鼓,弧形,腹部饰横压竖排弧线之字纹,近底部饰一周竖压横排弧线之字纹,底部饰编织纹,底径12、残高12厘米(图2.11,27)。钵7件,分素面陶和彩陶两种。素面钵5件,个体较大。标本1件,F1:22,口径31.4、底径10.6、通高11.4厘米(图2.11,28)。彩陶钵2件,标本1件,F1:25,底部残,圆唇外侈,直口,深腹下折,施红陶衣,外壁口沿下饰黑彩平行三角形条带纹,口径22.6、残高10厘米(图2.11,29)。彩陶罐2件,分双耳和无耳罐两种。彩陶双耳罐标本1件,H29:2,泥质红陶,平口,圆唇,鼓腹,平底,胎壁均匀,肩部有对称的两个桥形耳,器表施红色陶衣,饰黑色彩,口沿下以下饰成组的条状折线纹,肩部以下饰连续涡纹,口径13.6、腹径22.6、底径8.8、通高18.8厘米(图2.11,30)。彩陶深腹罐标本1件,G1:2,腹部残,泥质红陶,平口微外侈,圆唇,深腹,平底,胎壁均匀,器表光洁,施红色陶衣,口沿以下至下腹部,饰黑彩竖向平行条带纹,口径14、底径9厘米(图2.11,31)。陶杯1件,F3:8,夹砂褐陶,胎壁较厚,直口,方唇,平底,素面,口径5、底径3、通高4厘米(图2.11,32)。

敖汉旗西台遗址[2]筒形罐器型较大,皆夹砂,外表多呈黄褐色。大敞口,圆唇,斜收腹,平底,外口沿饰一周压印纹,腹部有横向或竖向之字纹。F202内可复原的筒形罐有4件。标本1件,F202①:1,通腹饰单线竖向之字纹,口径28.8、底径9.7、通高24厘米(图2.11,33)。钵分素面钵和彩陶钵两种。素面钵2件:F202①:23,口径26、底径6.8、通高9.6厘米(图2.11,34);F202①:3,口径15.5、残高5.2厘米(图2.11,35)。彩陶钵完整器2件:F202①:13,折腹,钵腹饰红彩,体型较大,口径30.9、残高6厘米(图2.11,36);F202①:44,折腹,腹部饰红彩,口径18.6、残高9厘米(图2.11,37)。彩陶壶,标本1件,F202①:10,方

---

[1] 赤峰市博物馆、敖汉旗博物馆:《赤峰市敖汉旗七家红山文化遗址发掘报告》,《草原文物》,2015年第1期。
[2] 杨虎、林秀贞:《内蒙古敖汉旗红山文化西台类型遗址简述》,《北方文物》,2010年第3期。

圆唇,有领,肩饰红彩,口径 15 厘米(图 2.11,38)。

元宝山哈喇海沟遗址[1]出土的遗物之中,以陶器数为多,但陶器皆较为破碎,能复原的陶器数量较少。陶器主要为生活用具,生产工具数量少,仅见有陶纺轮和陶刀。筒形罐 11 件,夹砂陶,尖唇,口微敛,斜直壁,小平底,内壁抹光,胎壁和底部较厚重,口沿下饰一匝指甲纹,腹部饰由斜向划线纹组成的连续 V 形纹,底部压印编织纹,标本 4 件:F1∶5,口径 14.8、底径 8、通高 14.8 厘米(图 2.11,39);F1∶3,口径 15.2、底径 5.6、通高 14 厘米(图 2.11,40);F3∶4,口径 16、底径 6.8、通高 16 厘米(图 2.11,41)。F4∶2,腹上部饰横压竖排弧线之字纹,下部饰竖压横排弧线之字纹三排,口径 26.8、底径 11.2、通高 26.8 厘米(图 2.11,42)。钵 5 件,泥质陶 2 件:F1∶7,圆唇外叠,敛口,斜壁外弧,胎壁均匀,叠唇上绘红色平行竖条纹,底部残,口径 32.8 厘米(图 2.11,43);F1∶8,只残存口沿及部分腹部,敛口,斜壁,圆唇外叠,胎壁较薄,素面,口径 31.6 厘米(图 2.11,44)。瓮 1 件,F7∶5,圆唇,敛口,壁较直,胎体厚重,磨光,口沿外有一道凹弦纹,通体素面,口径 34.8 厘米(图 2.11,45)。

牛河梁遗址出土陶器的主要器形有罐、钵和壶三类[2]。折肩罐,标本 1 件,N1H3∶2,夹砂陶,体大,敛口,折肩,腹深,小平底,内壁压光,口至肩部饰多道弦纹,折肩处饰锥刺纹一周,肩到下腹部饰压印之字纹,为竖压横带,共六带,口径 39、高 27、底径 12 厘米(图 2.12,1)。敛口钵,标本 1 件,N1H3∶3,泥质红褐陶,敛口,方圆唇,圆肩,下腹斜收,平底较小,口径 37.5、高 23.2、底径 12.5厘米(图 2.12,2)。敞口钵,标本 1 件,N1H3∶4,泥质灰陶,敞口,尖圆唇,腹较浅,圆底,底较厚,口径 10.5、高 4.8 厘米(图 2.12,3)。双耳壶,标本 1 件,N1H3∶1,泥质红褐陶,斜直领,鼓肩,圆腹,小平底,双桥状耳置于中腹偏下,耳壁薄而匀,压光,边侧起棱,口径 13.5、腹径 31.5、底径 6.6、高 48 厘米(图 2.12,4)。

朝阳半拉山遗址的陶器主要为筒形罐和钵[3]。筒形罐 5 件,标本 2 件,JK4∶1,夹砂灰褐陶,圆唇,深弧腹,小平底,器表上部拍印竖向成排排列的近方形网格纹,腹部对称饰两个竖桥状耳,口径 34.2、底径 11.8、高 37.8 厘米(图2.12,

---

[1] 内蒙古文物考古研究所、赤峰市博物馆:《元宝山哈喇海沟新石器时代遗址发掘报告》,《内蒙古文物考古》,2008 年第 1 期。
[2] 辽宁省文物考古研究所:《牛河梁——红山文化遗址发掘报告(1983~2003 年度)》,文物出版社,2012 年。
[3] 辽宁省文物考古研究所、朝阳市龙城区博物馆:《辽宁朝阳市半拉山红山文化墓地的发掘》,《考古》,2017 年第 2 期;辽宁省文物考古研究所、朝阳市龙城区博物馆:《辽宁朝阳市半拉山红山文化墓地》,《考古》,2017 年第 7 期。

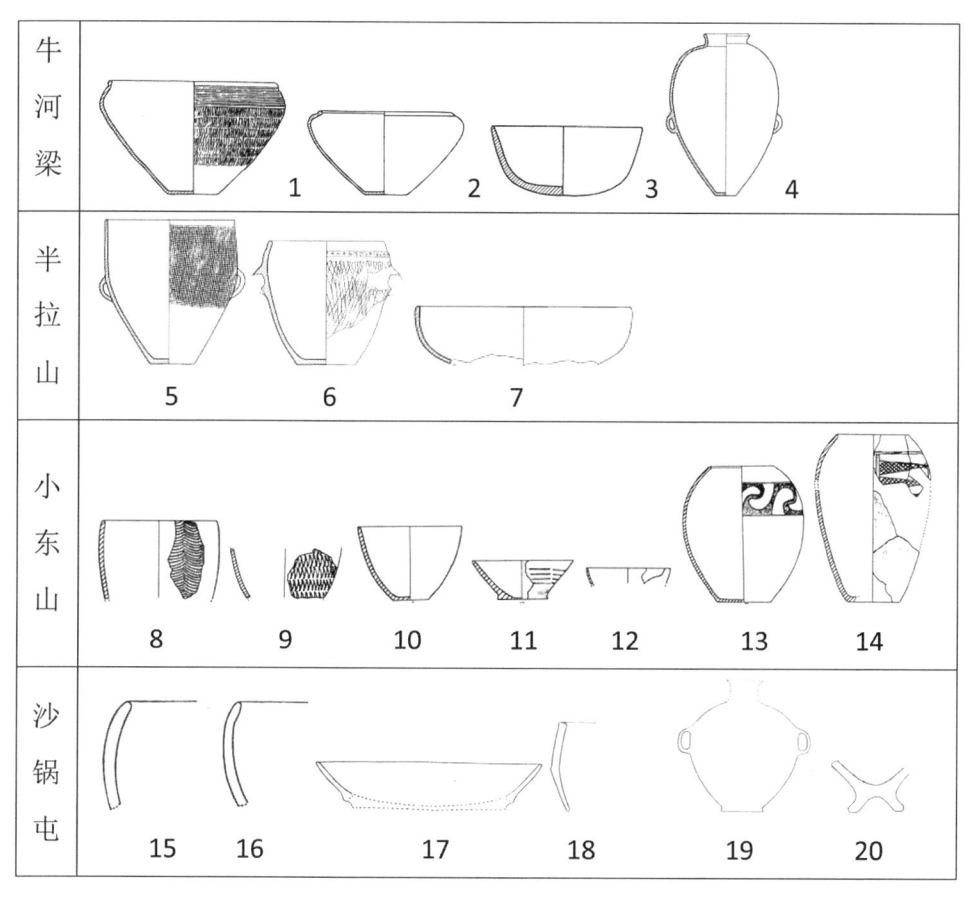

图 2.12　大小凌河流域红山文化典型遗址出土陶器组合

5);T0607②A:2,夹砂黄褐陶,敛口,圆唇,深弧腹,小平底,近口沿处饰一周附加堆纹,其上饰戳刺凹点纹,下接两个对称的竖桥状耳,腹部饰压印细绳纹交叉形成的网格纹,近底部素面,口径 16.8、底径 8.6、高 17.8 厘米(图 2.12,6)。钵 1 件,T0608②:3,夹砂黄褐陶,敛口,圆唇,弧腹,素面,口径 22.5、残高 6 厘米(图 2.12,7)。

朝阳小东山遗址[1]中夹砂质陶片占总数的 43.9%,泥质占 56.1%。夹砂陶器的主要器类为筒形罐,占 87.5%。泥质陶器的主要器类为钵类,占 86%。其中 F5 共出土属于不同个体的陶器 11 件,器类有筒形罐、钵、罐等。筒形罐 7 件,标本 3 件,F5:1,夹砂陶,大口,圆唇,口部微敛,弧腹,器表黄褐色,内壁磨光,自口

[1] 辽宁省文物考古研究所、朝阳市博物馆、朝阳县文管所:《朝阳小东山新石器至汉代遗址发掘报告》,《辽宁道路建设考古报告集(2003)》,辽宁民族出版社,2004 年。

部开始饰横压竖排压划弧线人字纹,口径 21.8、残高 15 厘米(图 2.12,8);F5:2,腹饰竖压横排弧线斜压之字纹带(图 2.12,9);F5:4,泥质陶,敞口,圆唇,弧腹,平底,器表颜色不均,通体磨光,素面,口径 20、底径 6.7、高 14 厘米(图 2.12,10)。高足钵 1 件,F5:3,泥质陶,敞口,圆唇,斜直腹,台状器底,台底内圜外侈,底部较平,中部较薄,残缺,器表颜色不均匀,腹部遍饰横向刻划线段纹,口径 18.5、底径 9.3、通高 7 厘米(图 2.12,11)。钵 1 件,F5:14,泥质陶,敛口,圆唇,弧腹,黑色磨光,胎薄,口径 16、残高 3 厘米(图 2,12 - 12)。罐 2 件,F5:6,敛口,圆唇,圆弧腹,平底,腹上部饰两周弦纹间 S 形曲线图案,口径 15、最大腹径 28、底径 12.7、通高 30.5 厘米(图 2.12,13);F5:5,敛口,圆唇,圆弧腹,平底,腹上部刻划两组内添网格纹纵向排列的三角形图案,图案上下界各有两周压划弦纹,弦纹间被两道竖向刻划线分隔成几部分,口径 16.8、最大腹径 27、底径 12、高 38.5 厘米(图 2.12,14)。

锦西沙锅屯洞穴遗址[1]出土陶器主要有筒形罐、钵、壶和三足器等。筒形罐尖唇,微鼓腹,平底(图 2.12,15~16)。钵有两种,一种为尖唇,斜腹,平底(图 2.12,17);另一种为尖唇,折腹,平底(图 2.12,18)。壶小口,圆肩,球腹,腹部饰双耳(图 2.12,19)。另有圈足器底(图 2.12,20)。

(二)陶器组合所反映的采集经济

根据对红山文化典型遗址陶器组合的系统梳理,我们发现红山文化陶器大多为容器,主要分为四类:罐类、钵类、壶类、瓮盆盘类。其中罐类和钵类为大宗,占比最高,壶类次之,瓮盆盘类最少。就器型而言,罐类主要有直腹筒形罐、斜口罐两型;钵类主要有敛口弧腹钵、叠唇折腹钵两型;壶类有长腹壶和圆腹壶两型。就纹饰而言,罐类多之字纹等压划纹,不见彩陶纹饰。钵类和壶类除了素面无纹饰或饰压划纹外,部分遗址还出土数量不等的彩陶纹饰。就器型而言,红山文化无论是罐类、钵类还是壶类容器都有两个系列;就纹饰而言,无论是钵类还是壶类容器也都有两个系列,即划纹和彩陶,这一点尤其值得注意。此外,红山文化另有少量非容器类陶器,主要有器盖、器座、纺轮、纺瓜、人像、构件等。器盖、器座的实用功能明显,当是和陶容器配套使用,而纺轮、纺瓜、人像构件当属非实用性器物。陶器作为先民生活的主要用具,在史前人类的生活中占有重要地位,通过探讨陶器使用,特别是不同种类陶器各自的使用功能,对我们复原古

---

[1] 安特生著,袁复礼译:《奉天锦西县沙锅屯洞穴层》,《古生物志》(丁种第一号第一册),农商部地质调查所,1923 年。

人的社会生活有着重要意义。学界对陶器功能的探讨一直给予特别的关注,然而,针对史前陶器功能问题,以往的研究方法主要是基于器物形制、质地,并结合民族学资料对单一的器形进行功能分析,而对陶器组合的整体功能缺乏系统梳理论证,也就无法深入继续研究聚落经济模式。目前,对于红山文化时期陶器表面淀粉粒残留尚缺乏系统的分析和研究。但是,我们可借鉴当今其他地区最新研究成果,通过比较分析,论证每一类器物的具体使用功能,进而推断红山文化时期陶器组合所反映的经济形态。

第一,夹砂筒形罐更多被用于炊器,偶有盛器的功能。恩格斯曾经说过:"在许多地方,也许是在一切地方,陶器的制造都是由于在编制的或木制的容器上涂上黏土使之能够耐火而产生的。在这样做时,人们不久便发现,成型的黏土不要内部的容器,也可以用于这个目的。"[1]可见,人们是在炊煮做饭时偶然发现了陶器制作,陶器在产生之初就是炊器。关于筒形罐的来源,姜思念先生认为:"在陶器发明之初,必然有一个以筐、木制品等作为模具制作陶器的时期。"[2]制作小型陶器因为可以用直接成型法制作,所以无论是何种文化的小型陶器器形都会比较接近,而制作大型陶器必须在模具上一片片涂上黏土(这应该是"泥片贴筑法"制陶术的起源),使用模具成型,因此,不同遗址出土的大型陶器形制迥异。由此推测,最初的筒形罐很可能是以树条编成的直筒筐作为模具,在筐内涂上黏土,然后将其放在火上烧,当外面的筐烧毁,就会留下黏土做成的筒形罐。而筐的编织纹就自然地印在了陶制的筒形罐的外表。正如现在篓筐的编织一样,由于编制筐是由底部开始编起,到口沿收口时需要加固处理,所以比筐身部分要加厚。此外,由于编制方法不同,反映在陶筒形罐上口沿部分就会有个凹纹带,纹饰也与罐身部分不同。一段时间后,当制作陶器的经验和技术逐渐成熟后,即使不需要再用编筐作模具也可以直接做出筒形罐来。但是,这种器形最初的一些装饰特点已经深入人们的记忆中,人们习惯于接受这样的审美观念,因而最初的形制特点被长久地保留下来。某种文化产生之后很长时间,它最初的一些基本因素和特点还会长时间地保留下来,这种现象就是文化传承。姜先生还列举了辽代鸡冠壶的例子,认为"鸡冠壶,最初是模仿游牧民族的皮囊壶做成的陶瓷器,但很长时间以后仍做成皮囊壶的形状,并且还做出缝合的针脚、皮条、皮穗等装饰,惟妙惟肖"[3]。东北地区史前文化的陶器与中原同时期

---

[1] 恩格斯:《家庭、私有制和国家的起源》,人民出版社,1954年。
[2] 姜思念:《从筒形罐谈陶器器形的起源》,《辽海文物学刊》,1995年第1期。
[3] 姜思念:《从筒形罐谈陶器器形的起源》,《辽海文物学刊》,1995年第1期。

文化相比较,器类单一,筒形罐既是炊器,也可能作储水器和贮藏器。到红山文化时期由于钵、壶类的大量出现,筒形罐多用途的状况才发生了改变。

筒形罐的炊器功能也可以从淀粉粒分析中得到实证。东赵遗址陶器表面发现的270粒淀粉粒中,有的来自深腹罐,而花边罐、盆、瓮、碗和豆内壁表面发现的淀粉粒均不超过1%。据此推断深腹罐最有可能用于蒸煮含淀粉类的食物。此外,研究人员发现东赵遗址陶釜上的淀粉粒数量丰富,这些淀粉粒呈现出膨胀、变形、消光弥散的现象,可能是用陶釜对植物加工时造成的;同时陶釜的表面呈现红色和黑色,可能是由于在焙烤过程中受热不均所造成的。红山文化筒形罐和东赵遗址出土的深腹罐器型相似,均深腹,体大,应属于同类器,都是炊煮器。可见,红山文化筒形罐和鼓腹罐当和东赵遗址出土的深腹罐、花边罐、陶釜功能一样属于炊煮器,既可以炊煮食物也可烧水。此外,筒形罐的炊煮功能还可以通过其出土位置判断。考古发现表明,有多例夹砂筒形罐出土于红山文化聚落房址的灶址内,并有火烧的痕迹。当然,由于筒形罐一直是东北地区的典型器,我们也不排除筒形罐具有储藏的功能。在魏家窝铺遗址2009~2011年发掘出土的陶器中,许多平底器类内壁表面都发现有细腻的黑色灰烬。王春雪等学者对这些灰烬和几件含灰烬的陶器进行了植物残留物提取和鉴定,认为这些陶罐中的黑色灰烬为内部盛装的粟炭化分解所致。这些陶器是红山文化中的食物储藏器,存在的其他类型淀粉粒表明,尽管魏家窝铺遗址出土的植物遗存已显示了较为确凿的农业经济,但采集经济也仍占有重要地位[1]。

第二,斜口罐是储火器,具有储存火种、取暖防寒的双重功能。对斜口陶器使用功能问题的讨论,早在20世纪70年代新乐遗址发掘之后便已展开。其中"储藏火种说"[2]"火盆说"[3]等观点比较有代表性。关于斜口器的功能,我们应该回到辽西地区,从兴隆洼文化以来的文化传统中寻找答案。"在陶器发明之前,人类必然有一个使用自然物(蚌壳、植物皮壳、动物头骨等)木制、革制、石制和各种编织物做日用器皿的时期"[4]。斜口罐的器型应源于篓筐类编织物,是储火器,具有储存火种、取暖防寒的双重功能。

从环境上看,红山文化时期气候逐渐向干凉方向转变,需要固定的储火器

---

[1] 王春雪、成璟瑭、曹建恩、塔拉、熊增珑、关莹:《内蒙古魏家窝铺遗址陶器内淀粉粒反映的古人类食谱及相关问题》,《人类学学报》,2017年第3期。

[2] 周延忠:《浅谈"新乐文化"出土的斜口器》,《新乐遗址学术讨论会文集》,1983年;徐光冀:《富河文化的发现与研究》,《新中国的考古发现和研究》,文物出版社,1984年;卫斯:《红山文化中的"火簸箕"》,《百科知识》,2008年第16期。

[3] 周延忠:《浅谈"新乐文化"出土的斜口器》,《新乐遗址学术讨论会文集》,1983年。

[4] 姜思念:《从筒形罐谈陶器器形的起源》,《辽海文物学刊》,1995年第1期。

具储火取暖,斜口器无疑是最佳选择。红山文化所在的中国北方地区气候的总特征是干燥寒冷,虽然红山文化早期经历了大暖期稳定阶段,但在红山文化中晚期气候已经开始向干凉趋势发展。一方面东北地区昼夜温差大,夜间取暖是维系生存的必要保障,另一方面东北地区大面积的森林中有干枯的木棒和树枝作为燃料,为取暖提供了可靠的物质保障,两方面都使得储火取暖成为可能。然而,灶址是使用火的最佳场地,并不是储火的最佳场所,由于长长的火道使得火与氧气接触面积增大,火会迅速燃烧,即便是耐烧的木材也会迅速化为灰烬,不易保存火种,因此,长时间储火取暖必须有储火的容器,斜口罐由此被创制出来。

从造型上看,斜口器器型和质地的诸多特点都体现了储火功能。首先,斜口器敞开的口部斜面和地面形成一定的夹角,这个夹角恰好适合人坐在地面上时伸手取暖,斜口罐口部的辐射面能最大限度地为人体提供热量。出土的人像表明,红山文化时期人们在居住面上是盘腿而坐的,当居民取暖时,面向斜口罐的口部斜面,手臂放于盘坐的双腿之上,双手前伸,手掌面上扬,恰好和口部斜面平行,既能保证热辐射的直线传播,也能省力。其次,斜口罐背部稍稍隆起的脊和器身最高面有效地阻止了热量向上挥发,尽可能地保持热量横向传播。从新乐下层文化到红山文化晚期斜口罐的口部呈大敞口趋势发展,这是为了增加散热面积的需要。

从纹饰上看,斜口罐是东北渔猎文化的产物,不是舶来品,其纹饰特点体现了与笤筐类植物编织工具有千丝万缕的联系。首先,斜口罐器身多饰之字纹,口沿部饰窝点纹,说明这一器型很可能是由笤筐类植物编织工具发展而来。笔者认为辽西地区最重要的之字纹应该与编织业有关,或者说之字纹是最早的编织纹。因为人类编织生活工具最早采用的(也是最简单的)编织方式就是呈"之"字形。例如,缝制兽皮时最基础的一道工序是先将两块兽皮接缝对好,用骨针扎入第一块兽皮固定好,然后再用骨针扎入第二块兽皮把两块皮料连接上,接着骨针再次扎入第一块兽皮,这样缝制的线绳或皮条就呈现折线形,当再次把骨针扎入第二块兽皮时,折线形就变成"之"字形,如此循环缝制就出现了之字纹。斜口罐上的之字纹应该体现了东北地区古老的编织业工艺。器物编织好需要锁边,因此会在口部内外两侧出现窝点,斜口罐口沿下的窝点纹应该就是这种工艺的呈现。编织笤筐类工具和用兽皮缝制衣物的原理基本一致,所不同的是笤筐类工具很可能用来盛装树木的枯枝和木料。红山文化先民很可能是从捡拾树枝的采集生活中得到了启示,把盛装木材的植物编织背篓变成了储火取暖的陶质斜口罐。

从出土位置分析,红山文化房址里的斜口罐出土在灶址旁边和居住面上。富河沟门的发掘者曾根据斜口罐出土于方形灶址旁的现象推测斜口罐可能是用来储存火种的器具[1],这为我们研究红山文化斜口器的功能提供了思路。从红山文化斜口罐出土的位置来看,该类器物主要集中在居住面上、灶址旁边和房址内一角。斜口罐放在居住面上是为了取暖,这和我们的分析完全一致,埋在方形灶址旁边是为了方便将灶内燃烧过的炭火近距离放入,最大可能防止热量流失,放在房址一角应该是为了保持房址内的热度。值得注意的是,斜口器器腹下面经常会有一钮出现,这很可能与其分界作用有关。斜口罐在红山文化部分房址内出现,并不是所有房址都出现,这表明它不具有罐、钵等炊煮器和盛器那样的唯一性,这显示用斜口罐储火取暖不一定是每个家庭必需的,很可能有部分家庭仍然保留着用灶址取暖的传统。

斜口罐的产生很可能是东北地区渔猎采集文化居民受到了植物编织篓筐类工具的启示,这正如赵宝沟文化椭圆底罐的产生可能是受到桦树皮罐影响一样。

邵国田先生认为:赵宝沟的先民们仿照桦树皮的纹理来装饰陶器的外表,赵宝沟文化陶器中的一部分是仿照桦树皮器皿而制作的[2]。赵宝沟文化椭圆底罐对于东北地区桦树皮罐的仿制关系,也为我们研究斜口器的起源提供了思路。

总的来说,红山文化罐类陶器整体具有炊煮、烧水、储火等实用功能,具有鲜明的地方特色。自兴隆洼文化以来之字纹筒形罐就一直是东北地区最具代表性的器型,成为东北文化区史前文化最重要的标识之一。新石器时代早期的兴隆洼文化陶器组合基本不见钵、壶类,而筒形罐有大有小,兼具盛器功能;新石器时代中期,随着钵类和壶类等的出现,盛器功能逐渐从筒形罐中分离出来。当然,由于各个地区和各个单位年代有早晚,类型有差异,发展不平衡,不能一概而论。红山文化聚落房址中也有仅出筒形罐的现象,不排除其具有炊煮和盛储的综合功能。

第三,钵类具有盛储食物的功能。首先从植物考古淀粉粒分析可以证实红山文化钵类工具是盛器。研究人员采用淀粉粒分析方法对青台遗址出土的26件陶器(包含鼎、罐、缸、盆、钵、豆和尖底瓶)进行了残留物分析,实验结果表明:

---

[1] 许光冀:《富河文化的发现与研究》,《新中国的考古发现与研究》,文物出版社,1984年。
[2] 邵国田:《赵宝沟文化陶器中的桦树皮文化因素观察》,《第十二届红山文化高峰论坛论文集》,辽宁民族出版社,2018年。

器物内壁发现的407粒淀粉粒中,75%来自炊器,25%来自盛器或水器。据此推断,瓮、双耳壶、盆、豆、碗等器物内壁发现的淀粉粒数量极少,应当是盛器,可能盛放不含淀粉的食物。其次,钵类几乎全部为泥质陶,且器壁一般较薄,其质地不宜迅速加热,而更适合保温。根据口部和腹部的变化,红山文化钵类有敛口钵和叠唇钵,有浅腹钵和深腹钵,有斜腹钵和折腹钵,鉴于钵不是本地区文化传统,其形制的不同很可能是红山文化与周边文化交流中不同地域在不同时间段产生了不同的文化类型。

第四,壶类具有盛储水的功能。种种迹象表明小口双耳壶是由小口尖底瓶发展而来。从宏观发展脉络上看,小口尖底瓶大量发现于仰韶文化早期,中晚期基本不见,与此同时小口双耳壶大量盛行。从器型上看,小口双耳壶小口、叠唇、长颈、溜肩、长圆腹、双耳的总特征和尖底瓶几乎完全相同,二者仅仅是底部不同,双耳壶是平底,尖底瓶是尖底。对于尖底瓶的功能,目前学界的主流观点是汲水器说[1]。持此观点的学者们普遍认为小口尖底瓶的工作原理是汲水时将绳子穿过瓶子的双耳,将空瓶放入水中,它在水中自动下沉,注满水后,由于重心转移,瓶口朝上竖起,汲满水时,瓶口向上并保持平衡,再用绳将瓶吊出水面,从而实现取满水而滴水不漏。苏秉琦先生则认为:"小口尖底瓶未必都是汲水器。甲骨文中的酉字有的就是尖底瓶的象形。由它组成的会意字如'尊''奠',其中所装的不应是日常饮用的水,甚至不是日常饮用的酒,而应是礼仪、祭祀用酒。尖底瓶应是一种祭器或礼器,正所谓'无酒不成礼'。"[2]韩明友先生认为新石器时代的尖底陶器的尖底功能在于净水,尖底器对高泥沙河水有良好净化效果,是适应高泥沙水环境的智慧发明,并把尖底瓶称为"农耕水壶"[3]。最近刘莉等人对仰韶时代多个遗址出土的尖底瓶进行了残留物分析,认为陕西高陵杨官寨遗址仰韶中期三种器物(小口尖底瓶、小平底瓶和漏斗)中的遗存的淀粉粒和植硅体分析结果揭示了它们作为酿酒器具的功用[4]。陕西蓝田新街遗址仰韶文化晚期陶器残留淀粉粒和植硅体分析显示,漏斗和尖底瓶是酿造谷芽酒的配套器具[5]。红山文化时期陶壶为长腹壶,和后岗一期文化长腹壶器型可有一比,都是由仰韶文化尖底瓶发展

---

[1] 巩启明:《仰韶文化》,文物出版社,2002年。
[2] 苏秉琦:《关于重建中国史前史的思考》,《考古》,1991年第12期。
[3] 韩明友:《仰韶小口尖底瓶的功能模拟与探释》,《社会科学战线》,2015年第12期。
[4] 刘莉、王佳静、赵雅楠等:《仰韶文化的谷芽酒:解密杨官寨遗址的陶器功能》,《农业考古》,2017年第6期。
[5] 刘莉、王佳静、赵昊等:《陕西蓝田新街遗址仰韶文化晚期陶器残留物分析:酿造谷芽酒的新证据》,《农业考古》,2018年第1期。

而来的。如果说尖底瓶是用于汲水和净化水的容器,那么双耳长腹壶也无疑会继承这一功能,是盛水器无疑。

此外,考古发现表明,夹砂陶筒形罐类器型不见彩陶,而钵类和壶类器型中的彩陶却数量占比较高。导致这种现象出现的因素有:一是夹砂陶筒形罐是炊器,主要用于火上炊煮食物,不宜施彩,而钵类和壶类多为泥质陶,属于盛器,用于盛放食物和水,易于施彩;二是彩陶在本地区先行的考古学文化中基本不见,是由中原传导而来的舶来品,因此,当钵、壶类器型被红山文化吸收后,彩陶也随之而来;三是彩陶不是实用器,当属于祭器,祭祀祖先不仅是中原农耕文化的主要活动,更是东北渔猎文化最基本的信仰,一旦两大文化区产生交流碰撞,信仰上的认同使得红山文化社会很快吸收了彩陶,并有更大的创新;四是彩陶钵可以盛放食物,彩陶壶可以盛放水,钵壶组合能满足逝去祖先的基本生活需要。这从另一个方面反映了采集业的发达,彩陶器普遍出现表明逝去的祖先也能享用到采集业带来的丰厚回馈。

总的来看,红山文化时期陶器(包括炊煮器——筒形罐类、储火器——斜口罐类、盛食器——钵类、盛水器——壶类)组合基本稳定。筒形罐是数量最多的一类,也是本地区最典型的文化元素之一,可能用于烧水或蒸煮食物,钵和筒形罐的数量基本保持对等,但不是本地区传统,而是仰韶文化的传统元素,虽然经过本土化演变,但其基本功能应该不会改变,主要用来盛放食物。壶类主要是双耳壶和双耳罐,数量较少,也不是本地区文化传统。红山文化早期的双耳壶主要受到后岗一期文化影响,其源头应该来自仰韶文化早期的小口尖底瓶,其主要功能为汲水器或盛水器,是盛放水或酒等液体的容器。红山文化陶器残留淀粉粒分析表明,在获取一定的肉食资源的同时,红山文化居民还会通过采集或种植来获取必要的植物类素食资源,使人体获得必要的补充。人类的生存发展离不开合理的饮食结构,红山文化时期居民通过渔猎活动捕获动物,获得大量的肉食资源,补充蛋白质和脂肪,同时也需要从果核和可食用的植物中获取大量维生素和植物纤维。如果说细石器组合和骨角蚌器组合集中地反映了红山文化渔猎业在经济模式中占有重要地位,那么红山文化磨制和琢制石器组合以及陶质容器组合则更集中地反映了红山文化时期采集业十分发达。总之,红山文化时期发达的采集业仍然是最重要的生业模式之一。

第三节　原始的种植业

红山文化分布区地处辽西山地,这里的地形以浅山丘陵为主。独特的地理位置和气候特征为渔猎采集经济提供了良好的自然环境。红山文化晚期适逢大暖期结束,气候不稳定,干凉趋势显著。然而,气候干凉也使得湖泊水位下降、土壤沙化面积增大,引发了原始种植业的诞生。中国最早的农业不是诞生在黄土地上,而是诞生在沙土地上,因为沙土地比黄土地更松软,在生产工具尚不发达的新石器时代更易于开垦。苏秉琦先生认为:"燕山南北地区由氏族向国家的过渡所以较早,与这一地区的沙质土壤易于开发有很大关系,即是《禹贡》上所说的冀州'厥土为白壤',不论红山文化还是赵宝沟文化,都大量使用一种适应沙壤开垦的大型石犁(或叫石耜)。这种桂叶型大石器只能用来开垦疏松的沙壤,开垦中原地区那种坚硬的黄土不行,开垦南方的红壤更不行……北方的沙壤易开垦,所以社会发展较快、较早。但也许正是这一原因,这一带的地力也最先遭到破坏,水土流失早。"[1]于建设先生进一步指出沙质土壤层薄,生态更脆弱,不适于产生定居式农业,而更适合流动式轮耕,他形象地把在沙土地上轮番耕作的种植方式称之为"游耕"。

虽然学者们大都认同红山文化时期已经有了原始种植业,但是种植业究竟占有多大比重很难判断。从考古发现出土的炭化农作物颗粒来看,红山文化时期的原始种植业已经产生,但生产水平仍然很低,当不会占据主导地位。

一、石耜反映的原始种植业

反映红山文化原始种植业水平最具标识性的生产工具是石耜。石耜不仅体型较大,也是红山文化的典型器物。红山文化石耜基本为犁形石耜,又称桂叶形、柳叶形、烟叶形石耜,该器的特点是有尖锋、刃宽、柄窄、体型较大。

(一)石耜特征

石耜广泛见于红山文化遗址中。白音长汗四期遗存出土石耜1件(图2.13,1),柳树林遗址出土石耜3件。石耜前端为尖刃且较宽,尾端呈长方形便于捆绑木柄。根据器身与柄部特征石耜可分为两型。一型为身柄线条圆润,分界不明显。标本1件,T0107②:1,青灰色泥岩打制而成,整体圆润,耙身与柄部分界不明显,刃部圆钝。两面皆可见清晰的打制疤痕,刃部有细碎的加工修整痕迹,明显可见正面使用痕迹,有较多的使用划痕,背面则显得光滑平整,长26.5、最宽处10.2、柄端宽4厘米(图2.13,2)。另一型身与柄部分界明显。标本2件,T0206

---

[1] 苏秉琦:《中国文明起源新探》,辽宁人民出版社、人民出版社,2013年。

②:1,灰褐色玄武岩打制而成,整体显得宽短,两面皆可见较多的打制痕,刃部周围可见细碎的加工修整痕迹,尖部尖锐,柄端残,残长 26.8、最宽处 13.4 厘米(图 2.13,3);F15:1,灰褐色玄武岩打制而成,整体瘦长,一面可见较多的打制痕,刃部可见细碎的加工修整痕迹,长 28.2、最宽处 11.2、柄端宽 5.5 厘米(图 2.13,4)。二道梁石耜 2 件,均为打制,双面脊。标本 2 件,91 采:13,鞋底形,扁平,无脊,端刃尖状,尾刃弧形,长 24、宽 11.2、厚 2 厘米(图 2.13,5);91 采:14,鞋底形,双面脊,端刃弧形,尾刃平直,长 24.8、宽 8.8、厚 4 厘米(图 2.13,6)。二道窝铺石耜 1 件,T110①:3,残,通体磨光只剩已破损的尖部,刃部圆滑,残长 11、宽 12.5、厚 1.5 厘米(图 2.13,7)。哈喇海沟石耜 2 件,均残。标本 1 件,F8:19,花岗岩,带有褐色斑点,长柄,亚腰,尖状刃,体扁平,略带弧形顶,通体磨光,残长 34、宽 14.8、厚 1.6 厘米(图 2.13,8)。半拉山石耜 1 件,T0605②:2,用石片打制而成,尖部和柄部残断,体扁平,轻薄,形制规整,平面近菱形,中间较平,两侧对打出锋利的刃部,残长 9.9、宽 6、厚 1.3 厘米(图 2.13,9)。西水泉石耜 16件,另采集 2 件,都是残断的碎块。七家遗址石耜 4 件。边缘有打制疤痕,其余部分磨制光滑,扁平,正锋,钝刃。标本 4 件,F1:2,长柄,亚腰,双肩,尖状刃,青

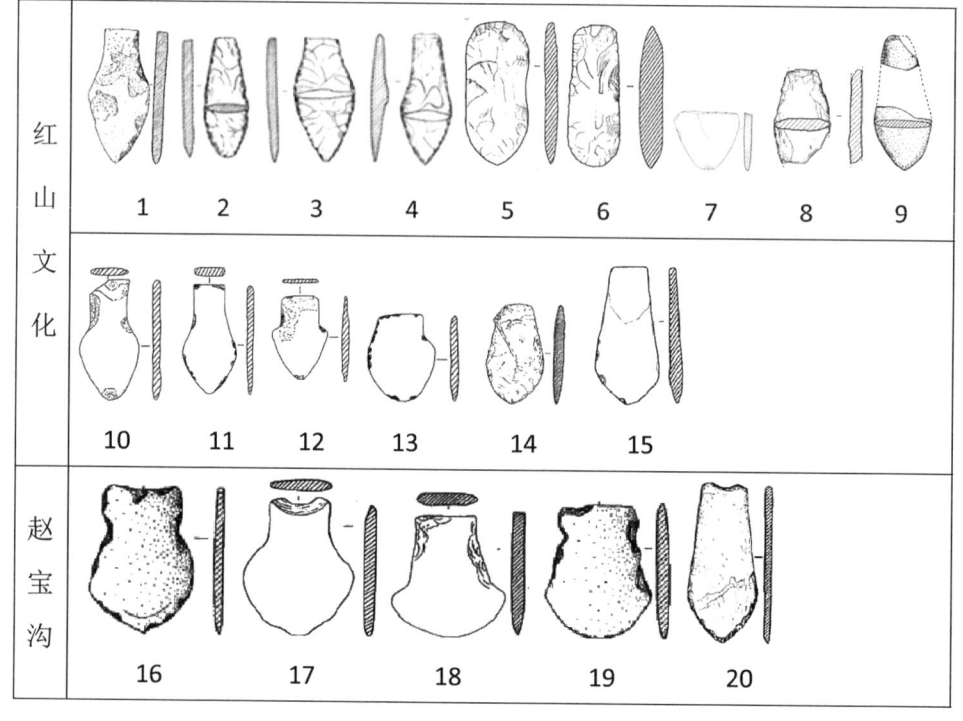

图 2.13 红山文化、赵宝沟文化、兴隆洼文化石耜和石锄

绿色岩质,顶部稍残,刃缘处留有使用痕迹,通长27.5、肩部宽14.5、厚1.3厘米(图2.13,10);F1：1,青灰色岩质,平顶,整体打磨,边缘留有打制疤痕,通长25、肩宽12.6、厚2厘米(图2.13,11);F1：3,直柄,宽肩,尖状刃,浅绿色岩质,通体打磨精细,直柄,宽肩,尖状刃,中部较厚向刃缘处渐薄,刃缘较直并留有使用痕,通长19、肩部宽13.5、厚1.6厘米(图2.13,12);T14①：1,青灰色岩质,整体磨制,边缘有打制疤痕,直柄较短,一侧有肩,弧形刃,通长17.5、宽14、厚1.5厘米(图2.13,13)。此外古日古勒台有石耜一件,G202：9(图2.13,14)。哈喇海沟有石耜一件,F8：19(图2.13,15)。

石耜不仅是红山文化最具特色的石器之一,也是赵宝沟文化最典型器物之一。白音长汗遗址三期甲类遗存、赵宝沟、杜力营子等赵宝沟文化时期遗址均有石耜出土,如白音长汗AF21②：8、AF21②：12,敖汉赵宝沟F103②：31、F①7：54,敖汉杜力营子AND采：67均器型硕大、弧刃较尖,和红山文化石耜有一比(图2.13,16~20)。

(二) 石耜的功能

耜是典型的翻土类工具,可从文献记载得到实证。《世本·作篇》就有"垂作耒耜"的著述,《周易·系辞下》有"神农氏作,断木为耜,揉木为耒,耒耨之利,以教天下"的记载,可见,在上古时代,耒耜已成为人们生产的工具。在近代一些较原始的农业生产方式中,仍可见到木制的耒耜。如基诺族使用的点种棒、台湾高山族的"掘土木棒"、西藏"橙人"用来除草与松土的"达赛"、珞巴族所用木耒等。

怎样安装和使用红山文化石耜呢？宋兆麟先生对红山文化石耜的安装和使用进行了分析[1]。他认为石耜的刃部为三角形,中轴线起脊,具有犁铧的某些特征,但是该器具柄部较细,据测量通常为六七厘米,与一般掘土农具木柄相似,推测石耜所安的木柄较细。再者,石耜有两个特点：一是底面磨损多于正面,二是底面磨损条痕与刃部夹角小于90度,方向斜向朝下。因为木柄与石耜是竖向安装的,但翻土却不是竖向运动,而是木柄向后有一定倾斜,刺土时耜底面着力大,磨损严重,条痕与耜刃不可能成为直角,而是小于直角。此外,红山文化石耜比较单薄,以其安柄翻地尚可,如果以其破土划沟就容易折断。他进一步判断红山文化犁形石耜是翻地农具,并根据考古资料和民族学资料提出,石耜有三种安柄方法：一种是直缚法,即把木柄直接拴在石耜柄上,柄与耜处在一条直线

---

[1] 宋兆麟:《红山文化"石犁"考》,《寻根》,2001年第5期。

上；一种是半嵌入法，先将木柄下端一半或三分之一砍成一平面，然后把石耜柄拴在缺损处，这种耜柄安装比较牢固；一种是夹入法，事先在木柄下挖一沟槽，把耜柄夹入，然后把木柄拴牢固。从红山文化出土的石耜看，柄部都粗糙，不规范，说明它们是利用直缚法安木柄的。为了便于操作，在木柄下方安一横木，作为刺土时供脚踩踏之用。由于石耜柄部都固定在木柄和绳索内，依然保留着原来的粗糙面，但石耜刃部磨得光滑可鉴，这是长期使用的结果。在石耜底面刃部还有严重的磨损沟槽，说明此面在刺土时着力较大，着地部分较多，以致磨损如此。然而石耜个体很大，分量很重，最大的犁形石耜重达1.5公斤，由一个人操作是相当吃力的。如果要连续耕作，必须借助于较多的人力才能办到，也就是说，它是运用二人或三人操作的，为此，必须在木柄上安装有供一人或二人牵引的绳索，在木柄底部应该拴有一根或两根绳索，作为石耜的挽绳。耒耜的操作方法基本有两种：一种是一人踏耒耜而耕，其操作分两步：第一步是刺土，用手握住木柄向下推，同时以脚踏横木进行刺土。《诗经·国风·七月》："三之日于耜，四之日举趾。"《毛传》："民无不举足而耕也。"举趾、举足都是用脚踏横木刺土的动作。第二步是发土，这时耕者握住木柄，利用杠杆原理，向下扳压木柄，耜冠抬起，从而将土块翻起，完成启土动作。为了持续耕地，耕者必须向后退步，这种使用模式和当今的铁锹相似。我国壮族、藏族、水族、门巴族都有这样的耜耕传统。另一种是二人或三人共用一耜，方法比较特殊。在贵州省都匀地区居住的布依族使用一种踏犁，形制近似耒耜，但下部安有铁铧口，可一人踏耜而耕，也可两人操作。由一人握木柄，脚踏横木，手足合力下刺，使踏犁入土，然后收脚抬柄进行启土。在翻土过程中，刺土是比较轻松的，但启土相当费力，为了持续、快速启土，必须在耕者对面站一人将事先在脚踏横木下方拴好的绳子向上提拉，两人合力把土发起来。在我国辽宁农村，朝鲜族曾使用一种"拉锹"，其形制与朝鲜半岛的二连锄一样，但操作方法有点不同，即它是由一人扶柄，由二人挽绳发土。红山文化大型石耜，体型较大，又很沉重，一个人难以连续翻地，从两人或多人共同操作一耜的民族学资料来推测，这种大型石耜是由两个人或多人操作的，即在耜柄下方拴一两根挽绳，进行翻地时，由一人扶柄刺土，然后借助前边挽绳人的提拉动作，一同发土。其优点是减轻了劳动强度，二人或多人可有机配合，能够持久、快速地进行耕地，从而提高了生产效率。从这种意义上说，红山文化的石耜是比较先进的耜耕农具。

然而，我们不排除石耜作为耜耕农具还有另外一种使用方法。我们曾经对赵宝沟文化和红山文化的石耜进行过模拟考古实验。根据实验结果，石耜最好用的办法是鹤嘴型捆绑法。最值得关注的是石耜顶部有一凹槽，器身上部两侧均有亚腰,正好可用树杈夹住,而后用一木棍固定在顶部凹槽,再和树杈捆绑固定好,其角度为35~50度,捆绑好后类似我们今天所用的镐头。石耜的类型学分析也证实了其主要作为翻土工具。无论是赵宝沟文化还是红山文化,石耜的刃部均为尖圆刃,虽然器身宽大,但普遍扁薄,且中部不起脊。这样的加工工艺似乎不适合人拉马拽,一是宽大扁薄的器身阻力大,和敦厚的器身相比不够结实,容易折断;二是中部没有脊部,显然无法和今天的犁一样在拉动翻土过程中能迅速分土。张星德先生从类型学上观察赵宝沟文化的石耜(束腰,扇形刃两端上翘或尖刃,尖刃者中多见侧锋,应当是在长期一侧着力磨损所致,刃宽多可达器长的70%以上),认为其正应当是上述兴隆洼文化弧刃、侧锋铲锄类器的演变结果。[1] 红山文化也有一类似亚腰石锄一样的石耜,不像犁那样中部起脊,如果说像犁那样翻土阻力太大容易折断,因此,该类石耜的使用当不会像犁那样由多人或牛马拉动。因此我们推断捆绑石耜时应该像鹤嘴锄那样,木柄和石耜呈小于90度的锐角,先把石耜的顶部和两个侧边这三个点固定在木柄上,让木柄前端的两个叉夹住石耜的束腰,再用木条将石耜的顶部和木柄固定,这样既能够防止石耜左右摇摆,又能够防止石耜前后移动,固定后用麻绳皮条等捆绑结实。使用时手握紧木柄,使得石耜尖刃部呈45度角斜插入土,入土后向石锄一样向内侧拉动。石耜的使用应该与石镐和石锄不一样,如果说石镐和石锄以刨土为主要动作,那么石耜应该是以犁土为主要动作。和刨土相比,犁土具有连续性和持久性,既省力也高效。至于小型石耜,很可能是为了种植一些需要细作的菜类和农产品,或者是为了种植小颗粒农作物而制作的生产工具。

(三) 石耜的源流

探寻赵宝沟文化和红山文化极具特色的石耜的源头,可从本地区兴隆洼文化时期的典型掘土工具石锄中得到启示。兴隆洼文化时期,极具特色的亚腰型石锄是最重要的掘土工具(图2.13,25~29)。从民俗学角度分析,石锄是镐头、镢头、锄头的源头。从工艺设计分析,石锄是镐、镢和锄的祖型。根据现代镐头的造型分析,镐头和柄相连接的角度小于90度,入土时呈抛物线。与现今使用的镢头或锄头的使用方式相同,镐头、镢头和锄头都具有两个特征,一是偏锋,二是崩痕多见于内侧。从镐的使用功能分析,镐是用来松土和除草的农具,单从功能上来区分,铲也同样有松土与除草的功能,但从它们的使用方式来看,镐头和柄相连接的角度也小于90度,入土时呈抛物线,而铲的头和柄连接角度接近

---

[1] 张星德:《关于赵宝沟文化石耜功能的考察》,《辽宁省博物馆馆刊》,2007年第12期。

180度。我们可以从现代翻土农具镐和锄的工艺设计分析其使用方式。现代刨土农具可划分为两类：一种是以挖土为目的铁镐；一种是以除草为目的的锄头。对于挖土用的镐，每进行一次挥动挖掘，当然是入土越深、取土量越大越好。入土深，则要求器身入土时的阻力越小越好，兼顾其入土深度，器身则是窄长、刃部锋利为好。除了减少入土的阻力外，施加给镐的力自然是越大越好。根据动能原理，用户的挥臂速度越快、镐的势能越大，则入土时的动能越大。为了能入土更深，镐与土的接触面积越小，入土则可能越省力，因此便出现了窄长的镐。同样，为了能更大面积的翻土除草，就需要体积轻薄、面积宽大的锄。因此，在现代的翻土工具中，既有刨土掀土用的镐头，也有松土除草用的锄头。当然，利用挖土的镐也能够除掉草，但相对于专门用来除草的锄来说，镐不仅费力，也效率低下。但是，由于新石器时代社会生产力发展水平较低，尚未出现单独的刨土和除草工具，亚腰石锄就具备了石锄和石镐的双重功能。从实验研究的角度看，兴隆洼文化石锄是以刨土为基本动作的翻土工具。以白音长汗二期乙类石锄为研究对象的三组实验表明，在少草熟地上，较容易入土、取土、深挖费力；在多草熟地上，能够除草入土，但深挖费力；生荒地上，也可以破土除草，但深挖费力。由以上可知，该类石锄可以用作锄来破土除草、浅掘。对于兴隆洼文化石锄而言，挖土与除掉较高大坚硬的草本植物都不合适，最适合的工作对象是用来松土或者是清除较低矮柔嫩的草本植物。在现今的比较传统的农业生产生活中，还可以见到这种石锄的影子。一般在烧山开荒或者是翻动土地、清理杂物、平整土地时总是会用到如镢头一类的工具，石锄也完全胜任此类工作。日常生产生活中的挖掘取土，石锄也同样适用。通过对石锄的工艺设计、实验研究，可基本确定石锄的主要功能为挖土、碎土、勾草、耙地等。兴隆洼文化时期生产方式并未走出原始的刀耕火种，查海遗址亚腰形石锄的主要功能应该是铲锄草木、挖土碎土、修砌房基。

然而，亚腰型石锄作为兴隆洼文化最具代表性的器物之一，却基本不见于赵宝沟文化和红山文化，赵宝沟文化和红山文化最具特色的石耜又不见于兴隆洼文化。但两种器物都有一个共同特点——束腰或收肩，二者应同属于掘土或翻土类工具，这种现象引起了我们的注意。是否两种器物存在着某种演变关系呢？如是，为什么兴隆洼文化时期亚腰形石锄会演变为石耜，其背后的原因是什么呢？我们可以通过比较两种器物的特点来寻找答案。兴隆洼文化时期亚腰石锄有三个重要特点不容忽视：平顶、亚腰、弧刃。根据器型和实验研究推断，石锄的最佳捆绑方式是用木柄的两个叉固定在两侧的束腰部，再取一根木条，将两端分别绑在石锄的顶部和木柄上，这样的三个点就能将石锄固定。最佳的使用方案是将石锄作为镐头或镢头使用,基本动作是"抡",形成"刨土"的效果。因为石锄的刃部呈圆弧状,直接拉动阻力太大,所以基本不可能像犁一样连续翻土,而只能是通过间断性刨土形成深浅不一的土坑。而赵宝沟文化和红山文化时期出现的石耜的刃部有了明显变化,那就是圆弧状的刃部演变为尖弧状的刃部,与此同时器型也变得硕大。实验表明石耜已经不适合"抡"起"刨土",最佳的捆绑方式虽然和石锄相似,但最佳的使用方式却是"拉",通过木柄拉动石耜进行连续不断的"翻土"。田广林先生曾评价:"红山时期出现的这种新式而高效的翻土工具,实际上已具备了后世犁的使用性质,所以,红山文化石犁耜的发明,在本区农业发展史上,乃至中国农业发展史上,都应具有里程碑意义。"[1]然而,我们特别要注意的是,石耜的出现不仅仅是一场划时代意义的革命,也间接反映了红山文化时期的自然环境很可能发生了变化。用石锄刨土很可能更多地使用于黄土台地上,而石耜翻土需要更松软的沙地。黄土地要比沙土地的土质坚硬,尽管石耜刃部锋利,但连续翻土需要耗费更大的力,利用石耜翻土在黄土地上显然无法做到,只有在沙土地上才能进行。赵宝沟文化和红山文化时期石耜的大规模使用一方面说明原始种植业发展到新的水平,另一方面也表明土地沙化有所增强,自然环境有所变化。

除了石耜,我们也不能排除双孔石刀、石磨盘和石磨棒在原始种植业生产以及加工过程中的作用。前文已述,东北地区双孔石刀是受中原地区影响而产生的,属于收割类工具。作为收割工具,双孔石刀不仅可以收割野生植物的穗,也可以收割农作物的谷穗。同样,作为碾磨工具组合的石磨盘和石磨棒不仅可以碾磨采集的野生植物谷穗,也可以碾磨种植的谷穗。这样通过石耜开垦土地、通过石刀收割谷穗、通过石磨盘和石磨棒加工这三个环节,说明红山文化时期存在一定程度的原始种植业。此外,植物考古的最新研究成果也能为红山文化时期原始种植业占有一定比例提供更加客观、更加科学的考古学证据。

二、植物考古反映的原始种植业

植物考古研究成果进一步证实了红山文化时期原始种植业占有一定比例,但并不发达。哈民忙哈遗址位于通辽市境内,是一处文化性质单纯的遗址。根据孙永刚等先生的研究[2],哈民忙哈遗址共出土各种植物种子816 342粒,数

---

[1] 田广林:《中国北方西辽河地区的文明起源》,东北师范大学博士学位论文,2003年。
[2] 孙永刚、赵志军、吉平:《哈民忙哈史前聚落遗址出土植物遗存研究》,《华夏考古》,2016年第2期。

量最多的是大籽蒿,共计815 632粒。其中,在F57内发现了815 363粒大籽蒿种子,占到了遗址浮选出土大籽蒿数量的99.97%。除大籽蒿种子之外,其他种子合计710粒,其中粟、黍和大麻三种农作物合计638粒。其他非农作物植物遗存有葵科的葵属、禾本科的狗尾草属等植物种子。此外,F57内发现了144粒保存比较完整的羹核,羹核为蔷薇科扁核木属的一种多年生落叶灌木。野生植物大籽蒿和羹核数量占比之高,无疑表明了采集业规模远超种植业。

魏家窝铺遗址位于赤峰市红山区,北距市区约20公里,是一处红山文化中期的大型聚落遗址,距今约6 000~5 500年。在魏家窝铺遗址出土的炭化植物遗存中,农作物出土绝对数量很低,粟、黍均仅为7%。结合遗址农作物绝对数量统计结果来看,以粟、黍为代表的农业遗存在魏家窝铺遗址中所占比重不高[1]。

兴隆沟聚落遗址位于内蒙古赤峰市敖汉旗东部,第二地点距今约5 500~5 000年,属于红山古国小型环壕聚落。通过植物浮选法和实验室植物种属鉴定,第二地点出土的炭化植物种子数量较少,总计少于100粒,且以硬果类和鲜果类的植物遗存为主,如蔷薇科的杜梨、欧李和山杏、壳斗科的橡树、榛科的榛子、胡桃科的山核桃等;所发现的栽培作物仅黍、粟两种,但数量很少。孙永刚、贾鑫先生认为:以魏家窝铺遗址、兴隆沟第二地点为代表的红山文化时期粟、黍的出土数量与出土概率,远低于同期的中原文化区,也远低于青铜时代的夏家店下层文化时期;可能说明以魏家窝铺遗址、兴隆沟第二地点为代表的红山文化时期农业系统在生业模式中所占比重并不高。结合出土器物和动物考古资料可以认为,狩猎、家畜饲养、渔业、采集在该时期人类生业模式中占有重要地位。距今6 500~5 500年气候温暖干燥,但相对稳定,这可能保证了辽西地区红山文化的持续发展;距今5 500年前后的干冷事件可能加剧了红山文化的衰落。辽西地区红山文化时期相对干燥的气候条件可能限制了该地区农业经济的发展,使得该时期的先民不得不从事狩猎、家畜饲养、渔业、采集等生业模式。[2] 可见,红山古国时期原始农业并不发达。

上述研究表明,无论是红山文化早中期还是红山文化晚期的古国时代,原始种植业的规模都十分有限。但是,原始种植业却是渔猎业和采集业的重要补充。一方面,渔猎业和采集业具有不稳定性,无法持续满足人们的生存需要,而种植业却能使人们获得稳定的食物资源。红山古国时期由于气候逐渐干冷,食物资

---

[1] 孙永刚、赵志军:《魏家窝铺红山文化遗址出土植物遗存综合研究》,《农业考古》,2013年第3期。

[2] 孙永刚、贾鑫:《辽西地区红山文化时期生业方式及其相关问题研究》,《辽宁师范大学学报(社会科学版)》,2016年第4期。

源匮乏,人们的生活难以得到保障。特别是寒冷的冬季,随着大量动物冬眠,植物根、茎、叶干枯,人们只能依靠储存下来的食物过冬。但捕获到的动物、采摘到的植物根茎叶很难储存下来,最可行的办法就是采摘一些植物的果实(如谷穗等)作为粮食储存下来,既易于存储,也可以作为种子进行种植。当人们认识到采集到的植物果核和果实颗粒不仅能解决温饱,还能作为种子播种,从而会产生更多、更稳定的食物来源,原始种植业便诞生了。另一方面,红山古国所在的辽西地区有大面积的有水沙地,不仅土质松软易于耕种,而且水资源丰富,适合粗耕农业发展。红山文化原始种植业的发展有其必然性,是由特殊的自然环境和地理位置决定的,但是,种植业并未从根本上取代本地区传统的渔猎业和采集业。

第四节 经济模式的重构

红山古国时期的经济模式是以渔猎、采集为主,种植业占一定比例的复合型经济,可以通过示意图重构红山古国时期社会的经济模式(图2.14)。采集业发达主要体现在三个方面:一是采集工具成组出现,包括打制石斧、双孔石刀、石磨盘、石磨棒、石臼、石杵、石饼、有窝石器等;二是生活用器组合相对稳定,包括筒形罐、斜口罐、钵、壶等陶器;三是植物遗存以一些炭化的野生植物遗存占比最高。渔猎业发达主要体现在三个方面:一是渔猎工具极其发达,包括石镞、石叶、石片等细石器仍在红山文化各个遗址大量出现;二是磨光石斧、石刀、石环、石网坠等石器仍旧是主要的渔猎生产加工工具;三是骨针、骨锥、骨匕、蚌刀等骨角蚌器以及动物骨骼作为渔猎工具,也成为渔猎业发达的实证。原始种植业占有一定比例,主要体现在两个方面:一是用于种植业的生产工具占有一定比例,包括石耜、石刀、石磨盘、石磨棒等石器;二是人工培育的植物遗存已经出现,主要是炭化的黍和粟。

红山古国以渔猎采集为主的经济模式主要是延续了东北地区发达的渔猎传统,这是由独特的自然环境决定的。辽西地区地处蒙古高原向东北平原的过渡地带,这个过渡带从高到低可分为三个阶梯:第三阶梯地形为山地,这里拥有丰富的森林资源和动植物资源,适合狩猎业和采集业发展;第二阶梯地形为丘陵台地,这里有发育成熟的黄土和白沙土,并拥有丰富的水资源,适合建造房屋,发展种植业;第一阶梯为平原沼泽,拥有丰富的鱼类资源,适合渔业发展。红山古国种植业能占有一定比例,其内因是本地区气候转向干冷,生存环境的恶化使得红山古国居民加大了迁徙的频度。红山文化晚期遗址数量增多

```
              石斧、双孔石刀              石镞、石叶、石片等
           石磨盘、石磨棒、石臼、石杵、石饼      石斧、石刀、石环、石网坠等
              罐、钵、壶                   骨角蚌器
              炭化野生植物                  动物骨骼
                    采集业      渔猎业
                    约40%      约40%

                         种植业
                         约20%

              石䦆、双孔石刀、石磨盘、石磨棒
                      炭化粟、黍
```

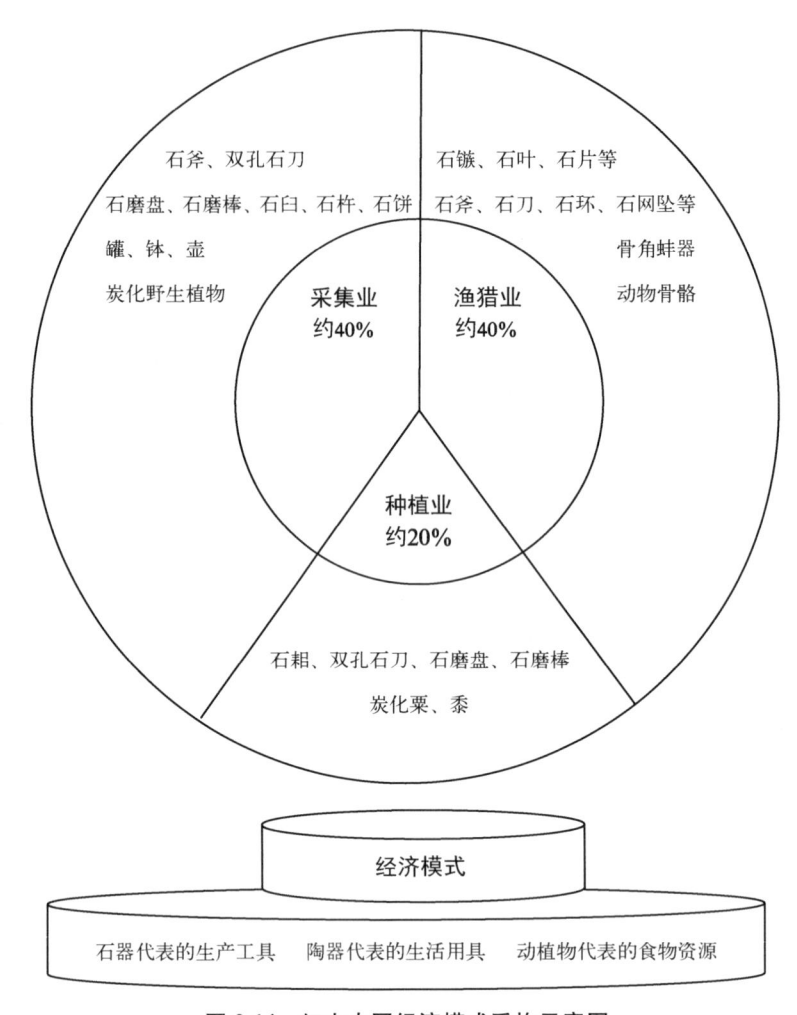

```
                    经济模式
   石器代表的生产工具   陶器代表的生活用具   动植物代表的食物资源
```

图 2.14　红山古国经济模式重构示意图

而文化层普遍较稀薄,正是人口迁徙频繁的集中反映,而不是人口数量增加的表现。红山文化渔猎采集经济导致的人口流动频繁使得本地区文化面貌高度统一,而占有一定比例的原始种植业使得红山古国居民能够相对稳定地生活在西辽河流域这片土地上。但是,不可否认的是红山古国种植业发展是有外因的。是由于受到了外来文化的影响,特别是受到中原农耕文化的影响,无论是稍早的庙底沟文化还是稍晚的大汶口文化。庙底沟文化对红山文化的影响表面上是彩陶的渗入,本质上却是以粟为标志的种植业传导到西辽河地区;大汶口文化对红山文化的影响表面上是鸟和龟动物造型的渗入,本质上也是原始种植业的传导。红山古国正是在中原农耕文化与东北渔猎文化不断碰撞冲

击中出现的,是中华文明形成过程中一个新的发展阶段。红山古国时期基本上延续的仍然是东北地区传统的渔猎采集经济模式,只不过红山古国所在的辽西地区因地处东北文化区和中原文化区的交汇地带,接受农耕文化的影响更直接。当食物资源不充足、生存面临挑战时,主客观因素的双重作用使得红山古国形成了更为成熟的复合型经济模式。

第三章 人口流动频繁的部落群体

距今约 5 500 年,随着大暖期气温剧烈波动,气候逐渐干冷,植被变得稀疏,鹿、野猪等大型食草动物被迫迁徙。红山文化居民相对稳定的生活被打破,为寻找充足的食物资源,他们开始了频繁的迁徙,正是在频繁的流动中实现了文化面貌的高度一致和原始信仰的高度统一,在红山文化晚期进入了古国时代。从考古发现来看,红山古国社会的群体特征体现在了三个方面:一是遗址数量急剧增多,集群分布。无论是西拉木伦河以北还是西拉木伦河以南地区,红山文化遗址的数量都呈现了激增态势,且多成群分布。二是聚落布局不规整,文化层稀薄。兴隆洼文化和赵宝沟文化时期聚落布局规整,房址大多成排分布,每排整齐划一,门道方向一致。然而,经过考古发掘的红山文化房址大多无规律,即便同一聚落内的房址门道也往往方向不一致,有分群现象,而且房址数量相对要少,多叠压打破现象。多数聚落文化层稀薄。三是单个房址面积小,小家庭结构趋势明显。房址内多个灶址叠压打破,表明房址经过多次使用。红山文化聚落房址远比兴隆洼文化和赵宝沟文化房址面积小,大多在 30 平方米左右。上述特征都表明了红山文化的聚落布局和房屋结构特点是为了适应人群频繁迁徙的需要。

第一节 相对密集的遗址分布

目前,考古工作者已经对少郎河、昭苏河、半支箭河、蚌河、教来河、孟克河、牤牛河、老虎山河分布的红山文化遗址进行了系统调查。调查结果显示,在红山文化分布的辽西地区,红山文化遗址的数量比小河西文化、兴隆洼文化、赵宝沟文化、小河沿文化遗址的数量都要多,呈现爆发式增长的态势。

一、遗址分布概述

(一) 少郎河

少郎河是西拉木伦河的一条支流,源于翁牛特旗西部的三叉档山,自西向东流经翁牛特旗的。该河全长204.2千米,流域面积2782平方公里。河床均宽120米。少郎河上游水量较小,时有枯竭,河谷两岸分布熔岩台地,河沟纵横切割,河流下蚀力强,河岸陡立,河床宽5~8米。两岸植被良好,水土流失较轻。少郎河中游河谷由收缩变为开阔,河床宽8~20米,岸高3~5米。少郎河下游水量丰沛,常年不涸。河床宽20~40米,两岸有阶地分布,多为流动与半流动沙丘覆盖,植被稀疏。翁牛特旗少郎河流域是红山文化的重要分布区,红山文化赛沁塔拉大型碧玉龙和黄玉龙即出土于少郎河流域。为了进一步了解少郎河流域红山文化遗址的分布情况,翁牛特旗博物馆对少郎河流域的史前文化遗址进行了调查。调查区域自少郎河上游的杨树沟门乡至下游的朝格温都苏木。此次调查共在少郎河流域发现了53处遗址,其中含有红山文化遗物的遗址24处。大部分遗址包含多种史前考古学文化因素,遗址多沿河分布,少郎河上游下段和中游的史前遗址最为密集,下游和上游上段的史前遗址较少。

根据刘国祥先生的研究[1],少郎河流域发现的包含小河西文化因素的遗址共3处;包含兴隆洼文化因素的遗址共9处;包含赵宝沟文化因素的遗址共4处;而包含红山文化因素的遗址共24处,其中上游分布有6处,中游共分布有16处,下游分布有2处,单纯的红山文化遗址9处,混合遗址15处;包含小河沿文化因素的遗址共2处,上游和中游各有1处。从遗址数量来看,少郎河流域红山文化遗址的数量超过小河西文化、兴隆洼文化、赵宝沟文化和小河沿文化遗址数量的总和,呈现爆发式增长态势。

(二) 半支箭河

半支箭河是老哈河的一条支流,源于赤峰市喀喇沁旗南台子乡七老图山。上游是多山地区,河道较窄,可耕地少,河两岸的山岭海拔多在1200米以上;中游是低山丘陵区,河谷较为开阔,沿河多平川和坡岗,海拔下降到800米左右,黄土广布,土质肥沃,适合农业经济的发展;下游地势平坦,逐渐过渡为洪积平原区,土壤肥沃。1996~2000年由中国社会科学院考古研究所内蒙古工作队、内蒙

---

[1] 刘国祥:《红山文化研究》,文物出版社,2015年。

古自治区文物考古研究所、吉林大学边疆考古研究中心联合组成的"赤峰考古队"对赤峰市境内的半支箭河中游地区进行了系统的考古学田野调查（图3.1）[1]，共在该区域内发现了220处遗址，其中含有兴隆洼文化因素的遗址仅发现1处；含赵宝沟文化因素和疑似赵宝沟文化因素的遗址11处；含红山文化因素和疑似红山文化因素的遗址24处；含小河沿文化因素和疑似小河沿文化因素的遗址6处。调查表明，半支箭河红山文化遗址数量虽然远不及夏家店下层文化遗址数量的141处，但和兴隆洼文化、赵宝沟文化、小河沿文化相比，也呈现爆发式增长态势。

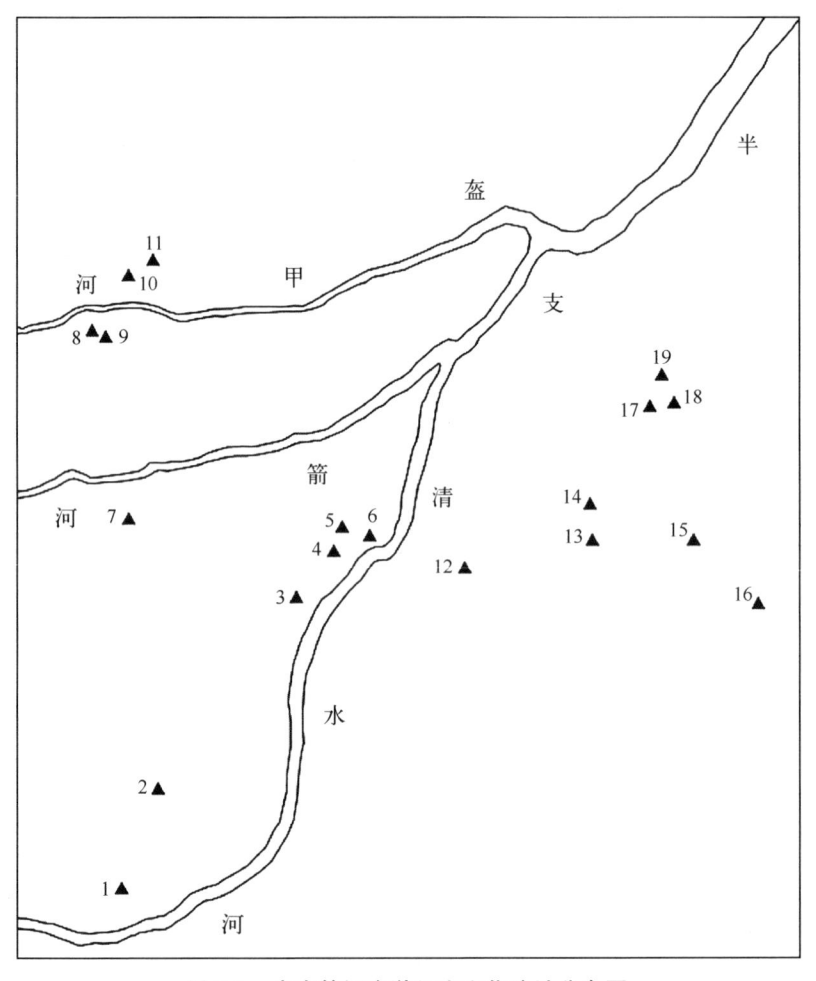

图3.1 半支箭河中游红山文化遗址分布图

---

〔1〕 赤峰考古队：《半支箭河中游先秦时期遗址》，科学出版社，2002年；刘国祥：《红山文化研究》，文物出版社，2015年。

(三) 蚌河

2001年5月，中国社会科学院内蒙古工作队与内蒙古自治区敖汉旗博物馆再次合作，在20世纪80年代调查的基础上，对敖汉旗境内蚌河与老虎山河流域的新石器时代遗址进行了拉网式调查。在蚌河下游南北20余公里、东西2~4公里的范围发现26个地点，共确认38处遗址（图3.2）[1]，其中9个地点的12

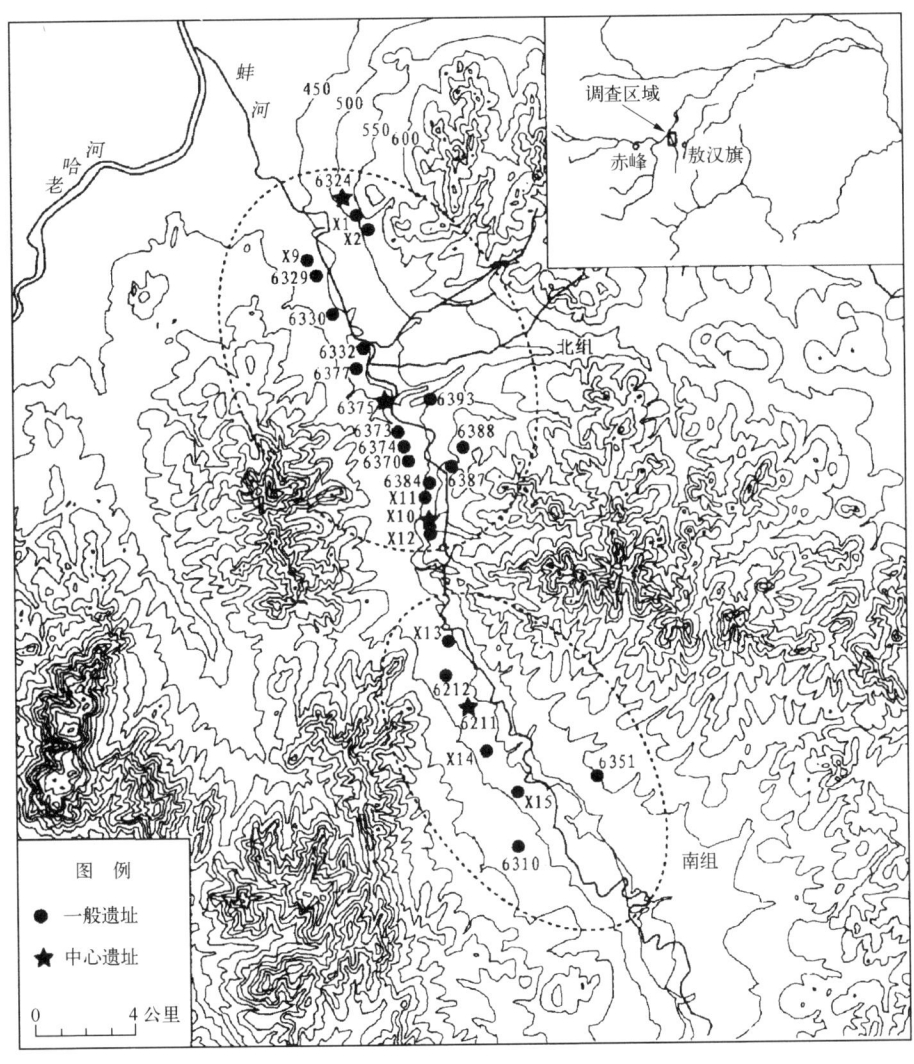

图3.2 蚌河流域红山文化遗址分布图

---

[1] 中国社会科学院考古研究所内蒙古工作队、内蒙古自治区敖汉旗博物馆：《内蒙古敖汉旗蚌河、老虎山河流域新石器时代遗址调查简报》，《考古》，2005年第1期。

处遗址为新发现。这些遗址包括兴隆洼文化遗址5处、赵宝沟文化遗址6处、红山文化遗址23处、小河沿文化遗址4处。和少郎河、半支箭河流域一样，蚌河流域下游的红山文化遗址数量也呈现爆发式增长态势。蚌河下游红山文化遗址不仅在数量和总面积(75.4万平方米)上都有飞跃式的增长，而且这些遗址大致可分为南北两组。20世纪80年代的敖汉旗考古调查中，也发现了红山文化遗址成群分布、各群都有面积较大遗址的规律。对于红山文化遗址中的面积超大型遗址，调查者认为或许是高等级的中心聚落，但因无法确定是否为一次性布局，所以不排除超大型遗址是经过多次使用的结果。在赤峰区域的考古调查中，虽然红山文化时期的遗址数量和面积有飞跃式发展，而且有分群的现象，但从遗迹和出土遗物上看，遗址间的等级分化并不明显。

（四）教来河

教来河是西辽河的一级支流，源于敖汉旗的努鲁儿虎山，流经敖汉旗、奈曼旗、库伦旗、开鲁县、科尔沁区，在科尔沁左翼中旗姜家窝堡附近汇入辽河，全长482千米，流域面积18 306平方公里。教来河从发源地到敖汉旗下洼镇为上游；从下洼镇到通辽为中游；从唐吐甸子到河口为下游。教来河主要支流集中在上游地区，较大支流有孟克河、白塔子河、腾克力河、干沟子河、高力板河、李家窝铺河等六条支流。教来河流经的地区属于燕山山脉向西辽河平原过渡的山地、丘陵和冲积平原地带，地势自西向东北倾斜，海拔高程自1 260米逐渐下降至140米。上游在赤峰境内，海拔400~1 000米，地表的黄土覆盖层非常深厚、冲沟发育、沟壑纵横。中下游是平原、沱甸，海拔140~400米，沿河平原地势平坦，沱甸风积沙丘发育，构成沱甸相间的地貌特征，沙丘高3~10米。教来河流经区域的气候属北温带季风型半湿润半干旱气候，具有强烈的大陆性气候特征，多年平均降水量370~390毫米，且分布极不均匀，70%的降水集中在6~8月份，多年平均蒸发量1 100 mm。根据刘国祥先生对教来河上游地区进行的调查研究（图3.3）[1]，教来河上游地区遗址密集，多沿河分布，上游中段和下段的史前遗址最为密集，上段的史前遗址较少。此地共发现遗址184处，大部分遗址包含有多种考古学文化因素，含有小河西文化因素的遗址共3处，含有兴隆洼文化因素的遗址共13处，含有赵宝沟文化因素的遗址共10处，含有红山文化因素的遗址共127处，含有小河沿文化因素的遗址共6处，含有夏家店下层文化因素的遗址共107处。面积最小的遗址约3 000平方米，最大的约150 000平方米，分散分

---

[1] 刘国祥：《红山文化研究》，文物出版社，2015年。

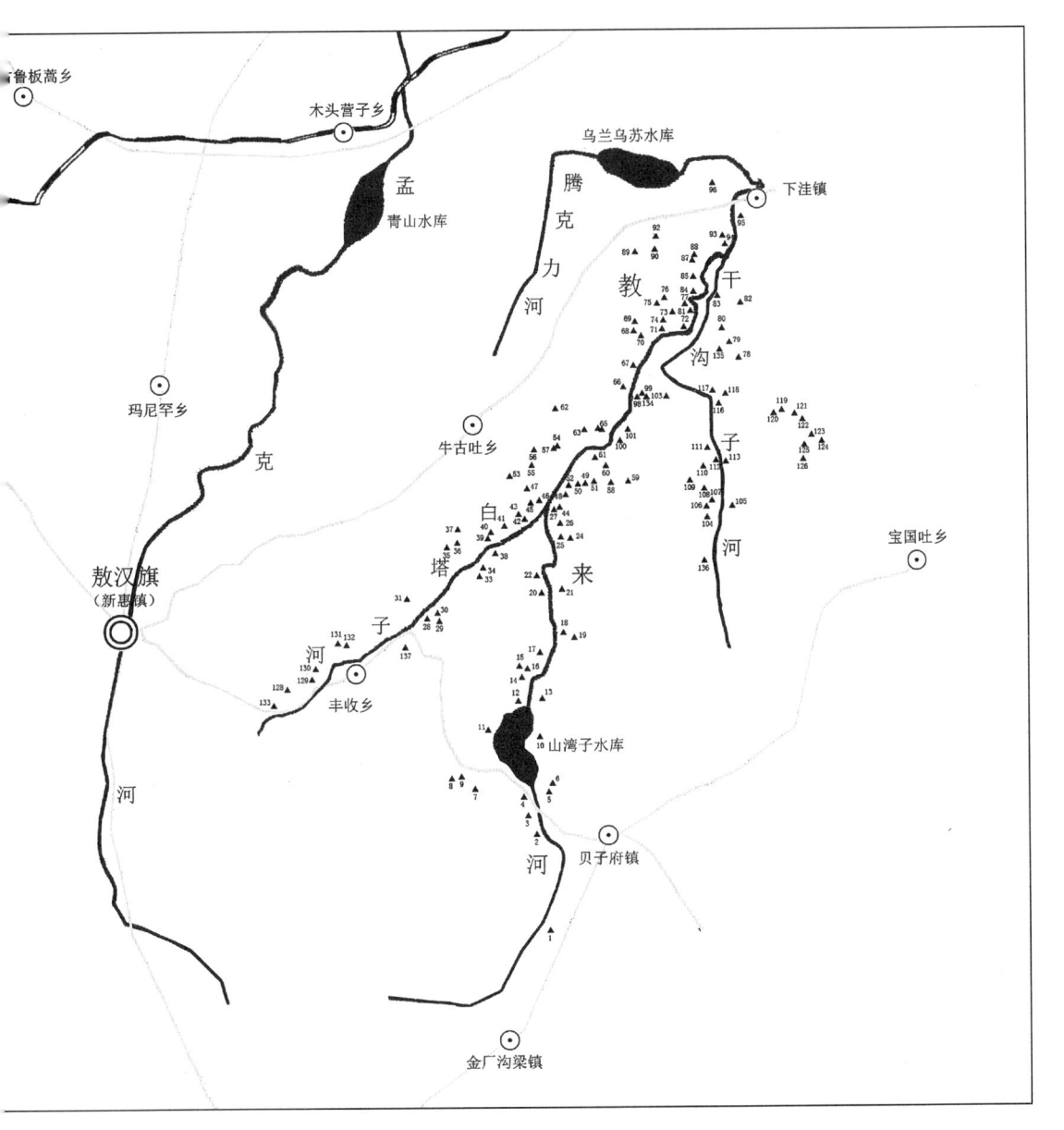

图 3.3　教来河上游红山文化遗址分布图

布于教来河上游地区的沿河两岸,其中干流分布 77 处,支流白塔子河分布 22 处,干沟子河分布 28 处。教来河上游红山文化遗址的数量远超兴隆洼文化、赵宝沟文化、小河沿文化,甚至比夏家店下层文化遗址的数量还要多,呈现飞跃式增长。

（五）孟克河

孟克河河道全长 157.5 千米，流域面积 3 100 平方公里，河流下游流经湿洼地和泡子区，最后流入舍力虎水库。根据邵国田先生的调查和研究（图 3.4）[1]，孟克河下游的红山文化遗址不仅分布更为密集，而且呈现分群分布现象。仅仅从千斤营子到份子地这一段就分布着四个遗址群：其中千斤营子遗址群有 8 处遗址，荷也乌苏遗址群有 3 处遗址，份子地遗址群有 5 处遗址，另有一遗址群目前发现 2 处遗址。以份子地遗址群为例，处于中心位置的大遗址面积为 6 平方公里，其周围又分布着 5 个面积在 3 万平方米左右的较小遗址，构成了一个占据孟克河下游南岸东西长 10 余公里，南北宽 4 公里平缓台地上的较大群体。中心的大遗址本身又有几个分布区，各区之间有一条宽 10 米左右的空白带相隔，河的两岸台地自源头至最后一个遗址群——份子地遗址群，大体可分出 10 余个群体

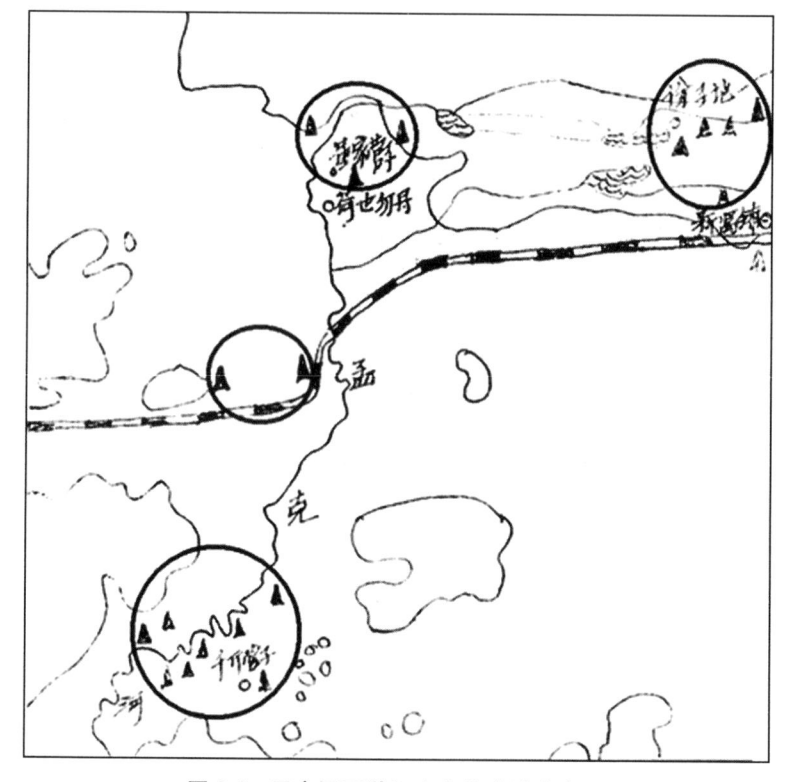

图 3.4　孟克河下游红山文化遗址分布图

---

[1] 邵国田：《概述敖汉旗的红山文化遗址分布》，《中国北方古代文化国际学术研讨会论文集》，中国文史出版社，1995 年。

来。份子地红山文化遗址群分布呈现密集型、集群化的特点。

(六) 牤牛河

牤牛河上游平均海拔高度为 500 米, 最高峰海拔近 800 米, 最低的河谷地带海拔为 400 米, 面积约 700 平方公里。据调查, 此地发现的红山文化遗址点共 69 个, 总体可分为 11 个群, 其中兴隆洼遗址群、刘家屯遗址群、西合遗址群和风水山遗址群比较有代表性[1]。兴隆洼遗址群分东西两部分, 西部以兴隆洼遗址为中心, 共 4 个遗址点。兴隆洼遗址位于兴隆洼文化遗址的围壕外东侧, 面积 2 万平方米, 设壕但破坏严重, 地表可见房址 40 余座。小山遗址东北距兴隆洼遗址 500 米, 面积 0.3 万平方米, 分布房址 20 余间。另两个遗址点位于兴隆洼遗址南坡, 东西各 1 处, 面积均在 1.5 万平方米, 分布房址 30 余座。东部与兴隆洼隔河相望, 相距 1 公里, 分布有 4 个遗址点, 面积在 0.5 万平方米左右, 地表可见房址 20 余处。刘家屯遗址群在兴隆洼遗址群北部, 两群之间隔着一群高山, 南北相距约 8 公里。这里地处牤牛河两个源流的汇合地。这一群共发现 11 个遗址点, 一字排开, 分布在东西长约 7 公里的河北岸的高台地上。最大遗址的面积为 3 万余平方米, 地表可见房址 40 余座。设有围壕的有 3 个遗址点。西合遗址群在刘家屯遗址群西约 7 公里处, 共发现 12 个遗址点, 其中西合遗址已发掘。该遗址设两个相连的长方形围壕。刘家屯群与西合群同在一个河川上, 地理环境基本相同, 遗址北依东西走向的群山。这些群山向南伸出一些山腿, 在山脉近河处形成一个半岛式的台地, 每一这样的台地上就单独存在一处遗址。风水山遗址群距兴隆洼北约 15 公里, 地势平坦。与刘家屯遗址群和西合遗址群地理环境不同的是, 风水山遗址群遗址面积较大, 最大的一处超过 10 万平方米, 一般的 1~3 万平方米, 最小的一处为 0.4 万平方米。每处遗址的房址多在 40 座左右, 大遗址超过 100 座。这一群共分布 9 个遗址点。从遗址分布来看, 红山文化遗址呈现密集型、集群化的分布特征。

(七) 老虎山河

老虎山河源自敖汉旗境内努鲁儿虎山东南麓, 全长约 50 公里, 向东南流, 在辽宁省朝阳市境内汇入大凌河上游。2001 年的考古调查覆盖了敖汉旗的老虎山河上游两岸, 在 18 个地点确认遗址 9 处, 包括兴隆洼文化遗址 1 处、红山文化

---

[1] 中国社会科学院考古研究所内蒙古工作队、内蒙古自治区敖汉旗博物馆:《内蒙古敖汉旗蚌河、老虎山河流域新石器时代遗址调查简报》,《考古》,2005 年第 1 期。

遗址8处。此外,还发现9处红山文化遗物采集点、3处小河沿文化采集点(图3.5)[1]。8处红山文化遗址中,7处为单有坛、冢或坛冢结合的祭祀性遗址,仅在X17遗址地表发现5个灰土圈,采集有少量遗物,未发现祭祀遗迹。4511遗址位于四家子镇小古立吐村西的低丘顶部。该低丘位于老虎山河西岸的山前平缓坡地上,东距现代河床约1 000米,西侧逐渐高起,连接海拔678米的小古立吐后山。再西侧与小古立吐后山仅一沟之隔的是海拔796米的红石砬山。4838遗址为一处红山文化祭坛遗迹,位于四家子镇水泉村西南的低丘顶部。该低丘凸起于老虎山河西岸的坡地上,海拔约606米,东临河床,西依老王山(主峰海拔862米)群峰。4841遗址位于老虎山河西岸的缓坡顶部,东北隔一低丘与4838遗址相邻,两遗址直线距离约600米。该缓坡南北两端各有一座低丘,北丘海拔610米,南丘海拔597米。遗址正处于两丘之间,大致分三部分,为一积石冢群。4938遗址位于四家子镇北牛夕河村北老虎山河西岸的河旁台地上,只高出现代河床约4米,北依老虎山余脉,其余三面地势开阔。遗迹主要集中在一个正南北向的长方形土台上,推测原为一处红山文化祭坛。X19遗址位于四家子镇古山子村西老虎山河东岸的山前低丘顶部,与4938遗址隔老虎山河相望,基本处在一条正东西向的直线上,距离约2 300米,推测原为一处红山文化祭坛。X20遗址位于四家子镇小有井沟村北的低丘顶部,推测原为一处红山文化祭坛。4906遗址位于四家子镇大有井沟村西的山间凹地上,西与X20遗址相望,直线距离约1 100米,推测应是一处红山文化积石冢。

二、关于遗址分布和人群特征的讨论

(一)关于遗址分布规律的讨论

从少郎河、半支箭河、蚌河、教来河、孟克河、牤牛河、老虎山河等流域的考古调查结果分析,红山文化遗址的分布具有两个明显特征。

第一,遗址密集。邵国田先生认为在敖汉旗已发现的单纯的447处红山文化遗址并不是当时红山文化人类居址的全部。如敖汉北部大面积沙丘覆盖着一批,老哈河沿岸又冲掉了一批,加之人为破坏和普查中的疏漏,因此,现在所掌握的遗址点充其量只占古遗址全部的70%。我们还在兴隆洼等文化遗址中发现了55处含有红山文化的居住址,就是说这些文化遗址有红山文化居住址。如将含于其他

---

[1] 中国社会科学院考古研究所内蒙古工作队、内蒙古自治区敖汉旗博物馆:《内蒙古敖汉旗蚌河、老虎山河流域新石器时代遗址调查简报》,《考古》,2005年第1期。

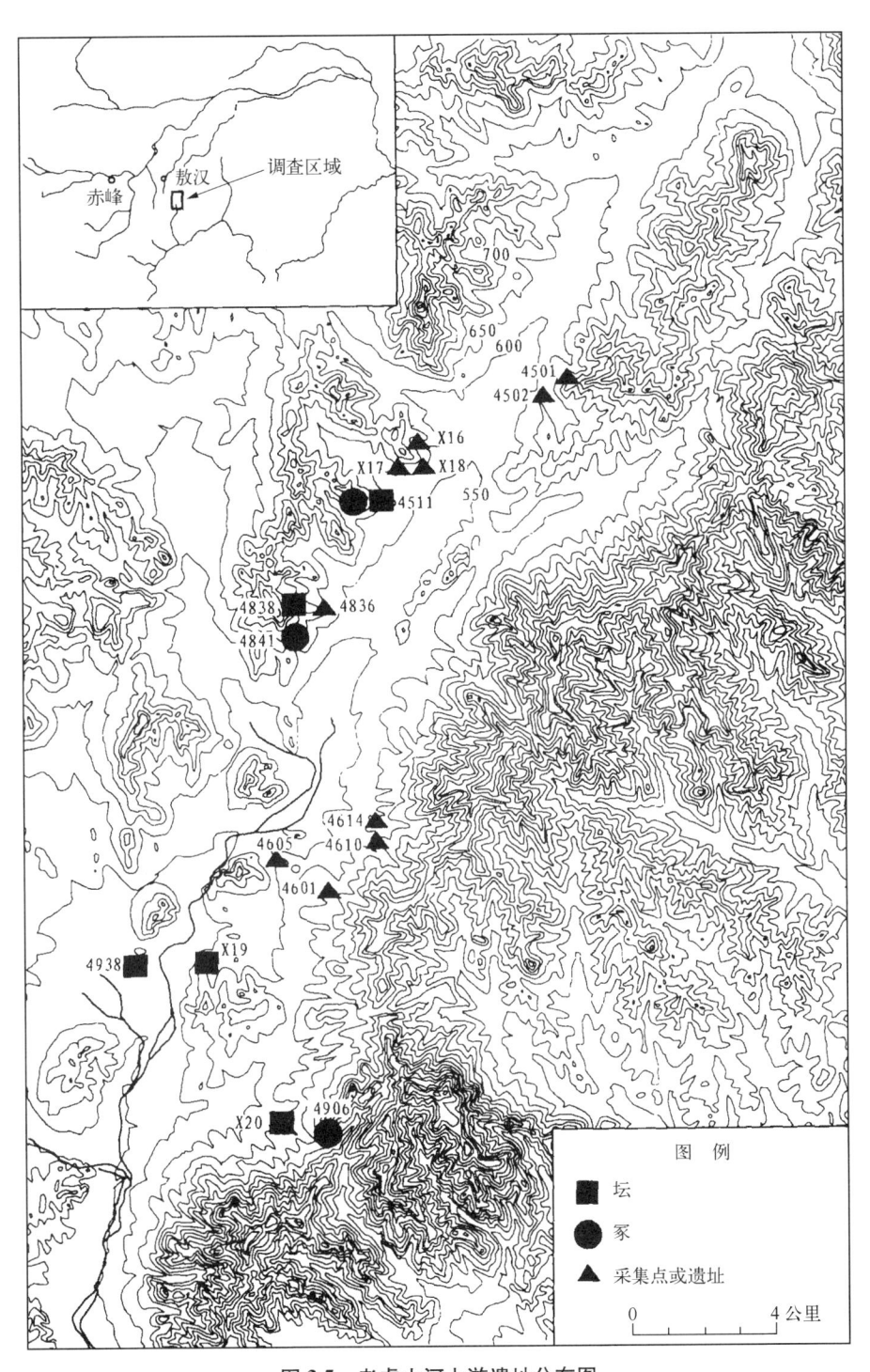

图 3.5　老虎山河上游遗址分布图

原始文化的遗址点计算在内,该旗实际发现红山文化遗址点共502处。按全旗总面积计算,平均约16平方公里就保存有一处红山文化遗址,这一比率也应该适用于赤峰南部红山文化遗址分布的密集区,即南部五旗县区和翁牛特旗的一部分,因此红山文化遗址估计要超过2000处。在经过系统调查的少郎河、半支箭河、蚌河、教来河、孟克河、牤牛河、老虎山河流域均发现红山文化遗址呈现爆发式增长趋势,据此判断:红山文化遗址在整个红山文化分布区呈现密集分布态势。

第二,聚群分布。敖汉旗境内红山文化遗址最密集处在北纬42°10′~42°35′之间,即敖汉中部的山地丘陵地带。可以很清楚地看到,该文化遗址是以河流为纽带成群分布的,河与河之间的分水岭很少见到该文化遗址,形成了大小不等的条状空白隔离带,遗址群呈南北条带状纵向分布态势。如按这一规律划分,全旗可以分出大凌河支流组、牤牛河组、教来河组、孟克河组、蚌河组、老哈河组,每一组可又分出若干群体,共有近百个群体。每一群一般有3~5个遗址点,较多的可达20余个遗址点。遗址的面积自南向北渐次增大。面积较小的遗址为4000~5000平方米,较大的则在3~10万平方米,最大的可达2~3平方公里。大遗址的周围多存在若干个小遗址构成一个群体。根据孟克河组的份子地遗址群、牤牛河组的4个遗址群可以看出,这两组不同类型的群体的分布特征以及构成每一群体的内部情况。与之相邻的教来河组遗址更为密集,出现沿河两岸的台地上按段分群的现象,群与群之间的距离也缩小到2~3公里。每一群遗址的选址除以河流为纽带外,还有其他环境因素,如一群山的周围,相邻的一片台地等。每一群的单个遗址多分布于视野开阔,地势平缓,距水源较近的台地或坡地上,其相对高程比现在村庄要高出10~20米,比赵宝沟文化遗址的高程低。有十分之一的遗址有围壕遗迹,多为方形或长方形,地表可见其上口比较齐整,向阳一侧有出入壕内的门道,壕内分布有数十间房址,有的在壕外也有同类文化遗址。在调查中还发现,遗址较高的一侧有窑区,有的是2~3个遗址就近使用一个窑区,还在份子地遗址群中的董家营子遗址上发现一些有切割锯痕的废弃的碎玉料,可能当地有专门制作玉器的场所。

综上可以看出,它们在空间上有成群分布的规律。从考古调查分析,能使我们大体还原当时社会的一些面貌,窥见红山文化时期人与自然环境的关系。当然对于这些规律的认识会随着对调查材料的进一步梳理和对不同类型群体进行大量考古发掘而不断深化。

(二)关于人群特征的讨论

第一,遗址的爆发式增长不一定代表人口数量的激增,很可能与人群流动频繁有关。如果说敖汉旗境内的每一处遗址就是一个原始村落,那么,仅敖汉旗境内就分布着 500 余个村落。每个村本身又由几十个或上百个对偶家庭组成,大体百余人或数百人组成一个村,由几个或数十个村组成一个部落。如此计算,敖汉旗境内红山文化顶峰时的人口就有约 10 万人。这在距今约 6 500~5 000 年的红山文化时期是难以想象的。根据考古发掘情况来看,红山文化很多聚落内的房址都存在叠压打破关系,这意味着同一个聚落内的房址可能会有早晚关系,也就是说,每一个聚落都不能排除是一群或几群人多次使用的结果。有的聚落还出现环壕之间的叠压打破关系,这证明同一地点的两个聚落很可能存在早晚关系。尽管我们目前很难确定经过考古调查的每群遗址是否存在早晚关系,也很难弄清每一处聚落内的房址是否存在早晚关系(即便有些聚落是一次性布局)。但是,仔细分析不难发现,红山文化时期大部分聚落的建筑布局并不规整,房址面积小、文化层普遍较薄,有些房址使用时间不长即被放弃。这些现象似乎表明聚落使用仅仅是临时性的,因此缺乏系统的规划。因此,红山文化时期遗址的爆发式增长不一定代表人口数量上升,而应该与人群不断迁徙有关。

  第二,大型中心遗址的出现不一定反映社会等级形成,不排除不同时段同一族群或不同族群先后来此居住导致聚落面积增大的可能。红山文化遗址分布呈现集群化分布态势,而且出现了面积超过几十万平方米的大型中心遗址。这是否意味着各部落集团内部出现高低层次之分呢?是否意味着每个部落集团有凌驾于公社之上的特殊人物呢?这要从聚落形成的过程来分析。如上所述,因为没有经过系统的考古发掘,没有具体的层位关系,我们无法判断各个聚落内部房址和灰坑等单位是否一次形成。但是,根据以往的考古发掘推断,红山文化时期似乎还没有出现如此大规模的聚落群,我们无法根据调查发现群与群之间的遗址数量多少、无法根据面积大小看出社会等级和社会结构。理论上讲,当一组人群多次往返,或多组人群在不同的时间段在同一处聚落定居时,确能形成聚落和聚落之间、房址和房址之间的叠压打破关系,或者是聚落面积的扩大。虽然我们在面积超过 10 万平方米的丰水山遗址中征集了 3 件猪形玉龙和玉筒,在面积超过 10 万平方米的份子地遗址采集到大型石钺,在面积超过 6 万平方米的千斤营子遗址采集到玉斧,但这不一定是聚落规格高级的表现,不足以证明社会分层,也很难证明独占礼器的特殊人物已经出现。

  第三,聚落内窑区的出现或许仅是社会分工的体现,而不一定是社会分层的证明。已发现的数个窑区和一处玉器制作场说明公社成员中有一部分人专门制作玉器和烧制陶器,有了专门的社会分工。敖汉旗已发掘的红山文化遗址有四棱山、三道湾、四道湾、五道湾和兴隆洼东区和西区遗址。虽然这些发掘点较分散,更没有按群解剖,但这些材料却揭示了每一个聚落内部的遗迹现象,并从时间和空间上对探索红山文化先民的聚落形态提供了更为准确的资料。调查中发现的红山文化遗址按群分布的规律是对该文化遗址分布的初步认识。就四棱山窑区来看,已经发掘的五座窑址具有叠压打破关系,这表明五座窑址是有早晚关系的,窑区不是一次性建成的。我们不难判断附近的居住址应该也不会一次性建成,应该是不同人群或同一人群先后两次在此居住,聚落至少经过两个使用阶段。那么,即使是窑区已经独立于居住址外,我们也只能说聚落内劳动分工的需要,催生了独立的陶器制作业,有专门从事制陶业的人员,而不能代表红山文化社会已经出现社会分化,产生阶层。

第四,祭祀址集群化是人群聚族而居的反映。考古调查显示,牛河梁祭祀遗址群周围约100平方公里的范围内,未见居住性遗址[1]。邵国田先生在四家子镇发现的3处红山文化积石冢周围也绝少见到居住址,其中水泉积石冢成组分布,规模小于牛河梁积石冢群,属于中型积石冢群;与水泉相比,芦家地、北牛夕河两处较小。[2] 这3处积石冢分布在约10平方公里的范围之内,它们应是附近的红山文化聚落居民的重要墓地。如果再仔细调查和辨别,努鲁儿虎山一带也保存有数个这样的积石冢群。老虎山河上游的7处单坛、单冢或坛、冢结合遗址,是迄今为止规模仅次于牛河梁遗址群的红山文化祭祀性遗址群。从地表遗迹看,与牛河梁遗址群相比,这些坛、冢规模小,形制简单。这是时间早晚的差别,还是同时期不同地点等级上的差别,目前还难以确定。牛河梁遗址群的发现已经表明,在红山文化晚期祭祀区与居住区已经分离。在对老虎山河上游的调查中,虽然发现8个红山文化采集点,但只确认了1处有灰土圈的遗址(X17),这与蚌河下游红山文化居住遗址密集的情况形成鲜明对比。可以初步认定,老虎山河上游是另一处红山文化专用墓地,是独立的祭祀区。类似的专用祭祀区在红山文化分布区内的其他地区也应该存在,只是有待今后田野工作的进一步证实。老虎山河与牛河梁祭祀遗址群同处大凌河左岸努鲁儿虎山东南部,这一地区在红山文化时期的精神世界里似乎有着特殊的意义。专用祭祀区在中国史前时期为红山文化所独有,这很可能暗示祭祀活动在红山文化中有独特的运作方式。值得注意的是,赤峰区域考古调查发现:坐落于山丘上的红山文化遗址,也偶尔可见以石块堆砌成的石圆圈或其残段,这应该是专设于山丘上的一种特

---

[1] 郭大顺:《中华五千年文明的象征》,《牛河梁红山文化遗址与玉器精粹》,文物出版社,1997年。

[2] 邵国田:《概述敖汉旗的红山文化遗址分布》,《中国北方古代文化国际学术研讨会文集》,中国文史出版社,1995年。

殊的遗迹,其功能与性质亦应与一般的居址不同[1]。如果这些石圈确实属于红山文化祭祀遗迹,那么这很可能是红山文化早期典型的积石冢,晚期由于居住环境的变迁和人口的流动频率加快,部落中死去的人经过很长时间才被重新迁回祖先茔地,因而产生了像牛河梁遗址群那样的宏大祭祀群。

红山文化居住址分布和祭祀址分布均呈现聚族而居的态势,这与红山文化分布区的自然环境密切相关。以敖汉旗为例,敖汉旗现存地貌与距今 6 000~5 000 年的红山文化时期变化不大,只是由于水位下降,河床下沉变窄,沿河两岸形成二级或三级台地,北部沙化等。全旗由西南向东北倾斜,呈三段阶梯状态:南部山区多陡坡;中部多起伏明显的半丘陵和平缓的坡地台地,土层较厚;北部多平坦的沙地,有若干个水泡子。红山文化遗址在敖汉旗之所以形成南、中、北三种不相同的分布形态,是与当时的生态环境的不同相关的。中部是 400 毫米降水量线穿过的地带,又多缓坡地和台地,很适宜渔猎采集业和原始种植业发展,故遗址分布相对密集。南部山区的气候条件与地理环境与中部相比则略差一些,故遗址相对少些。从赵宝沟文化时期开始此地出现了大量的石耜,这使得开垦松软的沙土地成为可能。红山文化时期人们在继承渔猎采集业的基础上,也继承了耜耕种植业,于是,他们进入山地和北部平原地带,开始了原始种植业。渔猎采集活动需要人群频繁流动,沙土地肥力不够,既易于开垦也易于沙化的特点也迫使人群不断轮换沙土地耕作,因此,红山文化居民一方面要不断追寻鹿群和坚果,一方面还要不断寻找适宜耕作和居住的土地,故红山文化时期遗址增多,分布范围扩大。

第二节 稀疏分散的聚落布局

目前为止,西拉木伦河流域、老哈河流域和大小凌河流域经过发掘的红山文化聚落遗址均有考古资料发表。在众多发掘过的遗址中,既有经过系统发掘,展现聚落整体面貌的遗址,如白音长汗遗址、魏家窝铺遗址;也有经过局部发掘,展示局部特征的遗址,如柳树林遗址、二道梁遗址、二道窝铺遗址、哈喇海沟遗址、小东山遗址等。我们可以通过系统解读各个遗址内房址、灰坑、墓葬的数量、大小、位置关系、出土器物组合,分析红山古国聚落布局的特点和聚落结构特征,把握红山古国聚落发展演变的一般性规律。

---

[1] 赤峰中美联合考古研究项目:《内蒙古东部(赤峰)区域考古调查阶段性报告》,科学出版社,2003 年。

一、聚落布局分析

经过考古发掘的西拉木伦河流域红山文化典型聚落遗址有白音长汗、柳树林、二道梁、南台子、二道窝铺、老牛沟槽、哈民忙哈 7 处。

（一）白音长汗聚落

白音长汗聚落遗址（图3.6）[1]位于林西县最南端的西拉木伦河北岸，在白音长汗村西南约 500 米的一山冈上。白音长汗遗址分为南北两区，发掘中把北区编为 A 区，南区编为 B 区，两区同处一个坡面上。根据发掘探明，两条围沟各自圈定一片聚居区，比邻而居，界限明确。白音长汗遗址第四期遗存共清理发掘房址 17 座（BF1、BF7、AF26、AF29、BF33、AF45、BF46、BF49、BF54、BF57、BF58、BF67、AF80、AF81、AF84、AF85、BF86），灰坑 34 个，墓葬 6 座。分布在北区的兴隆洼文化白音长汗类型房址外围地区的少量房址打破兴隆洼文化的房址和围沟。根据房址分布和门道朝向，可以将 17 座房址分为两组：一组分布在南区中南部，部分房址打破南区兴隆洼文化的房址，个别房址（BF7）位于南区 G2 围沟（兴隆洼文化白音长汗类型围沟）之东，AF80 位于兴隆洼文化白音长汗类型聚落围沟 G1 和 G2 之间。另一组分布在遗址中南部，房址朝向东或东北，且灶多为圆形、椭圆形。属于红山文化时期的白音长汗四期共有 6 座墓葬，即 M14、M15、M18、M21、M22、M23，其中 M14、M15、M18、M21 为石板墓，分布在南北两座山坡中间的鞍部；M22、M23 在北区东部，为土坑墓。从位置上看，M22、M23 与北区关系密切，而 M14、M15、M18、M21 似乎与南区关系更紧密，当然这仅仅是推断，尚需更多证据证实。但是，白音长汗聚落四期属于红山文化中期，聚落分群的特征十分明显：一是居住区和墓葬区分离，但距离较近，应有对应关系；二是居住区房址分两组，是同一聚落内两个不同的族群比邻而居，还是有早晚关系的两个族群前后相继尚不清楚，但从房屋门道方向和灶址形制上看似乎是有早晚关系；三是聚落房址出现房址聚族而居的态势。

（二）柳树林聚落

柳树林聚落遗址（图3.7）[2]位于柳树林村东北部的丘陵之下。遗址所在

---

[1] 内蒙古自治区文物考古研究所：《白音长汗——新石器时代遗址发掘报告》，科学出版社，2004 年。

[2] 内蒙古自治区文物考古研究所：《赤峰市林西县柳树林红山文化遗址发掘简报》，《草原文物》，2015 年第 1 期。

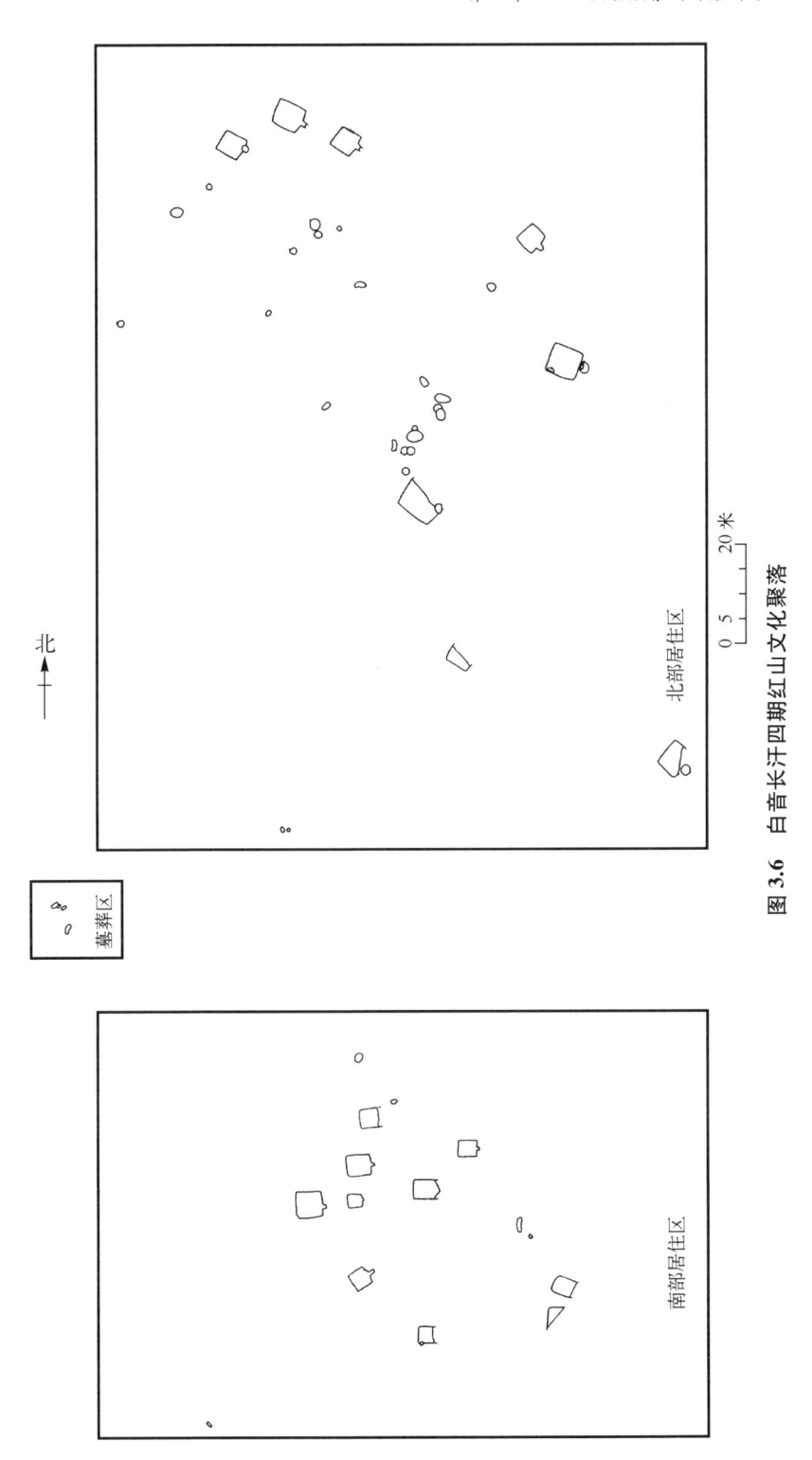

图 3.6 白音长汗四期红山文化聚落

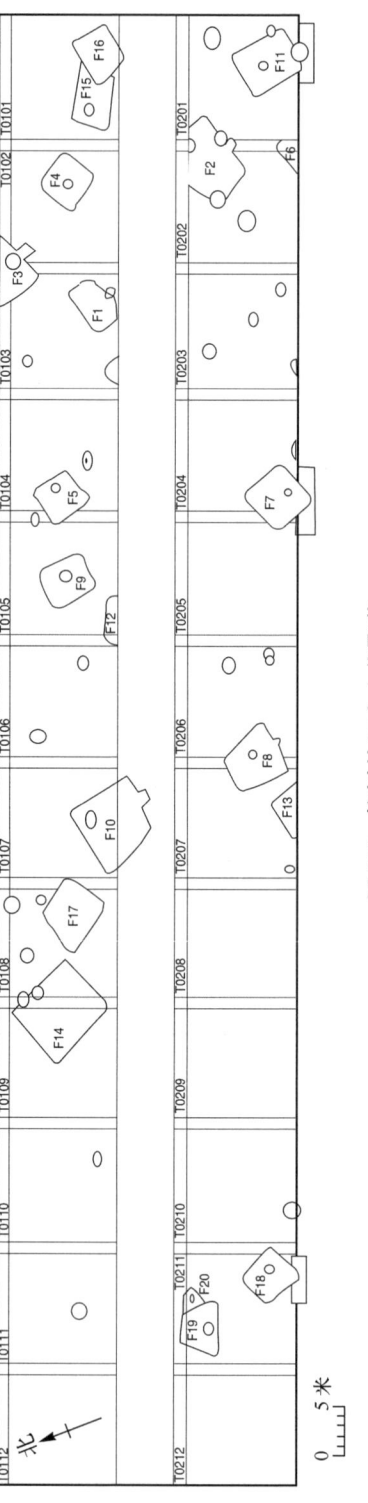

图 3.7 柳树林红山文化聚落

丘陵西南坡下为西拉木伦河的支流,发掘面积2500余平方米。共揭露房址20座、灰坑30座。所揭露出的20座房址大体呈东北—西南方向多排分布,房址为半地穴式或地穴式,保存深度介于20~110厘米之间,房址平面形状以圆角长方形为主,也有相当数量梯形的,房屋使用面积介于30~80平方米。除少数房址见有东南向门道和用火痕迹不甚明显的圆形或瓢形灶坑外,大多数房址均未见门道或有灶坑的现象。根据平面形状可分为两种类型:第一种为长方形房址,共发现11座。大多保存情况不佳,仅个别房址可见门道,踩踏面仅在F3和F9中有坚硬的白胶泥硬面。灶坑多为圆形,仅F9发现瓢形灶坑。第二种为圆角梯形,此类房址大多为前宽后窄的梯形,房址基本对称,共8座。另有1座房址未全部发掘,无法得知其形制。

从柳树林聚落的布局分析,该聚落至少经历了两次使用过程,其主要依据有三个方面。其一,从地层关系来看,有两例打破关系:F16打破F15,F19打破F20。值得注意的是,在两例打破关系中,被打破的F15的平面是圆角长方形,打破F15的F16平面是圆角梯形,而打破F20的F19的平面也是圆角梯形。据此分析,圆角长方形房址可能早于圆角梯形房址。其二,从陶器组合分析,柳树林遗址最典型的陶器是筒形罐,其器形和纹饰具有明显的阶段性特征。总的来看,圆角长方形房址内出土的筒形罐以口沿部有双层窝点纹、腹部有之字纹为特征,圆角梯形房址内出土的筒形罐则以口沿部有单层窝点纹或无纹饰、腹部有网格纹为特征。其三,从灶址的打破关系来看,同一个房址很可能被二次使用过。根据房址形制的不同可以把柳树林遗址分为早晚两期:早期11座房址平面呈圆角长方形,晚期9座房址平面呈梯形。

(三)二道梁聚落

二道梁聚落位于村西300米的第二道山岗上。山岗北高南低,高出河床20~30米。山岗的向阳缓坡地带暴露出大量的陶器残片及石器。由于遗址处于山坡风口地带,地表剥蚀较为严重,其中的14座房屋基址均直接开口于地表,形成一个个较为明显的灰土圈。在已发掘的3215平方米范围内,清理出红山文化房址15座、灰坑171座。遗址西侧一山梁的顶部发现10余座古墓葬,其中清理墓葬7座。墓地所在的山梁顶部较平缓,植被稀少,部分地方岩石裸露。墓葬分布于山顶或略偏下的部位,分布较密集。清理的15座房屋基址均位于向阳缓坡地带,且皆为半地穴式建筑。房屋基址平面成长方形,门道清楚,一般多沿东北壁或西南壁直接伸出,唯有F7开于东南壁中间。二道梁聚落的布局特征十分明显:其一,二道梁聚落的居住址和墓地距离很近,二者应有密切关系;其二,虽然仅发现一例门道居中的房址(F7),但根据大多房址灶经过多次烧烤修整且一般有3~5层烧土硬面,以及房内其他地方有多处篝火痕迹的现象不排除聚落被二次使用的可能。第三,房屋分布一般无规律,房址的最大面积为35平方米,最小面积为9平方米[1]。

（四）南台子聚落

南台子聚落发现的红山文化遗迹有房址1座(F26)、灰坑30个、墓葬13座。墓葬主要位于遗址东部(图3.8)[2]。M7、M11、M12周围有积石环绕。M7为长方形石板墓,M10为圆形竖穴土坑墓,其余为长方形竖穴土坑墓。M13是多人合葬,其余均是单人葬。葬式一般是仰身直肢,少数是侧身屈肢。多数墓葬内未见随

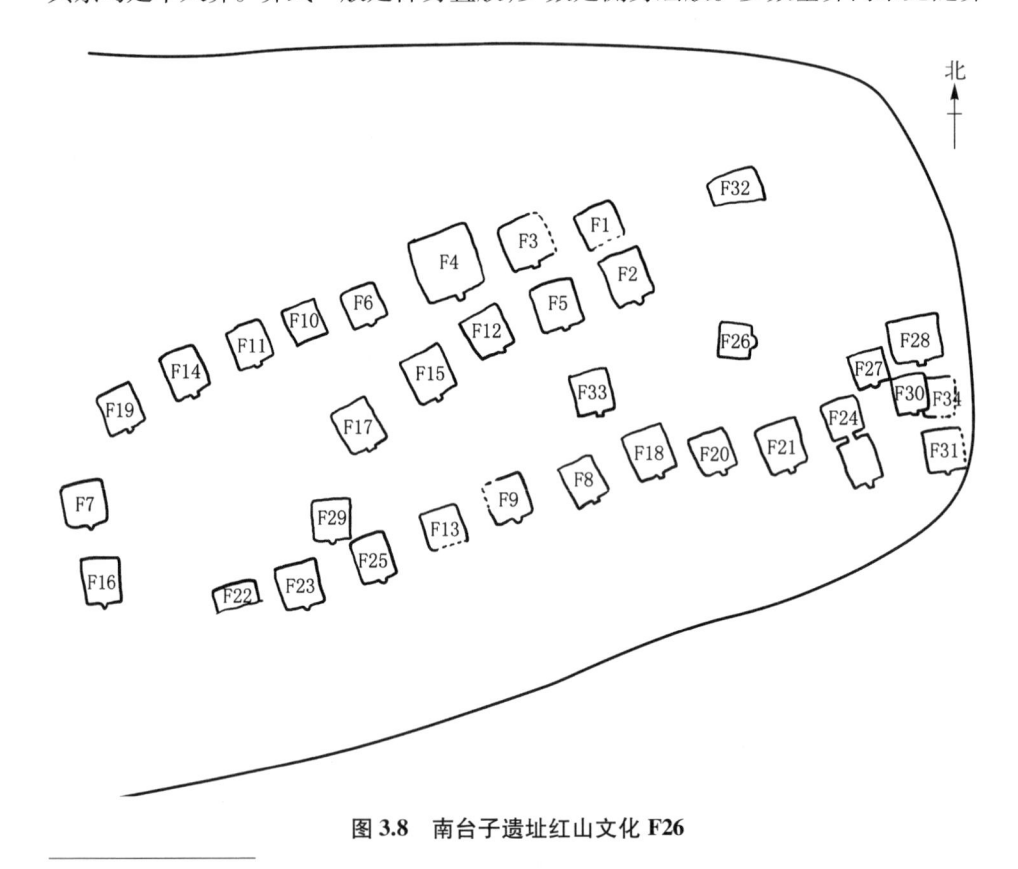

图3.8　南台子遗址红山文化F26

〔1〕内蒙古文物考古研究所:《巴林左旗友好村二道梁红山文化遗址发掘简报》,《内蒙古考古文集(第一辑)》,中国大百科全书出版社,1994年;内蒙古自治区文物考古研究所:《巴林左旗友好村新石器时代墓地发掘》,《草原文物》,2014年第1期。

〔2〕内蒙古文物考古研究所:《克什克腾旗南台子遗址》,《内蒙古文物考古文集(第二辑)》,中国大百科全书出版社,1997年。

品。M13开口于2A层下,是长方形竖穴土坑四人合葬墓,墓内填土为黑黄花土。M13保存很差,葬式不清,墓内随葬品有之字纹筒形罐、敞口钵、石磨盘、磨棒、石斧等。南台子聚落仅发表了1座红山文化房址,但红山文化诸多遗址中存在只发现1座房址的现象,考虑到和灰坑、墓葬数量的不匹配,推断有两种可能:一是红山文化房址因使用时间短、文化层薄,难于保存而早已不见踪迹;二是尚有些红山文化房址未被发现或未被辨识出来。但有一点可以肯定,这是一处红山文化小型聚落遗址。

（五）二道窝铺聚落

二道窝铺聚落遗址坐落于杖房川河北岸的缓坡台地上,西拉木伦河以南,高出河床约20米,东北侧是很厚的流沙,地势东高西低,遗址北及东侧被流沙掩埋,西侧有一冲沟,东南面约2公里与老牛槽沟新石器时代遗址隔河相望。遗址海拔662米,东西长约150米,南北宽约100米,面积近15 000平方米。发掘面积总计1 390平方米,共清理出房址3座、灰坑23个、沟3条(图3.9)[1]。房址均为圆角方形半地穴式建筑,由灶、门道、柱洞等组成,均遭到不同程度的破坏。二道窝铺遗址部分文化层直接暴露于地表,发掘区地层关系较为简单,整个发掘区地层可划分为三层:第1层耕土层;第2层文化层,黑褐色土;第3层黄沙土为次生土。根据发掘情况和地层关系推断,二道窝铺遗址是一处单纯的红山文化小型聚落遗址。

（六）老牛沟槽聚落

老牛沟槽聚落遗址位于老牛槽沟村西南约1公里,北距西拉木伦河10公里,地理环境呈波状起伏、山川交错的丘陵景观。遗址处在杖房河南岸马鞍山北坡一小高台地的顶部。台地起伏平缓,残存面积东西约50、南北约200米,总面积近1万平方米,地表散布少量陶片、石器等遗物,海拔655米。遗址的西面和北面各有一条季节性河流,夏天水流量较大,河水汇入东北流向的杖房河,并最终汇入西拉木伦河。老牛槽沟遗址所在的科尔沁沙地西缘,正是大兴安岭与七老图山的交接处,地貌呈山地丘陵景观,附近较大的水系南有老哈河,北有西拉木伦河,水资源相对丰富。独特的地理环境,较适合人类繁衍生息。在1 540平方米的发掘范围内共清理房址7座、灰坑42个(图3.10)[2]。房址多遭不同程

---

[1] 内蒙古自治区文物考古研究所、赤峰市博物馆、翁牛特旗博物馆:《翁牛特旗二道窝铺遗址发掘简报》,《内蒙古文物考古文集(第四辑)》,科学出版社,2013年。

[2] 内蒙古自治区文物考古研究所:《翁牛特旗老牛槽沟红山文化遗址发掘简报》,《内蒙古文物考古文集(第四辑)》,科学出版社,2013年。

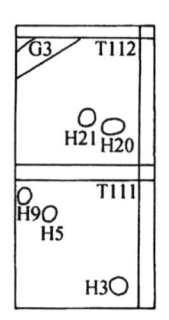

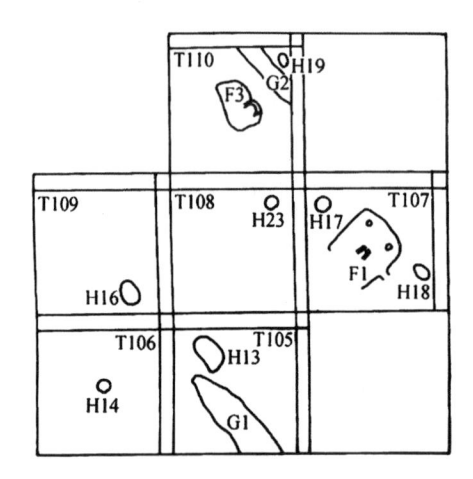

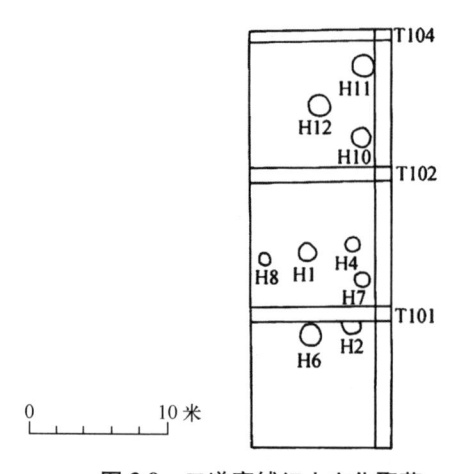

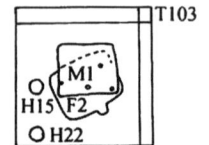

图 3.9　二道窝铺红山文化聚落

图 3.10 老牛沟红山文化聚落

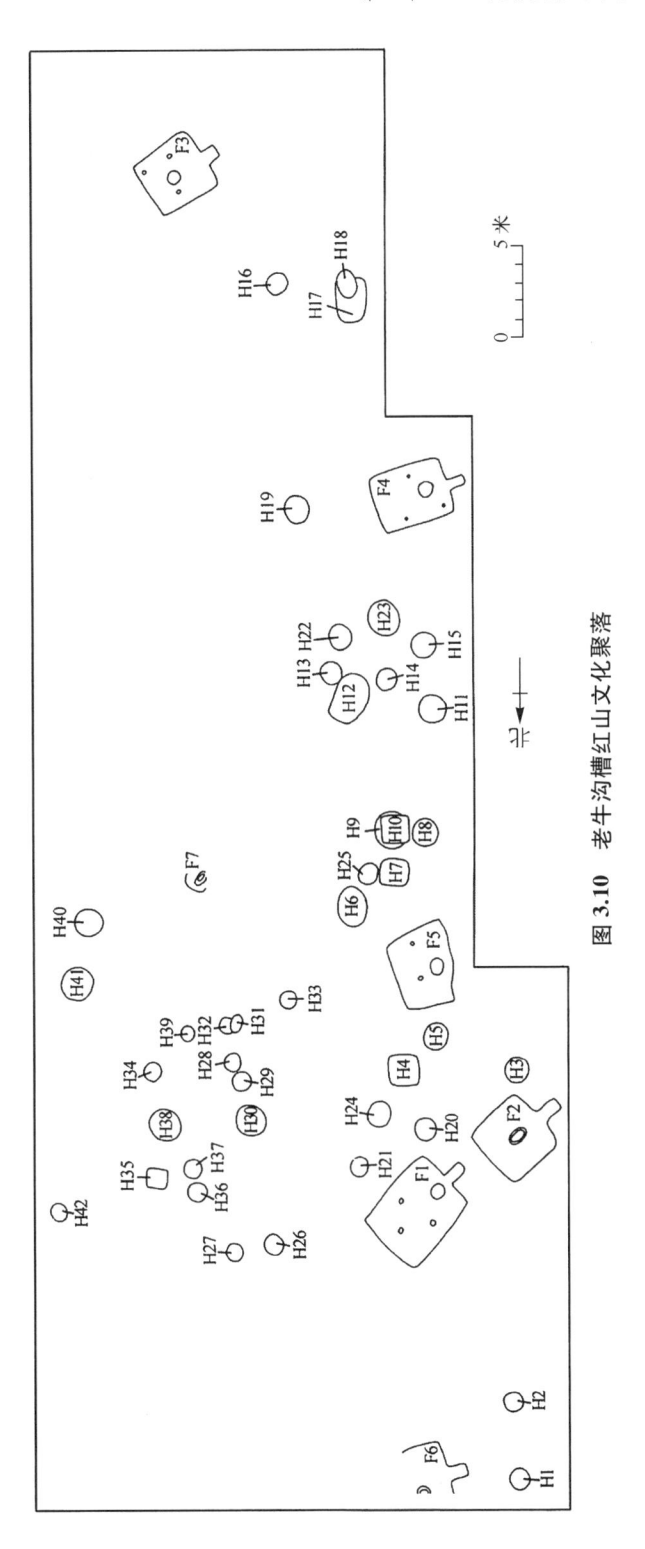

度的破坏。根据聚落布局和房址特点分析，老牛槽沟遗址是一处文化性质单纯的红山文化聚落遗址，应该为一次性布局，特征十分明显。一是聚落主要以房址和灰坑为主，未见墓葬区；二是房址聚集分布，具有一定规律性；三是房址在发掘区内呈南—北向排列（略偏西南），其间距在 8~10 米，为半地穴式，平面形状为圆角长方的"凸"字形，进深多大于间宽，面积一般在 10 平方米左右，设有长方形门道和室内灶坑，门道朝向西南，位于西南壁的中部，灶坑设在房址中部或略偏南近门道处，有圆形和瓢形两种；四是以房址为中心，灰坑集中分布。宏观上看，灰坑多在 F1 东部、F5 与 F4 之间。微观上看，一个房址一般会有一组灰坑与之相对应，如 F1 房址的北面较密集地分布有 H4、H5、H20、H21、H24，除 H4 是方形外，其他均为圆形；灰坑似与 F1 具有一定的内在关系，当视为一组建筑。这种成组的建筑现象还见于其他房址，如 F4 的北部集中分布有 7 个灰坑，F5 南部集中分布有 6 个灰坑。

（七）哈民忙哈聚落

哈民忙哈聚落遗址南有西辽河，北靠新开河，处在大兴安岭东南边缘、松辽平原西端、科尔沁草原的腹地。遗址现存范围南北长约 900、东西宽约 200 米，平面呈不规则椭圆形，总面积约 18 万平方米。从 2010 至 2014 年，内蒙古自治区文物考古研究所对哈民忙哈遗址进行了 4 次考古发掘，总发掘面积为 6 850 平方米，共计清理房址 67 座、灰坑 60 个、墓葬 13 座、环壕 3 条（图 3.11）[1]。聚落外围，东、西、北三面环绕有圆弧形环壕，其西、北两侧与古河道相邻，且保持平行。环壕平面为椭圆形，东西长 350、南北宽 270 米。在已发表的 5 座墓葬中，M3 分布在 F11 居住面上，其余 4 座分布在聚落内部，均为竖穴土坑墓，包括一座三人合葬墓、一座双人合葬墓，其余为单人葬。根据哈民忙哈遗址 2010~2011 年度发表的资料，哈民忙哈遗址是一处大型红山文化晚期环壕聚落。现根据已揭露房址的朝向、面积，可以将其分为Ⅰ、Ⅱ、Ⅲ三个组。Ⅰ组，分布有 16 座房址，以面积最大的房址 F32 居中，其余房址围绕其分布，F32 前面形成较大范围的空场，推测其可能是有意规划出作活动场所使用。Ⅱ组，分布 11 座房址，以大房址 F24 为中心，其他房址 F18、F19、F20、F21、F22、F23、F25、F26、F13、F10 环绕分布，F24 面前同样留出大片空场。Ⅲ组分布 12 座房址，以面积最大的 F5 居

---

[1] 内蒙古文物考古研究所、科左中旗文物管理所：《内蒙古科左中旗哈民忙哈新石器时代遗址 2010 年发掘简报》，《考古》，2012 年第 3 期；内蒙古文物考古研究所：《内蒙古科左中旗哈民忙哈新石器时代遗址 2012 年的发掘》，《考古》，2015 年第 10 期。

中，其余房址F12、F15、F16、F17、F11、F7、F14、F8、F43、F9环绕其分布，F5前面也留有较大空场。根据发表资料可知，该区域中最大的房址F32和埋葬玉器与人骨的房址都位于Ⅰ组，且Ⅰ组中房址面积普遍大于Ⅱ、Ⅲ组。由此可见，哈民忙哈遗址的聚落布局已经区别于兴隆洼文化时期聚落内房址整体成排分布、大房子居中心的传统，而是聚落内房址成组分布，且组与组之间，因房址面积、规模等有所区别。灰坑主要散布于房址周围，集中分布于Ⅲ组中。房址均为方形或长方形半地穴式，西北—东南向。总的来看，哈民忙哈遗址聚落布局呈现内聚式分布格局。

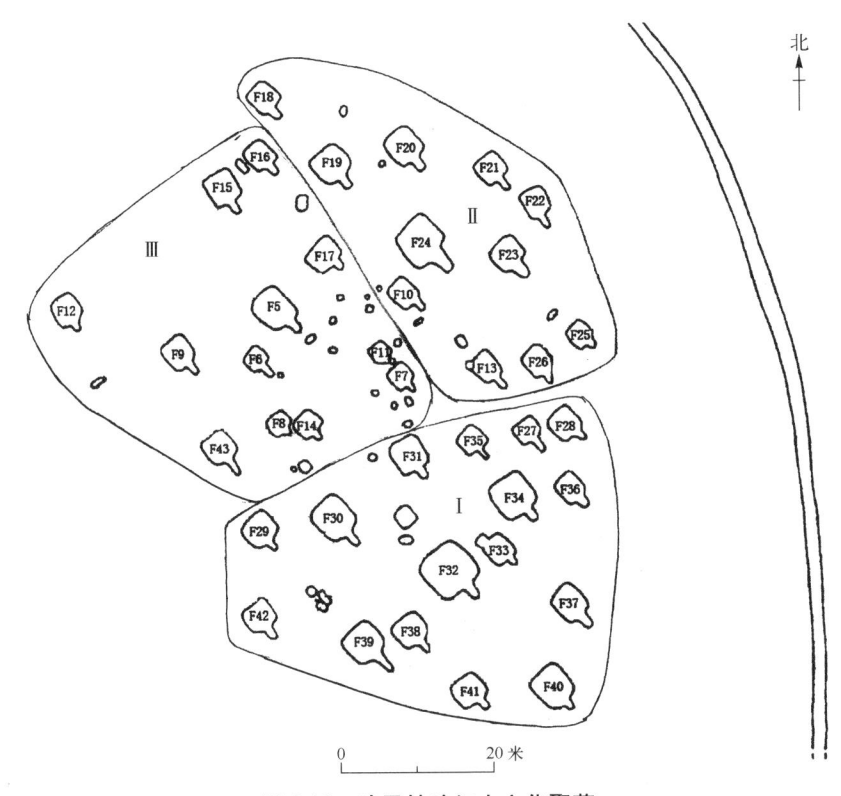

图3.11 哈民忙哈红山文化聚落

（八）魏家窝铺聚落

魏家窝铺聚落遗址位于魏家窝铺村东北约2公里处的丘陵台地上。遗址的平面为略呈北偏东走向的长方形，西段环壕略有曲折，不甚规则，其余三边较平直，南北长约315米，东西宽约295米，环壕周长约1100米，估算环壕内面积约为9.3万平方米，环壕内外区域面积合计为10~15万平方米。参考敖汉旗境内英金河流域红山文化遗址的普查结果,魏家窝铺遗址应属于大型或超大型的环壕聚落遗址,很可能是附近遗址群的中心遗址。四个年度发掘的总面积为16 057.75平方米;共揭露房址114座、灰坑219个、灶址19个、墓葬2座、壕沟4条(图3.12)[1]。

图3.12 魏家窝铺红山文化聚落

魏家窝铺红山文化聚落布局特征十分明显。第一,文化层薄,房址面积小。房址共揭露114座,均为半地穴式,残存深度不一,最浅的房址仅存踩踏面,最深的残深60余厘米。房址的面积大小不等,最大者F13,面积51.62平方米,最小者F4,仅4.15平方米。第二,从门道方向看,房址可分为几组,不排除聚落前后多次性使用建成的可能。房址的门道有西南、东南、西北、东北四种朝向,其中东南向与西南向的房址占多数,西北向与东北向的房址仅为少数。西南向的房址多集中分布于远离G3靠近遗址中部的位置,G3两侧零星分布西南向的房址;东南向的房址从遗址中部至G3两侧均有分布,并且越靠近G3其分布越密集。经过初步统计,东南向的房址在发掘区占到近半数,其中东南向的浅盘灶房址的数量超过房址总数的四分之一。根据灶坑结构和门道朝向可以大致看出房址的特点以及此聚落遗址的发展过程。第三,从灶坑结构和叠压关系看,聚落不是一次性形成。房址中有两类结构不同的灶坑,一类为灶坑深度大于火膛深度的深坑灶,另一类为灶坑深度不及烟道深度的浅

---

[1] 段天璟、成璟瑭、曹建恩:《红山文化聚落遗址研究的重要发现——2010年赤峰魏家窝铺遗址考古发掘的收获与启示》,《吉林大学社会科学学报》,2011年第4期;成璟瑭、塔拉、曹建恩、熊增珑:《内蒙古赤峰魏家窝铺新石器时代遗址的发现与认识》,《文物》,2014年第11期。

盘灶。经过对灶坑的解剖可知,两类灶坑均有不同程度的烧结现象,深坑灶的烧结层厚 3~5 厘米,仅为一层;浅盘灶的烧结层的厚度在 10 厘米以上,均为两层以上烧结层,如 F86 有 5 层烧结层。深坑灶大多分布在遗址的中部,浅盘灶大多密集地分布在 G3 两侧。值得注意的是,叠压于 G3 之上的房址均为浅盘灶,这说明深坑灶与浅盘灶可能有相对早晚的关系。第四,灰坑形制不一,时间上或许不具共时性。共揭露灰坑 219 个,坑口的平面多数呈圆形、椭圆形,少数为圆角长方形和不规则形,圆形、椭圆形居多。坑壁有倒梯形、筒形、袋状、锅底状等。坑底大部分为平底和锅底状,少部分坑底略呈斜坡状或起伏状。第五,4 条环壕未完整揭露,具体的走向和相互之间的关系尚不清楚。总的来看,魏家窝铺聚落是经过多次使用形成的。

（九）哈喇海沟聚落

哈喇海沟聚落遗址位于哈喇海沟村北部的山坡上,东西长约 300 米,南北宽约 200 米,共清理发掘房址 8 座、灰坑 15 座(图 3.13)[1]。

哈喇海沟房聚落布局特征表现在两个方面:第一,房址聚集分布,一次性布局。该聚落所清理的 8 座房址均位于第二发掘地点,呈集聚分布态势,F1 面积最大,其他 7 座房址在其西、南、东南侧环绕分布;F1 周边留出较大范围的空场。第二,房址面积小,小型化特征明显。房址均为半地穴式建筑,平面呈圆角方形,面积较小,在 9~30 平方米之间。门道和房址均为东南向,平面呈圆角梯形,有平底、凹底和斜坡三种结构。灶址位于房址居住面中部靠近门道处,有瓢形和椭圆形两种,保存较深,坑壁上红烧土较厚而坚硬,个别坑壁上抹泥、侧立石块。不见柱洞,居住面遗物较少。

（十）西水泉聚落

西水泉聚落遗址位于赤峰西水泉村西山岗的东侧坡上,高出河面约 15~30 米。该聚落共发现红山文化房址 3 座(F13、F17、F18),其中 F17 的面积超 100 平方米,从室内发现的多个灶址来看,当是多次使用、叠加建筑的结果。以 F17 为中心,其余两个房址环绕分布,推测这是一处房址分散分布,且经过多次使用的小型聚落(图 3.15)[2]。

---

[1] 内蒙古文物考古研究所、赤峰市博物馆:《元宝山哈喇海沟新石器时代遗址发掘报告》,《内蒙古文物考古》,2008 年第 1 期。

[2] 刘晋祥、杨国忠:《赤峰西水泉红山文化遗址》,《考古学报》,1982 年第 2 期。

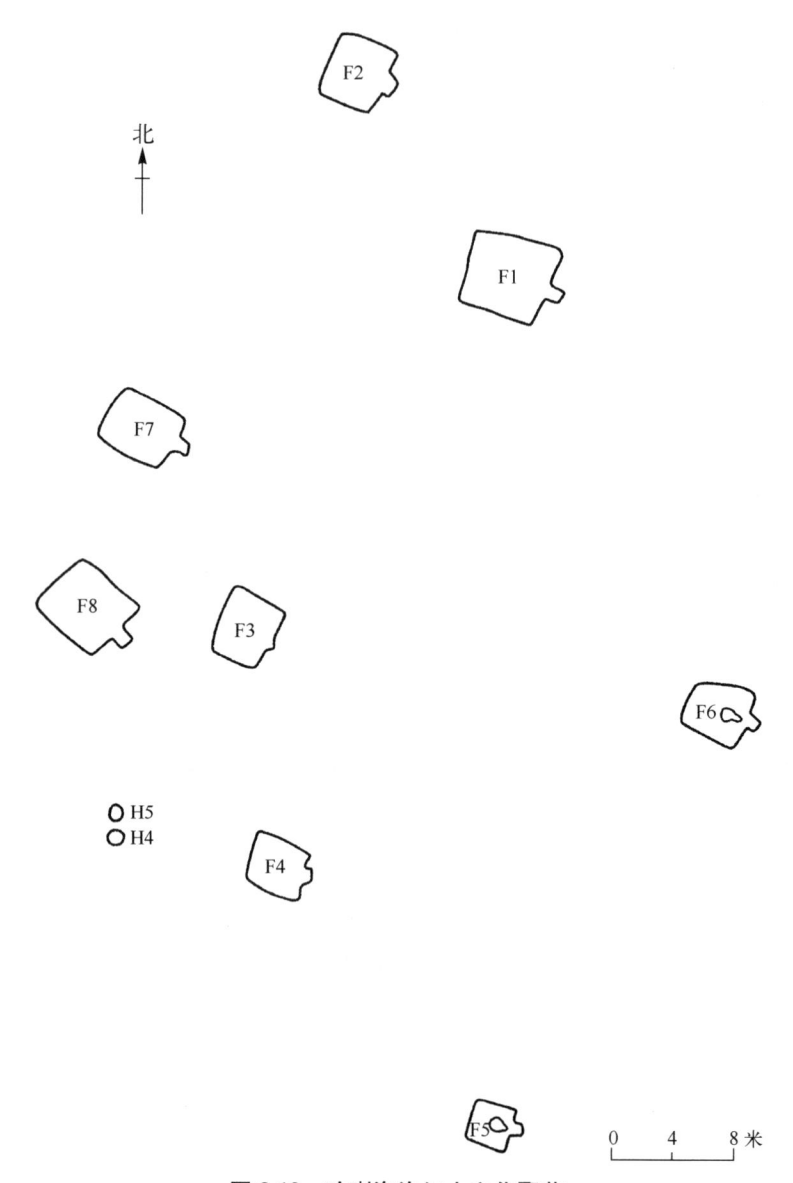

图 3.13　哈喇海沟红山文化聚落

（十一）七家聚落

七家聚落遗址位于七家自然村西南 2.2 公里的坡地上，现地貌为山杏林地、耕地和金棘尔林地，土地沙化较严重。2013 年 6~8 月赤峰市博物馆、敖汉旗博物馆联合组队，对该处遗址进行了抢救性发掘，地点选在林地边缘的耕地中，发掘面积共 1 929 平方米，清理发掘属于新石器时代红山文化时期的遗迹 73 个，包括房址10座、灰坑62个、灰沟1条(图3.14)[1]。地层叠压关系简单,上面耕土层厚10~25厘米,包含有少量陶片、骨片、蚌壳残片等。所发现的文化遗迹均开口于此层下,打破生土层。七家聚落呈现的布局特征十分明显。第一,七家遗址是一处文化性质单纯的红山文化时期的环壕聚落遗址,没有发现墓葬。第二,从房址形制上看,明显具有早晚关系。房址依形制可分为两类:一类是双联间房,朝向西南,共有3座,编号F1~F3;第二类是单间房,朝向东南,共有7座,编号F4~F10。10座房址中,3座保存较好,为半地穴式前后双联间,朝向西南,室内设双灶,前面是瓢形灶,后面为方形灶。另7座为半地穴式,平面呈"凸"字形,朝向东南,除F5保存较深外,其余的都较浅,形制不完整。从保存状况来看,朝向西南的双联间房址与其他房址相比,时间应较晚;其他房址与元宝山区哈喇海沟遗址相类似,属于红山文化中晚期遗存。

(十二)西台聚落

西台聚落遗址位于西台自然村以西约200米的台地上,大凌河上游,北依群山,东西均为临河台地。西台遗址发掘面积达5 400平方米,清理的19座房址中,4座属于兴隆洼文化,其余15座房址属于红山文化[2]。经过对围壕进行解剖发现,西台聚落布局十分明显。第一,从两条环壕分布来看,聚落出现分群趋势或有早晚关系。西台遗址平面呈"凸"字形,为两条环壕圈定而成,分为北区和南区。北区三面环绕壕沟,方向北偏西约40度。区内残存房址10座,只有F201、F202较为完整。南区平面近长方形,

---

[1] 赤峰市博物馆、敖汉旗博物馆:《赤峰市敖汉旗七家红山文化遗址发掘报告》,《草原文物》,2015年第1期。
[2] 杨虎、林秀贞:《内蒙古敖汉旗红山文化西台类型遗址简述》,《北方文物》,2010年第3期。

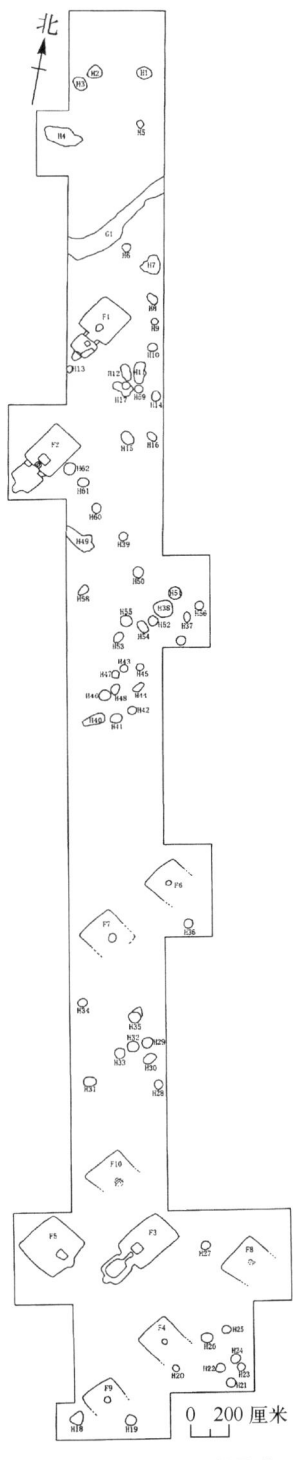

图3.14 七家红山文化聚落

周长约 600 米,东南侧环壕留有三个出入口。南区内残存 9 座房址,仅 F17 比较完整。第二,存在同一房址被二次使用的可能。F13 位于北区围壕的西部,打破 F14 兴隆洼文化房址东侧及灰白色生土。室内窖穴 H46 与灶址 I 相邻,位于房址西部门道的位置。房内共有两层堆积,一层为遍布整个房址内的较硬的黑褐色土,其内含小块红烧土及零星木炭渣等。二层为遍布整个房址底部的较薄的红褐色土,零星的红烧土包含其内。一大一小两个灶址均位于房址的中部偏西处,且开口于居住面上。大灶平面呈圆角方形,长 1.4、宽 1.3、深 0.22～0.3 米。小灶平面呈瓢形,长 1.2、深 0.25 米。第三,根据房址方向判断,聚落存在分群或分期的可能。房址朝向大致为西南、东南两种,这表明两个群体共时或房址经过两次使用。此外,灰坑散布在房址周边,平面呈圆形、椭圆形、长方形,灰坑形制不一也表明两个或多个群体共时或经过多次使用。第四,聚落内发现红山文化时期窑址 2 座,表明聚落内已经有了专业化制陶工艺。

(十三) 兴隆洼聚落

兴隆洼聚落遗址[1]位于内蒙古敖汉旗兴隆洼村东南约 1 公里处,地处牤牛河上游右岸。以兴隆洼文化遗存为主,发掘出保存完整的兴隆洼一期聚落。同时,在兴隆洼遗址还发现了部分红山文化遗存,其中 F106 打破兴隆洼一期聚落围壕,从地层关系上证实了红山文化晚于兴隆洼文化。兴隆洼遗址清理发现红山文化房址 5 座、灰坑 130 余座,其中 F133、F106 两座房址属于红山文化早期遗存。灰坑数量是房址的 26 倍,应该不是一次性建造的,表明兴隆洼红山文化小型聚落使用时间长,或者房址经历过多次使用。

(十四) 兴隆沟第二地点

兴隆沟第二地点[2]位于缓坡台地上,遗址地势西北高、东南渐低,东侧有一呈东西向的自然冲沟,东南 1 公里外为连绵起伏的山丘,西南—西北侧有连绵的山峰环绕,西南距第一地点兴隆洼文化聚落和第三地点夏家店下层文化聚落约 1.5～2 公里。遗址西侧为林地,其余三面为耕地,地势开阔。遗址总面积约 6

---

[1] 中国社会科学院考古研究所内蒙古工作队:《内蒙古敖汉旗兴隆洼遗址发掘简报》,《考古》,1985 年第 10 期。中国社会科学院考古研究所内蒙古工作队:《内蒙古敖汉旗兴隆洼聚落遗址 1992 年发掘简报》,《考古》,1997 年第 1 期。

[2] 中国社会科学院考古研究所内蒙古第一工作队:《内蒙古赤峰市兴隆沟聚落遗址 2002～2003 年的发掘》,《考古》,2004 年第 7 期。

万平方米，海拔高度为529米。清理发掘红山文化房址8座、灰坑55个、环壕1道。兴隆沟第二地点的聚落布局具有三个重要特征。第一，房址面积小。红山文化房址均为半地穴式建筑，平面呈方形或长方形。房屋面积为10~20平方米。灶址均位于居室的中部，圆形浅坑式，与兴隆洼文化房址常见的圆形浅坑式灶非常相似。F6、F7、F8的西南侧穴壁中段均有外凸弧形的短门道。在居住面上未发现柱洞或柱础，参考西水泉遗址的发掘经验，推测此类房屋并非没有立柱，而是立柱应该位于土坎的周围，但因土坎上口已被破坏而未发现。第二，布局不规整，灰坑环绕房址分布，为环壕聚落。从聚落布局看，房址大体呈东北—西南向排列，灰坑分布在房址的周围，如F7的西南和东南侧分布有9座灰坑，F8的西北侧分布有7座灰坑。居住区的外围修筑有一道长方形围壕，东北和东南段围沟已探明，长度分别为330、110米左右，西北和西南段围沟不明显。第三，聚落内有专门用于祭祀的房址。陶人出土于F9内，该房址室内面积仅12平方米，F9与其他房址在功能上应有明显区别，不仅具有居住功能，同时具有祭祀功能，是生活在兴隆沟聚落的红山先民供奉和祭祀祖先的场所。兴隆沟遗址第一地点是经过正式发掘的兴隆洼文化中期的大型聚落，通过比较发现，兴隆沟遗址第二地点的红山文化房址的室内面积明显偏小，聚落布局发生了明显变化，房址排列并不整齐，每座房址的外围都分布有相对独立的窖穴群，这说明单一家庭已成为经济生产和生活的核心单元。

（十五）小东山聚落

小东山聚落遗址位于村东约2公里的一处高台地上（图3.15）[1]。据初步调查，遗址东西宽约200、南北长约400米，所在地势相对较为平坦，小木头沟季节河从遗址的西部流过。发掘总面积约为850平方米，共发现房址10座、灰坑20个、围沟1条。小东山聚落最大的特征是房址存在早晚关系。依据房址相互之间的叠压打破关系和房址中出土的遗物判断，10座房址应分别属于红山文化早期早段、早期晚段、中期，均为半地穴式建筑。早期早段的房址包括F1、F4、F5，成排分布，平面为方形或方圆形，保存状况较差，未见门道，除F1外均不见灶址。早期晚段的房址包括F2、F10、F8，平面为方形或圆形，保存状况较差，F2、F10发现灶址，F8有门道，朝向西边。中期房址包括F6、F7、F9、F11，大体成排分布，平面为圆形或方圆形，均未见门道，F7、F9、F11有

---

[1] 辽宁省文物考古研究所、朝阳市博物馆、朝阳县文管所：《朝阳小东山新石器至汉代遗址发掘报告》，《辽宁道路建设考古报告集（2003）》，辽宁民族出版社，2004年。

灶址，位于居住面一侧，其中 F11 内有三处灶址。小东山遗址还发现了红山文化不同时期的遗迹，早期为环壕聚落，为探讨红山文化聚落布局的发展变化提供了一定线索。

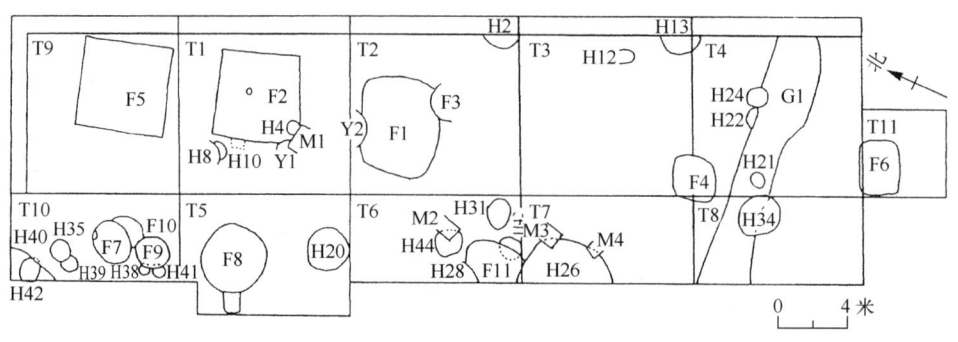

图 3.15 小东山红山文化聚落

二、关于聚落布局和人群特征的讨论

（一）房址叠压打破与人群流动的讨论

已发掘的红山文化聚落房址中有很多叠压打破关系的例子。如柳树林遗址 F16 打破 F15，F19 打破 F20；魏家窝铺遗址 F47 打破 F51，F102 打破 F77、F83 打破 F199，F199 打破 F89；西台遗址 F2 打破 F15，F3 打破 F4；小东山遗址 F9 打破 F10，F10 被 F7、F9 打破，F2 被 M1、Y1 和 H4 打破。房址间的叠压打破关系是聚落经历不同时段最有力的实证。西台遗址正南向的房址 F2 打破东南向房址 F15，正南向房址 F3 打破东南向房址 F4。这两组地层关系表明，在西台聚落形成过程中，东南向房址要早于正南向的房址。据此可以将西台遗址的房址分成两组：早期东南向房址共 6 座，即 F4、F10、F11、F12、F13、F15；晚期正南向房址 6 座，即 F1、F2、F3、F5、F6、F9。此外，还有两座西南向房址：北区 F202 和南区 F16，另有 1 座房址 F17 未发掘完。西台遗址共有房址 15 座，因没有地层关系很难判断早晚。但是，我们可以推断，西台红山文化聚落的形成至少经历了三个阶段。同样可证，考古发现的柳树林聚落遗址、魏家窝铺聚落遗址、小东山聚落遗址都经历过不同时段的发展演变。其中魏家窝铺遗址复杂的地层关系，既有灰坑间的叠压打破，也有灰坑打破房址的地层关系，还有房址间的叠压打破关系以及房址、灰坑与环壕之间的叠压打破关系。可以说，魏家窝铺 114 座房址的建造以及聚落遗址的形成一定经历了很长时间的发展演变。

房址间频繁出现的叠压打破关系一方面证明了聚落营建和使用时间不是一次形成的,另一方面也证明了聚落形成是同一个族群或者不同族群频繁流动的结果。如果是同一个族群在不同的时间段在这里生存繁衍,那么他们也许还会在原来的废墟上重建房屋,并制作相同的生产工具和生活用具;如果是另一个族群来到这里,他们很可能在废弃的房址旁边另起炉灶,伐木建房,制作形制有别的生产工具和生活用具,但基本的器形应该会保持不变。当然,我们也无法排除他们会在前一个族群生活过的原址上建造房屋,这需要更多的资料和更科学的手段做详细论证。但无论是哪个组群重新回到这个曾经废弃过的聚落进行重建,都会使得原有的聚落或者面积增大,或者出现房址、灰坑、环壕相互叠压打破。叠压关系越复杂,聚落面积越大,说明人群流动越密集。红山文化正是在不断迁徙重建、不断碰撞融合中得到更充分的交流,在充分的交流中实现了文化面貌的高度统一。

(二)小型聚落、小型房址与族群特点的讨论

考古发掘表明,红山文化多为小型聚落结构。目前,发掘相对完整的红山文化遗址有白音长汗、魏家窝铺、西台、兴隆沟第二地点等。白音长汗遗址第四期遗存有房址 17 座、灰坑 34 个、墓葬 6 座。根据房址分布和门道朝向,可以将 17 座房址分为两组:A 组房址 7 座(AF26、AF29、AF80、AF81、AF84、AF85、BF86),集中在遗址北部和东北部,房址大多朝向东南,且灶址多为瓢形灶,红山文化最大房址 F26 分布在该组的中心部位,面积超过 50 平方米,F80、F85、F45、F29、F81、F84 在其北侧、东北侧环绕分布;B 组房址 10 座(BF1、BF7、BF33、AF45、BF46、BF49、BF54、BF57、BF58、BF67),分布在遗址中南部,房址朝向东或东北,且灶多为圆形、椭圆形。单从数量上说,数量最多的 B 组仅有 10 座房址,A 组尚不足 10 座。从房址朝向和灶坑形制上看,两组房址应属于不同时期,时间上不具共时性。也就是说,白音长汗四期可能是有早晚关系的两个人群先后来此定居形成的。白音长汗聚落遗址的两期聚落遗存均属于小型聚落。每个聚落除中心房址外,多数房址的面积不足 30 平方米,属于小型房址。据此推断,白音长汗四期属于小型房址构成的小型聚落。西台遗址属于红山文化时期的房址有 15 座,根据上述分析,西台红山文化聚落至少经历过三个阶段,其中有两期的房址数量均为 6 座;另一期的房址只有两座,和已经发掘只有一两座房址的红山文化聚落大体上文化面貌一致,不难看出仍然是小型聚落,甚至是超小型聚落。魏家窝铺遗址是目前揭露最为全面的一处红山文化中期聚落遗址,从房址数量上看,共发掘 114 座房址,属于大型

聚落。然而,上述已经分析,魏家窝铺遗址文化层虽然很薄,但叠压打破关系极为复杂,据此推断魏家窝铺遗址聚落形成经历了很长时间,每一阶段的聚落规模应当不会太大。

(三)房址聚集分布与社会结构的讨论

红山文化聚落的房址大多分布不规则,基本不像兴隆洼文化和赵宝沟文化时期那样成排分布,而是呈现集聚分布或松散分布的态势。红山文化聚落房址大多呈现集聚分布的态势,如白音长汗四期房址呈现出环绕大的中心房址聚集分布的态势。白音长汗红山文化最大房址F26分布在A区的中心部位,面积超过50平方米,F80、F85、F45、F29、F81、F84在其北侧、东北侧环绕分布;魏家窝铺遗址尽管根据房址间叠压打破关系和门道走向的不同可以分为若干个群,但每一群都有中心房址,其余房址环绕分布;哈民忙哈遗址尽管缺乏叠压打破关系,但是每一群也都有面积大的中心房址,且中心房址前多有广场,其余房址大体呈环绕分布态势;再比如哈喇海沟遗址以面积最大的F1为中心,其余6座房址环绕分布。红山文化房址还呈现一种零星松散分布的态势,如克旗南台子遗址、林西水泉遗址仅发现1座红山文化时期的房址,二道窝铺遗址、西水泉遗址仅发现3座红山文化时期的房址。此外,还有很多红山文化聚落的房址均呈现小规模分布的趋势。虽然这很可能是由于很多聚落尚未被完全揭露,但是红山文化聚落房址总体上呈现稀疏分布的态势是十分明显的。红山文化房址小规模集聚分布的态势与人群特征有密切关系。一方面,红山文化时期以渔猎采集为主的生业模式需要人群能逐鹿群不断迁徙,人群必须适于迅速流动,因此以青壮年人为主的小规模人群是首选。另一方面,由于渔猎采集经济需要部落居民团结协作,在语言交流上彼此之间能顺利沟通,在动作行为上能相互熟悉,而只有具有最亲的血缘关系的同一氏族成员最具凝聚力。因此,红山文化的每一个聚落都应该是一个具有血缘关系的氏族群体,表现在聚落居住址上就是房址的聚集分布。由于渔猎采集的不稳定性,房屋的使用时间也会不确定,因此聚落布局具有临时性特点,房屋建筑不规整。此外,少郎河和羊肠子河的考古调查表明,在绝大多数混合型遗址内,都发现了红山文化遗迹和遗物,换句话说,小河西文化、兴隆洼文化、赵宝沟文化居民居住过的聚落也是红山文化居民理想的栖息地。聚落址的爆发式增长一方面表明了红山古国扩张的强劲势头,另一方面表明红山古国居民在聚落重建时充分利用原有的聚落,而不是再建新的聚落,其根本原因应是居住的短暂性和聚落的临时性。

第三节　结构简单的房屋建筑

房址是居民日常生活的最重要场所,房址结构和出土遗物组合及位置能相对准确地反映一个家庭的人口结构、饮食起居、生活方式等。因此,房址是聚落的核心单位。在已经发掘的典型红山文化遗址中,发现的一些保存状况较好的红山文化房址为我们准确了解红山文化时期的家庭结构及生活方式提供了依据。

一、房址结构分析

(一)白音长汗遗址

白音长汗四期保存较好的房址共有 6 座(AF45、AF84、AF81、BF67、BF58、BF57),现选取 AF45 和 BF67 两座来进行分析(图 3.16)[1]。AF45(图 3.16,a)位于 A 区东北部,房址平面呈"凸"字形,面积约 16 平方米。AF45 有三个明显特征:一是居住面分上下两层。下层为生土和熟土,系踩踏而成,较硬;上层为厚 0.03~0.05 米的抹泥硬面。二是圆形灶位于瓢形灶之上。下层瓢形灶 Z2 位于房址前中部,正对门道。圆形灶 Z1 位于上层居住面,建于瓢形灶 Z2 之上,打破瓢形灶。三是门道也存在上下两层。门道位于东壁中部,下层为长方形斜坡外倾门道,上层为梯形台阶式门道。房址内的浅黑色土及深黑色土两层堆积均属四期遗存。BF67(图 3.16,b)位于 B 区 G2 聚落围沟内的西南部,平面呈"凸"字形,面积约 20 平方米。BF67 最大的特征也是有双灶。Z1 平面呈圆形,直壁平底,位于房址中后部,灶内有薄层灰土,不见红烧土及烧烤壁。Z2 平面呈椭圆形,大口小平底,斜直壁,位于房址前部偏北处。根据 AF45 灶址的打破关系判断,椭圆形灶应早于圆形灶,此房址的两个灶址不具共时性,应该是早晚关系。此外,1 个直壁平顶的半圆形壁龛位于西壁南段,壁龛底、壁均抹泥后烧烤,平整,内置一个陶筒形罐。房内仅有一层堆积。

依据上述房址结构和出土器物分析,白音长汗四期房址具有 4 个显著特征:一是房址面积小,6 座房子的面积大都在 15~20 平方米,面积最大的房址 AF81 才 30 平方米左右,反映的是小家庭结构。二是文化层薄,且文化性质单一,6 座房址几乎都仅有一层堆积,反映了一次性居住时间比较短。三是有些房址存在

---

[1] 内蒙古文物考古研究所:《白音长汗——新石器时代遗址发掘报告》,科学出版社,2004 年。

· 132 · 红山古国研究

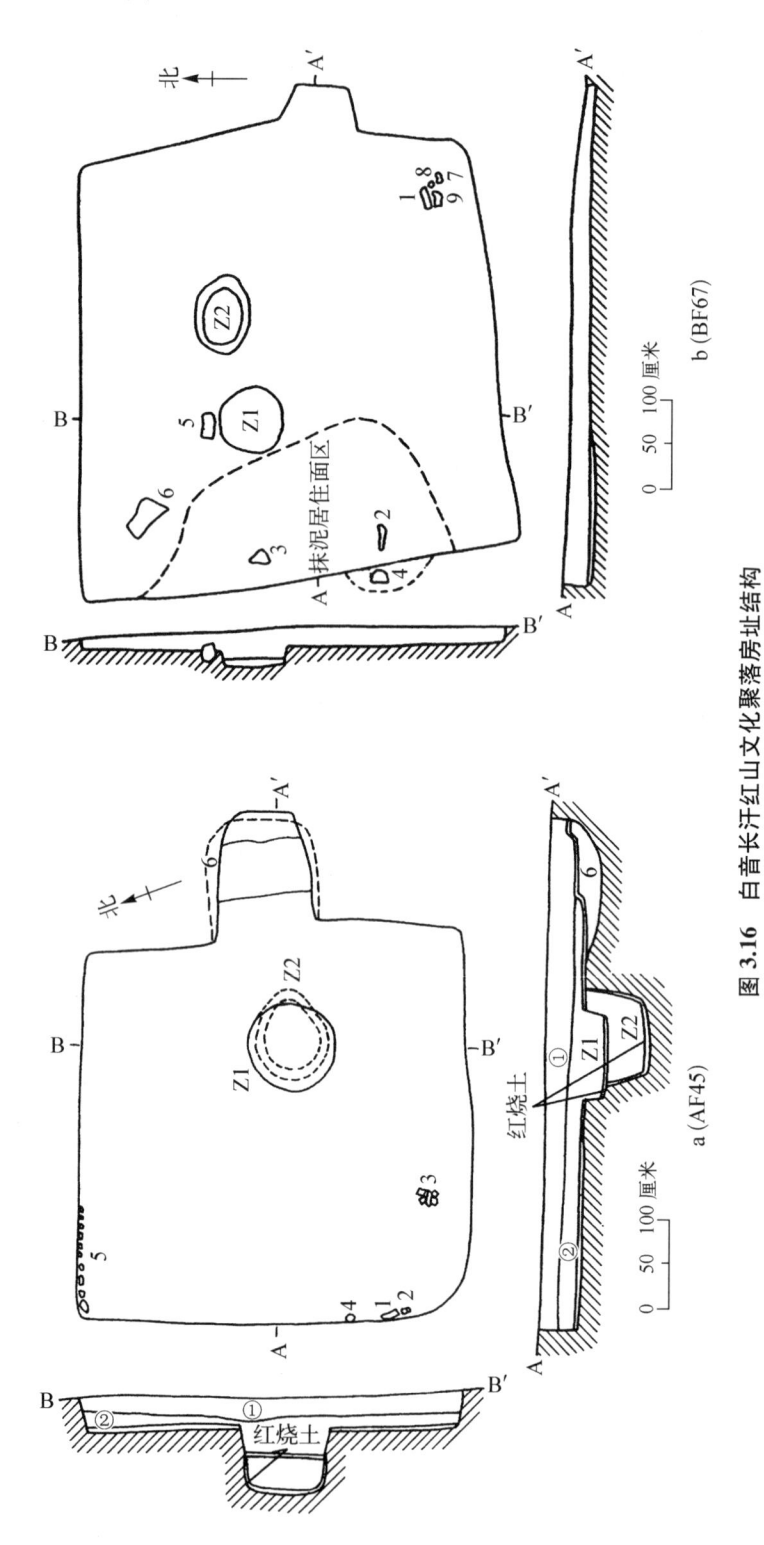

图 3.16 白音长汗红山文化聚落房址结构

AF45: 1、2. 残石器　3. 陶片　4. 陶器底　5. 石块　6. 门道垫土　7. 灶；BF67: 1. A 型石磨棒　2. B 型石磨棒　3. Ⅱ式陶斜口器　4. AⅢ式陶筒形罐
5、6. 石板　7~9. 石块

二次使用现象,如 AF45 上下两层灶和 BF67 双灶址现象反映有早晚关系,证明两处房址都经历过至少两次使用。四是出土器物一般位于房址四周,紧靠穴壁,或者位于灶址旁边。居住面位于房址的最里侧,陶器紧紧贴靠穴壁摆放。

（二）柳树林遗址

柳树林遗址已发掘的红山文化房址 20 座,已发表的共 6 座（F2、F3、F11、F8、F10、F19),现选取 F3 和 F8 两座来进行分析（图 3.17）[1]。F3 大体呈圆角长方形,半地穴式。根据间宽推断,其面积不会超过 20 平方米。房址门向东南,门道保存较好。居住面厚约 5~8 厘米,抹有白灰色胶泥硬面。F3（图 3.17,a）具有三个显著特征：一是房址四壁保存高度较高,填土较厚,可分为六层：第一层厚约 6~18 厘米;第二层厚约 10~20 厘米;第三层厚约 10~30 厘米;第四层厚约 5~20 厘米;第五层厚约 5~35 厘米;第六层厚约 10~32 厘米。二是灶址明显有上下两灶叠压。上层灶址为椭圆形,下层灶址呈方形或长方形。三是三个柱洞环绕灶址分布,位于房址南侧,靠近门道位置。F8（图 3.17,b）为圆角梯形半地穴式,平面呈前宽后窄、间宽大于进深的一长梯形,面积约 20 平方米。房址门向东南,灶坑位于房址中部偏东,平面呈圆形。房址南墙紧贴墙壁处存有两个圆形柱洞。房址内填土可分为两层,第一层为灰褐色土,出土石器;第二层为黄褐色土,出土石器、蚌饰、石镞等器物。

柳树林红山文化房址有 2 个显著特征：一是面积小,属于小型房址。二是房址形制明显有两类：一类是长方形房址,共发现 11 座,大多保存情况不佳,仅个别房址可见门道,踩踏面仅在 F3 和 F9 中发现。灶坑多为圆形,仅 F9 发现瓢形灶坑;另一类是圆角梯形半地穴式房址,此类房址大多为前宽后窄的梯形,房址基本对称,共 8 座。根据圆角梯形房址 F16 打破长方形房址 F15、椭圆形灶 F3 叠压于方形灶之上推断,柳树林遗址长方形房址应该普遍早于圆角梯形房址,方形灶要早于椭圆形灶。

（三）二道梁遗址

二道梁遗址已发掘的红山文化房址 14 座,已发表的 2 座（F5、F15）。F5 平面呈长方形,面积不足 10 平方米。房屋居住面不明显,中部偏西有一椭圆形灶

---

[1] 内蒙古自治区文物考古研究所：《赤峰市林西县柳树林红山文化遗址发掘简报》,《草原文物》,2015 年第 1 期。

· 134 ·　红山古国研究

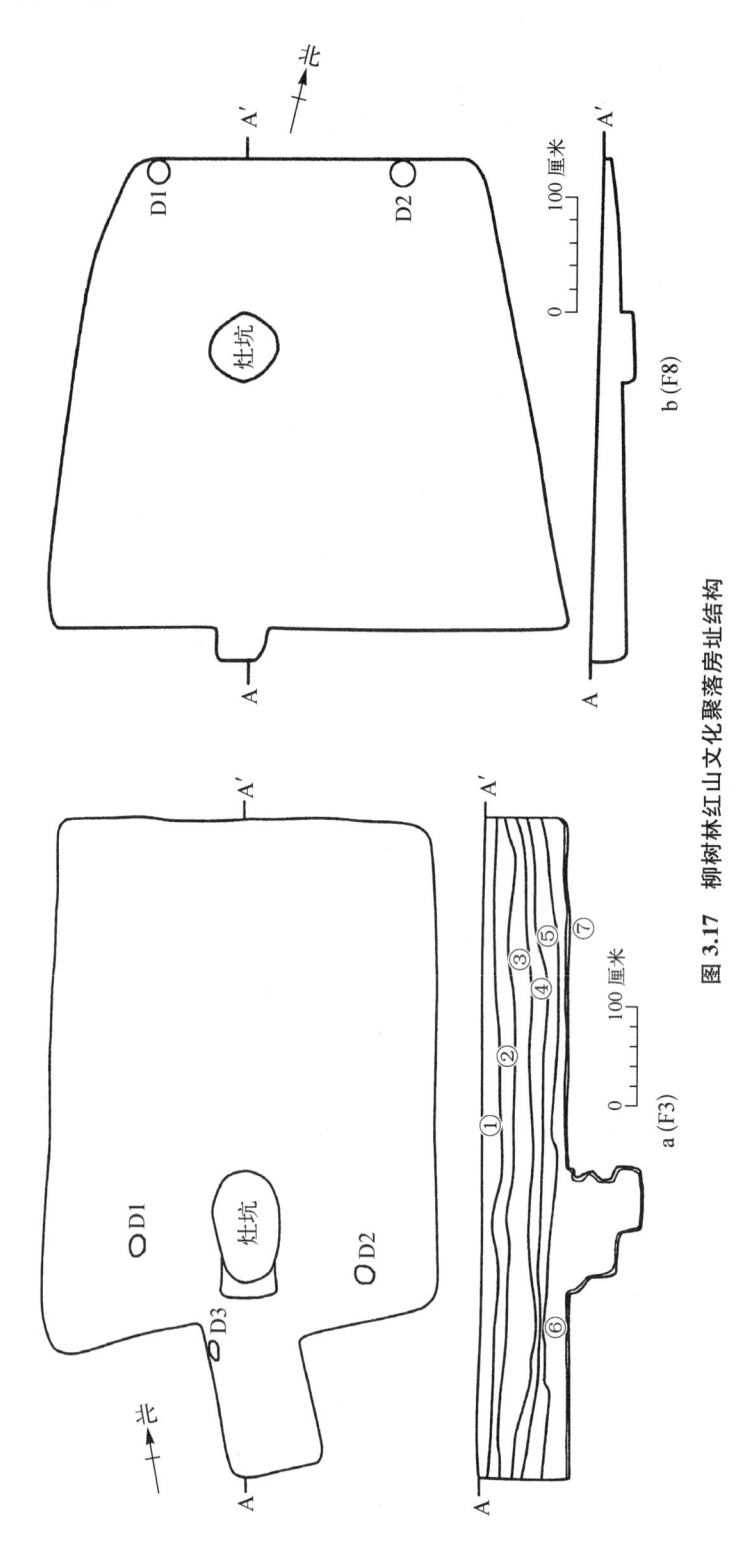

图 3.17　柳树林红山文化聚落房址结构

坑,坑壁与坑底抹有一层厚 0.05 米的草拌泥,并烧烤成浅红色,较硬而光滑。门道沿东北壁直接伸出,在屋内西北角及门道内各发现一堆筒形罐残片。F15 平面呈长方形,面积约 35 平方米。房址中部有一圆形灶坑,经解剖发现,灶坑经过几次重复使用,每隔 0.05 米便在原草木灰的基础上涂抹一层厚 0.05 米的拌泥,共有 3 层。在西南角发现一个柱洞,门道亦沿东北壁直接伸出,呈缓坡状。在西南壁靠近门道处发现 2 件粗糙的石斧[1]。二道梁房址具有两个明显特征:一是房址面积有大小之分,最小房址的面积不足 10 平方米,属于小家庭结构,F5 居住面上出土的两处陶器堆积显示,该房址人口数量应不超过两人;二是灶址经过了重复使用,最上面一层为浅灶。

(四) 二道窝铺遗址

二道窝铺遗址共清理红山文化房址 3 座,发表房址 2 座(F1、F2)。房址均为圆角方形半地穴式建筑,由灶、门道、柱洞等组成,遭到不同程度的破坏。F1 的面积约 20 平方米。南壁正中开有一门,呈斜坡状。灶位于房址的中部偏西,方形、直壁、平底。灶的东边和门道及房子中部偏东残存有面积不大的居住面,坚硬光滑,居住面上出土了被破坏的陶器残片,房内东部发现有两个圆形柱洞。房内堆积有之字纹陶片、泥质红陶片、蚌壳、纺轮、兽骨等。F1(图 3.18,a)室内完好地保存了遗物出土位置,为我们分析该房址反映的家庭结构提供了很好的依据。室内出土遗物大致可分为三组:A 组位于房内东北角,石器为磨盘磨棒各 1 件、石斧 1 件,陶器为罐钵各 1 件;B 组靠近南侧门道处,陶器为罐 2 件,石器为石刀 3 件;C 组位于灶址西侧靠近墙壁的中部,陶器为罐 3 件、钵 1 件。靠近北侧墙壁的居住面和靠近东侧墙壁的居住面应该是起居之处,结合房址内罐和钵的出土数量判断,该房址的居住人数应为 2 人,最多当不会超过 3 人。F2(图 3.18,b)的面积也约 20 平方米。房址中部偏西有一瓢形灶,灶壁被烧成红色,居住面较光滑。室内发现 5 个柱洞,分布于房内的四角和中部。门道位于南壁中部,呈斜坡状。居住面上保存有较多的遗物,有陶器、石器等 20 余件(图 3.18)[2]。二道窝铺遗址的 2 座房址二次利用痕迹不明显,应该是一次性使用形成的。

---

[1] 内蒙古文物考古研究所:《巴林左旗友好村二道梁红山文化遗址发掘简报》,《内蒙古文物考古文集(第一辑)》,中国大百科全书出版社,1994 年。
[2] 内蒙古自治区文物考古研究所、赤峰市博物馆、翁牛特旗博物馆:《翁牛特旗二道窝铺遗址发掘简报》,《内蒙古文物考古文集(第四辑)》,科学出版社,2013 年。

·136· 红山古国研究

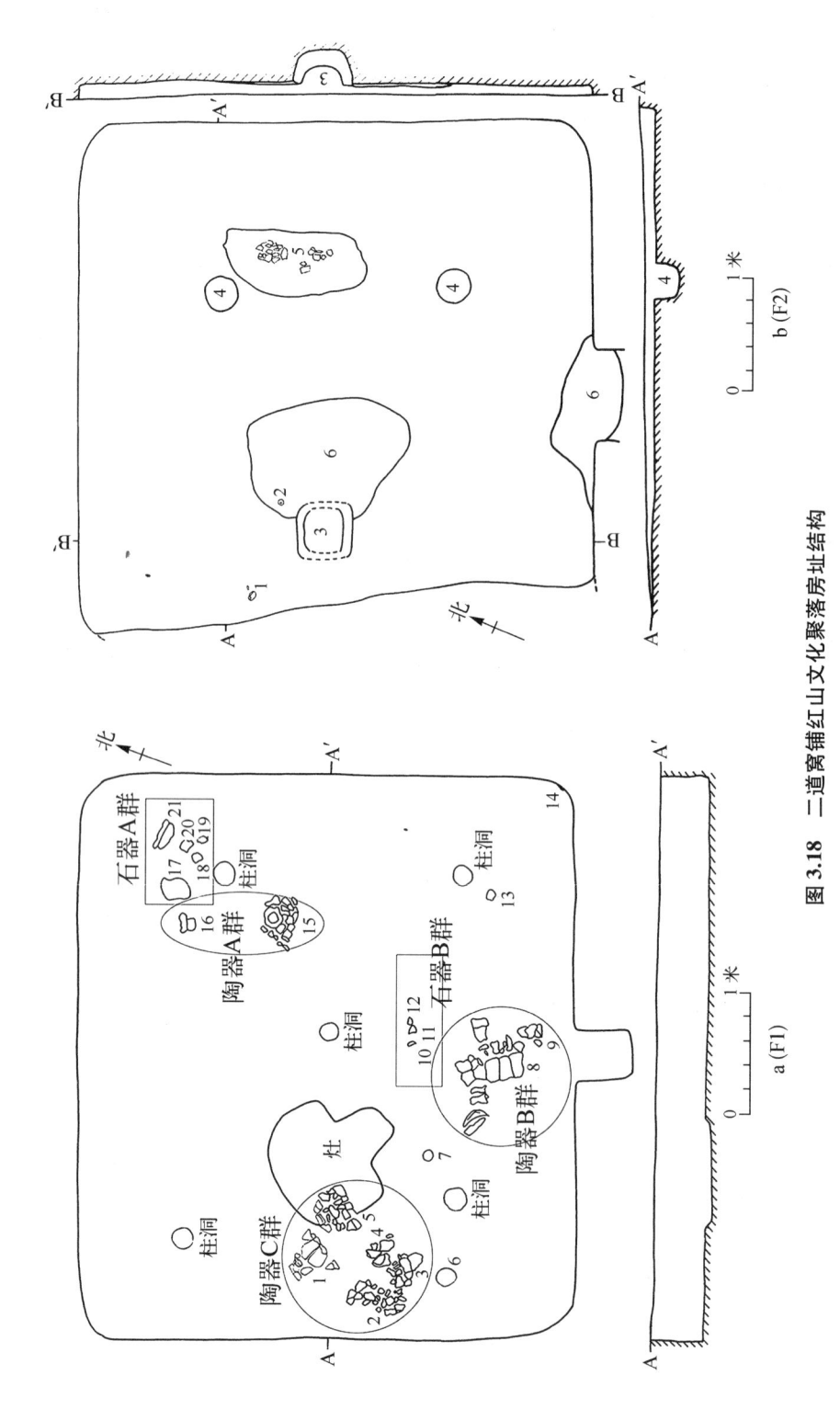

图 3.18 二道窝铺红山文化聚落房址结构

F1: 1. 之字纹陶片 2、3、5、8、9、15. 罐 4、16. 钵 6. 罐底 7、13、18、19. 石柄形器 10—12. 石刀 14、20. 石斧 17. 磨盘 F2: 1. 蚌壳 2. 纺轮 3. 灶 4. 柱洞 5. 陶片堆 6. 居住面

（五）翁牛特旗老牛沟槽遗址

老牛沟槽遗址已清理的红山文化房址7座,已发表的5座(F1、F2、F3、F4、F5),现选取F1、F3、F4三座房址(图3.19)[1]来进行分析。老牛槽沟房址多遭不同程度的破坏,均为半地穴式建筑,皆为圆角方形,有短槽形门道,平面呈"凸"字形,门道朝向西南。F1(图3.19,a)的面积约20平方米。门道位于西南壁正中。室内近门道处设有一圆形坑灶,直壁平底,灶壁曾两次抹草拌泥。灶坑底部放置有一筒形罐,罐内有60余件刮削器。室内居住面由黄白色草拌泥夯实并焙烧而成,居住面下的垫土分两层,第1层是黑灰土,第2层是黄褐色土。室内地面呈三角形分布3个柱洞,柱洞呈圆形,直壁平底。室内居住面出土筒形罐3件、陶盘1件、石器8件。F3(图3.19,b)的面积约10平方米。门道设于西南壁正中。室内正中设一圆形坑灶,直壁平底,灶内含有大量的灰土、炭粒、红烧土块及陶片和兽骨。室内居住面由黄褐色泥土夯实并焙烧而成,居住面下的垫土为黄褐色。室内灶的两侧及灶后呈三角形分布有3个圆锥形柱洞。F4(图3.19,c)的面积约15平方米。门道位于西南壁正中。室内近门道处设一椭圆形坑灶,直壁平底。灶底有一破损的石磨盘,在灶口上部抹一圈土台,形成高出地面的灶圈。室内居住面由浅黄褐色泥土夯实并焙烧而成,居住面下的垫土为黄褐色。室内灶的四周分布有4个圆锥形柱洞。

老牛槽沟的房址具有三个明显特征：一是房址朝向西南、面积小。二是灶有圆形和瓢形两种形制,F3、F4在灶口上部抹一圈土台,形成高出地面的灶圈,这在以往发现的红山文化遗址中未曾见到。居住面用黄色草拌泥夯实后又经熏烤,呈板结状,厚度在3厘米左右,居住面上发现的柱洞一般有3~4个,唯F2为瓢形灶且居住面未见柱洞。三是老牛沟槽F1室内完好地保存了房址原有的陶器和石器的陈设,灶坑底部放置有1件筒形罐,罐内有60余件打制刮削器；灶口北部放置有1件石斧和1套磨盘磨棒；2号柱洞旁放置有1件筒形罐、1件陶盘、2件石斧和1件石研磨器；灶的后部放置有1件筒形罐、2件磨石；门道西侧放置有1件尖状砍砸器。根据出土遗物分析,筒形罐共出土4件,其中1件置于灶坑底部,应该为炊器；剩余三件应为盛器,按照每人最低1件推断,室内有3人居住为饱和状态,其中的一件小型筒形罐应是未成年人使用,据此推断,老牛沟槽F1房址内应该是两个成年人和一个未成年人组成的小型家庭。此外,从遗物分布

---

[1] 内蒙古自治区文物考古研究所：《翁牛特旗老牛沟槽红山文化遗址发掘简报》,《内蒙古文物考古文集(第四辑)》,科学出版社,2013年。

·138· 红山古国研究

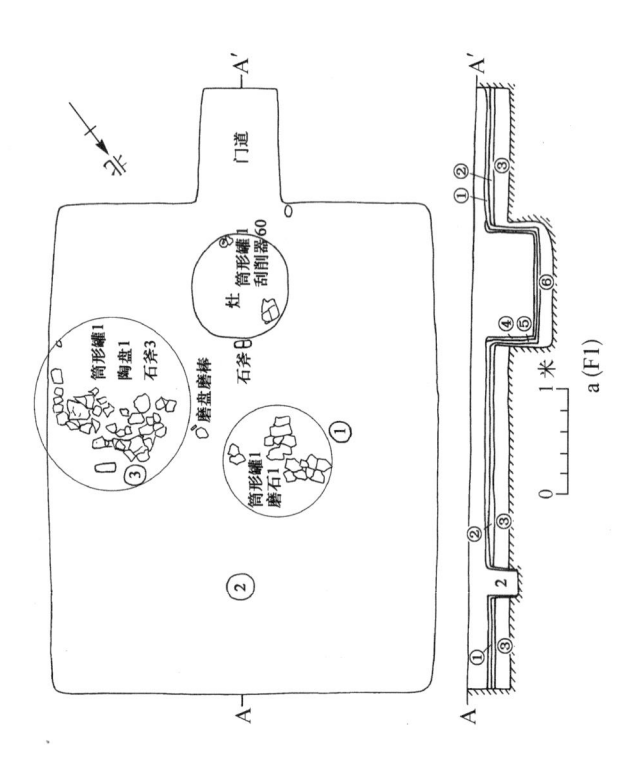

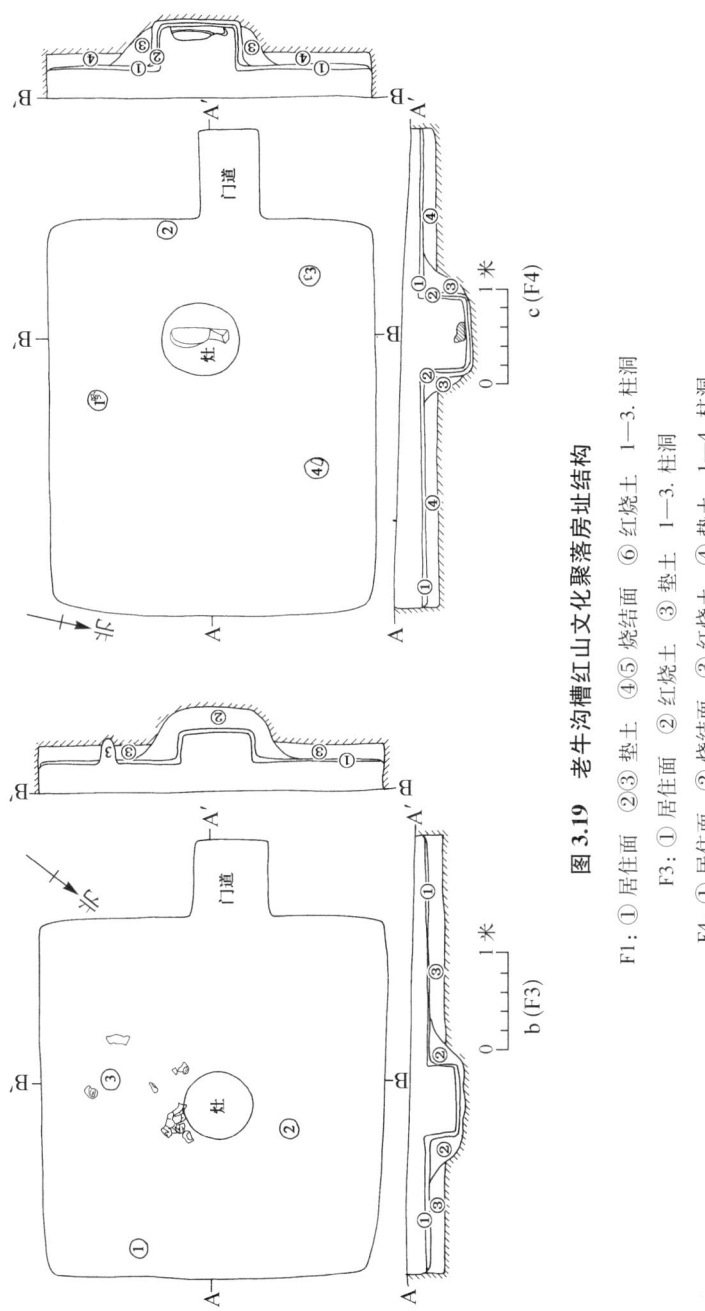

第三章 人口流动频繁的部落群体 ·139·

图 3.19 老牛沟槽红山文化聚落房址结构
F1：① 居住面 ②③ 垫土 ④⑤ 烧结面 ⑥ 红烧土 1—3. 柱洞
F3：① 居住面 ② 烧结面 ③ 垫土 ④ 红烧土 1—3. 柱洞
F4：① 居住面 ② 烧结面 ③ 红烧土 ④ 垫土 1—4. 柱洞

组合特点来看,3 号柱洞附近的器物组合是筒形罐和石斧,考虑到石斧类砍伐工具应与高强度的劳动有关,推断在 3 号柱洞旁居住的当是男性家庭成员;2 号柱洞附近出土磨盘磨棒和磨石类工具,当与女性家庭成员有关。

（六）哈民忙哈遗址

哈民忙哈遗址房址中的 F13 和 F52(图 3.20)[1]保存较好,很具代表性。F13(图 3.20,a)为半地穴式房屋,平面呈"凸"字形,居室平面近圆角方形,面积约 13 平方米。门道位于东南壁中部外侧,灶位于居室中南部,正对门道,平面近圆形。共发现柱洞 12 个,其中内柱 6 个、外柱 5 个、壁柱 1 个。遗物主要分布在居住面的西部,以石器和陶器为主。F52(图 3.20,b)的平面呈"凸"字形,平面为圆角方形,面积约 28 平方米。房内堆积仅 1 层,内含陶器、石器以及兽骨的碎片等。居住面局部保存较好,门道位于房屋东壁中部,灶位于居室中东部,正对门道,近圆形。居住面上的遗物包括陶器、石器、骨器及残碎蚌壳,共计 63 件。其中陶器 27 件,主要为筒形罐、盘、双耳壶。石器有 28 件,主要为锛、耜、磨盘、磨棒、饼等。骨器有 7 件,主要为针、簪等,另有蚌壳 1 件。遗物散布在居住面上,多分布于居室中部偏北,呈"一"字形分布。房址内有较多木质构件,较均匀地分布在居室四周,其中立柱 13 根、其他 14 根。从两座房址出土遗物的保存情况和灶址的使用情况分析,哈民忙哈房址一次性使用的可能性更大。

（七）魏家窝铺遗址

魏家窝铺的房址均为半地穴式,大部分房址的平面呈圆角方形或方形,个别房址的平面略呈梯形,直壁或斜直壁,地面基本平坦或略有起伏,房址的面积多则 50 余平方米,小则不足 10 平方米。绝大多数房址的中部有相互连接的灶坑和烟道。魏家窝铺发现的灶址多为瓢形。灶坑位于房址中部,大都靠近门道,保存较好的瓢形灶的烟道都延伸至门道附近,门道基本与烟道方向一致,门道大部分为斜坡状。从烟道和灶坑的位置可以推测,在灶的上方还可能存在某种结构,使进入烟道和灶坑的空气形成环流,从而达到从房顶排烟的效果。房址内的堆积一般不分层,仅房址内踩踏面比较明显,其余堆积可归为一层。房址内出土了大量陶器、石器、蚌壳以及动物骨骼。2009~2011 年发掘了灶址 12 座。这些灶

---

[1] 内蒙古文物考古研究所、科左中旗文物管理所:《内蒙古科左中旗哈民忙哈新石器时代遗址 2010 年发掘简报》,《考古》,2012 年第 3 期;内蒙古文物考古研究所:《内蒙古科左中旗哈民忙哈新石器时代遗址 2012 年的发掘》,《考古》,2015 年第 10 期。

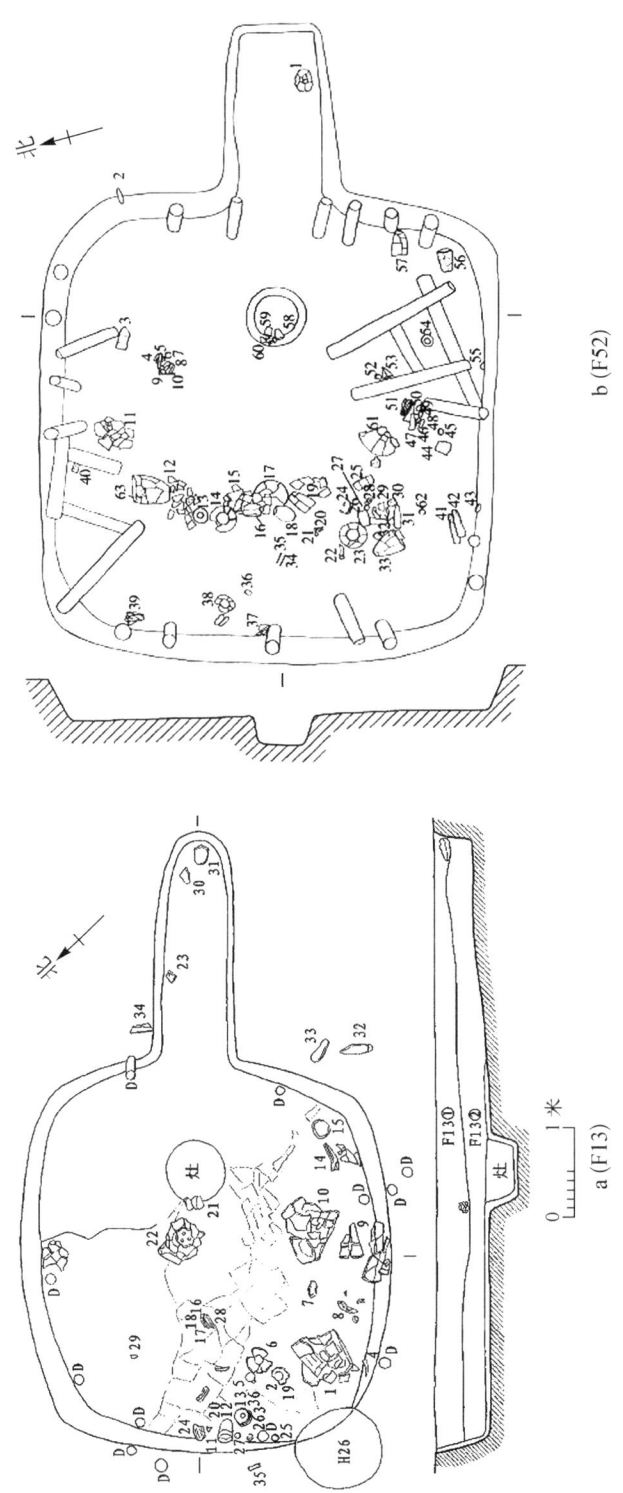

图 3.20 哈民忙哈红山文化聚落房址结构

F13: 1—3、6、9、10、12、21. 陶筒形罐 4、14. 兽角 5、13. 陶壶 7、17、18. 石器 8、19、24. 蚌器 11. 陶小罐 15、30、31. 石磨盘 16. 玉料 20. 兽骨 22. 陶泥料 23、25—27. 石饼 28. 骨器 29. 角锥 32、33. 石杵 34. 石磨棒 35. 陶棒 36. 石片

F52: 1、11、12、16、29、30、36、52. 石饼 2、55、63. 骨器 3、13、19、33、54、56—60. 陶筒形罐 4、6—9、20、46、48. 石饼 5、21、22、51. 骨器 10、25、27、32、37、40、43、47、49、53. 石器 14、15、23. 陶盘 17. 陶钵 18、26. 石磨棒 24、38、44. 陶片 28、45、50、62. 石饼 31、41、42. 石耜 34. 骨针 35. 骨簪 39. 蚌壳 61. 石磨盘

址与房址内的灶址结构一致,大小相当,应为房址被完全破坏后残留的遗迹,部分灶址周边还有零星的踩踏面[1]。

(八) 西水泉遗址

西水泉遗址已发掘的红山文化房址有3座,已发表的1座(图3.21)[2]。F17为半地穴式建筑,平面近似长方形,北、南壁各长约9米,东、西壁各长11.7米。居住面经过捶打,整体看较平整、坚硬。瓢形灶坑位于靠近南壁的居住面中央,平面呈圆角方形,口部最大直径1.56、深0.9米。坑壁抹一层厚约20厘米的草拌泥。灶坑南壁有一长1.65、宽0.6米的斜坡状烟道。烟道的底部破损处经

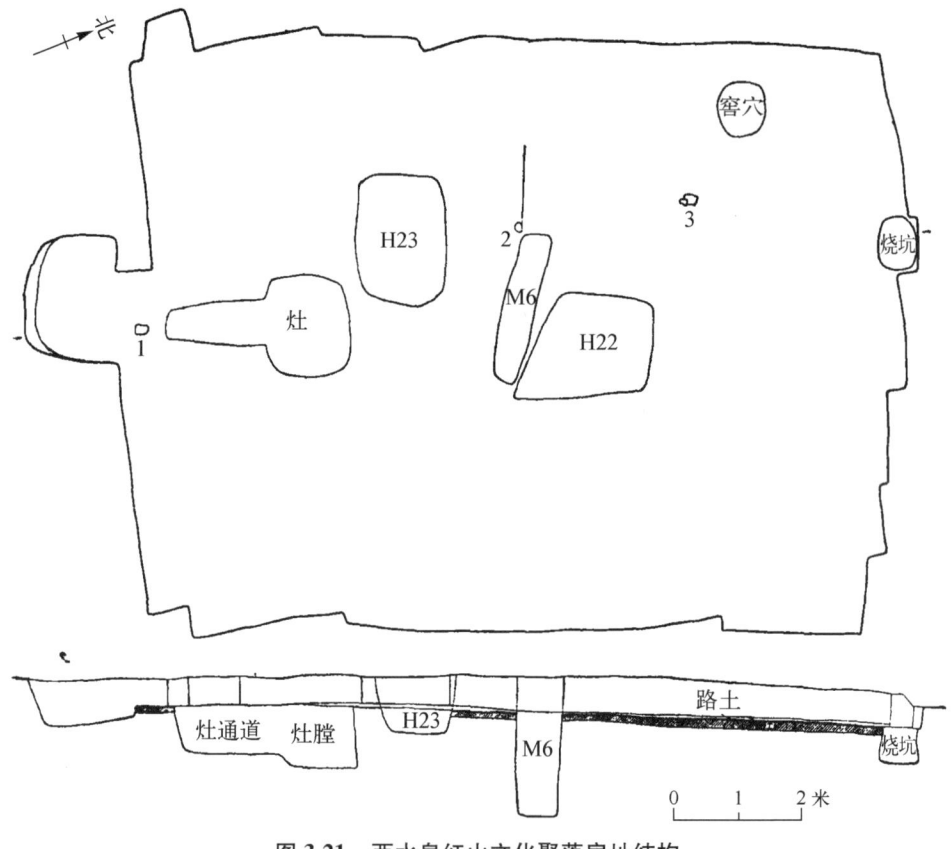

图3.21 西水泉红山文化聚落房址结构

---

[1] 段天璟、成璟瑭、曹建恩:《红山文化聚落遗址研究的重要发现——2010年赤峰魏家窝铺遗址考古发掘的收获与启示》,《吉林大学社会科学学报》,2011年第4期;成璟瑭、塔拉、曹建恩、熊增珑:《内蒙古赤峰魏家窝铺新石器时代遗址的发现与认识》,《文物》,2014年第11期。
[2] 刘晋祥、杨国忠:《赤峰西水泉红山文化遗址》,《考古学报》,1982年第2期。

过修补,即在原底上铺垫一层土,厚约 10 厘米,与灶坑相接处再抹一层草拌泥,灶坑内堆积了厚约 0.5 米的白色灰烬。北壁向外成直角凸出的居住面上有一椭圆形灶坑,坑内积满白色灰烬。门道略呈斜坡状,在南壁中间向外凸出。东、西两壁也各有向外凸出的地方。从居住面内的堆积剖面观察,这些凸出部和居住址是一次填塞的,未发现柱洞。西水泉 F17 房址有两个特点:一是面积大,超过 100 平方米;二是房址内有两个灶址。笔者认为其是两个家庭或一个家庭先后在此居住,叠加建筑的结果。主要依据有 2 条:一是 F17 内出现两个不同形制的灶址,一个是瓢形灶,另一个是椭圆形灶。两个不同形制的灶应该是多次使用的结果。二是该房址内未发现柱洞。理论上分析,如此大面积的房址如果没有木柱支撑是不可能的。红山文化时期的绝大多数房址内都能见到直径和深度不等的柱洞,这表明房屋建筑仍然是下面用木柱支撑、斜面用木条搭建。西水泉 F17 很可能是两个房址或多个房址叠压后穴壁被打破,无法找到房址原始边框的位置,因此被误认为是超大型房址。此外,西水泉 F17 内出土的大量遗物形制不一,也是房址从使用到废弃再到重建的反映。

(九)七家遗址

七家遗址已发掘的红山文化房址有 10 座,已发表的有 6 座(F1、F2、F3、F5、F6、F7),均为半地穴式,从形制上可分两类:一类是双联间房,朝向西南,共有 3 座,编号 F1、F2、F3;另一类是单间房,朝向东南,共有 7 座,编号 F4~F10。现选取 F2、F3、F5、F7 四座房址(图 3.22)[1]来进行分析。

F2 平面呈"吕"字形,前后两室,中间有通道相连,通道两侧是生土矮隔墙。门道位于南壁中部,与房址同向。后室平面呈圆角长方形,面积约 18 平方米。居住面是踩踏形成的硬面,呈灰白色,表面稍有凹凸。前室略低于后室,前室中部正对通道处有一坑口带有二层台的长方形深坑,坑壁向下斜收,底部不平,二层台系坑口向外扩展形成。灶位于后室的前部,正对通道,有前后两个,开口均与居住面平,前边的一个是瓢形,壁面呈红褐色,烧结较硬,有二次修补的痕迹;后边的一个近方形,壁面和底部有烧结面,灶内堆积为草木灰。门道底部呈斜坡状(图 3.22,a)。

F3 平面也呈"吕"字形,有前后两室、中间通道和门道组成,总长 9.1 米。后室平面呈圆角长方形,面积约 20 平方米;前室平面也呈圆角长方形,面积约 7 平

---

[1] 赤峰市博物馆、敖汉旗博物馆:《赤峰市敖汉旗七家红山文化遗址发掘报告》,《草原文物》,2015 年第 1 期。

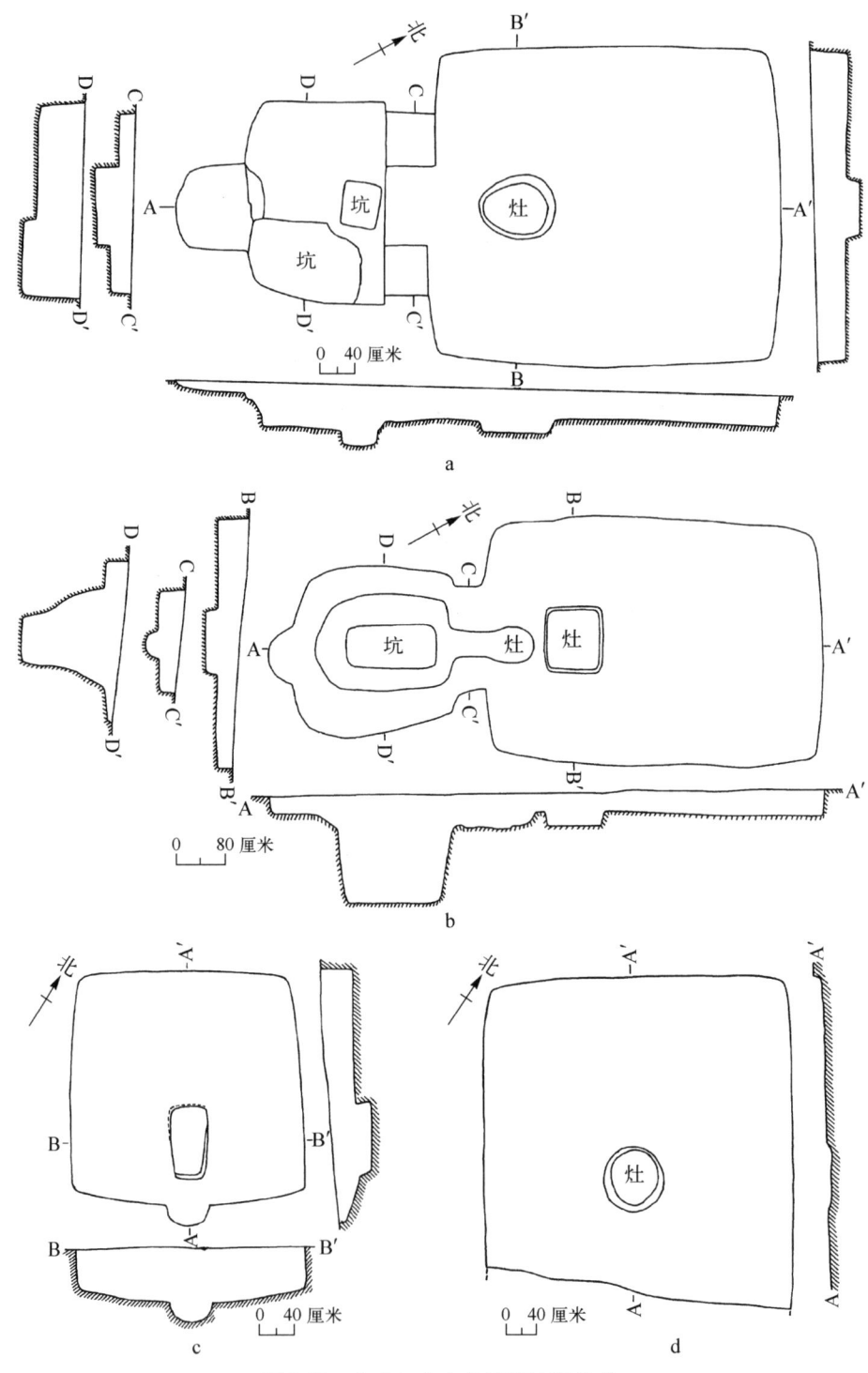

图 3.22 七家红山文化聚落房址结构

方米。前后室相通。前室正中有一圆角长方形灶坑，口大底小；后室的前部有前后两个灶址，对通道处，开口均与居住面平。后灶为方形，前灶为瓢形，其前端有一宽长条形沟槽，与前室的深坑相连。门道位于前室南壁中部，后端较宽，前端渐窄呈圆弧状（图3.22,b）。

F5平面呈圆角方形，面积约25平方米。居住面不明显，斜坡式门道位于南壁正中，后端与居住面平，前端渐窄呈弧状通向地表。灶址位于房址东南部，平面呈前端窄，后端稍宽的圆角长方形，正对门道，开口与居住面平（图3.22,c）。F7仅存后半部分，根据间宽推断面积不超过20平方米。房址内保存有部分居住面，系踩踏而成，呈灰黄色。灶位于房址中部偏南处，平面略呈圆形，口大底小。据灶的位置判断，房址应朝向东南（图3.22,d）。

七家聚落F2和F3所代表的双间房十分独特，在已发现的红山文化聚落中尚未见到。但是，仔细研究不难发现，单就前室或后室的形制特点分析，圆角方形或长方形半地穴式房址、方形和瓢形灶都是红山文化特有的文化传统。我们不能排除前后室的建造在时间上有先后，或者说不排除建造者是利用了聚落原有废弃的房址，在此基础上又拓展前室（或者后室），从而建成了双间房。有些线索值得关注：一是两座房址的后室均有双灶址，且分布有规律：位于后室最靠前的是瓢形灶，靠后一点的是方形灶。根据此前的研究发现，红山文化灶址普遍存在方形灶早于瓢形灶（或椭圆形灶）、瓢形灶早于圆形浅坑灶的规律。据此推断，七家聚落F2和F3后室原本应该是一处典型的双灶址结构房址，本身经历了两个使用阶段。之后，随着新的人群到来，在原房址的前面又开辟了一个小面积的房址，形成了双间房结构。或者是由于原房址前本已经存在了灰坑，建造时房主巧妙地将门前废弃的灰坑变为前室的灶址，建造F3时甚至将前室的坑和后室的椭圆形灶址打通，形成了类似火塘的凹槽。推断后室建筑早于前室的主要依据有二：一是红山文化早期房址面积普遍比晚期房址大，而F2和F3的后室普遍比前室面积大，且建筑规整。二是前室普遍建于后室正对门道的位置，且前后室居住面高度不一致。F3前室的坑与后室的灶连接的现象启示我们，后室的灶址取火燃烧后剩余的灰烬很可能被储存在前室的深坑中。这有两个益处：一是灶址中的火充分燃烧后，剩余的炭火在冬季可为室内保暖；二是炭火即便熄灭，储存在室内也能防潮防湿，这在夏季雨水盛行的环境中十分重要。前室灰坑口部保留的二层台很可能暗示灰坑上面应该搭建木棍或木条，以便居民通行。当然，这还需要通过今后的研究工作进一步证实。总之，七家遗址双间房建筑结构反映了七家聚落遗址至少先后经历了三次重建，反映了红山文化时期居民迁徙频繁的生活，以及因地制宜的建筑理念。

（十）西台遗址

西台遗址共发现红山文化房址 15 座，已发表 2 座 F13、F202（图 3.23）[1]。

F13（图 3.23，a）的平面呈圆角长方形。北壁全长 7.2、东壁残长 1.4、南壁残长 2 米。室内窖穴 H46 与灶Ⅰ相邻，位于房址西部，占据门道的位置。居住面较平坦，灰褐色土，其下为红褐色土，再下为灰白色土。房内共有两层堆积，一层为遍布整个房址内的较硬的黑褐色土，其内含小块红烧土及零星木炭渣等。二层为遍布整个房址底部的较薄的红褐色土，包含零星的红烧土。一大一小两个灶址均位于房址的中部偏西处，且开口于居住面上。大灶平面呈圆角方形，小灶平面呈瓢形。F202（图 3.23，b）的平面为长方形，有外凸门道，面积约 15 平方米。灶址位于房址内，平面呈瓢形，瓢把正对门道。堆积物中出土较丰富的红山文化陶器、石器等遗物，还有两副完整的陶范。西台房址有三个明显特征：一是房址面积大小不一。根据 F13 北部穴壁长度推断，其面积在 35～50 平方米，而 F202 的面积不足 20 平方米。二是个别房址内有方形灶和圆形灶两种灶共出现象，这种现象十分符合红山文化房址建筑结构的总体特征。

（十一）兴隆洼遗址

兴隆洼遗址已发掘的红山文化房址 5 座，已发表的房址 2 座（F133、F106，图 3.24）[2]。F133（图 3.24，a）的平面呈"凸"字形，主体为东西向的长方形，面积约 30 平方米。东边向外凸出的部分为门道。屋内东部中轴线上设有圆角长梯形的灶坑。居住面不平整，南半部较高，北部和接近灶坑的周围一带较低，门道略呈斜坡状。房内堆积有三层：上层为黑土，分布范围居房址中部；中、下层分别是遍及房址的灰土；下层有许多带有草筋的红烧土块，并出土较多的木炭残段，多见于房址西部。灶的底、壁均久经烧烤而成坚硬的烧结面，西部有的地方尚存两层抹泥。灶坑内有两层堆积：上层为灰褐色土，含少量炭渣；下层为灰白色草木灰。屋内地面残存木炭残段、陶器及石器等。陶器主要有筒形罐、钵、斜口器。石器主要有石斧、类似磨石的石器及石块，其中石斧及类似磨石的石器位于灶址的西侧。F106（图 3.24，b）的平面也呈"凸"字形，主体部分为东西向的长方形，面积约 25 平方米。东边向外凸出的部分为斜坡状门道。居住面分上、下

---

[1] 杨虎、林秀贞：《内蒙古敖汉旗红山文化西台类型遗址简述》，《北方文物》，2010 年第 3 期。

[2] 中国社会科学院考古研究所内蒙古工作队：《内蒙古敖汉旗兴隆洼遗址发掘简报》，《考古》，1985 年第 10 期；中国社会科学院考古研究所内蒙古工作队：《内蒙古敖汉旗兴隆洼聚落遗址 1992 年发掘简报》，《考古》，1997 年第 1 期。

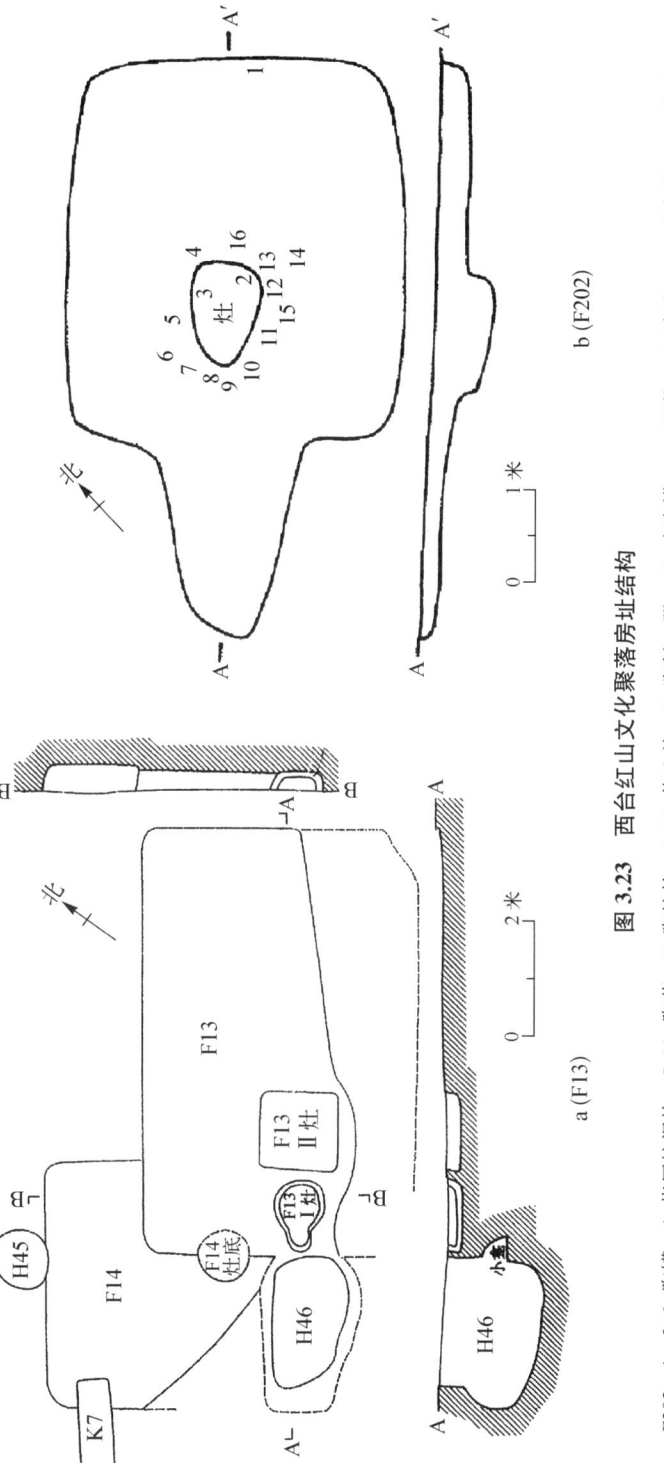

图 3.23 西台红山文化聚落房址结构

a (F13)

b (F202)

F202：1—3、6. 陶罐　4. 指压纹泥块　5、11. 陶范　7. 陶纺轮　8、14. 烧土块　9. 陶斜口器　10. 小陶罐　12. 石斧　13. 陶片　15. 残陶范　16. 残石刀

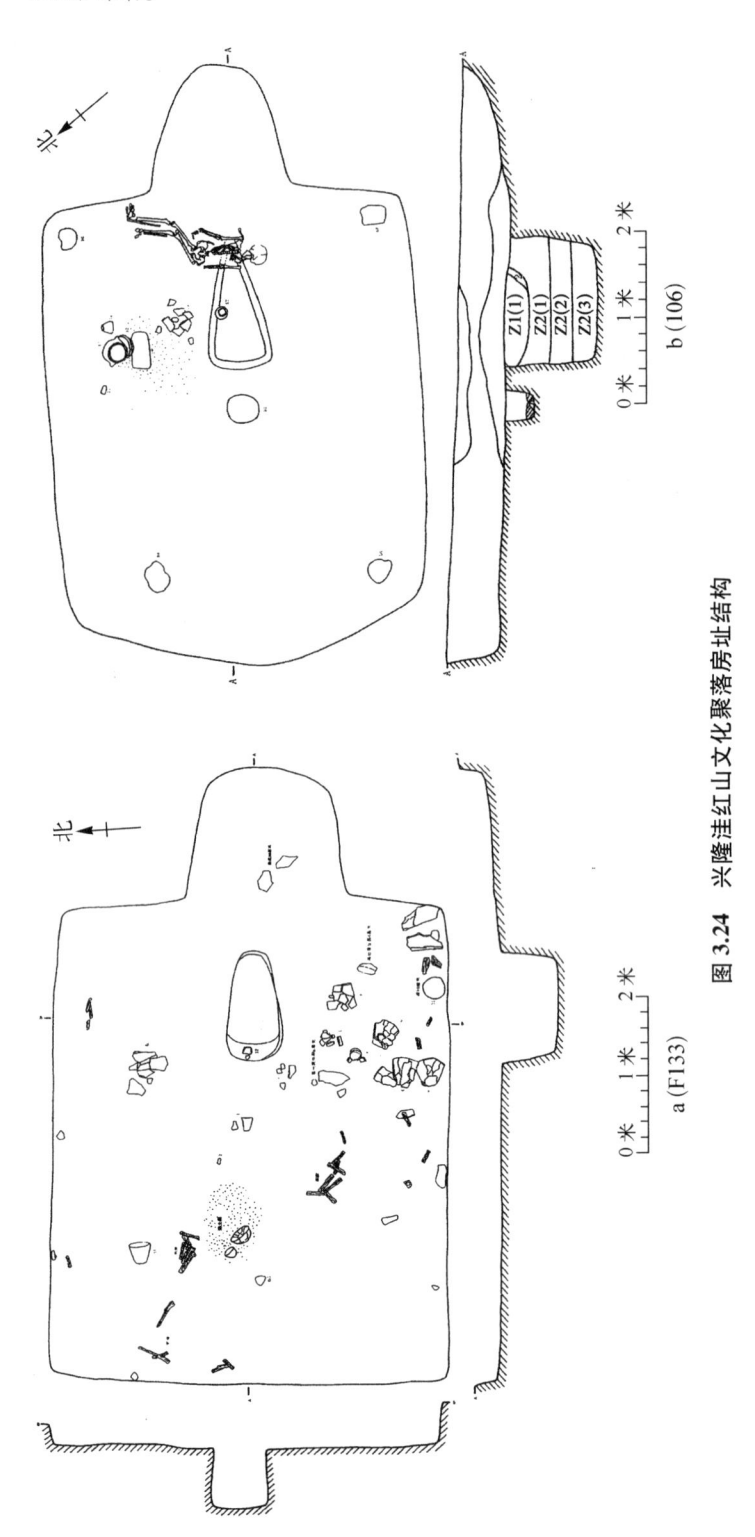

图 3.24 兴隆洼红山文化聚落房址结构

两层,下层为黄色土,上层地面有三处经明显烧烤。房内堆积有三层:上层为黑土,出土红山文化和兴隆洼文化的陶片等遗物;中层为黄花土,此层中北部发现成堆的烧土块,有的烧土块中见有草筋痕迹,并有交叠的木炭残段,此层出红山文化陶片等遗物,也见有少量兴隆洼文化陶片;下层为仅分布在中部偏东的灰土,出红山文化陶片、木炭渣和兽骨,有的兽骨被烧过。灶坑平面基本呈圆角长等腰三角形,顶端朝向门道,坑底较平,壁、底有抹草拌泥的痕迹。灶坑东部的上方叠压着一个椭圆形的锅底坑,坑内填满白灰,坑口出一件残筒形罐,应是原先的灶坑废弃后又另建一灶。灶坑以西有一圆形柱穴,穴底有4件石块,3块小的在下,将其上最大的石块垫平,屋内四角各有一小坑。屋内地面存留8件遗物,分别为筒形罐、小口罐、彩陶钵、石磨盘、残骨锥,其中残骨锥和一件筒形罐位于灶坑北侧。兴隆洼房址有三个显著特征:一是和其他遗址相比面积稍大,但也基本是小型房址;二是房内堆积和居住面出现多层,房址应该不止一次性使用;三是出现一个房子内灶坑之上再建灶坑的现象。

(十二) 兴隆沟遗址

兴隆沟遗址已发掘的红山文化房址8座,已发表的房址2座:F8、F4(图3.25)[1]。F8(图3.25,a)为半地穴式建筑,平面近似方形,室内面积约10平方米。近圆形灶位于房址中部偏东南处,灶内堆积仅为一层土质较松的深灰色土,其内出土陶器、刮削器各一件。近似椭圆形的门道位于房址西南部中段,东侧门道为斜壁台阶式。居住面上出土遗物较少,主要分布在室内西南部、东北部、门道西部及灶址中部处。出土遗物共3种,分别为陶器、石器、天然蚌壳。F4(图3.25,b)为半地穴式建筑,房址平面近似长方形,室内面积约20平方米。房址内仅1层堆积,土质较软。西北半部居住面保存较好,整体居住面较为平整。近圆形灶址位于房址的中部偏东南处,灶底有一层草木灰。居住面上出土遗物较多,主要分布在东北部偏中、灶址周围以及西南部偏西处。出土遗物共3种,分别为陶器、石器、蚌器。就出土遗物和灶址结构分析,兴隆沟红山文化聚落二次使用的可能性不大。

(十三) 哈喇海沟遗址

哈喇海沟遗址已发掘的红山文化房址共8座,已发表的房址7座(F7、F3、

---

[1] 中国社会科学院考古研究所内蒙古第一工作队:《内蒙古赤峰市兴隆沟聚落遗址2002～2003年的发掘》,《考古》,2004年第7期。

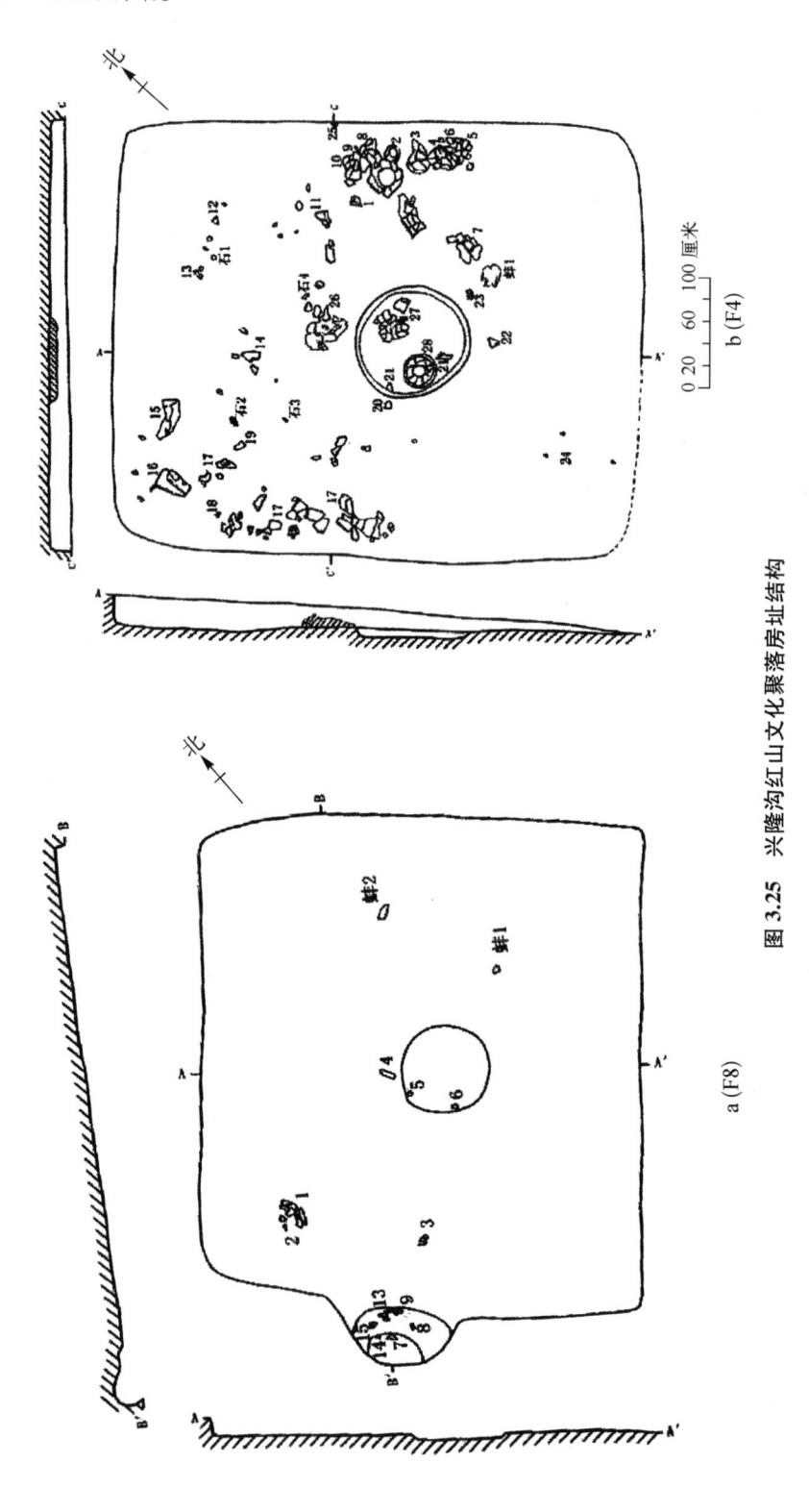

图 3.25 兴隆沟红山文化聚落房址结构

F1、F6、F8、F4、F5),现选取F1、F8两座房址(图3.26)[1]进行分析。F1(图3.26,a)位于第二地点北偏东处,平面呈圆角方形,面积约28平方米。居住面系踩踏而成,仅东北部保存较好。门道开在东壁中部。瓢形灶坑位于房址前部,指向门道,开口与居住面平,灶壁存有厚6厘米的坚硬的烧结面。椭圆形火塘,东部与西窄东宽的条状烟道相通,烟道底部高出火塘底部2厘米,并铺有薄石片。出土遗物有陶罐3个,石斧、石叶各1个,石球2个,石器均位于门道内。F8(图3.26,b)的平面呈圆角方形,面积约25平方米。居住面系踩踏而成,仅西南部保存较好。门道开在东壁中部,进入房间的一侧略带斜坡阶梯状。瓢形灶坑位于房址前部,灶内存有坚硬的烧结面。椭圆形火塘,其北壁、南壁各立置一石块,东部与前窄后宽的条状火道相通,火道底部高出火塘底部20厘米。出土遗物均为石器,有石球、石斧、石铲、磨石等,除一石球位于房址西北角处外,其余石器均位于门道内。根据出土遗物摆放位置和灶址结构分析,哈喇海沟红山文化聚落二次使用的可能性也不大。

(十四) 朝阳小东山遗址

小东山遗址发现的房址有10座,现选取2座比较典型的红山文化房址F9、F11(图3.27)[2]来进行分析。F9的平面近圆形,最大径约2.08米,为半地穴式建筑,现存深近0.5米。壁面整齐,地面平坦,踩踏面痕迹清楚,没有发现门道。房址北侧发现有一灶址,平面呈圆形,灶底部凸凹不平,内含少量的烧土块、木炭等。F11的平面大致呈圆角方形。房址暴露部分南北最长为3.5米,东西最宽为2.5米。房址为半地穴式建筑,壁面整齐,地面平坦,未发现踩踏面痕迹。房屋的倒塌堆积内出土了一些陶器的残片。房址中间部位大致呈南北向分布有三个灶址,平面均为圆形,从南向北依次编为:Z1、Z2、Z3。各灶形制基本相同,底部凸凹不平,内含少量的烧土块、木炭等。小东山聚落房址的特征十分明显。一是房址平面多为不规则圆形或圆角方形;二是灶址多圆形浅坑灶;三是同一房址内有多灶并存现象,且无叠压打破现象。

二、关于房址结构和家庭结构的讨论

(一) 房屋面积与人口数量的讨论

红山文化房址绝大多数面积较小,这种特征十分明显。宏观上看,房址面积

---

[1] 内蒙古文物考古研究所、赤峰市博物馆:《元宝山哈喇海沟新石器时代遗址发掘报告》,《内蒙古文物考古》,2008年第1期。

[2] 辽宁省文物考古研究所、朝阳市博物馆、朝阳县文管所:《朝阳小东山新石器至汉代遗址发掘报告》,《辽宁道路建设考古报告集(2003)》,辽宁民族出版社,2004年。

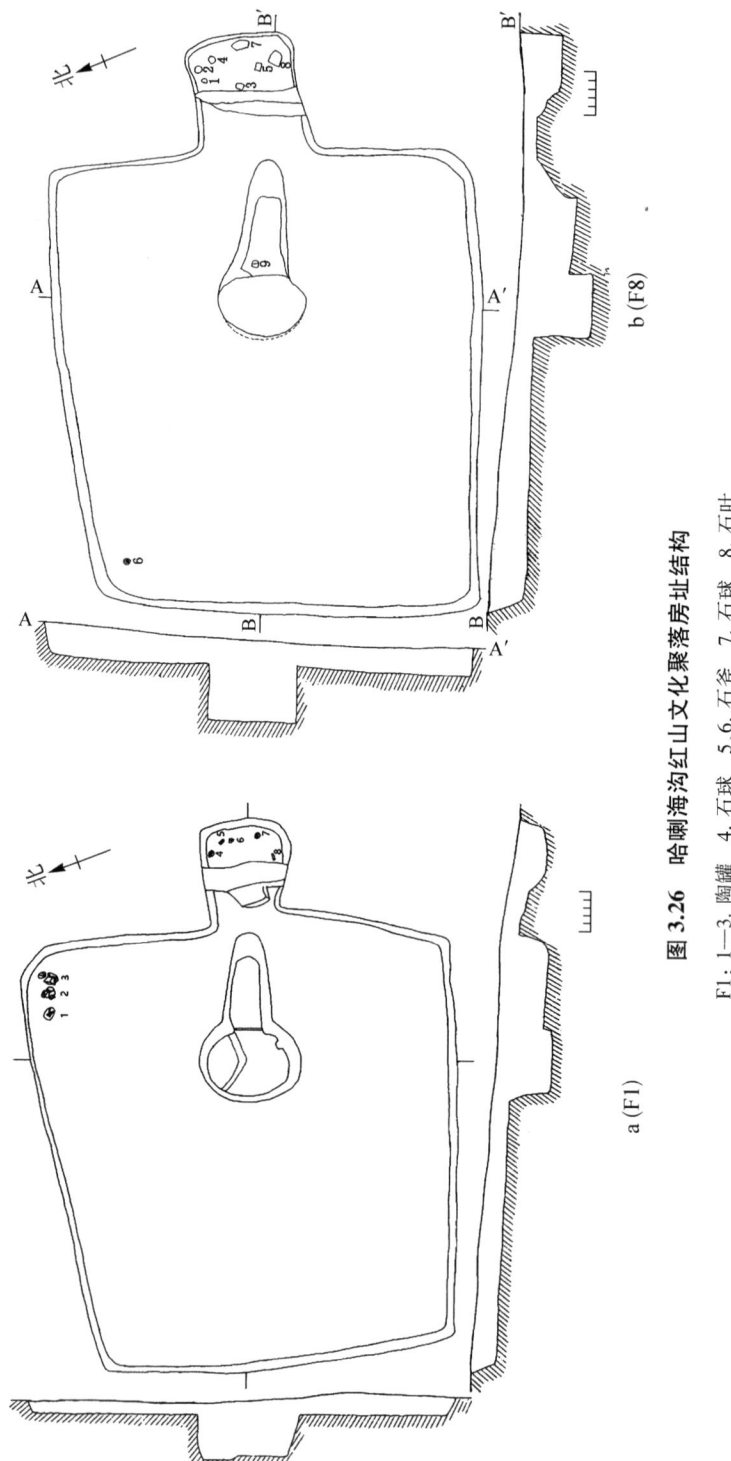

图 3.26 哈喇海沟红山文化聚落房址结构

F1: 1—3. 石球 4—5. 石斧 6. 石球 7. 石铲 8. 磨石 9. 石器
F8: 1—3. 陶罐 4. 陶罐 5,6. 石斧 7. 石球 8. 石叶

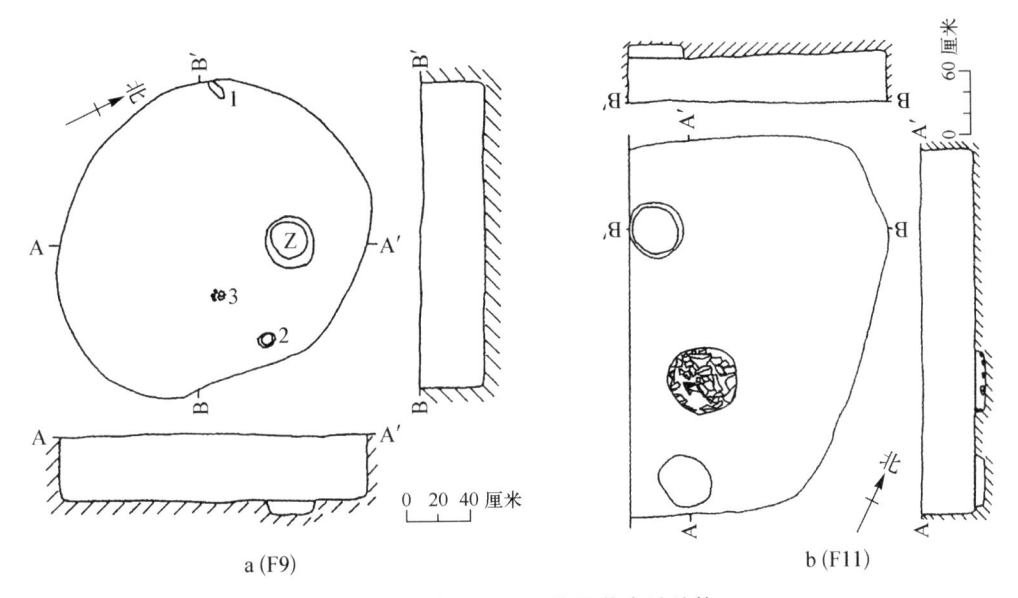

图 3.27　小东山红山文化聚落房址结构

F9：1. 石刀　2. 陶杯　3. 刮削器

在 15~20 平方米的居多，10 平方米以下的也为数不少，而超过 30 平方米的数量很少。如果去除房屋四周柱洞面积、中间灶址的面积以及房址四个角落的面积，那么房址内除门道开口一侧的穴壁无法供人居住，靠近另外三处穴壁的地方可以作为居住面使用。微观上分析，如果房址为边长 3 米或 4 米的正方形，那么去除四个角部分存放陶器、石器等遗物，每个居住面的最大长应该在 2 米或 3 米，最大宽度在 1 米或 1.5 米，理论上讲一侧的居住面适合一个人居住，一个房址内饱和状态下可居住 3~4 人。在一些保存状况较好的红山文化房址中也发现了这种现象。例如，兴隆洼 F106 地面分上、下两层，上层地面有三处经明显烧烤，西、北两边附近的烧面直径 0.4~0.5 米，灶坑北侧的烧面直径 0.8~1 米。当然，每一个房址不可能居住达到饱和状态，也就是说每个家庭的人口最多应该不会超过 4 人，属于典型的小家庭单元。反过来我们也可以这样认为，是因为小的家庭结构决定了红山文化房址的普遍小型化。红山文化时期，社会还未出现明显的等级分化，居民建造房屋仅仅是为了生活需要，而不是为了彰显社会地位和权力。因此，房屋面积的大小取决于每一个家庭成员的数量。从考古发现来看，房址内大多没有窖穴，这表明食物储存量大小不是建筑房屋时要考虑的因素；房址建筑面积的大小主要取决于家庭人口的数量。日常生活使用的陶器和石器所占的面积在建筑房址时可忽略不计。从发掘情况来看，红山文化聚落房址的面积绝大多数在 10~30 平方米，只有极少数房址的面积能到 50 平方米。红山文化房址所反映的聚落当是小家庭结构,每个家庭人数少则 2~3 人,多则 4~5 人。

(二)遗物组合与人口结构的讨论

红山文化聚落保存较好的房址内出土的陶器、石器及骨角蚌器等遗物有助于我们研究该房址在使用时的人口结构。一般来说,陶器等生活用具和家庭人口数量成正比。人口数量越多,使用的陶器数量也就越多;反之,房址内陶器数量越少,该家庭人口的数量也就越少。此外,小陶罐、小陶杯、小陶钵的出现不一定代表酒器出现、礼制发展,而应该与家庭内的未成年人有关。再者,石器组合中渔猎工具大多和男性有关,而采集工具多与女性有关。在研究一个房址的人口结构时,这些都是应该给予关注的。根据对老牛沟槽出土遗物的分析,筒形罐共出土 4 件,其中 1 件置于灶坑底部,应该为炊器;剩余 3 件应为盛器,按照每人最低 1 件推断,室内 3 人为饱和状态,其中的 1 件小型筒形罐应是未成年人使用的。据此推断,老牛沟槽 F1 房址内应该是两个成年人和一个未成年人组成的小型家庭。此外,从遗物分布组合特点来看,3 号柱洞附近的器物组合是筒形罐和石斧,考虑到石斧类砍伐工具应与高强度的劳动有关,推断在 3 号柱洞旁居住的当是男性家庭成员;2 号柱洞附近出土磨盘磨棒和磨石类工具,当与女性家庭成员有关。此外,红山文化诸多房址内出现了小型陶器,多捏制成型,大多素面无纹饰,器形有小陶罐、小陶杯、小三足器等。这些小型器物未必是盛酒器,不排除是未成年儿童的餐饮食具。

(三)灶址叠压与人群迁移的讨论

从考古发掘情况看,红山文化时期一个房址内除了一个灶址的情况外,还主要有三种情况存在:一是圆形灶叠压在瓢形灶上,这使我们进一步认识到早期底部较深的瓢形灶可能要早于底部较浅的圆形灶;二是从灶壁被多次抹泥的现象推断,同一灶址被多次使用的情况也普遍存在;三是单一房址内出现双灶,甚至出现三个灶址。例如,白音长汗四期 AF45 面积约 16 平方米。居住面分上下两层,下层瓢形灶位于房址前中部,正对门道;圆形灶坑 Z1 位于上层居住面,建于瓢形灶(Z2)之上,打破瓢形灶。白音长汗 B 区 BF67 位于 G2 聚落围沟内的西南部,双灶。Z1 平面呈圆形,直壁平底,位于房址中后部;Z2 平面呈椭圆形,大口小平底,斜直壁,位于房址前部偏北处。二道梁遗址 F15 房屋面积约 35 平方米,房址中部有一圆形灶坑,坑壁及坑底被烧烤成红色。经解剖发现,灶坑经过几次重复使用,每隔 0.05 米便在原草木灰的基础上涂抹一层厚 0.05 米的拌泥,共有 3 层。老牛沟槽遗址 F1 室内近门道处设有一圆形坑灶,直壁平底,灶壁曾两次抹草拌泥,每次厚度在0.02米左右,灶壁周边形成的红烧土厚0.05~0.1米。西水泉遗址F17北、南壁各长约9米,东、西壁各长11.7米。瓢形灶坑,位于靠近南壁的居住面中央,平面呈圆角方形,口部最大直径1.56、深0.9米。坑壁抹一层厚约0.2米的草拌泥。在北壁向外成直角凸出的长约0.8、宽0.34米的居住面上,有一椭圆形烧坑,坑内堆满白色灰烬,不排除作为灶址的可能。西台遗址F13,灶偏离中心,靠西北,有两个灶,大者平面为方形,小的为圆形。兴隆洼遗址F106面积约25平方米。灶坑为瓢形灶,顶端朝向门道,灶坑东部的上方叠压着一个椭圆形的锅底坑,东西向,坑壁、底烧烤致硬,坑内填满白灰,周围多遭鼠洞掏扰,坑口出一件残筒形罐,也许是原先的灶坑废弃后又另建一灶。小东山F11三个平面呈圆形的灶址大致呈南北向分布在房址的中间部位,各灶形制基本相同,壁面较缓,底部不平,内含少量的烧土块、木炭等。

上述情况表明,红山文化时期两个或多个灶址共存于同一房址内、两个灶址叠压打破、一个灶址被多次使用的现象普遍存在。这种现象与人群迁移有密切关系。红山文化早期由于时值大暖期气候稳定阶段,生态环境较好,食物资源充足,红山文化居民在屋内建造瓢形灶址,注重灶坑和火塘之间的深浅关系、灶址和门道之间的距离,做工精细;红山文化晚期随着干冷阶段的到来,生态环境恶化,食物资源不充足,红山文化居民被迫为了寻找食物而频繁迁徙。因此,建造了大量做工简单的圆形浅灶坑。由于家庭和人口结构的差异,有的家庭继续使用原灶址,只是进行了简单的修补;有的家庭在原灶址上重新修整,建成新的灶址;有的家庭放弃了原灶址,另起炉灶。整体上看,后期的灶址普遍不规整,规格低,规模小,制作简单。这和红山文化晚期房址的建筑理念一致,应该是为了适应迁徙的需要。

(四)房屋结构与社会变化的讨论

红山文化聚落房址结构具有明显的阶段性特征。时间稍早一点房址平面多呈长方形或方形,建筑规整,面积较大,灶址多方形或长方形;时间稍晚一点房址平面多为梯形或圆角方形,建筑不十分规整,面积变小,多瓢形灶;时间再晚一点房址平面多呈不规则圆形,建筑不规整,面积小,多圆形浅坑灶。红山文化聚落房址的这种阶段性特征既具有普遍性,也具有特殊性。有的房址十分规整,但灶址为瓢形灶或圆形灶;有的房址为圆角方形,灶址为圆形灶,等等。但总的来说,上述红山文化聚落房址的阶段性特征比较普遍,这种阶段性特征与红山文化社会变化有密切的关系。虽然房址的早晚和红山文化早期、中期和晚期没有对应关系,但是,红山文化早、中、晚期的气候环境变化对我们研究房址的阶段性变化却有着某种启示。红山文化早期距今约6 500～6 000年,适逢大暖期最稳定阶段,气候温暖湿润,食物资源充足,居住环境相对稳定。因而,红山文化居民建造的房屋比较规整,房址内灶址的形制也基本和房屋保持一致。红山文化中期距今约6 000～5 500年,冷暖交替,气候有所波动,食物资源不稳定,居住条件相对不稳定。红山文化居民建造的房屋相对要粗糙。红山文化晚期距今约5 500～5 000年,气候干凉趋势明显,食物资源极度匮乏,居住环境恶劣,十分不稳定,红山文化居民建筑房屋更具临时性。

综上所述,笔者认为红山文化社会以小家庭结构为主,生产工具主要用于渔猎业和采集业,与原始种植业有关的生产工具占比不高,同一家庭内部应该有劳动分工。从生活用具来看,陶器占大宗,其中筒形罐既可以作为炊器也可以用作盛储器,但从残留淀粉粒分析其应该与采集业有关。渔猎采集为重的复合型经济模式是小家庭结构产生的基础,而这种小家庭结构也是为了适应渔猎采集生活的需要。红山文化晚期的古国时代,随着自然环境恶化,食物资源短缺,人群开始不断迁徙,小家庭结构正适应了这种需要。随着人群流动加剧,建造房屋的频率也加大,建造小型房屋相对容易,因此,房址建造随意性强,布局不规整,突出临时性特点。此外,由于人群是在一定范围内流动,具有循环性和重合性,因此对于原有聚落的重复利用成为必然。从宏观上看,人群在固定区域内流动使得红山文化面貌高度统一,这是红山文化分布面积如此广、遗址分布如此多的重要原因。从微观上看,同一聚落内存在房址分区分布、叠压打破的关系;同一房址内存在多个灶址共存或存在叠压打破关系,这都是聚落长期重复使用的结果。考古发现有很多单纯的红山文化遗址,这些独立的红山文化遗址和混合型红山文化遗址有的面积达到几十万平方米,这可能都与人群不断流动有关,而不一定意味着等级分化。

第四节 聚落布局的重构

考古发现表明,红山古国社会人群特征主要表现在三个层面上:宏观上看,遗址骤然增多,沿河分布;中观上看,聚落布局不规整,多为分散的小型聚落,由于同一聚落被多次使用,因而房址间叠压打破现象、同一聚落内房向部一致现象普遍;微观上看,房址内一房多灶、灶址叠压现象很普遍。总的来说,红山古国时期人群虽然采用了定居式生活方式,但是很不稳定,人群迁徙无常,人口流动频繁,这与红山文化东西向的文化交流和南北向的文化碰撞密切相关。我们可以通过示意图对红山文化聚落群体进行理论重构(图3.28)。

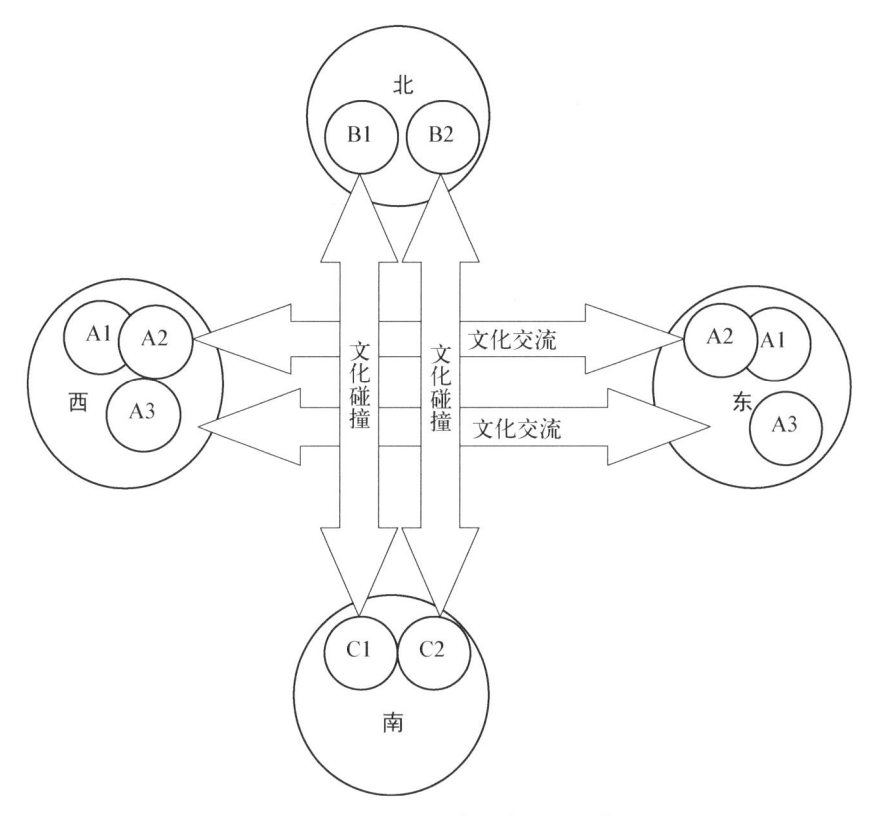

图 3.28　红山古国聚落群体重构示意图

一、东西向的文化交流

（一）生业模式的相同是文化交流的前提

红山古国文化面貌的高度统一主要源于渔猎文化区内部东西向的文化交流。第一，生业模式的相同是文化交流的基础。从地理位置来看，红山古国所在的辽西地区地处东北平原与华北平原的交界处，是咽喉要道，但属于东北文化区。独特的自然环境造就了本地区以渔猎和采集为主的经济模式，其最具标识性的是之字纹筒形罐和斜口罐的陶器组合和玉器组合。此外，大量的细石器和骨角蚌器也是渔猎采集文化发达的重要标志。第二，相同的生业模式和原始信仰使得东北文化区内不同考古学文化之间的交流成为可能。从兴隆洼文化、赵宝沟文化到红山文化，辽西地区已经建立起了一个完整的文化序列，这一文化序列和东北文化区内其他同时期的考古学文化都始终具有相同的器物群和相似的文化面貌，这是文化交流与互动的结果。第三，辽西地区新石器时代考古学文化与同时期东北文化区内其他考古学文化的交流互动主要是东西向的。从理论上讲,地处同一纬度的不同区域由于气候特征相近,特别是同一季节的温度大体相同;而相近的气候特征某种程度上使得同一纬度的动植物资源具有相似性,进而导致了同一纬度不同区域经济模式相同或相近。这为不同区域的人群东西向流动提供了理论依据。红山文化遗址的爆发式增长不一定是人口的爆发式增长,很可能与人群的流动有关,而且是以东西向人群流动为主。当然,我们不排除东北文化区内南北向的人群流动。

(二)东西向文化交流的理论模式重构

如果我们将 A 组人群看作是东北文化区红山古国居民的一组,当 A 组人群在东西两个方向流动时,无论是由东向西还是由西向东流动,都会通过文化交流使得 A 组人群的活动面积增大,我们选取一种模式做分析。假设 A 组人群从东区向西区流动,共分五个阶段。第一阶段东 A1→西 A1;第二阶段西 A1→东 A2;第三阶段东 A2→西 A2;第四阶段西 A2→东 A3;第五阶段东 A3→西 A3。总的流动路线是:东 A1→西 A1→东 A2→西 A2→东 A3→西 A3。当第一阶段结束时,A 群人占据了东西两个地点;当第二阶段结束时,东部 A2 叠压于 A1 之上,聚落面积增大;当第三阶段结束时,西部的 A2 叠压于 A1 之上,聚落面积增大;当第四、五阶段结束时,A 群人另辟蹊径,在原住址旁另建聚落,使得东西两区域的聚落面积进一步增大。红山文化时期遗址点的迅速增加应该就是同一人群不断迁徙形成的,当然,绝对不能排除另一人群来到 A 群人曾居住过的地方重建聚落,也不排除 A 群人在东区或西区居住一段时间迁往北区或南区。但总的来说,红山文化时期人群流动频繁导致遗址点爆发式增长和文化面貌的高度统一,这一点当无疑问。

二、南北向的文化碰撞

红山文化社会的不断进步来自北方渔猎文化与南方农耕文化的文化碰撞。

(一)生业模式的迥异是文化碰撞的前提

如果说东北地区之字纹筒形罐和斜口罐组合、玉器组合是东北文化区内东西向文化交流最重要的标识,那么彩陶和人像的出现则是东北渔猎文化和中原农耕文化碰撞的结果。红山文化正是在两大文化区的碰撞下形成的一支新的考古学文化,并成为东北文化区内最辉煌灿烂的一颗明珠。红山文化的产生不是文化交流的结果,而是文化碰撞的结果,其背后的真正动因是东北渔猎文化与中原农耕文化生业模式的迥异。可以说，只有不同经济模式下的文化碰撞才能诞生文明的火花；只有革故鼎新，一支考古学文化才能发展到一个新的高度。红山文化之所以成为东北地区史前文化的一座高峰，并最终步入古国阶段，正是因为它地处两大文化区的交汇地带，是在北方渔猎文化与中原农耕文化的南北碰撞中产生的。红山文化面貌突变主要源于吸收并创新了中原农耕文化元素。红山文化早期受后岗一期文化影响，红顶钵、彩陶壶出现；红山文化中期受庙底沟文化影响，彩陶纹饰更加丰富；红山文化晚期受庙子沟和白泥窑子文化影响，在吸收彩陶复合纹饰的基础上，发展了独具特色的无底器组合。

（二）南北向文化碰撞的理论模式重构

如果我们将 B 组人群看作是北方渔猎文化人群，C 组人群看作是中原农耕文化人群。当 B1 组人群迁徙到 C1 组人群的势力范围，由于两种文化经济模式的不同，文化碰撞大于文化认同，B1 组人群不太可能定居在南部 C1 群人的势力范围，而是吸收中原农耕文化的彩陶后折返回原住地；同理，当 B2 组人群深入到 C2 组人群的势力范围，也不太可能定居在南部 C2 群人的势力范围，而是吸收中原农耕文化的彩陶后折返回原住地。红山文化彩陶越是接近中原的南部区域越发达，而北部较少。由于中原农耕文化具有定居式生活方式的特点，因此相比之下，文化的排他性更强。中原彩陶为代表的农耕文化强势影响了红山文化的整体面貌，而以之字纹筒形罐和动物造型玉器为代表的东北渔猎文化却对中原农耕文化影响相对较弱。

第四章 社会化专业型的劳动分工

为适应红山文化社会群体频繁迁徙的生活方式，劳动分工普遍呈现以血亲家庭或单一聚落为单位的趋势，主要表现在制陶业、加工业、建筑业、雕塑业的聚落化和等级化。劳动分工与社会结构是不可分割的统一体，有什么样的社会结构就需要有什么样的劳动分工与之相适应。红山文化居民迁徙无常、居无定所的生活方式和以小家庭为基本单位的社会结构，要求劳动分工一定要与之适应。由于每个聚落群体都要面临相对独立的生存发展，因此每一个单一的聚落群体至少需要能完成房屋建筑、陶器制作、骨角蚌器加工、工具编织等简单的劳动分工，甚至以家庭为单位的最小社会组织可能也要完成一些基本的劳动分工。考古发现表明，红山文化独立的陶窑区基本是以单一聚落为单位的。从出土的陶器数量和形制上看，四棱山窑址和上机房营子窑址均属于某一个单一聚落中相对独立的窑区，或者是相邻的两个聚落共用的窑区。红山文化每一个遗址出土的陶器形制相对统一，而和另一个遗址相比又有诸多差异，这也能说明每个聚落内都有自己的制陶业。和以夹砂筒形罐为主的制陶业相似，房屋建筑业、石器和骨角蚌器加工业、器物编织业也应该是以单一聚落为单元的社会化分工，这种分工是为了适应社会发展的需要。但是，红山文化玉器加工、彩陶制作、人像雕塑、祭祀建筑等却体现了更高等级的社会分工。

第一节 制 陶 业

和兴隆洼文化、赵宝沟文化相比，红山文化时期制陶业的发展水平有了明显提高，主要表现在两个方面：一是聚落中陶窑区的出现；二是陶器制作水平的提高，特别是无底彩陶器代表着红山文化制陶业的最高水平，标志着辽西地区史前制陶业已经发展到了一个新高度。

一、陶窑区出现

红山文化的陶窑址发现不多,已发表详细资料的仅有上机房营子 2 处、小东山 2 处、四棱山 6 处。其中,四棱山聚落的窑址最集中、结构最复杂、最具代表性。

(一) 上机房营子陶窑

上机房营子仅发现 Y1、Y2 两座陶窑(图 4.1)[1],位于北城墙偏西南侧,北距城墙仅数米。石城址外的西部和北部为红山文化遗址区,面积约有 3 万余平方米,地表发现有大量的红山文化陶片。据此推测,2 座红山文化陶窑应位于红山文化遗址区南部的边缘地带,属于聚落内相对独立的陶窑区。从结构上分析,Y2 建筑结构简单,Y1 建筑结构相对复杂。Y2 与 Y1 相距仅 1.6 米。窑室平面呈圆形,窑底部有 5 个石块,形状不规则。石块周围及底部发现有大量灰烬、红烧土和炭渣。窑内放置有 10 余件陶器,多为倒置套放,也有倾斜放置的,均为大型陶器内套放小型陶器。窑室西南壁上端挖有一斜向的凹槽,应为火塘。Y1 窑室平面呈南北向的圆角长方形,窑室内有南北向并列的 3 个窑柱,南北两端的窑柱为对称的半圆形,中间的窑柱为圆角长方形。3 个窑柱均上窄下宽,边缘呈斜

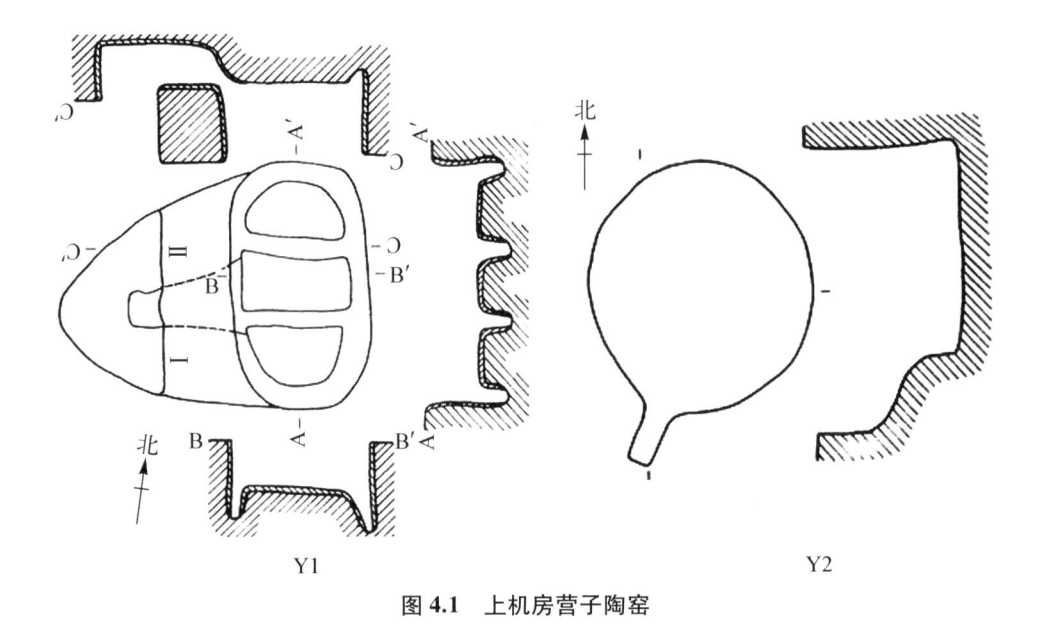

图 4.1 上机房营子陶窑

---

[1] 陈国庆、张全超:《内蒙古赤峰市上机房营子遗址发掘简报》,《考古》,2008 年第 1 期。

坡状延伸至窑室底部。窑室内靠近四壁有一周呈"U"形的火道。3个窑柱之间有两个"U"形主火道,它们与双火膛相通并与沿窑壁的"U"形火道相连。窑柱及火道上铺石块。窑柱上铺的主要为大中石块,缝隙处以小石块填充。窑柱、火道、窑壁均经抹泥,被火烧成青灰色,厚度为2~3厘米。窑壁有用条状工具加工过的痕迹。火口位于窑室西侧,两个火膛中间有弧状的间隔。火膛青灰色壁,底部呈斜坡状通向窑室,坡度约11度。火口处堆积有大量的灰烬。石板之上放置有陶器,多为倒置,也有倾斜或口部向上放置的,小型的陶器多放置在大陶器内。出土有可复原陶器30余件,另有细泥质器底29块,均不完整,推测可能是烧制陶器时垫于套放的陶器之间以防止陶器黏连。

(二) 小东山陶窑

小东山遗址发现Y1、Y2两座陶窑(图4.2)[1]。Y2建筑结构简单,被M1打破,其打破F1和②、③层。窑室平面近椭圆形,窑室在东南,窑坑在西北,中有火道连接。窑室已倒塌,火道截面呈椭圆形,系挖出横穴烧烤而成,西北低而东南高。窑坑现存平面呈半圆形,弧壁,底部平缓。东南与火道相通的火门呈弧方形,两侧平直,顶略呈拱形。43件陶器全部出于窑室倒塌堆积中,可辨器类有罐、钵、器盖、瓮、盆等。Y1建筑结构相对复杂,被M1打破,其打破F2和②、③层。窑室不存,窑床现存为圆形,中部略向下凹陷,中心有一圆孔。以圆孔为中心,向外辐射8条火道。火膛平面为圆形,顶部略呈拱形,直径1.4米,周壁圆缓

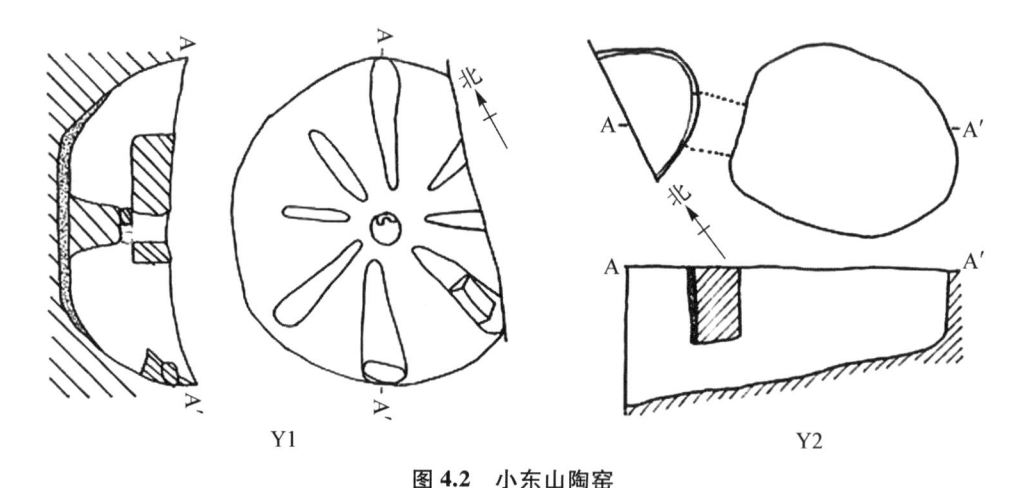

图4.2 小东山陶窑

---

[1] 辽宁省文物考古研究所、朝阳市博物馆、朝阳县文管所:《朝阳小东山新石器至汉代遗址发掘报告》,《辽宁道路建设考古报告集(2003)》,辽宁民族出版社,2004年。

内收,底较平整,底径约0.74米。火膛内壁烧烤成青灰色硬面,在火膛中央即中心火孔下有一泥柱,泥柱上置一带孔石器,石器内孔光洁。石柱顶与窑床相接,推测该支柱应是后期加附的。火膛内堆积中发现少量木炭,没有发现火道,可能已被M1破坏掉。出土陶器主要位于窑床和火膛上。窑床堆积见有属于23件不同个体的陶器,器类有罐、盆、壶、钵、豆、瓮等。火膛堆积发现大量陶片,来自18件陶器,器类有罐、瓮等。

(三)四棱山陶窑区

四棱山陶窑区发掘的6座陶窑均地处老哈河左侧、白斯朗营子村南山坡及台地上,海拔666.5米。窑址分布于四棱山的半山腰,窑址群和遗物就是在沙丘间的低洼处的黑土层中发现的。四棱山遗址东西长200米,南北宽50米,呈缓坡状,面积约有10 000余平方米。窑址群位于遗址西南部的低洼处[1]。根据Y2打破Y4、Y5后壁的打破关系推断,双火膛的窑址Y6、Y2要晚于单火塘的Y4、Y5。Y3是6座窑中建筑形式最简单原始的一座,虽然未出现任何叠压打破关系,但在H3的北侧又发现一处被破坏废弃的窑址,依据结构复杂的Y6、Y2晚于结构简单的Y4、Y5判断,红山文化窑址呈现由简单到复杂的演变过程,据此推断Y3可能要早于Y4、Y5。

Y3是结构最简单的一座陶窑,位于窑场南侧,窑室平面呈马蹄形。整个窑址由窑室、火膛、灰坑三部分组成。窑室和火膛直接在黄土上掏穴而成,窑室内设有两个黄土窑柱,呈三角形,窑壁、窑柱的四周均抹一层1厘米厚羼砂粒的草拌泥。窑柱在窑室内起着分火和窑箅的双重作用。窑室与火膛的底部呈缓坡状,整个火膛两端窄而中间宽,为土洞形。火膛前面是一灰坑,呈不规则的长方形,坑壁一面直,一面为斜坡状。

Y1、Y4、Y5是建筑结构相对复杂的三座窑址。Y1位于窑场北侧,与灰坑H1形成一体。窑室为土石结构,用石块砌筑。其平面近方形,室内有四个石砌窑柱,前排两个窑柱平面为三角形,后排两个为圆角方形,窑壁和窑柱面均用草拌泥抹平。火膛掏洞而成,火焰通过火膛的斜坡火道,直入窑室。窑室南、北、西壁上发现三处半圆形圆孔,应是专设的烟道。窑室前有一圆形灰坑,靠火膛一面坑壁有一定斜度,灰坑与窑室连成一体。Y1比Y3的面积大,窑柱多,并用石块砌筑窑室,在窑壁上还修建有6处半圆形烟道,工艺要复杂些。Y4东与Y5相邻,整个窑址南高北低。窑室建筑形式与Y1相近,窑室内设有四个石砌窑框。

---

[1] 李恭笃、高美璇:《内蒙古敖汉旗四棱山红山文化窑址》,《史前研究》,1987年第4期。

火膛呈半圆形拱状。窑室前排两个窑柱平面呈三角形,后排两个窑柱为圆角方形。Y4 火膛前有一大型灰坑。Y4、Y5 的火膛前端都与灰坑 H2 相连。Y5 与 Y4 属于同一层位。窑室方形,土石结构,窑壁及窑柱皆系石块砌筑。南壁一角被 Y2 打破。东西两壁发现四个半圆形烟道。火膛呈圆洞形,窑室底部南高北低。窑室前排两个窑柱平面呈三角形,后排两个窑柱为圆角方形。火膛与 H2 相连。

Y6、Y2 是结构最复杂的两座窑址。Y6 位于窑场的中部,与 Y4 相邻,有南北向长方形窑室。全窑可分前后两部分,前部是火膛,后部为窑室。火膛与窑室之间有一道隔墙,火焰由斜坡状火膛通过隔墙进入窑室。8 个窑柱均匀称地分布在窑室内。火塘正对的四个窑柱平面呈圆角三角形,其余四窑柱平面为圆角长方形,窑壁与窑柱的砌筑方法与 Y4 相同。两个东西向火膛分设在窑室的两端,火膛前端已塌落,靠近窑室部位还有部分保留下来。火膛两端窄,中间宽,呈椭圆形洞,前低后高,直接在黄土上掏洞而成。Y2 位于窑场中部,与 Y4、Y5 相邻。为东西向双火膛,长方形横穴式连室窑,窑室结构与 Y6 相近。前后窑壁均被破坏,保存不够完整。窑室内有四个方形窑柱和两个三角形窑柱,洞状火膛,券口。

(四)陶窑反映的制陶业发展水平

从宏观角度分析,上机房营子、小东山和四棱山红山文化陶窑显示了一定的共性特征。

第一,专门制作陶器的陶窑区已经出现,建筑布局有规律性。从四棱山 6 座窑址的布局观察,无疑这是一处氏族社会从事制陶业的一个小窑场。窑场南北长 21 米,东西宽 10 米,面积为 210 平方米。Y3 位于窑场南侧,Y1 建在窑场北端,Y2、Y4~6 四座陶窑集中在中部。Y2 与 Y3 之间是一片平整的空地,在空地中心位置,发现一处用石块砌筑的灶址。从整个窑场布局分析,该窑场是一处专属的陶窑区。灶址附近的空地应是制作陶器的地方,窑室前面的灰坑应是存放燃料、灰烬和窑工烧火工作的地方,灰坑也是整个陶窑区的组成部分。此外,陶窑顺山坡斜度而建,窑室在上,火膛顺斜坡而下,其布局及建筑形式富有规律性。

第二,陶窑区大多不是一次性形成的。如四棱山的 6 座陶窑存在年代早晚关系。一是 Y4、Y5 窑室北壁局部有被 Y2 打破的现象;二是 Y1、Y3 为东西向,火膛向西 225 度,Y4、Y5 为东南—西北向,火膛口向西北 290 度;三是从形制上看,Y3 结构最简单,Y1、Y4、Y5 结构稍复杂,Y6、Y2 结构最复杂。四是从打破关系上看,Y4、Y5 应早于 Y2。根据 Y2 打破 Y4、Y5 的情况和 6 座窑的建筑形式及其结构的不同分析,Y2 与 Y4、Y5 不可能同时使用,同时使用的陶窑也只能有 2~4 座。除了四棱山陶窑外,上机房营子和小东山陶窑既有结构简单的,也有结构复杂的,当不是一次性形成的。

第三,陶窑区经历了一个由简单到复杂、从低级到高级的形成过程。四棱山的6座陶窑可分三式,三种不同形式的陶窑清楚地体现着陶窑从无到有,从简单到复杂的发展过程。Ⅰ式窑为单室窑,是在黄土上掏穴而成。窑柱为黄土台,陶窑结构非常简单原始。Ⅱ式窑,虽为单室窑,但比Ⅰ式窑有了明显的发展。不仅窑壁和窑柱已用石块砌筑,而且窑柱从2个增加到4个。Ⅲ式窑,由单室窑发展到连室窑,不仅窑室面积增加2~3倍,而且窑柱增加到8个之多,由单火膛进而演变成双火膛。显然,四棱山窑址是按照Ⅰ式→Ⅱ式→Ⅲ式窑,这样一个趋势向前发展的。从结构变化上看,Ⅲ式窑应是Ⅰ、Ⅱ两式窑的扩大和发展。连室窑与单室窑相比,其窑室结构更为进步合理,窑室面积扩大,窑柱增多,所烧陶器比单室窑增加3~4倍。双火膛可以集中火力提高窑温,这样不仅缩短烧窑时间,而且还可以节省燃料和人力。上机房营子和小东山陶窑虽没有四棱山陶窑数量多、规格高,但从发掘的结果来看,既有底部仅铺石块的,也有带窑柱和窑箅的,结构由简单到复杂。

第四,窑址内部结构日趋完善,既体现了陶窑建筑工艺的进步,也体现了居民对于自然科学的原始认知。四棱山的6座陶窑,不论其大小,均系横式窑。火膛都为斜坡洞状,火焰通过斜坡火道进入窑室。窑柱具有分火的作用。横式窑内的温度提高缓慢,正适应了当时社会制陶业的发展水平。横式窑早于竖式窑,它比竖式窑容易建造,坚固不易塌陷。从窑室基本建在地下和民族学材料考虑,烧窑时可能用草泥封顶。陶窑区相对独立的四棱山红山文化窑址能集中反映当时居民在陶窑建筑方面的原始经验。一是对风向的认识。从窑址的规模观察,应是一个氏族内进行集体劳作的窑场。我国北方常年多刮西北风,火膛向西或西北,火道顺风能增加火力。可见当时窑工们已从实践中认识到这种顺应风向建窑的方法。二是对制陶时节的认识。窑场内没有发现房址或别的附属建筑。显然冬季和雨季是不能制陶开窑的,一年只有3~4个月的时间可进行生产。三是对陶器工艺的认识。四棱山陶窑所烧制的陶器,以夹砂褐陶为主,泥质陶较少。器类以侈口罐、斜口罐、钵形器为多。彩陶器不仅数量少,纹样也非常单一,常见的只有蝌蚪纹和窝纹,而菱形纹、鱼尾纹、人字纹、几何形三角纹、方块纹、同心圆纹、勾叶圆点纹则不见。结合窑址位置偏高和出土遗物特点考虑,四棱山窑址应是一处红山文化偏早的遗存,时代可能早到距今6 000年。

二、陶器制作工艺

红山文化陶器延续了东北文化区的文化传统,以之字纹筒形罐和斜口罐最具特色,同时吸收了中原地区钵、壶、罐的器型特征,形成了独具特色的陶器组合。同时,红山文化彩陶是本地区之前的兴隆洼文化和赵宝沟文化时期所不见的,红山文化不仅充分吸收了中原仰韶文化系统的彩陶元素,还形成了最具标识性的器物组合,尤其是无底彩陶器代表了红山文化时期制陶工艺的最高水平。研究红山文化陶器制作工艺是解读红山文化社会的一把钥匙,能帮我们更好地还原社会结构及劳动分工。

第一,以夹砂筒形罐为主要器形的生活用具制作相对简单,代表了低等级的劳动分工,其制作加工大体有四道工序。一是准备原料。通过仔细观察和实验,不难窥探红山文化时期制陶原料的选择和加工程序。将采集来的黄土块晒干砸碎,去掉粗颗粒及杂质,再研磨成细土面,加水搅拌成泥浆,之后将泥浆进行澄滤以除残存的渣滓。最后将过滤后的泥浆澄去水分,便成为光滑细腻的制坯泥料。二是拉坯成型。红山文化夹砂陶筒形罐的主要成型方法是泥条筑成法,即先将泥料搓成泥条,再用泥条筑成坯体。泥条筑成法又分为盘筑、圈筑两种。盘筑是将泥条一根接一根地连接起来,呈螺旋式地筑成坯体;圈筑是把每根泥条首尾相接,做成泥圈,再用泥圈擦垒成坯体,胎壁内侧往往留有泥条的缝隙。两种方法以盘筑法多见。这种制作是在一个固定的工作台上来完成的,泥条一根接一根,根据需要再不断续加垒筑。器壁各部位的变化,用捏泥条的手指控制并改变造型。三是刻划纹饰。这一工序对于不同的陶器采用不同的方法,总的来说对于夹砂陶筒形罐和斜口罐等需要先贴一层泥片,而后在泥片上刻划纹饰。四是入窑烧制。根据民族学资料,最原始落后的烧成工艺是平地式烧陶,或称平堆烧,因火力不匀,温度不高,密封不严,陶器烧成后颜色不均匀,质地松脆。显然红山文化时期的烧陶工艺已经大有进步,不仅发现了多座陶窑,既有结构简单的单室窑,也有结构复杂的多室窑,这些都说明红山文化的陶器烧制水平已经大大提高。但是,就目前的考古发现来看,与出土的大量陶器相比,陶窑的数量远不够多,这既可能与红山文化人群流动频繁、陶窑被毁坏有关,也不排除红山文化时期仍然在使用平堆烧,只不过这种平地式烧陶更加进步了。

第二,以彩陶无底器为代表的祭祀用器制作工艺高超,工序相对复杂,反映了更高等级的劳动分工。一是选料讲究。红山文化彩陶,特别是代表红山文化制陶工艺最高水平的无底彩陶器,均为细泥陶,均使用当地的黄土。这种黄土黏合性强,一旦经过高温烧制,便极为坚硬,是红山文化居民制作陶器上好的原料。二是轮制成型。陶器的拉坯成型方法大致可分为:手制、模制和轮制三种。无论哪种成型方法,都会在陶器上留下制作的痕迹。捏制的陶器,会留有手指的印痕;泥条筑成法制成的陶器,器壁会产生一圈接一圈的泥条痕;以慢轮修整的陶器,则会在器底和器口遗留轮旋产生的同心圆;而快轮制成的陶器因坯体快速成型,器壁会产生螺旋式拉坯痕迹,在底部留下切割产生的偏心涡纹。红山文化无底筒形器几乎全部是轮制成型,其制作工艺远比夹砂筒形罐先进。三是彩绘图案。彩绘代表了红山文化制陶工艺的最高水平,其加工过程有三步:第一步是寻找和加工颜料。大地湾文化的彩陶色彩是偏暗的红彩;之后的仰韶文化、红山文化彩陶主要以黑彩为主。在许多遗址的发掘中,出土了一些矿物颜料,主要成分是三氧化二铁,经高温烧制呈现红色。这种赤铁矿在自然界较为多见,容易获取,所以红彩成了人们早期彩绘的选择。如果用纯锰矿颜料绘制彩陶,在高温下锰元素全部分解。若使用含锰赤铁矿,在稀释较淡的情况下,彩陶烧成后只显红色;较浓的情况下,则显黑褐色。红山文化时期陶工已认识到含锰赤铁矿即赤铁矿与磁铁矿的混合矿物颜料具有两种不同的呈色性能,并且熟练掌握了浓淡的变化规律,使之满足了绘彩的需要。至于颜料加工,出土的研磨石、研磨盘、研磨杯,当为研磨颜料的配套工具。研磨石多有光滑的研磨面;研磨盘虽形状不一,却都有凹陷的磨坑。第二步是施加陶衣。绘彩之前先在陶坯上加施一层彩色陶衣,是仰韶中期以后各类型彩陶文化常见的做法。于红色陶衣上再绘黑彩,色彩对比强烈,更加绚丽夺目。陶衣原料一般为经淘洗的细陶土泥浆,有时调入其他颜料。加施陶衣时,将泥浆涂刷在器表或器物放置于泥浆中蘸泡而成。红山文化流行红陶衣,经鉴定红色陶衣的原料是含铁量较高的红黏土。虽然至今尚不知绘彩所用的工具为何物,但根据那些细长流畅的线条推断,应是类似于软笔类的工具。第三步是绘彩。根据红山文化彩陶纹饰分析,绘彩时人们根据器物的造型,对口沿、颈部、腹部花纹及内彩,应该有事先的设计与构思,图案所在位置确定之后,将器物彩绘部位根据需要加以划分、定点,然后进行绘画。首先要设法将彩绘部位加以合理等分或分隔,然后再分组绘制纹饰。彩绘的图案带有二等分、三等分、四等分、多等分等,依主题图案纹饰而定。如阿鲁科尔沁旗出土的被称为"彩陶王"的彩陶罐,它以平行线将彩绘部位分为上中下三部分,之后再分部彩绘。红山文化中期以后,彩陶出现大量的旋动连续性图案,用等分法显然已不能适应彩陶发展的需要。此类图案首先要整体规划布局,确定其定位点或定位圆,并划分彩绘部位。此外,彩绘要遵循先主后次、先轮廓后填充的原则。彩陶图案一般可分为主题纹饰及非主题纹饰。主题纹饰绘在器物最醒目的位置,其他纹饰或作为陪衬、补空,起辅助作用。根据我们复制彩绘时的体会,须先绘显要位置的主题图案,后绘边角的附属纹饰,以便达到整体完美和谐的效果。从绘彩工艺上看,无底彩陶器也远比夹砂筒形罐进步。四是特殊烧制。烧制均匀、质地坚硬、器型硕大的彩陶绝对不可能是堆烧出来的,虽然目前尚未发现规模和等级更高的窑址,但是东山嘴、胡头沟、牛河梁等祭祀遗址出土的大量无底器的加工工艺、器型和纹饰都相对统一,这表明,对于祭祀用具的烧制绝不是某一个家庭或氏族能完成的。目前尚未发现专门烧制无底彩陶器的陶窑,但从已发现的陶窑来看,红山文化时期某些聚落不仅出现了结构更为复杂的陶窑,而且已经有了专属陶窑区。无底彩陶器的烧制一定是规模更大、规格更高,这尚需今后考古发掘工作的进一步证实。

可见,红山文化制陶业既呈现聚落化趋势,也有等级化倾向。所谓聚落化是指因生活所需,每一个聚落甚至每一个家庭都需要大量的夹砂陶筒形罐作为炊器,需要泥质钵和壶类作为盛储器。为了维持日常生活所需,以单一聚落甚至家庭为单位进行聚落化生产。红山文化很多聚落内都有窑址出现表明制陶业的社会化;有的聚落暂未发现陶窑,一方面很可能是由于聚落未被全面发掘,另一方面也不排除制陶时堆烧的可能。所谓等级化是指红山文化彩陶,特别是无底彩陶器的烧制由专门的一群人在特定的地点烧制。牛河梁遗址出土的大量无底筒形器、钵形器、塔形器和豆形器均不是日常生活所用,而是专属祭器。目前尚未发现烧制这些彩陶的窑址,考虑到牛河梁周边并无烧制这些器物的原料,因而推断这些彩陶无底器的制作已经实现了专业化,烧制这些器物的人也不是普通的居民。

第二节　石器和骨角蚌器加工业

和制陶业一样,红山文化的石器加工业和骨角蚌器加工业十分发达,且普遍见于各个遗址中,大到每一个聚落,小到每一个房址和灰坑或多或少都能发现一些石器和骨角蚌器。由于石器和骨角蚌器是红山文化居民日常生活必不可少的生产工具和生活用具,因此熟练掌握石器和骨角蚌器加工工艺是每一个聚落,甚至每一个家庭成员维系生存的一项基本技能。正因如此,红山文化的石器和骨角蚌器加工业社会化程度高,具有普遍性和多样性。

一、石器加工制作

迄今为止,几乎所有红山文化遗址都出土了石器,虽然数量不一,但类型并无多大变化,且每一类器形所用石材大体相同,加工制作工艺也基本一致。以牛河梁遗址群为例,该遗址群所出土的石器中经鉴定的有58件。经确切统计,石料主要有砂岩、沉凝灰岩、燧石、页岩、断层角砾岩、凝灰岩、石英正长岩、片麻岩、脉石英等。虽然石器所用石料非常丰富,但是我们仍然能够发现一些规律性特征。第一，同一种器形所用石料相对固定，如石斧的石料主要是硬度高的片麻岩、石英细砂岩和凝灰质砂岩；砍砸器的石料主要为砂岩；石磨盘、石磨棒、砺石全部为石英细砂岩制成；石球则是用硬度很高的石英砂岩、石英正长岩、脉石英、断层角砾岩等石料制作而成；石核、石叶等细石器的石料则以燧石为主，间或硅质页岩。第二，石料的选择与石器的功能密切相关，不同的器形因使用功能的不同，选择的石料也不同。例如，磨光石斧更多地用于砍剁骨肉，因此不仅要求质地坚硬，而且要求颗粒细腻；而石磨盘、石磨棒由于研磨谷物时需要增大摩擦力，因此大颗粒的石料是首选，对于石料的硬度也要求不高。再如，细石器几乎无例外地选用燧石和硅质页岩是因为这些石料不仅质地坚硬细密，而且富有韧性，更适合打制成细小的石器，剥离时可以最大限度地利用石料。红山古国居民能根据不同的需要选择不同的石材，或者说依据不同的石材制作不同类型的石器，这表明红山文化先民在对石料的选择、开采与利用上已达到一个新的水平。为了更好地研究红山文化石器，我们结合石器大小和加工工艺，将红山文化石器分为两类：一类是细石器，主要加工方式为打制；另一类是其他石器，主要加工方式有打制、磨制、琢制、钻孔等。

（一）细石器的打制与压制

红山文化细石器主要通过打制和压制完成。刘景芝先生对呼伦贝尔辉河水坝遗址细石器工艺进行了系统研究，她认为制作细石器的加工流程大致可分为五步（图4.3）[1]。第一步选择石料；第二步预制石核；第三步剥离石片——利用石片制作细石器工具；第四步剥离石叶或细石叶——利用石叶或细石叶制成各类细石器工具；第五步产出各类细石核，其中在石核的两侧及台面周边剥离石叶或细石叶会形成锥状或柱状细石核；在石核的一侧及台面部分边缘剥离石叶或细石叶会形成楔状细石核。加工的关键在于预制石核和压制成型。预制石核主要采用了锤击技术，包括硬锤直接打击法和软锤直接打击法。压制成型主要采用了压制技术，其中细石叶的生产主要采用了间接技术。

第一，预制石核。从形制上观察，红山文化细石器中有3种类型细石核。一是在预制石核侧面，采用交互打击或一侧打击纵向修出一条纵脊，剥离石条，于是石核的侧面出现两条纵脊，以下顺着这两条纵脊便可以顺利地剥离石叶，最终可以形成锥状或柱状细石核。二是石核修理出台面一端后，沿其两侧边缘交互打击或一面打击修成舌状，从一侧剥离石叶可以形成窄楔状细石核，如从两侧剥

---

[1] 刘景芝：《呼伦贝尔辉河水坝遗址的细石器工艺探讨》，《人类学学报》，2013年第3期。

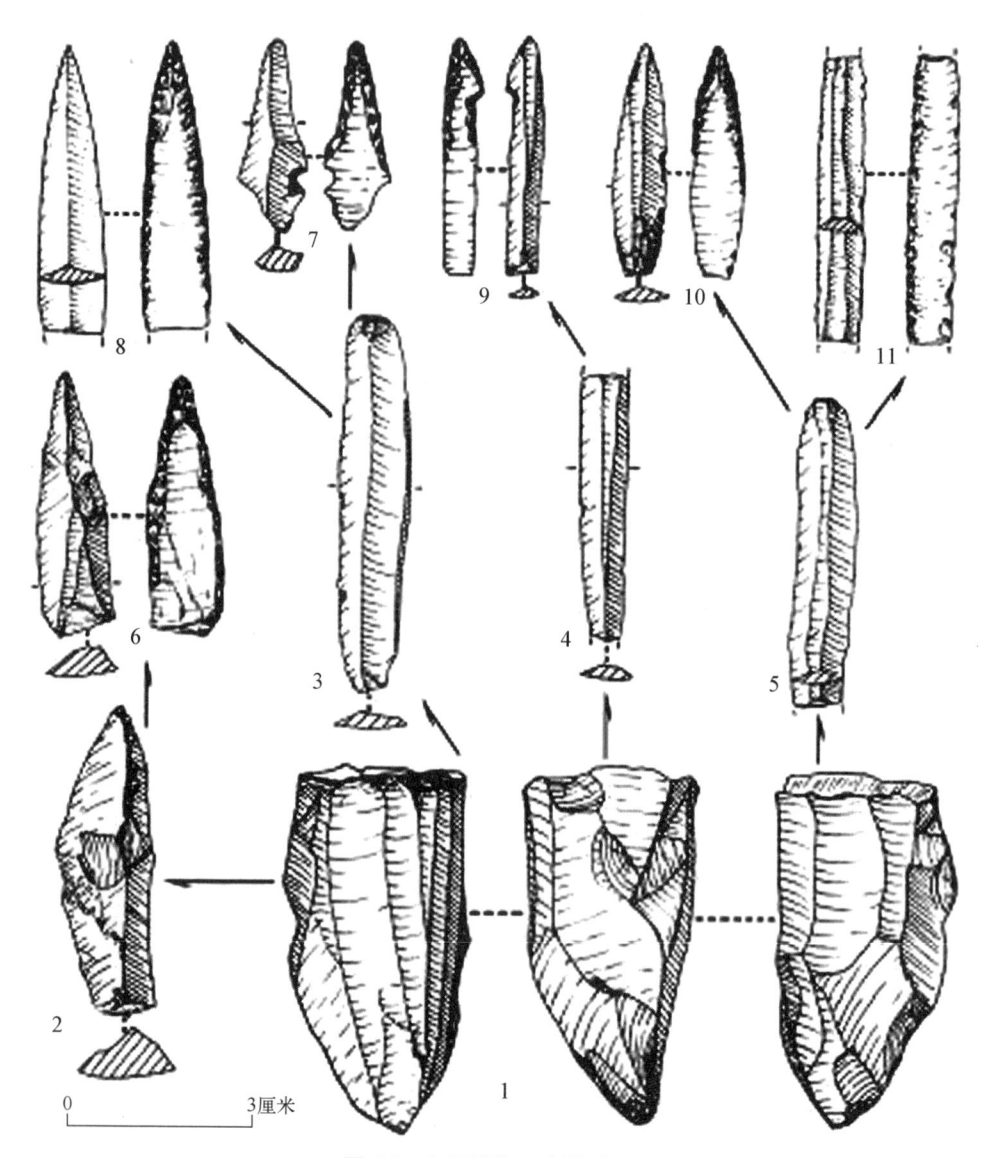

图 4.3 细石器加工制作流程

离石叶便可形成锥状细石核。三是选用椭圆扁形石核原材料,于其周边或周身交互打击修理后截去一端,再纵向剥离石片,剥下来的第一件石片从侧面横向观察,中间厚,两端逐渐内收呈舟状;剥下来的第二件石片似滑雪板;然后,以纵向剥离石片产生的平坦面作为台面,从其一侧剥离细石叶,可形成宽楔状细石核。

预制石核剥片类型包括预制石核侧面和台面剥片,前者一般为条形石片;后者一般为圆形石片。预制石核台面剥片可进一步分为初期预制石核台面剥片和中期预制石核台面剥片。前者是剥离石叶前修理台面打下来的剥片,后者是剥离石叶过程中修理台面打下来的剥片。中期预制石核台面剥片是当细石核剥至不易继续剥下石叶时,对细石核进行再次预制,打下已失去合适角度的原台面,使细石核再产生出一个新台面,以利于继续剥离石叶。红山文化先民多利用预制石核侧面剥片加工成边刮器和长身圆头端刮器等;多利用预制石核台面剥片加工成圆端刮器等。中期预制石核台面剥片侧面带有原来细石核剥离石叶的条形疤痕。

第二,压制成型。不同阶段剥离的石叶形状也各不相同。第一阶段剥离的石叶背面多带有单嵴。当石核剥下背面呈鸡冠状的石条后,生产石叶或细石叶多顺着细石核侧面的单嵴剥离,因此,石叶背面多带有单嵴,其厚度较大,适宜加工成三棱形钻和柳叶形镞等。第二阶段剥离的石叶背面多带有"Y"形嵴即分岔嵴。这是由于前面剥离的石叶或细石叶在石核上留下片疤和条痕,再次剥离时就连同上次未剥到底的那条纵嵴一起剥离下来,形成"Y"字形嵴,这类石叶或细石叶也适宜加工成石镞等。第三阶段剥离的石叶背面以双嵴为主。其形态越趋规整厚度越薄,这是由于前面剥离的石叶或细石叶使细石核侧面出现了多条纵嵴。选择细石核台面的打击部位落到两嵴之间的机会多,因此易剥下背面带有双嵴规整的石叶或细石叶。后一阶段生产的石叶或细石叶除了适宜加工成柳叶形镞外,更适宜加工成石刃,便于镶嵌在骨或木质的刀梗凹槽内,制成复合工具。

红山文化所在的辽西地区和呼伦贝尔辉河水坝遗址同属东北渔猎文化区,细石器加工有着悠久的历史,红山文化居民也应保留了这一细石器加工制作传统。从以上步骤看出,红山文化先民不仅能够有效采集石料,而且能够采用不同的技术生产不同类型的工具,红山文化的细石器工艺技术已经达到相当高的水平。

(二)石器的打制、磨制与琢制

红山文化出土的打制石器有敲砸器、砍砸器、石网坠、石锤等;磨制石器有石磨盘、石磨棒、石斧、石刀、磨石、研磨器等。红山文化的石器加工大体可分为四步:选料运输、打制成型、磨制琢制、钻孔抛光。当然,不同器形的石器具体加工工序也各不相同,有的石器仅经过打制,如敲砸器、砍砸器等;有的石器经过打制后,又经过琢制,但并不需要磨制,如石磨盘、石磨棒等;有的石器不仅要经过打制、琢制,还要经过磨制和抛光,如磨光石斧。打制石器中敲砸器、石铲、网坠多采用经河水冲击后较为圆滑的安山岩、青灰色沉积岩质的河卵石作为原料;磨制石器多选用质地相对较软适于磨制的砾岩、石灰岩、砂岩、页岩、花岗岩、安山岩、沉积岩、辉绿岩等。

红山文化石器的加工工艺主要包括打制、磨制和琢制。打制工艺以打制石斧为代表。一般选用砂质板岩，一面打平，一面利用原始石面三边修整，呈半圆形裂片痕，两面打刃，刃部较钝。磨制工艺以磨光石斧为代表。石斧形制多扁平，断面呈椭圆形，除顶端外大都通体磨光，制作比较精致，圆弧形刃，多双面刃。梯形石斧肩窄刃宽，长条形石斧断面呈椭圆形。磨光石斧的制作流程大体分为四个步骤：一是选材，选择形近石材，多数为表面光滑质地坚硬的鹅卵石；二是打制，先通过直接打击一端形成刃部雏形，再间接打制刃缘部分；三是磨制，先琢制找平，最后研磨成型，使得刀刃锋利；四是抛光。琢制工艺以石磨盘和石磨棒为代表。石磨盘大多采用花岗岩、砾岩、砂岩磨制而成，一般两面使用，形近圆角长方形或近似长方形，还有长方形、马鞍形和扁梭形。磨盘表面有比较光滑的磨面，绝大多数两面使用，形成两个磨面。因长期使用，磨面经过磨棒的来回推拉形成前低后高的习惯界面。磨棒以花岗岩居多，多一个磨面，少数有两至三个磨面，多数磨成半圆形长棒，两头细中间粗，有的两端平齐、剖面略呈三角形，有的两端圆弧、剖面为扁圆形或半圆形。

我们以最具代表性的石斧为例，介绍红山文化石器加工工艺流程。

第一步打制成坯。制作石斧的石料一般是大小、厚度合适的扁平石核或者天然砾石，石器制造者用石锤等工具，采用垂直打击和交互打击相结合的方法，使其厚度逐渐减小。由于打击难度的不同，厚度一般由中心向边缘逐渐变薄。

第二步琢制成型。将石料打制成坯后，开始用有锋刃的尖状器在石坯上下两面频繁琢击。即对石斧上下面的两侧部位持续对琢，使石斧两侧逐渐变薄。另外，还要根据石斧的宽度和厚度对两侧和刃部进行琢制。琢制对琢击工具的要求较高，一般采用较为尖细、硬度较高的尖状器，并且要求加工人员具备较好的力度控制能力。这两方面缺一不可，否则就会产生残品。

第三步磨制成器。当石斧的长、宽、厚比值达到一定程度，即琢制的力度有可能将石斧刃缘部琢伤时，加工人员手持石斧与外研磨器接角处的研磨面来回打磨。由于研磨器与被研磨物之间形成的夹角易在被研磨物外缘表面形成平滑的棱，而在转换石斧的摩擦点时会使此棱产生中断，所以在成型的石斧残品上可以观察到缘面断断续续的棱。外缘经过磨制逐渐变薄后，用研磨器对两侧进行磨制，形成侧棱；同时对刃部进行打磨，使刃部锋利。在此环节中，由于石质坚硬，单纯的手工磨制效率较低，人们可能会借助特殊工具或某种外力来加速对半成品的磨制。

第四步器物抛光。一手固定住石斧，另一手用兽皮或绳索缠绕石斧，两人分别手持兽皮或绳索的两端,来回拉动,随皮条拉动对石斧表面进行施力,以此达到抛光的目的。在拉动皮绳的同时,一人要掌握平衡,把石斧成品固定,另一人两手来回拉动皮绳,并不时地加入一些研磨剂。

二、骨角牙蚌器加工制作

(一)骨角牙器

骨器在很多红山文化遗址都有出土。从形制上看,骨器有骨锥、骨针、骨匕、骨刀、骨镞等,刃部均磨制锋利;从质地上看,多取自鹿、猪、兔等野生哺乳类和雉等鸟类动物骨骼;从部位上看,多取自动物肢骨。牛河梁第五地点和第二地点出土了一些人工敲击骨片和取料后废弃的废料,说明人们曾在此制作骨器。这也说明第二地点和第五地点曾是红山居民的居住地。牛河梁遗址人工敲击骨片计有16件,其中第五地点14件,第二地点2件,主要是鹿的掌跖骨骨片。这几件标本保留的敲击痕说明,取料的方法是沿梅花鹿肢骨骨体的内外侧或前后面敲击,使骨体破裂,获取骨片,再磨制加工成骨器。此外,N1H1出土了99件鹿掌跖骨下端关节残块,其中梅花鹿的有54件,狍的39件,麝的6件。这些骨骼可能是制作骨器取料后废弃的。哈民忙哈遗址出土骨柄石刃刀3件、骨鱼镖4件、骨鱼钩1件、骨针4件、骨针筒1件、骨镞1件、骨匕16件、骨锥8件、骨簪15件,还有骨料20件。绝大多数骨器都是由大型哺乳动物的肢骨骨干制作而成。仅有骨针筒为大型鸟类肢骨制作而成,器内可见4~5根长条形骨片。陈全家先生对通辽哈民忙哈遗址出土骨角蚌器的制作工艺进行了研究[1],认为哈民忙哈居民制作骨器的方法主要有5种:一是砸击法。从大中型哺乳动物残断肢骨的断口处可观察到砍砸痕迹,形状不规则,多呈弧状,可见砸击点。推测先用工具砍砸体积较大的长骨骨髓上方,使长骨分解,再去掉两端膨大的关节,取得规整的骨料,再做进一步修整。二是剔刮法。用锋利的工具在骨料上来回划动,剔刮出骨片的轮廓,剔刮痕迹逐渐加深至完全穿透骨料时,即取得骨片。三是锯割法。一般用来分解骨干为圆柱形或椭圆形的长骨,锯割时一手固定动物长骨,另一手持工具在要分解的部位前后划动。待划至一定深度后,转动骨干,从另一角度继续划动。锯割完毕后,手握骨的两端,将其沿锯割处掰断。四是锤击法。在红山文化的一些典型遗址内,肋骨多作为制作骨匕的原料,锤击的目的是改造骨料,

---

[1] 陈全家、陈君、吉平、王春雪:《内蒙古哈民忙哈遗址出土骨、角、牙制品的初步研究》,《人类学学报》,2016年第3期。

获取骨匕雏形。五是磨制法。新石器时代，磨制应当是骨器制作过程中的重要技术手段，绝大多数骨制品表面可见磨制痕迹。红山文化遗址内，磨制技术是最常见、最基本的技术手段。根据陈全家先生等人的研究，我们推断红山文化骨器的制作大体分为四个步骤：第一步选料，挑选适合的骨料。第二步截料，以砍砸法、锯割法截取骨片。第三步改料，进一步修理取得骨坯。第四步定型，以磨制法精修骨坯取得成型骨制品。

红山文化的角器原料主要是鹿科动物的角尖、角枝联合、主枝等。通过观察，截取角料的方法有直接分解法、锯割法。直接分解法即用手分解角料，断面参差不齐，断口形状不规则；锯割法即使用工具采用锯割的方法分解角料。原始居民锯割角料时，会根据角料的形状、粗细差异，调整锯割的方法。锯割圆粗的角料时，一手握住角转动，另一手持工具沿着角干四周均匀锯割，断口平齐，断面内高外低，略倾斜。锯割椭圆形的角料时，在角干一侧先锯一长条形缺口，继而转动角料，从另一侧沿缺口起点锯割角干至缺口终点；还可能会在角干两侧各锯一道长条形缺口，锯痕较浅，并不锯断，而是用手掰断。可见，原始居民对锯割法掌握得十分娴熟，且形式多样，具有灵活变通的特点。根据考古发掘获得的材料分析，角器的取料加工过程分为五步：第一步选取合适的狍角；第二步去掉狍角的第二枝；第三步分解狍角为角枝、主干两部分；第四步进一步分解主干，取中段为角料，余下的角环及小段主枝为废料；第五步从角枝上取冠枝，作为角锥使用。

红山文化的牙制品共有 5 件，均为由野猪雄性犬齿制成的饰品。一般在后端居中有钻孔，无法判断钻孔类型，整体经磨制而成。

通过对红山文化遗址出土骨角器加工工艺流程等方面的分析，我们对红山文化骨角牙器的制作及使用情况有了初步认识。从骨、角、牙制品的制作及使用情况来看，原始居民已熟练掌握打制、磨制、锯割、剔刮、砍砸、抛光等技术，并将这些技术运用到生产工具和生活用品的制作中。综合分析，红山文化遗址出土的骨角器有以下特点：一是原料来源广泛，具有多样性。遗址内取料并不拘泥于特定种属或部位，而是广泛采纳，以满足制作多种器形的需求。二是制品种类繁多，样式各异。不同种类、不同形式的制品外形各不相同，大小各异，呈现出多元化的特征。三是加工技术纯熟。制法因料制宜，工艺繁简结合，制作工序复杂。骨、角、牙制品工艺繁复，如骨柄石刃刀、骨镞、号角、牙饰等。四是以实用器为主，分为两类：一类是从事狩猎、渔猎、采集的工具；一类是日常使用的生活用具，装饰品极少。红山文化的骨角牙器是红山文化狩猎业发达的实证，同时也间接表明了狩猎是聚落居民经常参与的活动，具有普遍性。

（二）蚌器

红山文化遗址不仅出土了大量的骨角牙器,也有数量不等的蚌器发现。哈民忙哈遗址出土蚌制品91件,种类包括蚌刀、蚌匙、蚌饰、蚌链等,其中蚌匙的数量居多,另外还发现70余件蚌料。陈全家等先生对哈民忙哈遗址出土蚌器的制作工艺和使用功能进行了研究[1],为我们研究红山文化蚌器提供了思路。

第一,蚌刀的加工制作。根据器身形状及功能差异,可将蚌刀分为两类:一是长条形蚌刀,有无孔蚌刀、单孔蚌刀、双孔蚌刀三型;二是不规则形蚌刀,有宽体蚌刀、窄体蚌刀两型。就蚌刀上所能观察到的加工痕迹来看,其加工工艺流程大致分为选料—截料—改料—定型—钻孔五个步骤。第一步选料。蚌刀采用珍珠蚌未定种壳体的腹侧部分制成。选择珍珠蚌的原因一是珍珠蚌个体硕大,壳体厚重、坚硬,壳面光滑、弧度小,是制作蚌刀的理想材料;二是在遗址周围的水域中,珍珠蚌的数量占绝对优势。第二步截料。可辨蚌料约70余件,均为珍珠蚌的腹侧,长而宽,内侧可见前闭肌窝及外套痕。背侧有打制痕迹,无磨制痕迹,未经过精细加工。截取蚌壳腹侧部分作为蚌刀原料的原因一是腹缘锋利,可作为蚌刀刃部;二是腹侧部分长短适中且腹缘弧度小,易于制作成型;三是腹侧部分易于从大蚌壳上截取。原始居民应是在遗址附近的水域旁采集活蚌,就地分解,仅带回蚌料,剩余的边角料丢弃在采集处。第三步改料。改料的目的是获取蚌坯,方法以打制为主,兼用锯割法。锯割法痕迹规整有序,对蚌料破坏小,能使蚌料的利用率趋近最大化。原始居民也会采用剔刮法改造蚌料,但极少用于蚌料加工。第四步定型。此流程在实际操作中具有多变性,各个蚌刀的具体操作都不尽相同。加工蚌坯的方法主要包括打制法和磨制法。个别蚌刀器身可见明显的磨制痕迹。有的蚌刀背侧及前端经磨制,边缘规整;有的蚌刀通体磨光,加工精细;有的蚌刀器身仅见打制痕迹,对背侧进行细致打磨后连同腹缘刃部加以使用。经过定型后,蚌刀即已制成。第五步钻孔。完整钻孔的内侧直径大于外侧直径。结合显微镜观察分析,为两面对钻而成。制作工序是先由蚌壳内侧向外侧进行钻孔,当钻到外侧刚刚被钻透并出现小孔时,即翻转蚌壳,再以内侧钻透的小孔为着力点,由外侧向内侧钻孔,直至钻孔完成。通过对钻孔的内侧直径、外侧直径、孔内径、孔周围厚度测量统计发现,各钻孔的各项数据差异不大,孔径十分接近,内侧直径、外侧直径、孔周围厚度数值整体上较为稳定,说明原始

---

[1] 陈全家、吉平、陈君、王春雪:《内蒙古哈民忙哈新石器时代遗址出土蚌制品研究》,《考古》,2015年第12期。

居民已经熟练掌握钻孔技术,并发展为标准化制作。蚌刀形制与石刀类似,其功能亦具有一定相似性。通过动物考古学分析,当地的经济模式主要以渔猎及狩猎为主,农业发展水平较低,故蚌刀作为农业工具的可能性较小,而作为切割或采集工具的可能性更大。特别是考虑到红山文化时期发达的渔业,蚌刀用于切割鱼类和蚌类、"以渔制鱼"的可能性更大。

第二,蚌匙的加工制作。根据蚌的种类和外形可将红山文化蚌匙分为两类:一类由圆顶珠蚌制成;另一类由剑状矛蚌制成。就蚌匙上所能观察到的加工痕迹来看,加工流程大致分为选料、加工两步,流程较简单。第一步选料。针对不同蚌壳的形态特征,原始居民能有意识地选取蚌壳制作不同的器物。珠蚌和矛蚌壳体小,壳壁薄厚适中,轻便且易于抓握,是制作小工具的理想材料。第二步加工。珠蚌和矛蚌壳体具有天然的凹窝,大小适宜,制作时仅需简单处理边缘即可。加工方法采用磨制法,将壳体后侧及腹侧的锋利边缘磨钝即可使用。从外形看,蚌匙与现在日常使用的汤匙十分相像,功能可能大致相同。在当时,蚌匙可能会被作为舀取食物的餐具使用,一是蚌匙壳面弧度大,凹窝深,器身短小,功能侧重于舀取汤水等流食;二是前侧壳体略薄,使用时应是用手指捏住前侧壳顶窝。

第三,蚌饰的制作加工。红山文化遗址出土的蚌饰大体有两种:一种是蚌环,另一种是蚌链。蚌环材料多为珍珠蚌未定种蚌壳,选料均为靠近腹缘处的厚壳片。蚌片边缘经过加工,仅内侧可见单面管钻痕迹。从钻孔的直径及孔壁厚度推测,钻孔工具可能是壁稍厚的骨管。使用时以中间的钻孔作为穿绳的孔洞,缚绳后佩戴于胸前,起装饰作用。红山文化蚌饰的制作流程大体为:选料—截料—改料—钻孔—定型—精加工。经过选料、截料、改料后,得到蚌坯,于蚌坯中部钻孔,取得蚌环的雏形,之后以磨制等方法精修雏形的边缘,经抛光后即成型。红山文化蚌链在哈民忙哈遗址出土 1 件,虽仅存长条形蚌片,不见穿连物,但基本保存原状。蚌链 F36∶13 由若干蚌条及兔桡骨穿成一排,共 4 层,中间有一道线痕,可能为头饰。蚌条均由剑状矛蚌制成,粗略统计共 45 片;兔桡骨约 4~5 根,因其长度与蚌条类似,厚度适中,且骨面弧度小,较平直,所以也被用作头饰原料。哈民忙哈遗址出土蚌链的制作流程为选料—截料—改料—定型—穿连。截取蚌料后,以锯割或剔刮法取得蚌条,之后通过磨制等方法精修蚌条成型,再用皮或草绳穿连蚌条及兔桡骨。

红山文化遗址出土的大量骨角蚌器是"以渔制鱼、以猎制猎"的产物,即通过渔猎业获取动物骨角牙料和蚌壳,制作相应的骨角蚌器;再把骨角蚌器投入到渔猎生产加工中,以此形成封闭的生产加工链。考古发现表明,骨角牙器和蚌器在红山文化诸多遗址中都有大量出土,虽然数量不等、种类有别,但就制作工艺和使用功能而言有一定的共性特征:骨器因为质地坚硬,多被制成骨镞、骨锥、骨刀、骨针等用于狩猎、宰杀、割肉、刮骨、穿刺兽皮的工具;蚌器因蚌壳形制上的特殊性,如壳体内凹、边缘锋利而被制成蚌刀、蚌匙,用于临时切割鱼类、蚌类等,正所谓"以渔制鱼、以猎制猎"。至于牙器、蚌环、蚌链等穿孔佩饰的主要功能并不是为了装饰。红山文化时期由于生产力水平低下,人们的衣饰不可能准确地反映出年龄和性别的差异。在日常生活中,群体间和个体间实现交流首先要辨识身份和性别特征,在衣物上佩戴标识性器物应是最佳的选择。男性佩戴牙饰可能是代表他们的狩猎成就,既是英雄的象征,也是男性身份象征;女性佩戴蚌饰不但表明她们以渔业和以蚌器制作为特征的劳动分工,也暗示她们的女性身份。当然,这仅是一种推断,尚需更多的证据支持。考古发掘表明,无论是分布在哪个区域、属于何种类型的红山文化遗址,出土的骨角牙器和蚌器的器物造型各有特点,但总体类型和加工工艺大体相同。这表明红山文化骨角牙器和蚌器的加工制作是聚落化的,并未出现等级化。这种聚落化或者是以单一聚落内每一个家庭为单位的,或者是以一整个聚落为单位的;这种聚落化加工是为了维系整个聚落生存发展的需要,具有极强的现实意义,而不具有象征性,因此,没有等级化趋势。然而,随着生产力发展和社会分层,玉石分野,玉器成为巫觋阶层的专属,具有了象征意义,玉器加工业也从石器加工业中脱颖而出,最终实现专门化和高等级化。

第三节 建 筑 业

一、聚落建筑

最能代表红山文化聚落建筑水平的就是聚落环壕和房屋建筑。其中西台聚落环壕代表红山文化时期环壕的最高水平;哈民忙哈遗址出土了保存较好的木质构件,可为我们更准确地复原红山文化时期房屋建筑结构。

(一)城壕

红山文化环壕聚落很多,但能代表环壕建筑最高水平的是西台聚落遗址。它由南北两座"城"壕环绕(图4.4)[1]。

---

[1] 杨虎、林秀贞:《内蒙古敖汉旗红山文化西台类型遗址简述》,《北方文物》,2010年第3期。

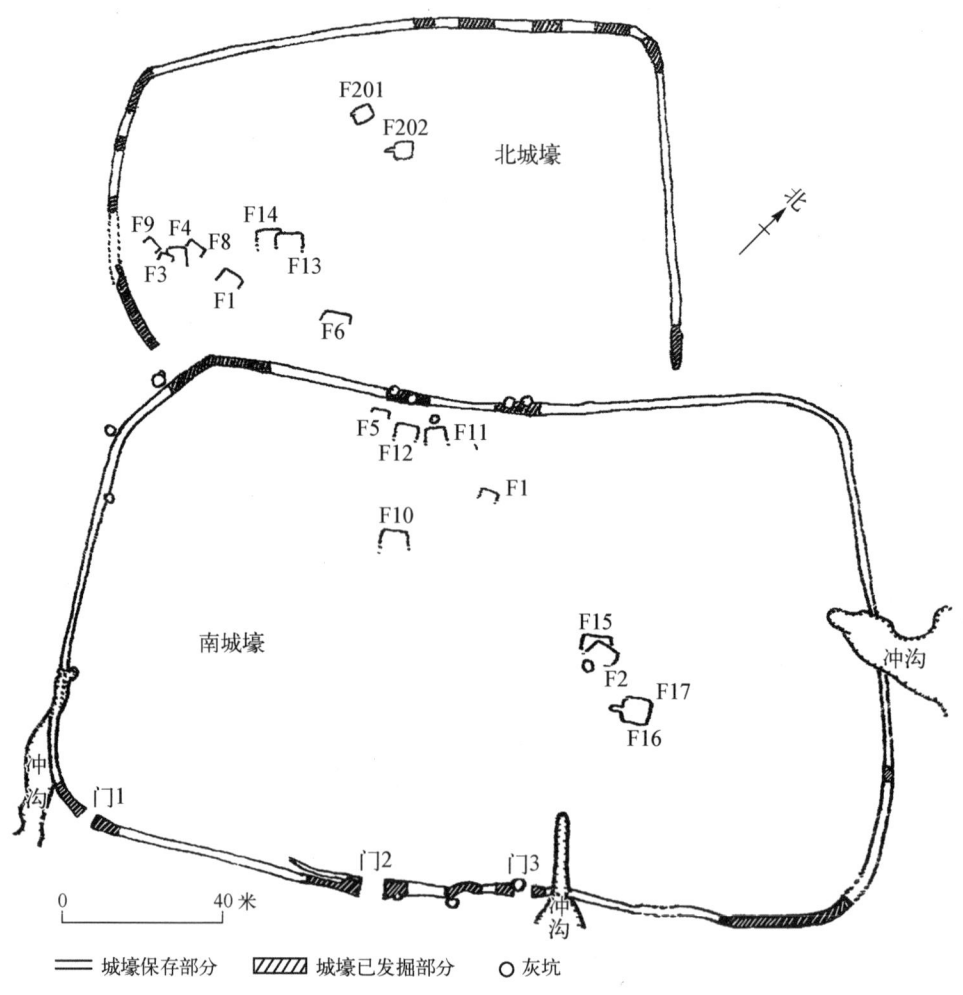

图 4.4 西台聚落城壕建筑

北城壕由三面壕构成,其城址方向北偏西约 40 度,共发掘 10 段,全长 280 米。城壕内有残房址 10 座,属兴隆洼文化的 F201 和属红山文化的 F202 较完整,保存较好。南城壕平面近长方形,周长约 600 米。城壕最宽 3、底最宽约 2 米,平均上宽 2.25、底宽 1.5、深 1.5~2 米,一般宽在 2 米左右。其中一面城壕有 3 个门。2 号门居中较宽,宽 6.5 米;1、3 号门在两侧,门较窄,1 号门宽 4.5 米,3 号门宽 5.5 米。南城壕内房址除了 F1 属兴隆洼文化外,其余皆为红山文化房址。西台聚落城壕建筑有两个重要特征,体现了红山文化古城建筑方面的最高水平。一是环壕为方形,从圆形环壕发展到方形环壕在城市建设方面具有里程碑意义。毫无疑问,中国城市的出现源于原始聚落的不断扩大,当社会矛盾发展到一定阶段后,使中心聚落演变为某些特定人群居住的城,最初的聚落环壕便演变为具有防御功能的城墙。追根溯源,西台遗址方形环壕正是方形城址的祖型。二是南城壕的南面城壕有三个门,居中的门最宽,这种建制依然具有里程碑意义。中国古代城址南城墙大多建有三个城门,以中间城门为贵,往往居于城市的中轴线上。上述两个重要特征表明,西台聚落南城壕已经有了城的雏形。虽然西台遗址的城还远没有达到国家层面城的建筑水准,但能代表红山文化在城壕建筑方面的最高建筑水平。

(二)房址

目前保存较好的红山文化房址发现于哈民忙哈遗址。从聚落布局来看,哈民忙哈聚落遗址中的房址均沿东北—西南排列,自西北向东南方向成排分布,部分房址在排列中的位置略有参差,但布局基本整齐。房址皆为"凸"字形半地穴式,居室呈圆角方形,有长方形门道和室内灶。灶多位于居室中部偏南,正对门道,平面呈圆形,斜壁,平底或者圆底。部分房址发现有柱洞,房内堆积多为两层,居住面上普遍散布较多遗物。其中最大的一座F32(图4.5)[1]保存得相当完整,经逐层清理出的房内堆积中纵横叠压的炭灰痕迹,基本反映出屋顶的建筑构架。F32房址内有较多木质构件,较均匀地分布在居室四周,共计27根,其中立柱13根、其他14根。从现场观察,横梁位于房址中部,四角由承重柱子支撑,檩子搭建在主梁上,一端接地,一端聚向中间,檩子之间等距离铺设椽子。梁、檩、椽相互结合形成完整构架,可初步判断房址的屋顶为四面斜坡式或两面斜坡式建筑。

我们可以通过模拟实验还原红山文化时期的房屋建筑。红山文化房址居住面上的柱洞一般为3~5个,靠近穴壁的柱洞数量不等,有的未发现柱洞。根据柱洞分布我们推断,红山文化房屋建筑大体有两种形制。第一种为四棱锥形房屋,具体建筑程序可分为五个步骤:一是在挖好的半地穴式房址内立4根木柱,柱洞位置在正方形的四个角上,另1根木柱立于正方形的两条对角线交点上;二是再用另外4根木檩分别将立好的四根木柱在离地面一定高度处两两相连,形成水平面,一定要使两条相邻的木檩形成"×"的形状,即正方形四个角似都有反向延长线;三是另用4根长的木柱中间搭在两个木檩交叉的丫口处,下端立于半

---

[1] 内蒙古文物考古研究所、科左中旗文物管理所:《内蒙古科左中旗哈民忙哈新石器时代遗址2010年发掘简报》,《考古》,2012年第3期;内蒙古文物考古研究所:《内蒙古科左中旗哈民忙哈新石器时代遗址2012年的发掘》,《考古》,2015年第10期。

图 4.5　哈民忙哈聚落房屋建筑

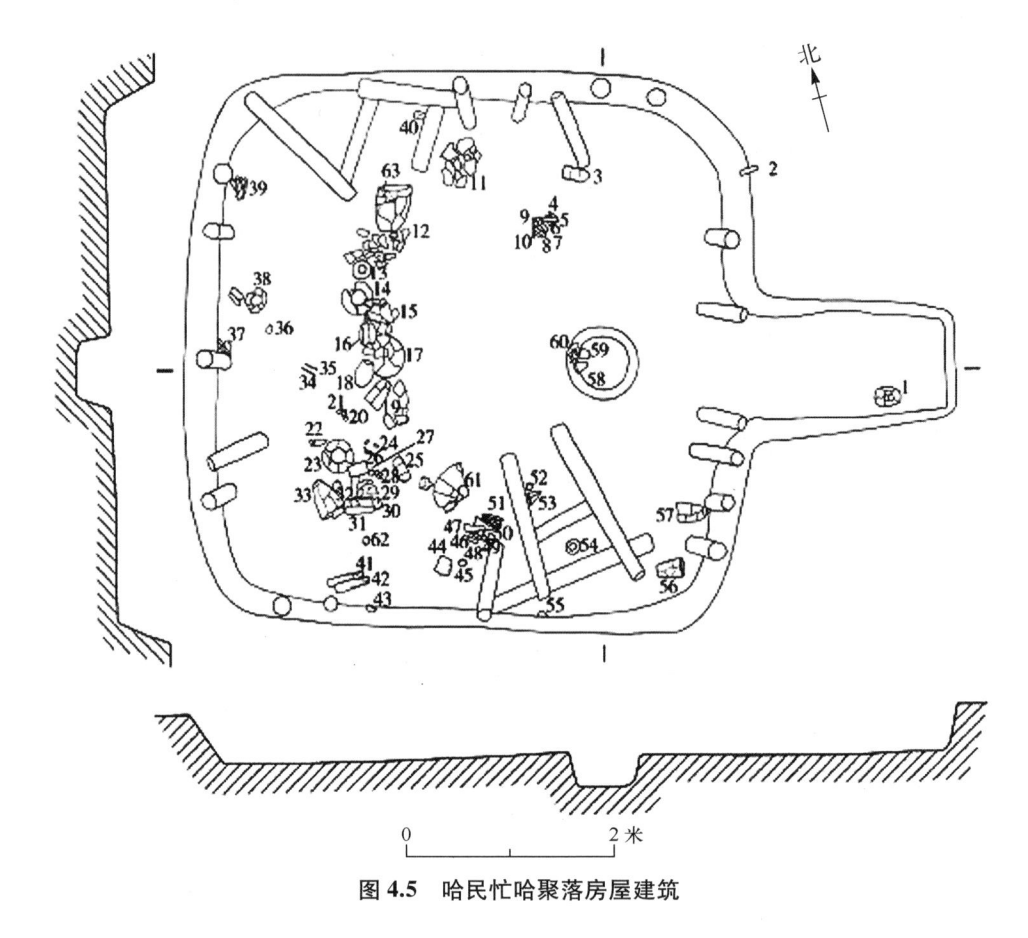

地穴房址外地面上,上端搭在中央立柱上;四是等距离横向搭建檩木,使得房屋框架更加牢固,五是在搭建好的房屋上铺树枝和草,并用草拌泥抹平。第二种形制是双面脊式房屋,类似于我们今天的歇山式屋脊。其建筑工艺和第一种形制房屋大体相同,只不过是半地穴式居住面在灶址左右各立一根木柱。一是在挖好的半地穴式房址内立 4 根木柱,柱洞位置在正方形的四个角上,再用另外 4 根木檩分别将立好的四根木柱在离地面一定高度处两两相连,形成水平面;二是另立 2 根高木柱于居住面上灶址左右侧靠近穴壁的位置,木柱上搭建一横梁;三是另用 4 根长的木柱两两相对,上端搭在横梁上,中间搭在东西向平行的两根木檩上,下端立于半地穴房址外地面上;四是等距离横向搭建木条;五是在搭建好的房屋上铺树枝和草秸秆,并用草拌泥抹平。

二、祭祀建筑

代表红山文化时期祭祀建筑最高水平的就是牛河梁祭祀建筑群,其规模宏大的坛庙冢建筑三位一体,被苏秉琦先生称为"海内孤本"。除此之外,东山嘴、胡头沟、半拉山等遗址都是典型的祭祀建筑,也能代表红山文化晚期祭祀建筑水平。

(一) 牛河梁祭祀建筑群

牛河梁祭祀建筑群最具代表性的就是第一地点的两座庙址、牛河梁第二地点的二号陵、第五地点上层的一号陵和第二地点的三号坛。

第一,庙的建筑。能代表红山文化时期祭祀建筑水平的庙址主要有第一地点的两处庙址 J1 和 J4(图 4.6)[1]。从整个布局分析,两处庙址都背依一个方形台。不同的是 J1 在方台的南侧,主室门道向东,J4 在方台东侧。从 J1 内部供奉的人像和 J4 内部的烧土面来看,它们是专门供奉人像用于祭祀的。方台位于冈丘的最高点,从出土的彩陶祭器看似有坛的性质。

牛河梁第一地点庙址 J1(图 4.7)[2]的平面布局分为北多室和南单室两个部分。北多室为南北长、东西短、多室连为一体的结构,可分出中室、北室、东室、西室和南室约五室,中室与东室、西室、北室都有通道相连;南单室位于北多室南部 2.65 米处,庙址总面积约 75 平方米。庙的地下部分发现有炭化木柱围绕于穴口边缘以外,墙壁和仿木建筑构件上多有捆束的禾草一类植物的印痕,墙面抹多层草拌泥,较为光滑。庙全部为土木结构,建筑材料完全不用石料。北室略呈长方形,直接开凿于基岩上,南端与主室相通,中部出一泥塑大禽的爪趾残块、一红陶筒形残器。主室为规整的椭圆形,壁面光滑平整。主室墙壁的筑法是先紧贴生土圹壁立直径 5~10 厘米的原木为骨架,结扎禾草秸把,再敷底泥,然后抹细泥二至三层。

牛河梁第一地点 J4 也是一处专门用于祭祀的庙址,位于东山台北墙以北约 20 米,西与北山台相对。经勘探清理,其为半地穴式,长方形,南北宽约 5 米,东西长约 10 米。从已清理的西半部分看,在第二建筑址地面的周边和中部都分布有柱洞。近北壁已揭露出 6 个柱洞,其中近中部的 5 个距离相近,间距约 0.6 米。近南壁揭露出 5 个柱洞,其中位于西南角的为两个一组。南壁中部有 2 个柱洞。中部柱洞的分布情况为:北侧 3 个,大小与间距都较大;南侧 3 个。已揭露出的 17 个柱洞在北壁、南壁和中部都有东西排列的规律可循,这样可确定建

---

[1] 辽宁省文物考古研究所:《牛河梁——红山文化遗址发掘报告(1983~2003 年度)》,文物出版社,2012 年。

[2] 辽宁省文物考古研究所:《牛河梁——红山文化遗址发掘报告(1983~2003 年度)》,文物出版社,2012 年。

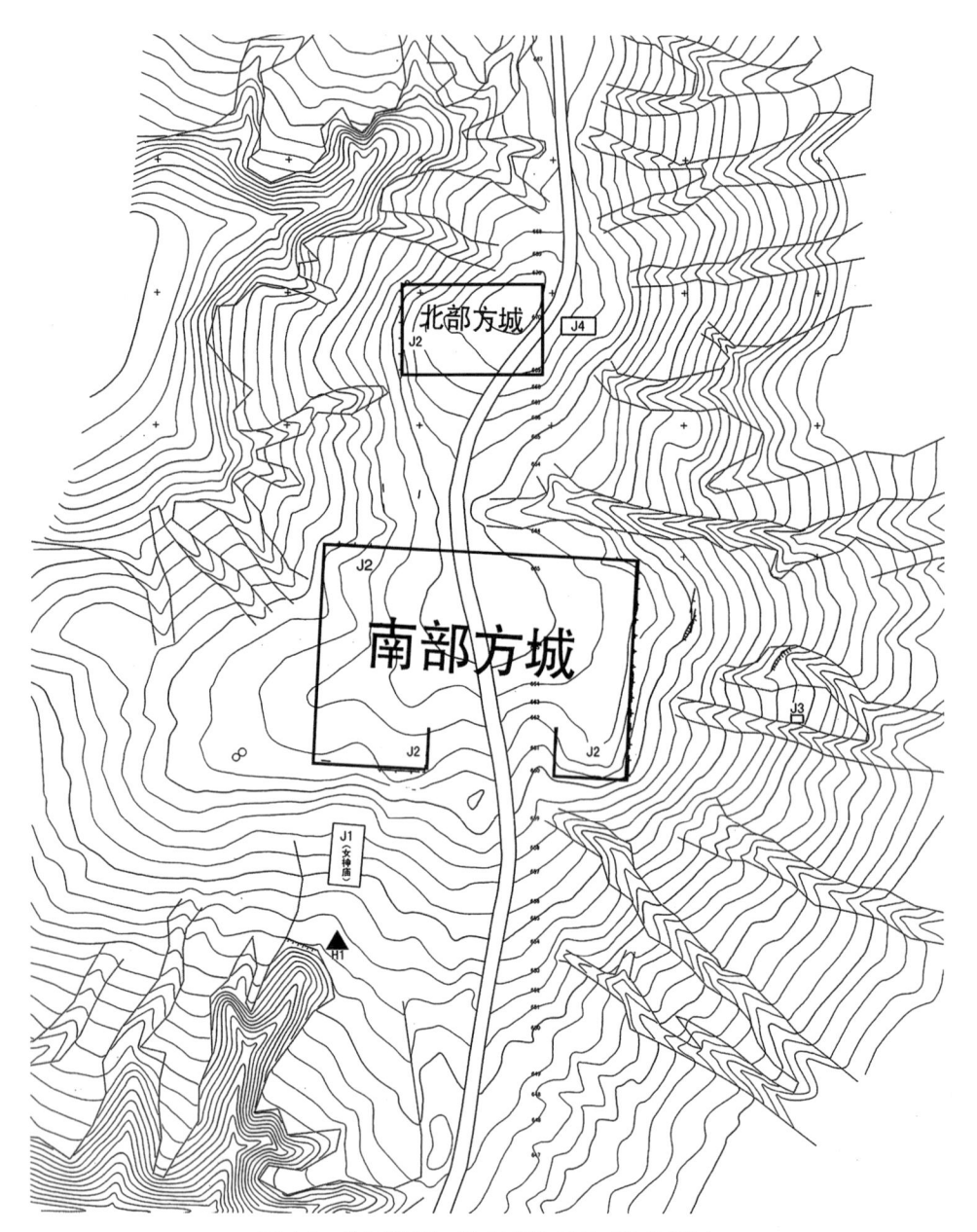

图 4.6　牛河梁第一地点庙址 J1 和 J4 位置图

北多室
(N1J1B)

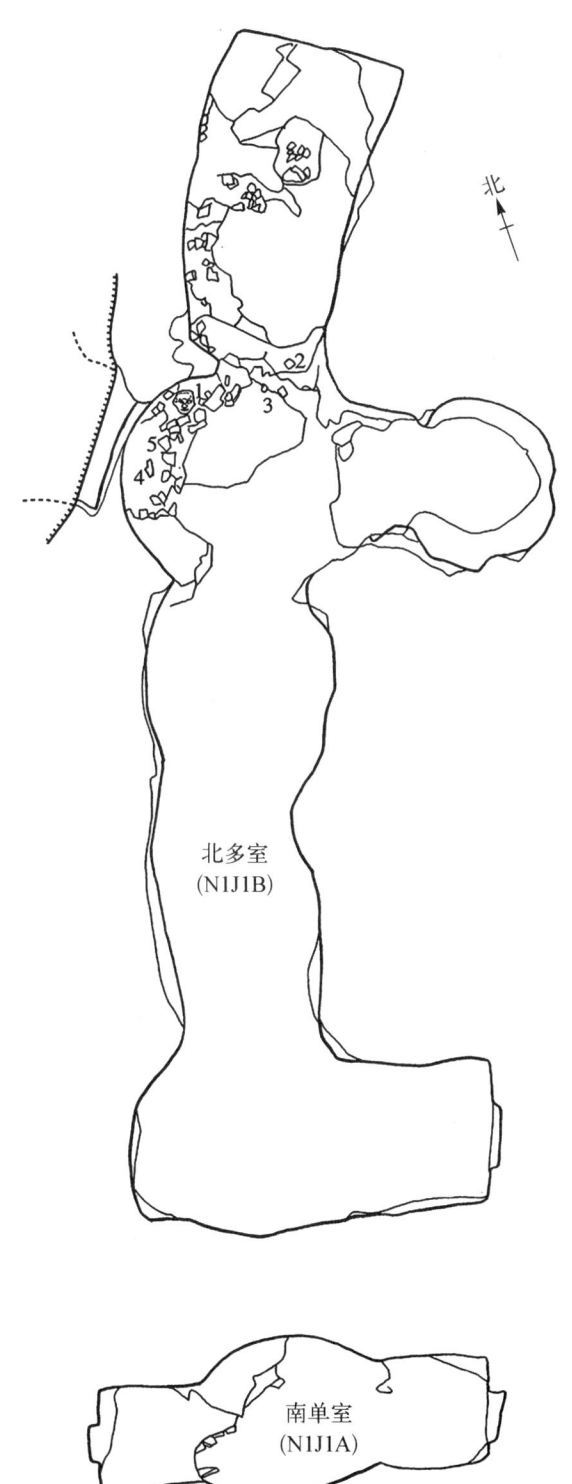

南单室
(N1J1A)

北

图 4.7 牛河梁第一地点庙址 J1

筑址东西共有四排柱洞,但南北方向的柱洞排列情况尚不清楚。南壁中部的2个柱洞大而深,且间距甚宽,应与房址中部的轴线布局有关。此建筑址在东山台的正北位置,方向与山台石砌界墙及"女神庙"相同,从分布的柱洞和烧土面的位置看,此建筑址有按中轴线分布的规律,应非一般居住址,而是与庙台有关的建筑物。

第二,冢的建筑。牛河梁遗址群中祭祀建筑数量最多的是积石冢,在牛河梁遗址已编号的16个地点中,积石冢占到11处。牛河梁各山梁的梁脊上发育有诸多山岗,积石冢选择在高度适宜、彼此距离相若、视野较为开阔的山岗上。第二、三、五地点海拔高度相差不大,它们距处于主梁梁顶的"女神庙"较近,彼此之间距离也相近,其中第三、五地点处于同一山梁,第二地点与第三地点,高低相望。第十六地点位于距主梁较远的西端,与第十三地点东西相望。各地点大约在海拔550~650米之间。

下层积石冢的建筑工艺并不十分复杂,一是一冢一墓,长方形竖穴土坑墓位于冢的中心位置,紧靠内壁立有石板,墓穴和立石均不规范,墓葬用石板封顶,石板上用土填平;二是顶面铺碎石;三是陶筒形器呈环形排列于四周,也发现有个别墓葬中筒形器呈直线排列的情况;四是墓成行排列。下层积石冢已具积石冢基本特征,且有一定规格,但与上层积石冢相比,结构较简单,规模不大,规格不高,尚未见明显分化。

上层积石冢N2Z2和N5SCZ1(图4.8)[1]代表了红山文化晚期的最高建筑水平。其主要建筑工序可大体分为四步:一是营建墓穴。首先在地下营建墓穴,在墓壁做出台阶。如N2Z2M1、N5Z1M1都为四面起台阶,N2Z1M25与N2Z1M26都在南部一侧起三层以上台阶,N2Z2M2在南侧起一层台阶。然后在地上筑墓,有石板立置和石块平砌两类,有外平铺内立置的墓室结构。个别墓设有附室,并在附室内放置陶器或陶片,之后在墓顶砌石。N2Z2中心大墓、N16Z1中心大墓都为顶盖与底板俱全的墓葬,N2Z1中心两座大墓都有底板而无顶盖板。冢内中心大墓位于北部中央,其他墓葬集中在冢南部。如N2Z1中部设两座大墓,南部为成排群墓,N2Z2中心大墓之南有3座规模较小的墓葬,N3小型墓在中心大墓的南部到西南部,N16中心大墓南连置5座墓葬。每个地点只设一座中心墓。如第五地点中心墓设在Z1内;第十六地点以M4为中心;第三地点虽规模较小,也在中心部位置中心墓;第二地点虽为群冢,但只有坐落在岗顶

---

[1] 辽宁省文物考古研究所:《牛河梁——红山文化遗址发掘报告(1983~2003年度)》,文物出版社,2012年。

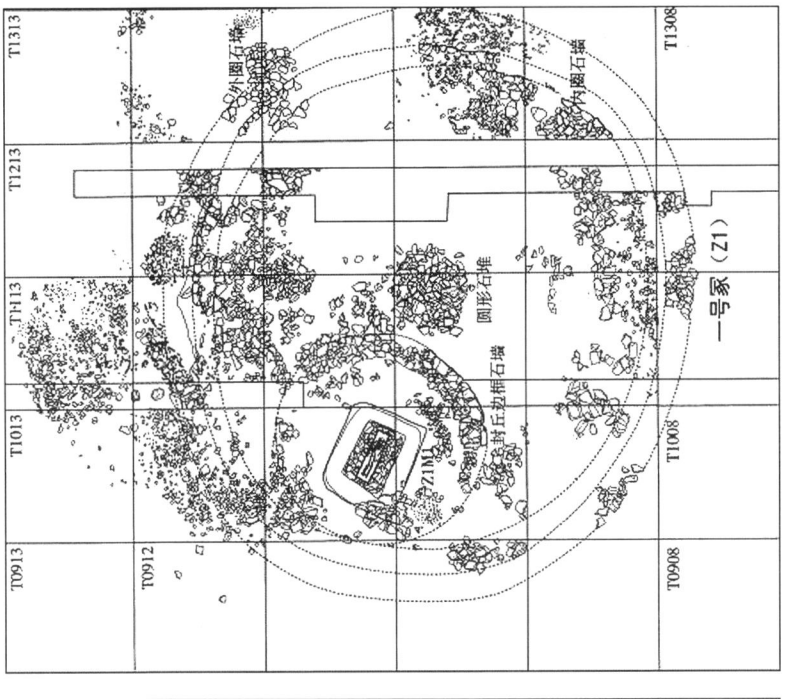

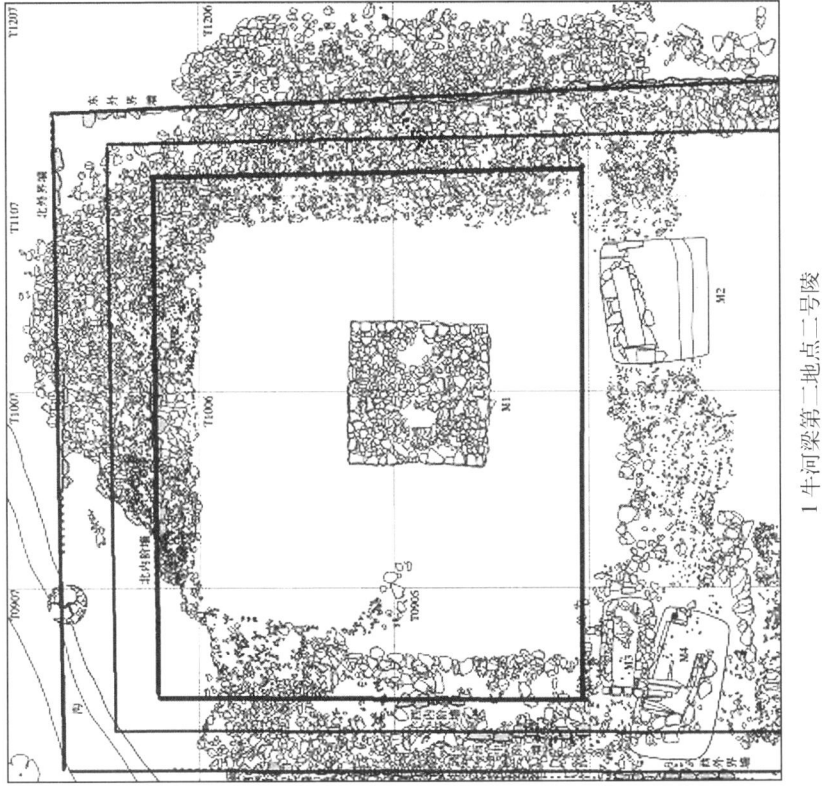

图 4.8 牛河梁遗址陵冢

1 牛河梁第二地点二号陵
2 牛河梁第五地点上层一号陵

中部位置的中心大墓 N2Z1M1 墓口上另砌大型冢台。Z2 西侧的 Z1 在近于东西中轴线上置对称双墓 M25、M26,很可能是两个冢群的中心大墓。二是建筑冢台。墓室营建好后,葬入墓主,之后墓上要筑冢台,墓和冢台之上封土,在封土上积石,四周以石块砌出冢界,形成地上建筑——冢体。冢体有在中心大墓之上砌筑冢台后直接砌筑冢界的,也有筑起冢台后先封土再砌石界墙并封石的。从冢体塌落部分直接压在冢界之上可以证明,当时在最外面裸露的应该是白色的冢体。三是固定冢界。每个积石冢都以石块砌筑固定冢界,冢界起台阶。第二地点二号冢 N2Z2 起三层台,四号冢 N2Z4 也有起三层台的部分。说明起三层是积石冢冢体与冢界建筑的主要形式。冢界朝向外侧的一纵向剖面保持平齐,横面保持水平。所用石材至少有一个朝外的平整面,使砌出的冢界外侧平齐;冢界的最上一层保持水平。如第二地点 Z1 的东墙和 Z2 的东墙,都依北高南低的坡度砌出,北部为一层,向南层数逐渐增加,到冢界的南端,一般为 4~5 层。从而使整个积石冢冢体上部保持水平从而处于较为稳定的状态。诸冢的形状多有变化。第二地点一、五号冢为长方形,二号冢为正方形,四号冢为方形和圆形的结合,第三地点为圆形,第五地点一号冢为正圆形,二号冢为长方形,中间的坛形建筑为长方形。第十六地点上层积石冢虽然冢界大部已不存,但从仅保留的局部石墙仍可看出为长方形。建筑积石冢时对形状要求十分严格。圆形冢都为正圆形或接近于正圆形;方形冢的四边长度近等,方形冢和长方形冢的交角为直角或近于直角。积石冢的方向也较为规整。如第二地点群冢的整体方向是正东西方向,其中的一、二号冢都为正南北方向。第二地点下层积石冢诸墓葬都为南北方向,而上层积石冢诸墓葬都为东西方向。第五地点二号冢近于南北方向,第十六地点中心大墓近于正东西方向。四是冢上封石,界内置陶。冢台和冢界建好之后,冢上封石;冢界置陶筒形器群,这是红山文化积石冢的一大特征和重要标识。陶筒形器竖置于冢上,一般为一列,位置在外冢界以内,沿冢界成行排列,彼此紧贴,几乎无缝隙。不同的冢所用筒形器有所差异。冢上陶器除以筒形器为大宗以外,还见三种泥质红陶器。一种为扁钵式筒形器,经常与筒形器共同出土;一种为塔形器,从出土情况看,下、上层积石冢都有发现,位置多在冢的中央部位;一种为豆形器,出土数量极少。依据现存的冢界石墙可知冢体平面呈圆形,冢界石墙共有三圈。由于冢体的三圈石墙均只存底层,因此,石墙是否由外向内逐圈升高进而形成台阶已不可知。冢体北部、南部外圈石墙的外侧,保存有一层较纯净的黄土。陶筒形器在这层黄土之上集中分布,由此可判断,这层黄土也为人工铺垫,是用来放置筒形器的。

第三,坛的建筑。红山文化坛的建筑也并非整齐划一,就形制而言既有方形祭坛,也有圆形祭坛;就结构而言,既有坛冢分离的,也有坛冢合一的。但有一种趋势较为明显,即早期坛的形制不统一,有方、有圆,而且多为坛冢合一的结构;晚期坛的形制统一,多为圆形,且坛冢分离。

N1Z3(图4.9)[1]代表了红山文化祭坛的最高建筑水平,位于第二地点的中部,即山岗的高点。Z3为有3层阶台的圆坛状。形制、结构以及用料、砌筑方法均与诸积石冢差别甚大,也无墓葬发现。它平面近正圆形,由三层以立石为界桩的阶台和坛上积石组成,特征鲜明。一是坛分三层,石桩分界。三层坛阶台每层都以排列的立石组成石界桩,形成由外、中、内共3周同心圆状石界桩圈框定的坛的三层阶台。它们由外到内,渐有高起,共同构成祭坛的基础和轮廓。由于祭坛所在的原地势南侧比北侧低,为保持坛体的平整,在坛下普遍铺有一层垫土,坛阶台的石界桩是在垫土的同时直接埋入的,石桩的大部分都埋于垫土中,

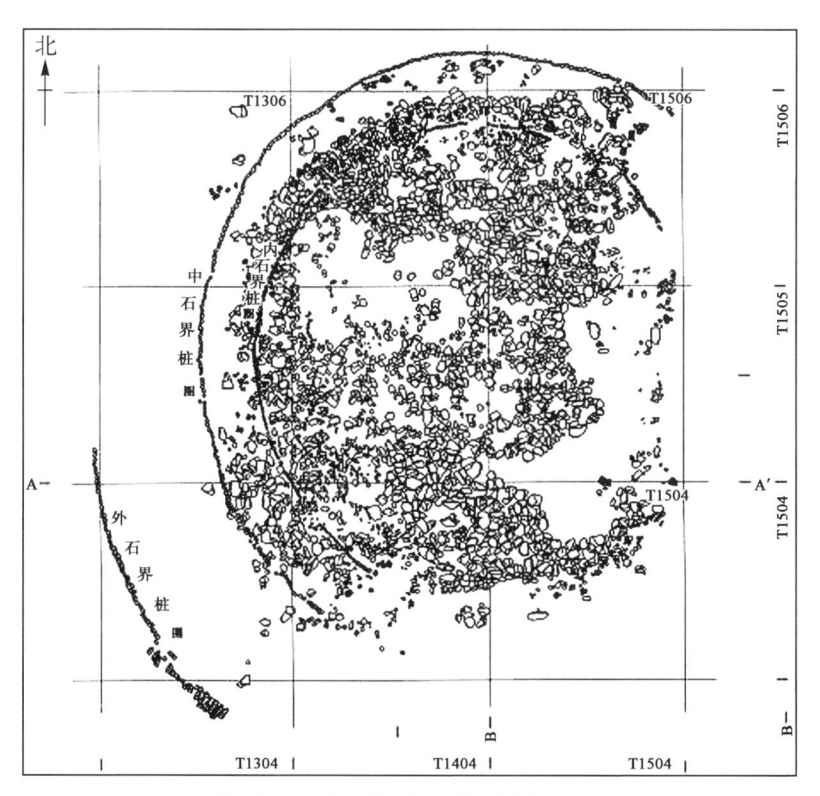

图4.9 牛河梁第二地点祭坛 Z3 平面图

---

[1] 辽宁省文物考古研究所:《牛河梁——红山文化遗址发掘报告(1983~2003年度)》,文物出版社,2012年。

仅留约10厘米的桩顶外露。石桩为立置,稍显内收。石桩为天然多棱体柱状,或者是不规则的五条棱柱体或者为不规则的四棱柱体,一般以柱壁较宽的一面朝外。外、中、内圈选用石桩的规格大小不一,以外石界桩圈的石桩最大,中石界桩圈石桩次之,内石界桩圈石桩最小。根据石界桩圈现存部分推断,外石界桩圈直径为22米,中石界桩圈直径为15.6米,内石界桩圈直径约11米。三周石桩圈所处的水平高度不一,外低内高,层层高起,且三周石桩圈即构成向内逐一分阶递收、层层叠起的圆台状祭坛。二是坛上堆石,冢上置陶。堆石集中分布于内石界桩圈以内,以坛体的中心部位保存最厚,堆石只分布于内桩圈以内的坛体中央,形成坛顶。坛顶堆石可能也砌出一个圆形台面,从而形成坛体的第三层台面。内桩圈以内设置陶筒形器群,位置在内石界桩圈与封石之间;在坛体中部的封石上还发现有陶塔形器残片。

根据以上发现和分析,还可对祭坛的建筑程序做些推测。第一步是地表的平整与垫土,力求使建坛场地保持水平。第二步是在垫土的同时进行石界桩圈的布置,将石桩按布置的方向和位置逐层逐个埋入。第三步是坛顶封石,封石限于内桩圈之内的坛顶中部。依据封石中部高、四周低的现存情况推测,坛顶封石可能还要砌筑一层阶台。

苏秉琦先生曾将牛河梁的坛庙冢和北京天坛、太庙、十三陵做了比较,并对红山文化坛庙冢给予高度评价:"红山文化坛庙冢,中华文明一象征。"总的来说,牛河梁坛庙冢的建筑布局是经过严格规划的,体现了高超的建筑水平。多冢成群、坛冢相依是牛河梁建筑的一大根本特色。一是牛河梁四个地点积石冢的数量与组合情况各有不同,但事先应有严格的规划。第三地点和第十六地点为单冢,第五地点为双冢,而第二地点为多冢。第二地点各冢间距在1米以内,却相互并不干扰,祭坛的位置在中央,其他冢分置东、西两侧,主次分明。二是每个单元为单冢的,都具有在冢前设坛、冢坛结合的布局规律。牛河梁遗址冢坛结合的两例都为群冢组合,坛都设于中心部位,如第二地点的祭坛与设中心墓的Z2共处于该地点岗顶正中,东西紧邻,主冢中心墓的头向正对祭坛;第五地点的祭坛也在两冢之间,表明祭坛在冢群中地位之重要。

(二) 东山嘴祭祀建筑群

东山嘴祭祀建筑[1]是坛冢组合结构。中心部分为一座大的方形冢台,东

---

[1] 郭大顺、张克举:《辽宁省喀左县东山嘴红山文化建筑群址发掘简报》,《文物》,1984年第11期。

西长11.5、南北宽9.5米。冢台四边均砌石墙基,用料以砂岩石为主,间杂少量灰岩石板。石块大都经过加工,一般除向内的一面不规整以外,上下两面、两端和外侧面都较平齐,有的石材加工成规整的长方形,从外侧可明显看出为错缝砌筑。冢台之外是一个方形围墙,北部和南部各有两段残断的墙体。北部两翼分别为两道南北走向、相互对称的石墙基。东翼石墙基残存部分在方形基址东北侧,距方形基址的东墙6米,共有并排的二十三块长条石。条石的砌筑,外侧面对齐,近于一条直线。西翼石墙基位于方形基址的正西侧,距方形基址的西墙亦为6米。以上两翼石墙基外都堆有大面积的石块,其范围直至遗址东、西边缘,并顺边缘的斜坡向下延伸,应是倒塌堆积。南部两翼皆有石带。东侧石带以长条石平卧为主,长11、宽2米,距冢台东墙0.5米。西侧石带距冢台西墙0.2米。南部两翼石带也可能为相互对应的一道石墙。据此判断,东山嘴遗址陵冢建筑也是周围环绕三重石墙的方形结构。圆形祭坛位于方形冢的南部,可分单圈形与多圈形两种。单圈形台址距冢台南墙基约15米。正圆形,直径2.5米,是在黄土堆积的上部铺砌而成,压在厚0.5米的黄土层上,周围以石片镶边。石片皆近长方形,多为白灰岩石片,向外一边平齐,使整个祭坛的边缘显得十分整齐,只在对应方形冢南侧的部位有明显下凹。祭坛内铺一层大小相近的小河卵石。多圈形祭坛在单圈形祭坛南约4米,已残缺,可分辨出三个相连的圆形基址。其中两个尚有轮廓,近椭圆形,南北径3、东西径4米。这两个祭坛都为单层石块砌成,边缘都以大块河卵石砌出两圈,石圈内铺较小石块形成台面,基址下即原生黄土。从地层分析,多圈形祭坛形成时间当早于单圈形祭坛。

(三)胡头沟祭祀建筑群

胡头沟祭祀建筑群[1]中心部位为一全冢最深、最大的墓,墓南侧扩壁设生土台阶。在此墓的周围有一道近圆形的冢台。中心墓南侧集中埋葬小型墓,中心墓与南侧小墓之间原有东西向的一道隔墙,在中心墓与南侧小墓上不封石。整个墓区周围建方形石墙,将冢群围住。推断主体祭祀建筑完成过程应是先营建中心墓室,之后在中心大墓外建筑圆形冢台,冢外封石;当中心大墓南侧埋葬小型墓后,再建筑围墙将整个冢群封在陵园内。第一,营建墓室。中心墓73M1,

---

[1] 方殿春、刘葆华:《辽宁阜新县胡头沟红山文化玉器墓的发现》,《文物》,1984年第6期;方殿春、刘晓鸿:《辽宁阜新县胡头沟红山文化积石冢的再一次调查与发掘》,《北方文物》,2005年第2期。

南侧扩壁是有"阶梯"的一种结构。墓中置长方形石棺,东西向,以薄石板铺底并作顶盖,以较厚的石板砌壁。第二,积石筑冢。在此墓的周边筑一圈近圆形冢台,冢台用石块围绕丘顶砌筑,略呈圆形。第三,建筑围墙。东围墙南北残长约32.75米,小石板块砌,多灰岩质,墙体似分内、中、外三道。第四,墙外放置陶器。紧靠最外道墙体外侧,竖置一排彩陶筒形器。依据中心墓(73M1)的位置可以推测,该积石冢当为东西面阔约15、南北进深约35米的一长方形,其东、北、西三面围墙的外侧摆放一排彩陶筒形器,彩陶纹饰向外。根据胡头沟这座积石冢的现存迹象分析,它具有如下特点:一是中心墓一侧有阶梯(台阶),中心墓外围附环状冢台。二是中、小型墓都集中附葬于中心墓的南侧。三是平面为方形或长方形,积石冢的筒形器直接陈设于最外道墙之外。

(四)半拉山祭祀建筑群

半拉山祭祀建筑群[1]晚期功能分区明显,南部为墓葬区,北部为祭祀区,呈现坛庙陵的主体结构。第一,陵体建筑。陵体由下部黄土堆积的土冢、上部石砌的界墙及外部积石堆积三部分组成。早期仅见黄土堆积的下层土冢,晚期在土冢上又出现了石砌界墙和起封盖作用的积石堆积。陵体是利用黄土在地表人工堆积而成的一个土台,台面近圆角长方形,整体北宽南窄,可分上、下两层。下层陵体由较纯净的黄土堆积而成。东、西边缘弧形内收,南端近圆弧状,南北长约50、东西最宽约26米,总面积约1 300平方米。上层陵体由黄黑混合的花土堆积而成,面积小于下层冢体。北边缘与下层冢体重合,东边缘较平齐,西边缘弧形内收,南端近圆尖状,南北长约42.5、东西宽约22米,总面积约935平方米。界墙位于陵体北半部,保存较好。它由北、东和西三面墙体组成,南面未见墙体。平面略呈方形,南北长约16.3、东西宽约16.5米。界墙由石块平砌,墙体外边缘较整齐,局部存两层石块。界墙石多经人工打制而成,形制较规整,外端宽大,内端窄小,近楔形。积石堆积主要是青灰色的山石,无人工痕迹,堆积杂乱、无规律。积石堆积主要集中分布于上层陵体东侧和北侧的界墙处,可分上下两层,主要用于封盖和保护土冢。第二,祭祀建筑。由坛祭和坑祭两种遗迹组成,分布于墓地北部,早期仅见坑祭遗迹,晚期出现了坛祭遗迹。坛祭遗迹1座,位于陵体北部界墙内,是整个墓地的最高点,由祭坛、坛上建筑址及祭品群组成。祭坛是在上层陵体上,利用石块围砌而成的一座近长方形的黄土台,其活动面经人工夯

---

[1] 辽宁省文物考古研究所、朝阳市龙城区博物馆:《辽宁朝阳市半拉山红山文化墓地的发掘》,《考古》,2017年第2期。

打较坚硬,表面发现有7个柱洞,分三排排列,呈长方形,其上覆盖有大面积草拌泥的红烧土块,推测应是建筑物的倒塌堆积。

  红山文化时期建筑业的最高水平主要体现在祭祀建筑上。以牛河梁遗址群为代表,无论是坛庙陵群本身的建筑,还是整体布局的规划都远比聚落、房址的建筑水平要高,其中的原因除建筑者本身高超的建筑水平外,更离不开红山文化居民对于祭祀本身的高度重视。如此规模庞大的建筑群当然不是某个单一聚落能够完成的。如果说 N3、N5、N16 体量不够大,仅可能是一个家族墓地,那么 N2 多个冢集中在一个墓地,至少也应该是一个氏族墓地了。牛河梁遗址群是由若干个祭祀址组成的,从出土的遗物分析,每一个遗址点出土的陶器组合、玉器组合都有相似的特征,这表明牛河梁居民有着相同的祭祀理念和共同的文化信仰。据此推断,整个牛河梁遗址群代表的是由不同血缘氏族所构成的一个大的部落。而建造这样一个大型公共墓地至少需要进行一个整体规划和布局,其建筑设计非普通民众所能完成,应是在部落首领和部落内各个氏族族长达成共识的基础上实现的,其专业化的建筑水平体现了高等级的劳动分工,表明了红山文化晚期强大的社会组织和动员能力。相比之下,红山文化的聚落布局则要逊色得多,每一聚落布局和房屋建筑都是在聚落内部自然形成的,缺乏统一规划,具有随意性,和祭祀建筑相比聚落建筑专业化程度更低,是低等级的劳动分工。此外,庙址建筑规格也远远高于普通房址。牛河梁女神庙建筑 J1 不仅是由多个室组成的,且墙壁均用草拌泥磨平,磨平的墙面上还绘有彩色图案。第一地点 J4 室内密布四层柱洞,建筑规格也要高于普通房址。半拉山庙址更是建筑于高坛之上,先建坛,再在坛上立起木柱、搭建檩木建庙,它们绝不是一个家庭所能完成的。因此,从建筑规格来看,红山文化祭祀址要远远高于居住址,庙址也远超房址。这和制陶业中发达的彩陶制作工艺远超夹砂陶一样,体现的是红山文化社会高等级劳动分工。

第四节 编 织 业

  红山文化编织业十分发达,高超的编织工艺不仅从人像的头饰和服饰上淋漓尽致地展现出来,而且还可以从陶器底部纹饰上管窥一二。红山文化诸多遗址出土的陶器底部就有编织纹,且纹饰样式简单,风格统一。根据这些纹饰特点分析,编织工艺在红山文化时期居民日常生活中使用较为普遍,编织业社会化程度相当高,每一个聚落甚至每一个家庭都能独立完成一套简单的手工编织技术。

一、头饰服饰编织

红山文化时期的人像上能见到一种编织工艺——绳纹编织。纹饰特点是两条或三条麻花状绳纹交织在一起形成的编织纹。这种纹饰在兴隆沟遗址和东山嘴遗址均有发现(图4.10)[1]。兴隆沟第二地点F9出土陶人1件,泥质红陶,头部戴冠,正中有一圆孔,长发盘折,用条带状饰物捆扎,形成横向的发髻。经仔细观察发现,额顶正中有一横向长条状饰物,应是卷起的发髻。东山嘴遗址还发现一人体腰部装饰残块,出土于石圈形台址西南侧,为横长形残段,上下均残缺,高5、宽12~14、厚1~3.5厘米。一残边正中有一缺口,两侧中部形成束腰。一面塑纹饰,间有黑彩痕。左右两侧各贴塑两条麻花状并在一起的皮绳,表示两条皮绳环绕腰部一周。中部较两侧突起,突起部位贴塑一根呈S形折曲相连的皮绳,S形皮绳在中间以一条短宽皮带扎系,区别于麻花状皮绳,形成似束在腰部的带状皮索。背面平整,有贴痕,有可能是贴在人体塑像腰部的衣带类装饰。仔细观察两件器物上的工艺,这两件编织品具有十分明显的共性特征:一是麻花式编织,即将头发分成两绺相互交错、叠压、咬合,最后形成一根麻花辫。二是草绳式编织,即将两根皮绳按照同一方向相互叠压、咬合,最后拧成一股。民俗资料表明,这两种编织工艺一直延续到现在,在民间仍被广泛应用。例如,现今为小女孩编辫子仍然使用的是麻花式编织,先将头部发髻从中间分开,形成左右两

1. 兴隆沟遗址陶塑人像	2. 东山嘴遗址陶塑人像

图4.10 红山文化陶塑人像上的编织纹

---

[1] 刘国祥:《红山文化研究》,科学出版社,2015年;郭大顺、张克举:《辽宁省喀左县东山嘴红山文化建筑群址发掘简报》,《文物》,1984年第11期。

部分,每部分头发再分成两绺,各为一股;然后按照麻花式编织法将两绺头发相互交错、叠压、咬合,最后形成一根麻花辫,将辫子尾端扎起。当一根辫子扎系完,再编另一根。再如,当今民间结绳仍然使用草绳式编织,即先将两绺麻分别捻成细绳,再将两股细绳按照同一方向相互咬合,最后拧成一股绳。红山文化兴隆沟遗址陶塑人像头部的麻花式编织和东山嘴遗址陶塑人像腰部的草绳式编织当是迄今为止中国北方发现最早的编织工艺,对研究编织业的起源和发展具有十分重要的作用。

二、陶器纹饰编织

红山文化陶器底部编织纹主要有经纬网式和同心圆式两种,同属压印纹。从采集的标本数量来看,底部压印经纬网式编织纹的陶器数量多于同心圆式纹饰的数量。通过演示实验分析,两种编织工艺都有经纬线,有各自的工艺流程。复杂的编织工艺反映了红山文化时期社会生产力的进步,同时,精美的编织物也反映了社会生活的变化:"诸多的红山陶器底部在制坯时留有用禾本科植物编织的席子上留下的印纹。"[1]本书从陶器底部纹饰着手,分析陶器底部编织纹的特点,从而剖析红山文化时期原始手工业中编织工艺的发展水平。

(一)红山文化陶器底部的两种纹饰

经纬网式,即用植物的茎十字交叉、相互叠压、咬合构成,像编织的草席,因经线咬合纬线,显得纬线较细,经线较粗。该型编织纹广泛见于红山文化遗址,如在白音长汗、柳树林、二道窝铺、老牛沟槽、哈喇海沟、七家等遗址均有发现。

同心圆式(图4.11),即先用一根植物的茎环绕成小圆,用若干条植物的茎扎系在小圆圈上,以小圆为圆心向外做射线状经线;再用若干条茎环绕小圆圈做纬线咬合经线,这样就形成了同心圆结构的编织纹。该型纹饰仅见于白音长汗、二道窝铺、七家等少数几个遗址。

此外,有几处红山文化遗址还出现了几例特殊的编织纹,有的似成排的小方格凹坑,有的似圆弧线,但都不见纬线咬合;还有的十分规整,似网格状绳纹,因数量极少,不具备代表性,暂不做讨论。

笔者曾对翁牛特旗解放营子遗址考古调查采集到的标本,专门就经纬网式

---

[1] 朱永刚、王立新、塔拉:《西拉木伦河流域先秦时期遗址调查与试掘》,科学出版社,2010年。

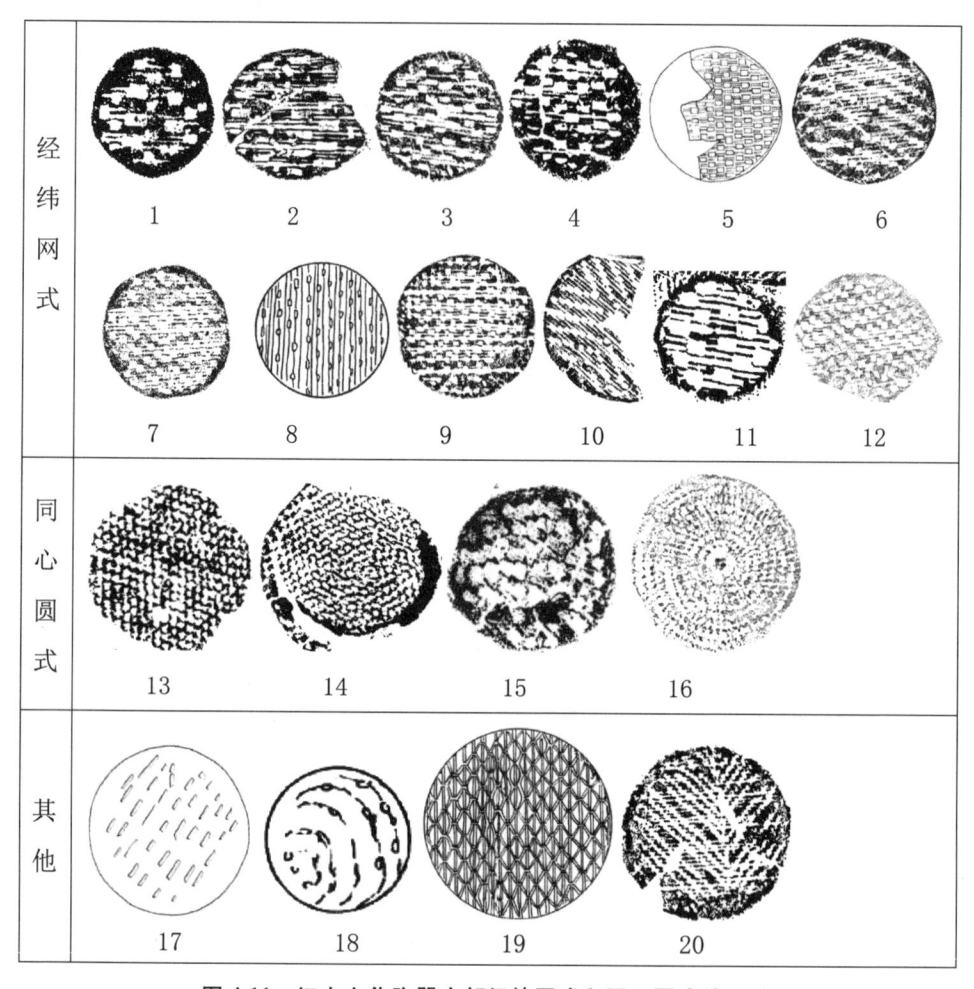

经纬网式	1	2	3	4	5	6
	7	8	9	10	11	12
同心圆式	13	14	15	16		
其他	17	18	19	20		

图 4.11 红山文化陶器底部经纬网式和同心圆式编织纹

1~4. 白音长汗 BT396①：1、AH96：6、AT376②：5、AF85①：8　5. 柳树林 F3：17　6~7. 二道窝铺 T112②：14、二道窝铺 F1：4　8. 老牛沟槽 F5：1　9~10. 哈喇海沟　11. 西水泉 T23①：5　12. 七家遗址　13~14. 白音长汗 BF47②：3、BF46①：4　15. 二道窝铺 T112②：18　16. 七家遗址　17. 柳树林 F3：1　18. 老牛沟槽采：35　19. 老牛沟槽 F1：15　20. 西水泉 63 采：27。

纹饰和同心圆式编织纹特点和形成做过详细论述[1]。经纬网式纹饰属于压印纹,底部压印这类纹饰的陶器标本较多。如解放营子遗址采集的 8 件标本中有 5 件属于经纬网式：1014WJ－1、2014WJ－2、2014WJ－3、2014WJ－5、2014WJ－7。纹饰特点为纬线细窄,经线较宽;每两条相邻的经线相错咬合纬线,众多经线咬合纬线时依次相错,形成密集的经纬网。这类纹饰还有一个特点：即在

---

[1] 马海玉:《从陶器底部编织纹看红山文化编织工艺》,《第十届红山文化高峰论坛论文集》,吉林出版集团股份有限公司,2016 年。

一定的区域内,编织纹的纬线变为经线。这应是编织物即将形成收尾时的纹饰体现。如2014WJ-7,从这件器物上我们可以窥见经纬网式编织纹饰收尾工艺的端倪。

同心圆式纹饰和经纬网式纹饰同属压印纹,但底部压印这类纹饰的陶器标本较少,在解放营子遗址仅采集到1件,即标本2014WJ-8。这类纹饰的特点是经线直,纬线曲;经线类似太阳光线围绕圆点呈放射状。纬线类似地球纬线圈围绕圆点在同一平面像冲击波环环外扩,其核心是一小圆环。同心圆式编织纹在白音长汗遗址三期乙类遗存中也能找到标本,如BF47②:3、BF46①:4均属这类纹饰。

(二) 红山文化陶器纹饰所反映的编织工艺

从以上两类纹饰特点分析,陶器底部编织纹当是放于编织物上面而形成的压印纹。这种编织物的编织工艺流程我们可以通过演示实验来还原。

经纬网式纹编织工艺演示实验有以下基本步骤:第一步:两纬一经。两条纬线并合,一条经线对折咬住两条纬线(图4.12,1);第二步:三纬两经。在第一步的基础上再加一经一纬,经线对折后依然咬住两条纬线,这样其中的一条纬线就会被两条经线咬住,三纬两经就会连在一起(图4.12,2);第三步:四纬三经,如上所述(图4.12,3);第四步:五纬四经:在第三步的基础上再加一经一纬,值得注意的是第四条经线对折后要咬合第一、二条纬线,然后上下穿梭编织成网。第五条经线操作如第二条一样,而后基本是递次叠加一经一纬,加大编织面积(图4.12,4)。

同心圆式纹饰编织工艺演示实验也有以下基本步骤:第一步:一纬两经。把两条经线对折咬合住纬线(图4.12,5);第二步:一纬多经。更多的经线对折咬合住纬线,并将纬线圈成一小圆,面积尽可能收缩到最小后系住(图4.12,6);第三步:多纬多经。用更多的纬线环绕圆心,以放射状的经线为脊上下穿梭编织成"蜘蛛网"(图4.12,7);第四步:形成同心圆式编织网,此时经纬线构成的图案基本为光芒四射的太阳形状(图4.12,8)。

两种纹饰的编织工艺演示实验还有个关键步骤:收尾。根据对标本2014WJ-7的纹饰分析和实验演示,经纬网式编织纹的收尾步骤应是将经线成90度角按照和纬线平行的同一方向依次回折,将经线和经线编织成网,从而完成编织物的最终编织。通过与经纬网式编织纹收尾步骤的比较和实验演示大体可以推断同心圆式编织纹的收尾步骤:将延伸出的经线按同一方向依次回折、交错叠压,从而最终完成编织。如果以上两种纹饰的编织工艺被用于

图 4.12 经纬网式(1~4)和同心圆式(5~8)纹饰编织工艺实验演示

编织草席,草席上面放未干燥、未烧制的陶器,那么经纬线就会印在陶器底部形成凹坑,经纬线间的空隙就会在陶器底部形成凸起的棱。解放营子遗址标本 2014WJ-8,同心圆式纹饰"圆心"凸起,就是最小的纬线圈内部空隙在陶器底部形成的。

(三)编织工艺的发展及社会化趋势

发达的红山文化编织工艺在有悠久的历史和文化传统,这种编织工艺在小河西文化时期的榆树山遗址和赵宝沟文化时期的赵宝沟遗址均有发现。如在敖汉旗榆树山遗址发现了经纬网式编织工艺,榆树山遗址的 F10④∶10、F101∶13、F102∶1 都有典型的经纬网式编织纹(图 4.13,1~3)。这一时期纹饰不规整,编织工艺规律性不明显,基本不见同心圆式编织纹。然而在赵宝沟遗址中,经纬网式编织纹和同心圆式编织纹均有发现,且纹饰相对规整。如赵宝沟遗址 F7②∶21 的纹饰为经纬网式,F103②∶24 的纹饰为同心圆式(图 4.13,4~5)。与榆树山纹饰相比赵宝沟经纬线疏密程度明显规范,这表明赵宝沟文化时期继承了小河西—兴隆洼文化的编织工艺,并有很大发展。红山文化时期编织工艺更加发达,就目前材料来看,带有经纬网式和同心圆式编织纹的陶器不仅数量多,且工艺精湛。

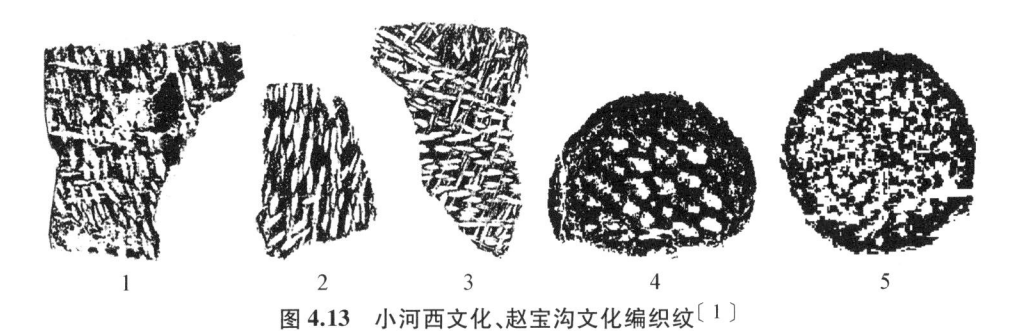

图 4.13 小河西文化、赵宝沟文化编织纹[1]

红山文化时期发达的编织纹不仅出现在陶器底部,还出现在人物造像上,这反映了当时手工业的发展水平。这些承载着编织工艺的编织物有着怎样的社会功能和作用需要深入分析研究。首先,陶器底部的编织纹应当是用植物的茎或叶编织成的草席或草垫印在半干燥的陶器底部形成的,草席起到防潮或干燥作用。但从微痕分析,编织物的面积要远大于陶器底部面积,因而这种编织物应当不是专门用于制作陶器,可能也会用于其他方面。如编织草席用于居住面的防潮保暖,编织草垫,用藤条编织箩筐用于采集,当然这些还有待证实。其次,大量的红山文化动物造型玉器背部都有穿孔,如玉鸮背部有四孔,这些穿孔用于缝系衣服。"到距今 6 500 年的红山文化时期,人们除了用兽毛皮做衣服外,还采用了草叶、树皮、藤条、芦苇、竹片等,同时使用亚麻纤维制作衣服"[2]。红山文化时期居民的衣物是否仍以皮革为唯一材质,是否可能出现编织衣物,尚待研究。

---

[1] 杨虎、林秀贞:《内蒙古敖汉旗榆树山、西梁遗址出土遗物综述》,《北方文物》,2009 年第 2 期;中国社会科学院考古研究所:《敖汉赵宝沟——新石器时代聚落》,中国大百科全书出版社,1997 年。

[2] 雷广臻:《牛河梁红山文化遗址巨型礼仪建筑群综合研究》,科学出版社,2015 年。

但是,兴隆沟遗址陶塑人像头部的绳纹发髻和东山嘴遗址陶塑人像腰部的绳纹系带的出现表明,红山文化时期编织工艺呈现种类多样化和功能复杂化趋势。如东山嘴遗址陶塑人像腰部编织物的材质当为兽皮,编织工艺为绳纹编织,绳纹有两圈环绕腰间,另有一"S"形带扣在前面。环绕腰间的两圈应是为了束腰并扎系衣物,"S"形结当有系扣功能。陶器底部编织物的材质当为草本植物,编织工艺为经纬网式或同心圆式席纹,这种工艺更多地用来编织面积较大的草席一类编织物。

旧石器时代晚期,通过简单的火烧并不能完全驱逐潮湿和寒冷,人们已经学会将枯草和干枯柔软的植物铺在地面上驱寒防潮。新器时代早期,辽西地区的气候转向干凉,居住环境恶化,经过长期生活经验的累积,人们开始认识到编织草席不仅能铺在地面上防寒保暖,还能在陶坯烧制前,将其摆放在上面,以防止陶坯底部与潮湿的土地直接接触而脱落。如果说红山文化制陶业中生活用器的生产是聚落化、社会化的,那么也有理由相信红山文化编织业也是聚落化和社会化的,因为无论是头饰服饰编织还是草席编织都是红山文化居民日常生活不可或缺的,它体现的是聚落化、低等级的社会分工。

第五节 雕 塑 业

红山文化时期出现了大量的泥塑、陶塑人像和动物像,也出现了大量的石雕、玉雕人像和动物像,它们标志着红山文化时期原始信仰高度发达,同时,也表明这一时期雕塑水平达到了一个新的高度。其中,泥塑、陶塑人像和石雕、玉雕人像代表了红山文化雕塑业的最高发展水平;此外,泥塑和玉雕动物形象也反映了红山文化高超的雕塑水平。

一、泥(陶)塑人像和动物像

目前,发现的红山文化泥塑人像主要出自牛河梁女神庙内。代表红山文化泥塑工艺最高水平的是牛河梁第一地点女神庙出土的泥塑女神头像N1J1B:1,草拌泥质,头顶以上残缺,额顶有箍饰,鬓角部位有竖的系带。眼嵌玉石为睛,玉石为滑石质,淡灰色,睛面圆鼓磨光,睛的背面作出钉状,深嵌入眼窝中,直径2.3厘米。上唇以下为贴面,露出有表现牙齿的似蚌壳质贴物痕迹;右耳完整,左耳残缺,近耳垂部位可见一穿孔。头像的背面和下部均为残面,从背面的残面看,应是贴于庙的墙壁处,尚可见塑造时包以草束的支架痕迹,是为一高浮雕的人像头部,和真人大小相近。通高22.4、通耳宽21、最厚处

14厘米(图4.14,1)[1]。兴隆沟第二地点F9出土的陶人为泥质红陶,陶人双腿盘坐,双臂弯曲,右手在上,握住左手,搭放在双脚上。头部戴冠,正中有一圆孔,长发盘折,用条带状饰物捆扎,形成横向的发髻,额顶正中有一横向长条状饰物。面部五官清晰,神态逼真,额顶饱满,眼眶周围呈椭圆状内凹,双目呈圆形,嵌入眼窝内,双眉及眼球施黑彩,炯炯有神。鼻梁挺直,鼻头略宽,鼻孔与内侧通连。脸颊明显内凹,外侧棱线分明,特别是嘴的唇部突起,两腮下凹,呈呼喊状。双耳略呈椭圆形,圆形的耳孔与内侧通连,耳垂钻有圆形小孔。脖颈竖直,右侧的脖筋明显,双肩较平,锁骨清晰可见。乳头微凸,右侧稍高,左侧微低。腹部较平,肚脐眼用小圆孔表示,与腹部内侧通连(图4.14,2)[2]。

泥塑动物像主要也出土于牛河梁第一地点女神庙内,猛禽与猛兽特征明显。猛禽雕塑主要发现了爪与翅。爪标本N1J1B:9-1为两爪的残件,各存一侧的二趾,趾弯曲并拢,每趾三节,关节突出,趾尖锐利,有平底。翅标本N1J1B:9-2,左侧与后部残缺,表面磨光,从保存较好的右翼看,为三分翅,有中脊的表现。猛兽共2例。一例出土于中室顶部,遗有吻、耳及肢体部分。吻部标本N1J1B:7,吻端保存完整,为圆吻端,甚匀称,稍显上翘,下侧有两椭圆形鼻孔,再下为甚平的底面。耳部标本N1J1B:27,片状,从残件看,为短耳,耳端部起圆尖,双爪都得以保存。标本N1JIB:8-1、8-2,均显四趾,侧二趾短,有趾关节的隐约表现。另一例出土于南单室中部,为下颌部,颌较长,有较长的獠牙,上涂白彩。

二、石(玉)雕人像和动物像

目前为止,红山文化石(玉)雕人像主要出土在那斯台、草帽山、哈喇海沟、半拉山和大半拉山五个遗址,共8件。石雕工艺中最具代表性的是敖汉草帽山遗址出土的石雕人像ASCZ1:1,红色凝灰岩质,雕琢而成,只存完整头部和小部分胸部,比真人略小,方面脸,头戴"凸"字形冠,双目微闭,高鼻梁,嘴唇略突出,嘴角微微上扬,头部后刻出方形凸棱纹,垂肩,呈慈祥之态,残高27、头高17.2、头宽11.4、冠高4.8厘米(图4.14,3)[3]。玉雕工艺中最具代表性的是牛河梁的N16M4:4,出土在左侧盆骨外侧,顺置,背面朝上,淡绿色玉,绿中泛青,玉质细密坚硬。玉人为整身形象,立姿,通高18.5厘米。形体有正面、背面之分。正面由左右两个平面在中部呈棱脊状接合而成,略显圆厚,最厚处达2.34厘米;背面

---

[1] 辽宁省文物考古研究所:《牛河梁——红山文化遗址发掘报告(1983~2003年度)》,文物出版社,2012年。
[2] 刘国祥:《红山文化研究》,文物出版社,2015年。
[3] 中国敖汉网:《四家子镇草帽山红山文化祭祀遗址升级为"国保"》,2013年。

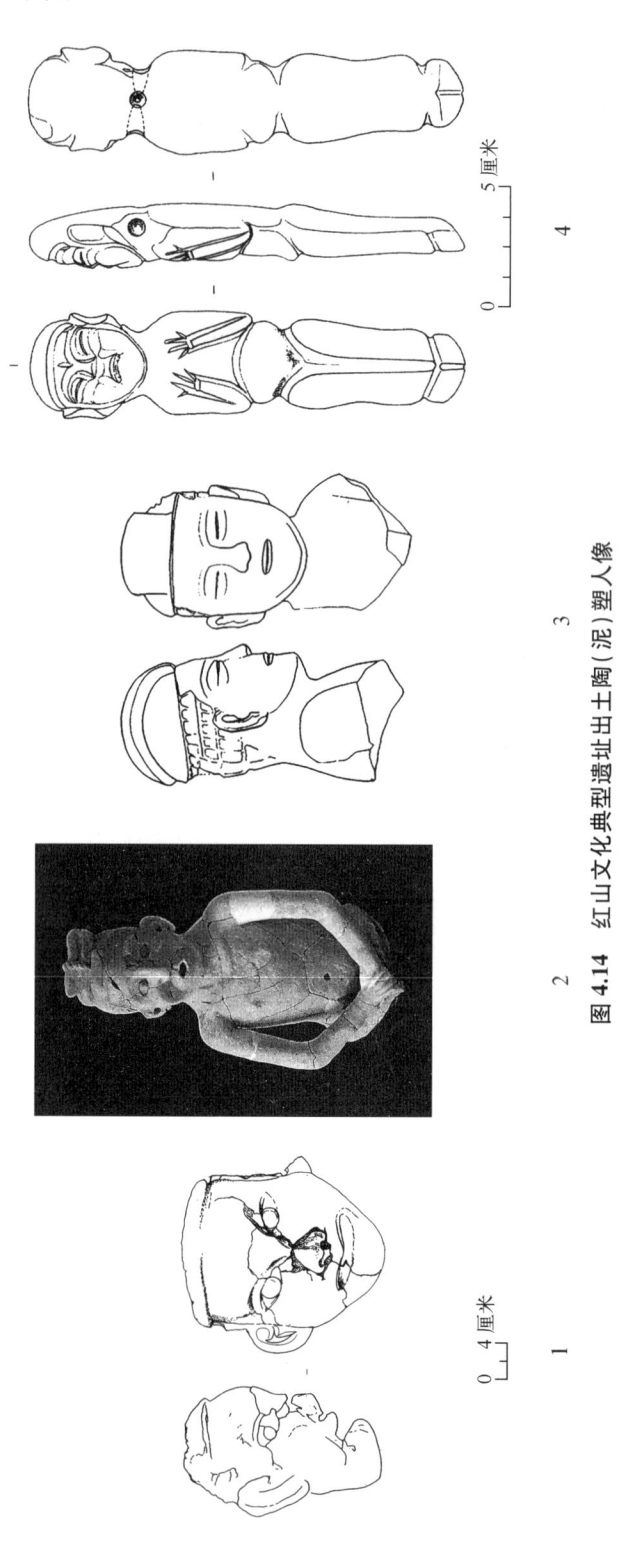

图 4.14 红山文化典型遗址出土陶（泥）塑人像

由一个微弧面组成,稍显平缓。人体的正面半圆雕,上宽下窄,外轮廓线较为平直,在颈部、腰部、踝部以减地沟槽、宽阴线等内束的方式将人体分为头、胸腹、腿、足四部分,各部分转折圆缓,琢磨光滑,凹缺处均呈"V"字形。头较大,圆脸,粗颈,斜肩,细腰,阔臀,双腿并立,圆尖状双足,侧视为双足斜立。头部表现内容较多且富有层次感,面部用阴刻线与颈部、双耳、额顶发髻隔开,为第一层次;顶、双耳位于侧边,为第二层次。前额宽阔,眉眼斜吊,用窄阴线雕刻出月牙形微闭的双眼,鼻宽且短,嘴微张,两颊饱满,下颌上提。额间用一梭形竖向阴刻纹使紧锁双眉分开,鼻嘴之间和鼻嘴两侧用一横二纵宽阴刻线,使得双眼、双颊、口、鼻轮廓分明。额发之间用沟槽横向贯通,使得发髻整齐,双耳较长,中部内收使耳轮不显。胸部表现为上臂自然下垂,双前臂曲肘贴于胸前,十指张开,手心向内,前臂和手指用宽阴线表示,线条简单而概略。胸部和腹部用宽阴线隔开,胸廓较鼓,腹廓由于减地略瘪。肚脐部位由于周边磨洼,显出甚为外凸的形状。脐下及两个股骨沟之间的三角区域,雕作三棱体。人体下部的双腿和双足用宽且长的沟槽隔开,十分规矩,槽底呈凹弧形,磨痕明显。先用片形磨具开槽,再用圆棒形磨具以手工推拉方式研磨光滑。足跟上提,足尖着地,脚趾未明确表现。人体的背面光素无纹饰,仅在斜立双足中部见一阴刻线,将双足分开;整个背面还见有大面积深浅不一的铁锈红色瑕斑,左侧尤其明显,玉质相对较差受沁所致。左侧头顶局部还遗有略呈圆形的玉皮痕。从侧面观察,背脊隆起,头端与脚端磨薄且微向前翘。颈部两侧和背面见有三孔,孔壁穿系磨损痕不明显。背面颈部正中,空心管钻一孔,孔内端留有直径略小于管内径的圆突状玉芯,旋痕明显。颈部两侧面也各见一孔,采用实心钻钻技术,向中间对钻,和管孔壁中部相通,略呈三通状,旋痕浅宽,显示工具较原始,转速慢而耗损多,其中右侧钻孔斜上部还见有钻钻移位痕,通体抛光(图4.14,4)[1]。

造型丰富的玉雕动物像是红山文化最具标识性的特征之一。不仅有制作精美的龙、凤、龟造型,还有神秘莫测的单勾云形佩和双勾云形佩,件件都是难得的艺术瑰宝。

猪龙 N2Z1M4:2,淡绿色,微泛黄,通体精磨,光泽圆润。背及底部有红褐色斑块,背面斑块大,颜色尤重,且不够光滑,疑为河磨玉的皮壳部分。龙体一面有白色瑕斑,近耳部有一道裂纹。龙体卷曲如环,头尾断开似块。体扁圆而厚,孔由两侧对钻,孔缘磨光,圆而光滑。背上部钻单孔,孔缘不够规则。兽首短,立

---

[1] 辽宁省文物考古研究所:《牛河梁——红山文化遗址发掘报告(1983~2003年度)》,文物出版社,2012年。

耳较大,两耳之间从额中到头顶起短棱脊。目圆而稍鼓,目的圆度不够规则,吻部前凸,有鼻孔,口略张开。前额与吻部刻多道阴线,吻部阴线少而深,为鼻下二道,鼻上三道。

双兽鸮 N2Z1M26:2,黄绿色,局部有白色瑕斑,精磨,光泽度高,圆润感强。板状体,边缘磨薄。有正、背面之分。正面两端各雕一似鸮的兽首,上下对称。兽首有立耳,额中起突尖,耳端圆而不起尖,目椭圆状,嘴部由两侧向下延伸,嘴端圆。中部镂空,两侧以起地法各作出六道瓦沟纹,外侧缘又各作出一组凸起的扉棱饰,每组各有扉棱三个,一侧的上部扉棱边缘并钻半孔,两侧扉棱似有呈对角线对称的状态。背面无纹饰,经磨光,有三组呈品字状布局的孔,可系戴,一侧遗有一道斜线切割痕。

龙凤佩 N2Z1M23:3,青白色,泛绿,长方形,长边两侧有红褐色间白色瑕斑,应为原玉料皮壳部分所遗。有正、背面之分,板状体,较厚,稍向背面内弯。正面以减地阳纹与较粗的阴线雕出一龙一凤,都以头部雕刻为主,身体简化。龙首横置,圆目较鼓,吻长,吻端圆而上翘,有圆窝状鼻孔,额与吻边饰短阴线,表现皮毛,顶后部有二斜长突尖,应为双角,龙体作外卷状,另上颌与角旁的边缘深雕如凹槽状,似为系绳的卡槽。凤立置,勾啄,啄体弯曲且长而宽,啄端甚尖而锐,圆目有外鼓,顶冠以短阴线表现羽毛,背有下垂状的三尖突,应与表现羽毛有关,体亦外卷,与龙体相对相接。此佩钻孔较多,中心以一桃形孔将龙凤体相隔,近短边有与龙凤卷体相应的二圆孔,另短边近侧边的两端各有一小孔,以上都为两面对钻。背面另有三组钻孔:长边一侧的正中有一孔,短边两侧在钻向正面的小孔旁各钻一孔,其中一孔钻透小孔的孔壁,另一孔旁有五道凹槽,在槽内钻孔。

兽面牌饰 N2Z1M21:14,淡绿色玉,有白色瑕斑,一面有一道裂纹,通体磨平,不够光泽。体薄而两面都甚为平整,两面都雕出兽首形象。双耳长而竖起,耳端起尖。钻孔表现圆目及鼻孔,目孔以一面钻为主,一目孔缘斜直,鼻小孔为一面钻。以阴线刻出耳根端、眉际、鼻间皱褶以及鼻、嘴部轮廓线。吻部宽大,嘴角下咧,口部与下颌之间起棱相隔,下颌窄收,端起尖,额面对钻二小孔,可穿系捆绑,领面不光滑,有粗糙感,似为插入部分的插磨使用痕迹。凤 N16M4:1,淡绿色玉,整体呈扁薄板状,周边较薄,最厚处达 1.24 厘米,背面较平。平面形状近长方形,具流线型外廓,通长约 20.43 厘米,正面中部略鼓,最大宽约 12.71 厘米。正面作成凤的卧姿,回首、弯颈、高冠、圆睛、疵鼻、喙扁长、前端勾曲,与羽翅相接。从细部观察,颈长且粗壮,不见羽毛的表现;圆睛中间高,周围低,高与器表平,目先雕作三棱体,眼睑作成减地凸起的阳线纹;前额突发达,鼻尖附近见一椭圆形凹面,应为鼻孔的表现;喙切缘作成减地沟槽状,槽底线十分规整,后用片形磨具从两侧向中间呈坡形开槽,再用细棒形磨具研磨光滑;颈、头和身体之间使用镂透技法,正面浅磨,背面深磨,中间镂透;身侧开槽较陡,颈侧开槽略缓,在身侧的偏下部还见有开槽的错刀痕;飞羽和尾羽区域,占了身体的绝大部分,羽翅作三分上扬,翅长而狭,翅端尖,尾羽亦作三分而下垂,羽端略呈圆状。羽翅和尾羽羽根部的覆羽清晰可见。飞羽及其覆羽、尾羽及其覆羽四者之间,虽在一平面上雕作,但在表现上,如飞羽和其覆羽之间,通过飞羽片磨洼,产生减地效果,凸显覆羽高起,再在覆羽周边用单阴线浅切,界定覆羽区域。覆羽平面形状略呈莲瓣形,尾羽的覆羽形状与此同。飞羽的三个羽片之间,采用先羽浅切、后羽磨洼,先羽高、后羽低的办法来表现层次与叠压关系。尾羽的覆羽均用单阴刻线作成,尾羽各羽片之间用双阴线向中部浅切,虽也借助器表的高洼体现层次关系,但与飞羽各羽片相比,层次感稍差。在飞羽尖部与尾羽梢部,正反面均见有灰白色沁与土渍痕。腿部仅用两条单阴刻线条表现,器底边在羽尾之间作出三组短圆突,应为蜷曲腿部的表现。从整体观察,玉凤外形由边缘磨薄与多处开豁等手工推拉方式研磨制成,豁口处均呈外宽内窄的"V"字形,但从磨痕程度看,正面向背面用力较多;用高冠、镂透、飞羽、尾羽和短腿将玉凤分成头、颈、躯干、尾、后肢五部分,浑然一体;各部分阴刻的线条虽简略却十分流畅,神态极为生动传神。背面光素无纹饰,见三道横向片形磨具开槽痕和4个竖穿隧孔,孔壁穿系磨损痕不明显。4个隧孔两两相对,方向一致,系用实心钻钻技术斜向作出,但孔外缘旋痕宽浅,内缘对接不规则,表明在薄片状玉料上制作单面孔时极为小心,为了不破坏正面纹饰的完整性,浅浅斜钻至透亮即可,通体抛光。

龟壳 N2Z1M21:10,淡绿色玉,一侧边缘有褐色瑕斑。平面近椭圆形,首部稍窄,尾部稍宽。龟背隆起,背面以减地起三道竖脊,中脊高于两侧脊,龟背的周边磨薄,显示裙边。以阴线刻出龟背纹,裙带边缘处刻划多道放射状短线,头与尾处背、腹甲都各作出凹口,腹甲凹口较宽,背甲以双阴线表现尾部,头部刻单短阴线,或显示头尾收缩于体内状。线条规则清晰,简略而形象。腹甲近尾部残断,可见残断的斜棱。龟背甲与腹甲之间以甚深的楔形槽相隔。腹甲的中心部位钻一大圆凹窝,窝面可见数道管钻痕,在凹窝内顶壁又前后各钻一孔,可用于竖向穿插挂缀。整体造型与刻纹皆十分逼真。

单勾云形器 N2Z1M24:3,绿色,泛黄,边缘有红褐色瑕斑,有裂纹。器体平面近于长方形,卷勾均较宽大,四角卷勾且较为平直。有正、背面之分。正面有随卷勾走向且宽而浅的瓦沟纹,背面无纹饰。长边一侧居中近边缘处对钻双孔,孔间琢有系沟,以利穿绳佩戴。此器原已残断为三块,两处残断面有磨痕,暗示此器非一次断裂。断裂处穿孔系为一体,共三组,孔以单钻为主,两组由正面单钻，侧面一组由反面单钻。双勾云形器 N2Z1M27∶2，绿色，布满白色瑕斑点。片切割出料，体中部可见片切割的敲断痕。长方形，有正背面之分，体平而较薄，略弯向背面。器的两短侧边圆弧，一长侧边平直，另一长侧边中部起五个齿状突，齿突甚长，齿突根已至器的中部。四角卷勾宽，在平直的长侧一边卷勾勾尖不显，而在起齿突一侧的卷勾则起锐勾尖；卷勾之间的镂孔甚窄，各卷勾边缘之间及卷勾尖与齿突间几近于相连；尤其是中部的卷勾与器体相接为较规整的圆圈，仅在圆圈以上留细弯状镂孔和圆圈内钻对称似目的双小孔。器面有随卷勾而以起地法磨出的瓦沟纹，纹脊甚细而流畅。背面纹饰不够完整。瓦沟甚浅，致使瓦沟纹随光线变化而多隐少现，当光线角度最为适当时纹饰的显示则十分清晰，近上沿中部一穿。此器形体规整，以甚窄或甚小的镂孔将组成器体的各部位卷勾分隔准确，并在甚薄的器体两面都磨出线条甚细而流畅富于变化的起地阳纹装饰，是牛河梁遗址出土玉器中个体最大，集高水平的切片、起地法、镂孔技法为一体的一件非常典型的标本。

牛河梁女神庙址出土的泥塑女神像头部、肩、臂、手等人体部位的残块，代表了红山文化泥塑艺术的最高水平。人像采用写实与夸张相结合的方式加以塑造，视感效果颇佳。比如通过对双目、脸颊、唇部的加工，将女神沉思凝重、怡悦安详的面部表情与神态刻画得淋漓尽致、栩栩如生。兴隆沟第二地点出土的陶人代表了当时高超的陶塑工艺水平。该件陶人盘腿而坐、口部张开，形象逼真，注重写实，就如一尊真人端坐于前，表现出男性的特征。草帽山石雕人像雕刻精细，线条流畅，代表红山石雕人像高超的雕琢工艺。其对人像发冠和肢体语言、衣冠造型的着重刻画，追求逼真，反映了红山人祖先的形象。牛河梁玉人像更是一件难得的玉雕珍品，不仅选料精致，还用阴线雕刻、阳纹减地雕刻工艺刻画了人物微闭合的双眼、抚摸在胸前的双臂、弯曲的双腿和立起的足部，并利用了钻孔工艺。红山文化动物形象玉雕，和人像相比工艺更加精湛。龙的造型厚重朴实，凤的造型精致多变，勾云佩的造型充满神秘，这些都是红山文化独有的，极具代表性。红山文化陶塑、泥塑、石雕人像和动物像数量多、工艺高超，绝非一个或几个普通工匠所能承担，应为一批具有专业化的工匠所制作的，是更高等级的劳动分工，代表了红山文化时期手工业发展的最高水平。发达的雕塑业显然不是为了日常生产生活，而是为了祭祀活动的需要，是原始信仰高度统一的表现。

第六节　制　玉　业

玉器是红山文化最具标识性的器物，也正是由于红山文化玉器组合的独特性和造型的特殊性使得红山文化在中华文明发展进程中独树一帜。可以说,红山文化玉器制作工艺代表着红山文化时期手工业发展的最高水平。然而,一件完好的玉器在制作完成前需要经历寻找矿源、采集、运输、加工等过程。制玉工艺的复杂性和玉器祭祀的专属性表明,红山文化玉器自制作加工以来就不是普通民众能完成的,而是由社会中地位较高的人群完成的,属于高等级的社会分工。

一、制玉流程的复杂性

制玉业是红山文化制造业中工艺水平最高的一类,加工流程主要分为六步。

第一,探寻矿源。红山文化玉器矿源的探寻问题一直备受瞩目。目前,关于红山文化玉器矿源问题最具代表性的观点有四种。第一种观点认为红山文化玉器的玉料主要源于岫岩玉。20世纪80年代初期,学界普遍认为红山文化玉器的玉料源于岫岩玉矿的蛇纹石,但不知道这些玉器矿物是真正的软玉。之后,地质矿物学家闻广指出:"现代辽宁宽甸所产的青黄玉及甘黄玉,均为透闪石软玉,与红山文化的玉材特征相似。"[1]此后,北京大学的地质学家和考古学家通过合作研究认为:"截至目前,在辽宁和内蒙古南部地区广大的范围内,发现闪石玉矿资源的仅有岫岩一带。不仅如此,除岫岩地区外,在整个东北地区目前尚未发现有其他闪石玉矿资源,红山玉器从质地、色调、光泽几方面,绝大部分都与岫岩透闪石玉玉料标本相近。距今8 000~4 000年东北地区的兴隆洼文化、查海文化、红山文化、新乐文化的大批精美玉器,主要为岫岩闪石玉所制。"[2]他们认为岫岩软玉玉矿对东北史前文化产生过重大影响。第二种观点认为红山玉料存在源于贝加尔湖地区的可能,以郭大顺先生为代表。他认为:"红山文化的分布又以向北部的蒙古高原最为强劲,或许可以考虑红山玉的来源与贝加尔湖地区的关系。"[3]郭先生根据玉矿与出土玉器史前遗址的空间关系,将玉矿由近而远细分为三个地域:一是岫岩玉矿生成地带,如岫岩县西北西山遗址,年代约距今4 500年,出土玉石器13件;二是岫岩玉矿生成地带周边,如东沟县后洼遗址,年代距今6 000~5 000年,出土玉器32件;三是岫岩玉矿生成地带邻近地区,以辽河平原和辽东半岛南端及海岛地区为主,年代距今7 000~5 000年,如新乐遗址共出土玉器3件、三堂遗址下层出土玉璧等。第三种观点认为以牛河梁为

---

[1] 闻广:《中国古玉研究的新进展》,《中国宝玉石》,1991年第4期;闻广:《中国大陆史前古玉若干特征》,《东亚玉器(第二册)》,中国考古艺术研究中心,1998年。
[2] 王时麒等:《中国岫岩玉》,科学出版社,2007年。
[3] 郭大顺:《红山文化》,文物出版社,2005年。

代表的红山文化玉器可能有两系,即岫岩系和贝加尔—吉黑系,以刘国祥先生和邓聪先生为代表。他们通过对牛河梁N2Z1M21出土的19件玉器玉色细微差别及玉器上保留原玉砾石皮壳色调的考察和研究,认为它们可能来自不同的母岩,并将N2Z1M21出土玉器分成岫岩系玉器和贝加尔—吉黑系玉器两大系列。第四种观点认为不排除红山文化大部分玉料源于本地产的地方玉。2013年,内蒙古地质专业人员对赤峰市敖汉旗本地的透闪石玉、蛇纹石玉的产出地质环境、矿脉、矿点分布、矿体形态、产状、规模、矿石成分、质量进行调查。在考察过程中,在敖汉旗金厂沟梁杨家湾子、贝子府王家营子一带,陆续发现了一些透闪石和蛇纹石岩石,且大部分已达到了玉石的标准。经过地质调查及岩石化学分析、岩矿鉴定、电子探针分析、X射线粉晶衍射分析等多种测试分析证明:外露于金厂沟梁杨家湾子、贝子府王家营子一带的以透闪石为主要成分的岩石可统称为透闪石玉,以蛇纹石为主要成分的岩石可统称为蛇纹石玉。

第二,采集玉料。这一问题近年有了不少新的研究进展。郭大顺曾指出:"近年对牛河梁遗址出土玉器作全面观察进一步得知,红山文化玉器中重要玉器的选料,又以透闪石中的河磨玉为多见。"[1]一些学者也曾指出,红山玉料包括两种,一是籽料或河磨料,其特征是温润干净,油性好;另一种是山料,呈现出较干,有杂质、开片和裂纹的特点[2]。然而,根据地质学分类,岫岩细玉沟软玉玉料的来源可分为原生矿玉料和次生矿玉料两种。所谓原生矿玉料是指从山顶原生矿采掘出来的玉料;次生矿玉料是指当玉料裸露风化破碎后,被洪水沿沟冲下至沟外洪积扇和河谷,最后被搬运到河床、河漫滩和一级阶地中。距离原生矿远近不同、位置不同产出玉砾的磨圆度也会不同。产于原生矿附近的砾石磨圆度相对较差,多有棱角;离原生矿较远的磨圆度相对较好,多呈圆形。这是由客观条件所决定的。砾石在洪水等外力作用下被搬运得越远,棱角就会被打磨得越圆滑;而在原生矿附近的砾石因很少受到外力冲击,则棱角分明。圆形砾石普遍外带皮壳,是因风化生长的一层风化壳。岫岩玉次生矿玉料在洪水冲击下会在山坡、河床等不同地段沉积下来。位于细玉沟沟头山顶原生软玉矿附近山坡上的坡积型玉料,分布于由山顶至谢家堡子一带的斜坡坡麓,长约300~400米,易于采集。小型玉砾基本保持原状,暴露于地面,呈棱角状,发育一层白色外皮。分布于整个细玉沟沟谷内的洪积型玉料是间歇性急流所形成的,玉砾沉积在山

---

[1] 郭大顺:《红山玉与岫玉早期开发史》,《岫岩玉与中国玉文化学术研讨会》会议资料。
[2] 周晓晶:《承前启后的红山文化玉器——牛河梁第二地点一号冢21号墓玉器研究》,《古玉今韵》,中国文史出版社,2008年。

麓沟谷和凹地,长约 7 千米,呈次棱角状,有较多特大如数吨重的玉砾。分布于细玉沟口外的罗家堡子至瓦房店村扇形开阔地带的冲洪积型玉料棱角比洪积型玉料更为圆滑。分布于瓦房店至王家堡子石沙河流域的冲积型玉料散布于河床、河漫滩和一级阶地中,长约 5 千米,玉砾的棱角已基本圆化,呈球状。目前,尚未有证据证明红山文化时期的人们已有从原生矿床直接开采玉料的能力。红山文化时期人们是否已对坡积、洪积、冲洪积和冲积型四类玉料都有使用,目前仍难以确定。根据对考古出土的红山玉料的研究推断,红山玉器的玉料中有一大部分是籽料,属于次生矿类玉料。由此,我们也不难判断,红山文化时期人们对于玉料的采集主要集中于山坡、河床、河漫滩上。2008 年在"中华文明探源工程——红山文化玉器工艺技术研究"工作中,才逐渐认识到红山文化的玉器,特别是一些大型重器,往往较多使用河砾玉料的事实[1]。牛河梁遗址第十六地点 4 号墓出土的玉 M4∶4 最具代表性。总之,红山文化时期人们尚不具备开采软玉原生矿的条件。由于长期与石质生产工具打交道,人们对于玉料的辨识能力远远超出我们的想象,当时的玉工可能采集的是经过洪水冲击的河砾玉料。从牛河梁出土的玉器玉质看,当时玉工对褐红色薄皮河砾玉料作为优质玉料已有充分认识。牛河梁遗址出土玉人、玉猪龙、玉龟、双勾云形玉佩、斜口筒形器等均很可能由这种红褐色皮壳河砾玉料加工而成。

第三,切割成坯。经过寻找矿源、采集玉料后,接下来就是玉器加工。红山文化玉器经过切割、钻孔、雕琢、打磨之后才最终成型。研究发现,红山文化的切割工艺主要有砂绳切割和燧石切割。所谓砂绳切割是指用皮条沾水并加解玉砂在玉料上来回拉动,在皮条带动下解玉砂加大了与玉料之间的摩擦,最终完成对玉料的切割。砂绳切割工艺主要用于玉料初级阶段的加工,主要是将采集的玉料根据器型加工成或方或扁的毛坯状,也用于玉筒等取芯。牛河梁第 3 地点 7 号墓一件斜口筒形玉器外面显示有两道弯曲砂绳切割的痕迹。由于器表遗留有砂绳切割的痕迹,这意味着有可能是以砂绳切割技术,除却了原砾石的皮壳。玉料最初的加工,可能已应用了砂绳切割技术。有关砂绳切割掏芯,这在牛河梁出土斜口筒形器中是十分常见的,大体分为两步。以 N2Z1M4 出土的斜口筒形器为例,第一步是在斜口筒形器素材近边沿位置,沿器身的长轴以实心钻钻出 2~3 毫米的贯穿孔,作为砂绳切割的定位轴;第二步是用皮绳穿过贯穿孔,加解玉砂和水,拉动皮绳沿着玉筒内壁,背向切割出玉筒的内芯。牛河梁第三地点 M7 出

---

[1] 邓聪、刘国祥:《红山文化东拐棒沟 C 形玉龙的工艺试析》,《玉根国脉——2011"岫岩玉与中国玉文化学术研讨会"文集(一)》,科学出版社,2011 年。

土的弯曲状玉臂饰 N3M7∶2 是目前红山文化唯一经田野考古出土的玉臂饰。这件臂饰的正面有凸起弦纹，背面整体基本磨光，存有彩虹状的弯曲槽痕，无疑是细砂切割的痕迹。经仔细观察，此砂绳切割痕左角出口一侧，尚保留窄长未被后来打磨的砂绳切割波状面。推测此臂饰的正面和背面，原都遗留有砂绳切割波浪起伏的痕迹，但基本都被打磨干净。我们推测 N3M7∶2 呈弯曲状的玉臂饰从最初除掉皮壳后，至少先后需要两次连续砂绳切割，才能制作出玉臂饰的毛坯，并产生一些近似立体半圆形边料的次要素材。玉臂饰毛坯的正背两面，无疑都是满布砂绳切割波状起伏的条纹。在把这两面波状起伏切割条纹全部研磨干净后，再在其上以砺石研磨减地，制作出沿器身长轴的数道等距规整瓦沟纹，最后还要抛光。

红山文化燧石切割工艺主要用于玉镯、玉环类玉器的取芯。当一件玉器经过线切割初步成为圆柱状后，再经过一次线切割便将圆柱状玉坯切割成几段圆饼状，而掏取内心制作成镯的半成品需要采用燧石切割工艺。燧石切割工艺的大体流程分三步：第一步是用实心钻技术在圆饼状半成品的上面圆心处钻一孔；第二步是在钻孔处穿一短木棍，用一根皮绳一端将木棍系牢，皮绳的另一端拴系在带有燧石的复合工具上；第三步是用带有燧石的复合工具以木棍所在的孔为圆心，以长短适宜的皮绳为半径，在圆饼状玉料毛坯上面画圆。当加水后，燧石的刃部与玉料光滑面在接触时就会增大摩擦，产生划痕，不断转动皮绳运动，划痕就会逐渐变为沟痕，最终圆形沟逐渐加深，穿透圆饼状玉料毛坯，玉镯的内芯被取出。

第四，钻孔取芯。红山文化的钻孔工艺主要有管钻和实心钻两种，其中管钻取芯的技术相当发达。牛河梁遗址中存在大量玉镯、玉环和一些管钻芯。N2Z1M1 发现一件玉镯，直径大到 12.1 厘米，孔径也有 8.9 厘米，是单向管钻而成。一是单向管钻至底部，最后敲出钻芯。在玉镯内沿一侧的边缘，尚留有较多连续细微破裂面。这是修整管钻后期加工的痕迹。玉镯内沿斜壁并未有进一步加工。二是玉镯可能是从毛坯中管钻出的第一环。玉镯所生产出的钻芯直径接近 9 厘米，可以进一步加工成器，如果用其再进一步管钻，可以再生产出一到两件以上的玉环和芯。牛河梁遗址时期，玉器工艺中玉镯和玉环类连续生产的体系理应相当成熟。三是从玉镯内沿斜壁所见，不排除使用皮条传动管钻的可能。实心钻钻孔工艺在牛河梁遗址出土的玉器上也比较常见，牛河梁遗址玉器上的用于穿戴的小孔一般是实心钻加工而成。以 N16M4∶1 玉凤背面隧孔为例作一说明。一共四对竖穿隧孔，两两相向。每对竖穿隧孔由竖向和斜向穿孔组成，斜向打孔透穿孔壁。同墓出土的 N16M4∶4 玉人也当是使用了实心钻钻孔和管钻钻孔工艺相结合的方法。玉人背面颈部正中,以管钻开孔但不透穿,因此钻孔底部遗留有圆凸小玉芯;其次由颈部两侧用实心钻各开一孔向中间对钻,与管孔壁中互通。

第五,雕琢成形。红山文化玉器的雕琢工艺以平雕、圆雕、镂雕为主要技法。板状玉器上多见平雕,雕琢痕迹十分规整;圆雕工艺多见于玉人、玉龙、玉龟、玉鸟、三孔器等;镂雕则见于勾云形玉器、龙凤佩等。N2Z1M4 出土的玉龙虽然不是通体雕,但突出的头部所作抽象性造型,较大的一件为透闪石玉,雕法较繁,各部位都有清楚的交代,表现出圆雕技法的成熟。红山文化猪龙是圆雕的典范,在玉龙加工的过程中,首先要整体设计。玉龙头部玉质精美,龙尾的褐红皮斑,保留了原石特色。其次是切割玉料,抽取玉芯。从玉龙侧面观察,其是一竖直长方形,理论上讲不会用管钻法,而是用线切割完成。第三就是雕琢,玉龙整体雏形基本成型后,需要对细节进行雕琢,制作玉龙时,特别是头部,玉工采用了雕琢技术。头部的鼻、嘴均以圆雕瓦沟纹表示。一对龙眼的双目圆睁外凸,眼的周沿有沟状边缘,使双目范围更鲜明凸出,眼与面颊间有褶皱状起伏,使眼与面颊更传神逼真。龙身和尾部应该是经历过由以方易圆的研磨过程。龙身中部系孔是最后完成的。从正面看玉龙右侧面的尾端,有两处明显下陷的凹坑,在放大镜下可见由琢制而成,应是玉坯表皮加工时所留下的痕迹。这两处凹坑都明显可见条状砺石研磨加工过的痕迹。镂雕见于多件玉器,其中勾云形玉器最具代表性。N2Z1M26 的双鸮首,其两侧的扉饰使用了较为成熟的镂雕技法,而且有明显的棱角,是一种新的制玉技术。和高超的雕琢技艺相互作用的是红山文化独特的阴刻线与减地阳纹共用,阴刻线纹用以表现形体结构,如鸟的翅膀、龙的嘴和眼睛、龟的四足;减地阳纹既可以在平面上表现立体感,也可以形象地表现动物的五官。如 N16M4 出土玉凤的羽翅和尾部都用减地手法作出层次感,纹饰流畅。此外,红山文化还有一种独特的纹饰,被学者称为瓦沟纹,即在勾云形玉器或有弯度的玉件如玉臂饰等薄板状玉器的表面,以减地阳纹作出似瓦沟状的凹槽,这种瓦沟纹的宽与窄、深与浅多十分均匀,形成的图案规整而多变。

第六,打磨成器。经过切割、钻孔和雕琢后,玉器必然不会十分光滑,因此将玉器打磨光滑才算是最终制作完成。如何打磨玉器?牛河梁的发掘报告对此有过专门著述[1]。打磨的主要方法是手持砺石,即玉器本身被固定,由人握持砺石,推磨加工。此种砺石形态上变化多样,可大可小。按加工玉器的外表或内里

---

[1] 辽宁省文物考古研究所:《牛河梁——红山文化遗址发掘报告(1983~2003 年度)》,文物出版社,2012 年。

差别,可分外研磨砺石和内研磨砺石两种。一般来说,这样的砺石在玉器作坊中大量存在。因为牛河梁遗址中未见到玉作坊遗址,这里仍只能从玉器表面加工痕迹讨论。有研究者指出,N16M4：4 玉人双腿之间"系用片形磨具开槽,再以圆棒形磨具以手工推拉方式研磨光滑"[1]。这里所指的磨具,就是手持砺石,其形态一般为长条形,以便握持运劲,砺石研磨使用的刃部,或厚或薄,可尖可圆,形态上亦在使用过程中不断变化。所以玉工在玉作坊内,按施工需要随时更换砺石。玉人左边头部上额顶、眉和眼的推磨交错线状痕,是玉工手持砺石反复研磨而出现的,是反映砺石运动方向的具体遗迹。手握砺石还可能会有内研磨的作用。如 N2Z1M4 出土的斜口筒形器,高 18.6、斜口宽 10.7 厘米,中孔相当宽阔,在其间可容一人握持较大扁平的砺石,把斜口筒形器内壁面砂绳切割起伏的波痕全部研磨去掉。此外,报告还认为带有长条槽状的砺石是圆柱状玉器由方易圆常用的工具。79M1：1、2、3 棒形玉器,分别长 15.5~22.6 厘米,均使用了带有长条槽状的砺石。此外如 N2Z1M26：1 管状玉器也需要用带长条槽状的砺石磨圆玉管的外形。关于打磨后的抛光,刘国祥先生认为：红山文化玉器雕琢成型后绝大部分会表面抛光,尤其是通体光素的器物,如斜口筒形器、玉璧、玉环、玉斧等不仅在器面,而且在内壁、孔壁部位都以磨光的手法将制作痕迹磨去,使玉料的温润光泽更好地展现出来[2]。红山文化诸多动物造型玉器,如玉龙、玉凤、玉龟,还有玉人像都经过了抛光处理,如红山文化玉猪龙在从玉龙玉坯上掏取玉芯后,大体格局已定型。此后经过对龙头的雕琢和对龙尾的琢制,龙身渐趋成型,再经过进一步精雕细琢和穿孔,完全具备了龙的形态。然而,雕琢后的龙体毕竟棱角鲜明,相对粗糙。要想达到圆润光滑、手感细腻还需要精心打磨抛光。从出土人像上的装饰分析,红山文化居民已经能够熟练掌握皮条、麻绳的使用,这些皮革纤维细腻柔软,以软克硬,是绝好的玉器抛光工具。

二、玉器祭祀的专属性

如同制陶业中的彩陶制作、建筑业中的祭祀建筑、雕塑业中的人像雕塑一样,加工业中的玉器加工也是高等级的劳动分工。考古发现表明,红山文化时期凡是用于祭祀活动的器物其制作工艺都要远超普通生活用具。如陶器中制作最精美的是彩陶,特别是无底器,而不是制作粗糙的夹砂筒形罐;建筑中最宏伟的

---

[1] 辽宁省文物考古研究所：《牛河梁第十六地点红山文化积石冢中心大墓发掘简报》,《文物》,2008 年第 10 期。
[2] 刘国祥：《红山文化研究》,科学出版社,2015 年。

是坛庙冢，而不是稀疏简陋的房址；制作业中最精美的是人像雕塑，而不是手工编织的草席；石器加工业中最精美的是深埋于地下的玉器，而不是大量出土的石器和骨角蚌器。

进入红山文化晚期红山古国的祭祀活动更加频繁，以牛河梁为代表的坛庙冢群更加凸显了红山古国居民的两重世界观。祭祀活动中祭器的专属性表明了神的至高无上地位。以神灵为中心、以祭祀为途径达到敬天、崇祖、媚神的目的，是红山古国社会运行的基础。玉器作为通灵的最佳使者被赋予了专门的意义，玉筒、玉管、玉珠、玉镯、玉环等几何形玉器都有巨大的圆孔用于通神；玉龙、玉凤、玉龟等动物形玉器用于媚神。作为石之美者的玉器必然会优先献给神灵，以求得神灵的庇护。但是，玉器加工制作并不是普通社会成员能够完成的，而是由一群掌握专门制作技术的人群来完成的，这群人应该有着一定的社会地位。因此，玉器祭祀的专属性表明制玉业是高等级的劳动分工。

第七节　劳动分工的理论重构

进入红山文化晚期红山古国的社会聚落化、分等级趋势更加明显，劳动分工反映了红山古国的社会结构。从整体上看，红山古国社会的劳动分工有低等级和高等级之分（图4.15）。如石器、骨角蚌器等生产工具加工见诸各个聚落，是社会化的，具有普遍性。而玉器则绝不是每个聚落都有的，大多出于祭祀遗址，是专业型的，不具普遍性。再比如陶器中的夹砂陶筒形罐、泥质陶钵、壶等生活用器在每个聚落都大量出现，而彩陶器特别是无底彩陶器仅在祭祀遗址出现。此外，聚落房址的建筑也远没有祭祀址坛庙冢建筑的规格高。低等级的劳动分工是社会经济运行的需要，而高等级的社会分工则反映了原始信仰。

一、低等级的劳动分工是经济运行的基础

红山古国时期石器加工、陶器制作、房屋建筑、草席编织等都是为了满足居民生产生活需要，具有社会化和普遍性，因而属于低等级的社会分工。从考古发现来看，红山文化诸多典型聚落的房址内都出土了石耜、石斧、石锛、石刀、石磨盘、石磨棒、石臼、石饼、石环、石网坠等生产工具和筒形罐、斜口罐、钵、壶等生活用器。同时，大到房屋建筑小到草席编织等也都在聚落内清晰可见。石器加工、陶器制作、房屋建筑、草席编织等都是红山古国社会最基本的劳动分工，这些低等级的手工业门类虽然发展水平有限，但却是维系生存必不可少的，是经济运行的基础。

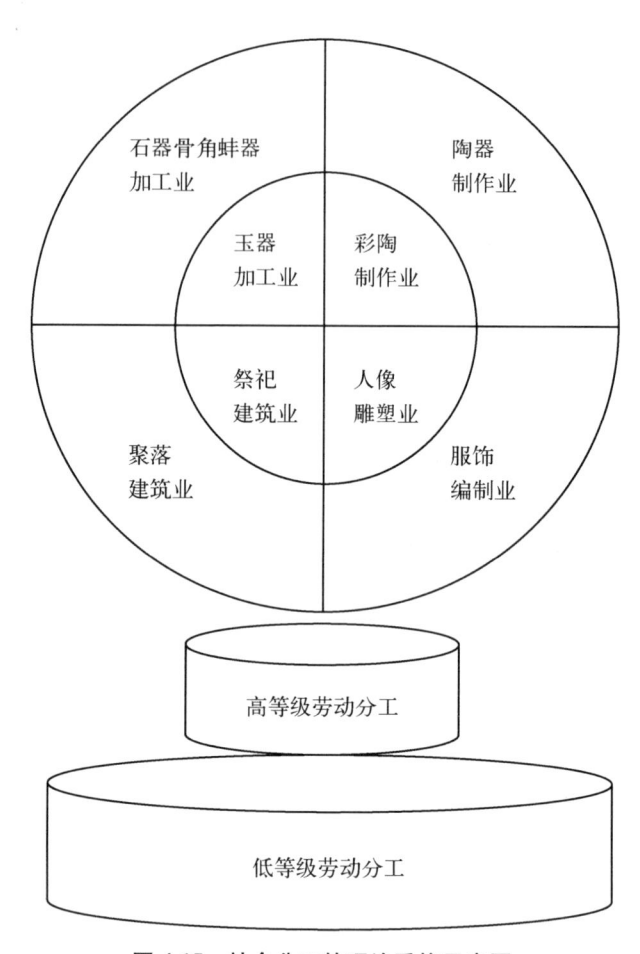

图 4.15　社会分工的理论重构示意图

二、高等级的劳动分工是上层建筑的基石

红山古国时期玉器加工、彩陶制作、坛庙冢群建筑、人像雕塑等已经不再是为了生产生活需要，而是专门用于祭祀活动，专业化特征十分明显。考古发现表明，红山古国祭祀遗址发现的玉器、彩陶、人像和坛庙冢群建筑在规格上远远高于石器、陶器和聚落房屋建筑。从选料到加工玉器、从绘彩到烧制彩陶、从陶塑到石雕人像工艺都十分复杂，需要一定的技能，不是普通社会成员能完成的。牛河梁坛庙冢群更是建筑前经过严格规划，建筑过程中需要高水平的专业化人员和强大的社会动员能力。因此，专门用于祭祀的玉器加工业、彩陶制作业、人像雕塑业和坛庙冢群建筑业都是高等级的社会分工。这些虽不是维系经济运行和社会生存的必要条件，却真实反映了红山古国社会的原始信仰。

第五章　敬天崇祖奉神的原始信仰

渔猎民族比农耕民族有更强烈的归属感和更迫切的精神需求，这是由以山地丘陵为主的自然环境、以渔猎采集为主的生业模式、迁徙往来无常的生活方式所决定的。红山古国时期人们普遍相信有两重世界，即人的世界和神的世界。其中神的世界包括天上的天神、地下的祖神和地上的动物神。生活在丘陵山地的红山古国居民在长期与大自然的斗争中，普遍相信有一个至上神在掌管着世间万物，它就是居于上苍的天神。红山古国居民还相信逝去的祖先虽肉体已腐烂，但神灵还在。长期居无定所、不断迁徙的生活方式，让他们迫切希望能找到一片祥和安定的居所，死后能和先祖归葬在一起。此外，渔猎采集活动因时刻与动物打交道而充满危险，所以红山古国居民产生了对于动物神的信仰。对于神的信仰集中表现在三个方面：一是坛庙陵群，坛与天神、庙与祖神有对应关系；二是大量的人像和动物像分别与祖神和动物神对应；三是整齐划一的无底彩陶器、动物造型玉器与天神、动物神对应。特别是无底筒形罐上的三条平行宽带纹在红山古国晚期几乎形成定制，更是对神灵世界认同的集中反映。规模宏大的祭祀建筑和制作精美的祭器表达了人们对神的敬畏和对神灵世界的关注。

第一节　坛庙陵群与敬天崇祖

牛河梁遗址坛庙陵群既是红山古国祭祀建筑的杰出代表，也体现了红山古国敬天崇祖的原始信仰。陵是埋葬祖先的茔地，坛是敬天祭祖、沟通神灵的圣地，而庙则是供奉先祖人像、祭祀神灵的地方。牛河梁坛庙陵虽三位一体，但功能却各不相同，共同构成了红山古国的祭祀体系，反映了红山古国的原始信仰。

一、陵与祖

红山古国埋葬逝去先祖的茔地大多积石筑陵,陵外建圆形或方形石墙一至三道不等,从面积和规模来看已经具有了陵的规模。规格最高的是牛河梁遗址群第二地点陵冢群,大多都有三重石墙环绕,整体呈覆斗状,其中1号陵和2号陵规格最高、最具代表性。

(一) 牛河梁第二地点一号陵[1]

牛河梁第二地点一号陵外轮廓平面为一东西向的长方形,方向正南北。陵的西部和南部有大范围残缺,平面轮廓不够完整。推测陵体东西长约34、南北宽约22米,占地面积约750平方米。1号陵共发现了包括中心大墓在内的25座墓葬。陵内靠近界墙处设置有筒形陶器群,主要有陶筒形器、扁钵式筒形器和"塔"形器三类。这些器物多集中发现于陵台与外界墙之间。从陵内墓葬布局来看,N2Z1M25和N2Z1M26两座中心大墓无疑是最早埋入陵内的,如果将牛河梁遗址群看作是一个大型部落的公共墓地,那么第二地点就是一处具有血缘关系的氏族墓地,一号陵就代表了该氏族内的重要一支或重要一"宗",N2Z1M25和N2Z1M26两座中心大墓墓主就是"宗族长"。作为"宗"的初创者可能生前对该宗族具有突出贡献,死后得到最高礼遇。宗族成员逝去后都要归葬于此。牛河梁第二地点一号冢南侧埋葬有诸多墓葬,不仅出现叠压现象,还出现大量的二次葬。从墓葬形制上看,早期墓葬建造规整,而晚期墓葬相对简陋。这都表明一号冢的建造和使用经历了一个漫长的过程,见证了一个宗族由盛而衰的历史。

(二) 牛河梁第二地点二号陵[2]

牛河梁第二地点二号陵体平面轮廓呈正方形,方向近于正南北。二号陵陵体围绕中心大墓而建,面积较一号陵为小,也相对较为紧凑。二号陵内墓葬布局十分清晰,由位于中心的1座大墓和南侧的3座墓葬组成。中心大墓是一座设有冢台的大型砌石墓(N2Z2M1),中心大墓与南侧墓葬之间相隔有较大空白地带。中心大墓地下部分辟长方形土圹,内砌墓室,顶盖封石,顶盖与原地表近平。地上为一方正的冢台,从墓口即地表以上起筑,冢台距地表的高度约0.7米。冢

---

[1] 辽宁省文物考古研究所:《牛河梁——红山文化遗址发掘报告(1983~2003年度)》,文物出版社,2012年。

[2] 辽宁省文物考古研究所:《牛河梁——红山文化遗址发掘报告(1983~2003年度)》,文物出版社,2012年。

台外壁齐整,显内收,使整个方形冢台略呈覆斗状。牛河梁遗址第二地点二号陵代表的应该是和一号陵同一氏族下的另一"宗"。从中心大墓的建造规模上看,N2Z2M1墓主应该是该宗的"宗族长"。

(三)半拉山陵冢[1]

半拉山墓地是一处性质较单一的红山古国时期陵园。界墙位于陵区北半部,保存较好,由北、东和西三面墙体组成,南面未见墙体,平面略呈方形,南北长约16.3、东西宽约16.5米。半拉山陵区除用于埋葬死者外,同时用于祭祀,埋葬区和祭祀区分区较明显。墓葬区位于墓地南部,祭祀区位于北部。中心大墓M20位于发掘区中部。其上被K3、K7、K8打破,并打破M4、M51、M52、M56、M60和M75。东西长约7.43、南北宽约6.08、深约1.99米。圹壁在距圹口约0.56米处内收出二层台,东西长约6.84、南北宽约4.72米。圹底由人工开凿而成,墓圹内未见棺和人骨。圹内填土中出土残玉环10件、玉芯3件、玉料1件和石斧1件、石铲2件。从墓葬规格上看,中心大墓是这一宗族晚期的宗族长,被后世子孙多次祭祀。根据考古发掘判断,半拉山陵区也是一处沿用时间很长的宗族墓地。第一,墓葬形制有土坑墓、石棺墓和积石墓三种,东西向成行排列,彼此间存在叠压打破关系,二次葬多于一次葬。这表明归葬该墓地、死后归宗是统一的信仰。第二,陵区建筑事先经过统一规划和布局。发掘者认为"该墓地的祭祀活动均集中在祭祀区内进行,墓葬区不见祭祀现象"。坛祭是祭祀的主要形式,集中在坛体堆积上,规模大,场地固定,并经过精心设计和规划,祭品形制也相对固定。第三,通过陶筒形器的细部特征的变化,说明大量成排放置的筒形祭器带并不是一次形成,而是随着持续不断的祭祀活动形成的,这表明祭祀活动是有持续性的。第四,坑祭是采用祭祀坑来进行祭祀,其规模较小,形式单一,不见筒形器,仅见实用陶器和动物骨骼。

综合分析,红山古国的陵主要是埋葬先祖的茔地,每一陵内都有中心大墓,南侧是中小型墓葬群,中间一般都有一石隔墙将中心大墓和其他中小型墓葬隔开。陵的主要功能是埋葬先祖,是先祖骨骸的安葬地。

二、庙与神

目前,经过考古发掘确认的红山古国时期庙址仅在牛河梁和半拉山有发现。

---

[1] 辽宁省文物考古研究所、朝阳市龙城区博物馆:《辽宁朝阳市半拉山红山文化墓地的发掘》,《考古》,2017年第2期。

其中牛河梁遗址的两处庙址都发现于第一地点。

(一)牛河梁第一地点庙址[1]

根据考古发掘和遗物出土情况分析,牛河梁第一地点庙址建筑群可分为两组:第一组在南部,包括主体建筑女神庙 J1 和南区祭台(发掘报告称东山台和西山台),及附属建筑 H1、J3;第二组在北部,包括主体建筑 J4 和北区祭台(发掘报告称北山台)。

第一组庙群建筑中的 J1 是一处红山古国早期供奉女祖神像和动物神像的庙址。第一,庙址内出土的人体塑像残件有人像头部、鼻、耳、手、手臂、乳房等残件;庙内出土的动物形塑像有兽类和禽类两种,其中兽共 2 例,一例出土于中室顶部,另一例出土于南单室中部,两例都具熊的特征。禽发现有爪与翅,从双爪可辨认具猛禽(鹰)的特征。第二,庙址虽为土木结构,但结构复杂,建筑规格比房址高。墙壁和仿木建筑构件上多有捆束的禾草一类植物的印痕,墙面抹多层草拌泥,较为光滑。庙址平面布局分为北多室 N1J1B 和南单室 N1J1A 两个部分。北多室可分出中室、北室、东室、西室和南部约三室,总体南北长 18 米,东西最宽 9 米,总面积约 75 平方米。第三,庙址附近有祭祀坑,祭品规格远高于实用器。N1H1 在"女神庙"以南 10 米断崖处,出土器形主要有筒形罐、敞口钵、敛口钵、壶、器盖、圆底钵、彩陶罐、无底筒形器、无底"塔"形器、无底豆形器、方形器、方"鼎"形器等,不仅制作规整、制作精美,而且工艺精湛。第一组庙群建筑的另一主体建筑就是南区祭台,即 J2 的东西两个山台和祭祀坑 J3。根据发掘情况和测量数据分析,南区祭台呈长方形,南北墙长约 110 米,东西墙长约 80 米,南墙中间应该有宽约 50 米的入口。J3 位于东山台的东南坡,西距东山台东石墙约 60 米,距"女神庙"约 170 米。发掘者认为"此坑北距女神庙甚近,出土物多为具祭祀性质的特异型陶器和经加工的兽骨,当为与'女神庙'有关的遗存"。女神庙供奉的是红山古国的远祖。显然,女神像是祖先死后神的化身,如果说陵内埋葬的是先祖的肉身,祭祀是为了满足先祖的物质生活需要,那么庙内供奉的是先祖的灵魂,祭祀是为了愉悦先祖的精神需求,传递信息,实现人神互动。半拉山祭祀址陵与庙是合二为一的,牛河梁祭祀址出现了专门用于埋葬宗族的陵和专门用于祭祀祖神的庙。

第二组庙群建筑的主体建筑 J4 位于东山台北墙以北约 20 米,西与北山台相对。发掘者认为:"此建筑址位置在东山台的正北位置,方向与山台石砌界墙

---

[1] 辽宁省文物考古研究所:《牛河梁——红山文化遗址发掘报告(1983~2003年度)》,文物出版社,2012年。

及'女神庙'相同,从分布的柱洞和烧土面的位置看,此建筑址有按中轴线分布的规律,应非一般居住址,而是与庙台有关的建筑物。"[1]第一,从建筑结构上看,规模要远远高于普通房址。庙址半地穴式,长方形,南北宽约5米,东西长约10米。从已清理的西半部分看,在第二建筑址地面的周边和中部都布置有柱洞。已揭出的17个柱洞北、南壁和中部都有东西排列的规律可循,可确定建筑址东西共有四排柱洞;虽然南北方向柱洞排列情况尚不清楚,但南壁中部两个柱洞不仅大而深,且间距宽,应与房址中部的轴线布局有关。第二,庙址内有多处用于祭祀的烧土面和丰富祭器。地面中部有两个相连的近方形烧土面;建筑址居住面室内堆积中出土的器物不仅有磨制石饼、带钻窝石件和压印纹筒形罐等器物,而且有无底筒形器、无底"塔"形器、彩陶折腹盖盆、彩陶敛口罐、盆式钵等高规格的彩陶器,大多为非实用器。

(二)牛河梁第十六地点庙址[2]

牛河梁第十六地点79F1为一庙址,位于发掘区西南部,1979年的试掘简报定为房址。半地穴式,平面形状呈圆角方形,开口在③C层下,打破④层与生土。庙址东西长2.7、南北存宽1.8~2.5、墙基宽0.2~0.4米。墙边砌石,由于石块大小不同,墙的宽度也不尽一致。南墙和东、西墙的南端均已遭到破坏。之所以将79F1认定为庙址而不是普通居住址,一是该建筑打破④层与生土,却明显不同于红山古国普通房址的土木建筑结构,墙基所用石料均为就地取材的片麻岩与麻粒岩石块,不见硅质石灰岩石块。二是虽然屋内地面较平整,上施一层灰白色硬土面,其下抹一层4~5厘米厚草拌泥。但是,室内不见灶址,仅东北角发现一片长0.8、宽0.5米的红烧土面,且室内未发现柱洞,不见遗物。三是该地点不见其他房址出现,仅单独一座。虽然尚未在庙址内发现人像,但该建筑位于独立的祭祀区内,显然不是普通房址,不具备一般性居住功能。庙址建于祭祀区显然是为了祭祀活动的需要,当与祭祖崇祖有关。

(三)半拉山庙址[3]

半拉山墓地晚期分区明显,南部为墓葬区,北部为祭祀区。祭祀遗迹早期仅

---

[1] 辽宁省文物考古研究所:《牛河梁——红山文化遗址发掘报告(1983~2003年度)》,文物出版社,2012年。

[2] 辽宁省文物考古研究所:《牛河梁——红山文化遗址发掘报告(1983~2003年度)》,文物出版社,2012年。

[3] 辽宁省文物考古研究所、朝阳市龙城区博物馆:《辽宁朝阳市半拉山红山文化墓地的发掘》,《考古》,2017年第2期。

见坑祭遗迹,晚期出现了坛祭遗迹,半拉山庙址就建在晚期祭坛上。祭坛位于陵区北部界墙内,是整个墓地的最高点,由祭坛、庙址及祭品群组成。祭坛是近长方形的黄土台,东西长约13.6、南北宽约11.5米。坛墙石直接置于土台上。庙址位于祭坛上偏西部,活动面近圆角长方形,南北长约10.2、东西宽约8米。活动面经人工夯打较坚硬,夯窝较大、较深,形状不规则。在活动面上发现有七个柱洞,分三排排列,呈长方形,南北长约6.6、东西宽约4.5米,最北一排有三个柱洞,其余两排两两相对,在中排两个柱洞底部各发现一块柱础石。在庙内活动面上覆盖有大面积草拌泥的红烧土块,推测应是庙建筑的倒塌堆积。

红山古国祭祀址内的庙址大多与陵冢和祭坛相邻,要么建在陵冢旁,要么建祭坛旁或在坛上,大多仿房屋建筑。女神庙内供奉人像和动物像的现象表明,庙是供奉祖先和神灵的圣地。如果说陵内埋葬的是祖先的肉身,那么庙内应该供奉着先祖的像,"陵与祖、庙与神"是红山古国祭祀理念和原始信仰的核心。

三、坛与天

红山古国祭坛既有陵坛分离结构的,也有陵坛合一结构的;既有结构简单的单层坛,也有结构复杂的三层坛。从牛河梁祭坛[1]的形制上看,红山古国祭坛的发展演变经历了陵坛合一到陵坛内分离再到陵坛外分离三个阶段。早期长方形石棺墓上建造的圆形陵冢具有坛的性质;中期在的三层圆形陵墙内、主冢的南侧单独建造圆形石堆作为祭坛;晚期在三层方形陵墙的外侧单独建造三重圆坛。

(一)陵坛合一阶段

红山古国陵坛合一阶段的典型建筑以牛河梁第二地点四号陵下层M6为代表。M6与M4、M5东西并排,在这一排最东侧,结构与M4、M5相同。依筒形器圈测得冢界直径约6米。其东南半侧的陵体因临冲沟而全部被毁掉,西北半侧剩余部分也已残碎严重,筒形器的残陶片形成一环状条带堆积,条带宽约60~80、厚约20厘米。共清理出原位保存的14件筒形器圈底。从陵体形制上看,该陵内中心部位有墓一座,为竖穴土坑墓,呈圆角长方形,东、西两长壁中段外弧。墓圹长2.5、宽0.95米。墓主系迁出葬,墓内仅见少量胸椎骨。墓主足下的近墓圹端壁随葬带盖彩陶瓮1件。从陵体周围筒形器的分布来看,陵体为圆形石堆,

---

[1] 辽宁省文物考古研究所:《牛河梁——红山文化遗址发掘报告(1983~2003年度)》,文物出版社,2012年。

本身已经具有坛的功能。这种内部为长方形墓圹，外部为圆形石堆构成的陵体应该属于红山古国坛冢合一的结构。

(二) 陵内分离阶段

红山古国陵内分离阶段的典型建筑以牛河梁第五地点上层 Z1 为代表。该处遗迹共有四个单元，东端是一号陵，叠压在下层一号陵之上；西端是二号陵，叠压在下层二号陵之上；两个积石陵之间是方形祭坛；上层一号陵 Z1 位于第五地点的最高点上。依据现存的石墙可知陵体平面呈圆形，石墙共有三圈。由于陵体的三圈石墙均只存底层，因此，石墙是否由外向内逐圈升高进而形成台阶已不可知。牛河梁第五地点上层一号陵 Z1 是一处陵坛半分离的祭祀建筑。陵内偏西部有一座大型墓葬，编号为 N5Z1M1。该陵中心大墓东南侧有一圆形石堆，即为祭坛，且以石堆为中心建造三圈石墙，圆形石堆和三圈石墙构成同心圆结构。圆形陵体上为封土，出土有钵、筒形罐、斜口器、盆、器盖及筒形器等。牛河梁第五地点上层一号陵 Z1 属于一墓一冢一坛结构，坛在冢内、墓外，陵坛处于半分离状态。

(三) 陵外分离阶段

红山古国陵外分离阶段的典型建筑以牛河梁第二地点上层 Z3 为代表。牛河梁第二地点祭坛 Z3 位于该地点的中心位置，西部为一号陵 Z1 和二号陵 Z2，东部为四号陵 Z4 和五号陵 Z5，北部为六号陵 Z6。从形制上看，祭坛 Z3 平面为圆形，既不同于西部的一号陵和二号陵，也不同于东部的四号陵和五号陵。牛河梁第二地点三重祭坛 Z3 平面近正圆形，由三层以立石为界桩的阶台和坛上积石组成。三层坛阶台每层都以排列的立石组成石界桩，形成由外、中、内共 3 周同心圆状石界桩圈框定的坛的三层阶台，它们由外到内，渐有高起，如此，三周石桩圈即构成向内逐一分阶递收、层层叠起的圆台状祭坛。

牛河梁遗址第二地点一、二号陵和第五地点上层一号陵的结构明显不同。虽然二者的时间早晚无法判断，但是根据牛河梁第二地点四号陵上下层叠压情况推断，牛河梁陵体结构变化大体上经历了早、中、晚三个阶段。第一阶段的基本结构是长方形竖穴土坑墓上筑单层圆形石冢，环绕石冢外围放一圈无底筒形器，这一阶段墓上的圆形石冢具有祭坛的性质；第二阶段的基本结构是长方形石板墓上筑单层圆形石冢，冢外堆一圆形祭坛，环绕冢体和祭坛的是三层圆形石墙，这一阶段出现了专门的圆形祭坛，但规模不大；第三阶段的基本结构是长方形石板墓上筑单层方形冢台，冢外建筑三层方形石墙，三层圆形祭坛在石墙外，陵坛分离,甚至出现了多个陵共用一坛的现象。牛河梁第二地点 Z3 的出现表明,经过陵冢合一、一陵一坛到多陵一坛三个阶段的发展演变,具有专属功能的祭坛出现了,且最终成为祭祀群中最重要的建筑。我们注意到,牛河梁陵体无论是圆形石墙还是方形石墙都具有三层结构,这和 Z3 的结构一致。不仅如此,陵内出现的无底筒形器和无底钵形器上面的宽带纹也多为三条。这很容易让人把"三"和红山古国居民的精神世界联系在一起。红山古国居民生时活在地上,叩问苍天;死时葬入地下,想回人间。天上、地下、人间在今天看来都具有诱惑力的三重空间,一定是红山古国时期人们信奉的宇宙观。于是与神灵世界三重结构吻合的宏观建筑——三层圆坛和三层冢体、微观遗物——三条纹饰的无底筒形器便应运而生。

  红山古国坛、庙、陵的形制并不是整齐划一,而是富于变化的。除了庙址基本为方形外,陵既有圆形又有方形,坛也有圆有方。如牛河梁第二地点的一号陵和二号陵均为方形,三号祭坛为圆形;而第五地点上层一号陵为圆形结构,而中间祭坛为方形。此外,还有陵为方圆叠压结构,如第二地点四号陵。红山古国坛和陵结构的多样化特征既与原始信仰有关,也与红山古国居民对自然规律认识的不断进步有关。红山古国第二地点四号陵方形石界墙叠压在圆形石界墙之上的关系表明,圆形石界墙在时间上要早于方形石界墙。由此推断,长方形墓葬上砌筑圆形冢台形成的圆形陵冢应是陵坛一体结构,地下是方形墓穴上面是圆形坛体,这种结构的陵要早于第二地点的一、二号陵。根据我们对红山古国坛、庙、陵群的研究发现,坛、庙、陵的各自功能虽然各不相同,但却形成了一个完整的祭祀体系。陵是先祖的生活起居之所,具有核心地位。最初的陵具有埋葬和祭祀的双重功能,既是埋葬先祖肉身的地方,也是子孙后代祭祀祖神、召唤灵魂回归的场所,是坛庙陵的统一体。而随着祭祀活动的加剧,专属祭祀的坛和供奉祖先神像的庙出现,陵逐渐演变为仅仅是埋葬祖先肉身的茔地。庙是专门用于供奉祖先神像的场所,在这里子孙后代可以亲手献上他们收获的琼浆玉液和美味佳肴,可以向祖先倾诉人间苦难,祈求得到祖先的护佑。坛是子孙举行祭祀活动的场所,也是祖先灵魂自由升入人间和天上的通道。坛冢庙群集埋葬祖先、祭祀祖神、升入天庭三大功能于一体,完整地体现了红山古国时期的敬天、祭祖、奉神的原始信仰。红山古国陵、庙、坛组合应为后世陵、庙、坛的雏形。"坛、庙、陵有点类似于北京明清时期的天坛、太庙和十三陵"[1]。

---

[1] 郭大顺:《从东山嘴到牛河梁——辽西红山文化遗址发现始末》,《郭大顺考古文集》,辽宁人民出版社,2017年。

第二节 造像系统与崇祖敬宗

通过造像祭祀祖宗是红山古国社会最鲜明的特色之一。红山古国的造像系统非常发达，从形制上看，不仅有男祖和女祖造型，还有人物造像和动物造像；从材质上看，不仅有泥塑和陶塑像，还有石雕像和玉雕像。必须注意的是，红山古国祖像与人像是两个系统，祖像体现的是崇祖与生殖，人像体现的是敬宗与归一。

一、祖像奉祖

红山古国的一些典型遗址中出土了男祖形器和女祖形器。然而，限于出土数量有限和认识角度不一致，报告对于该类器物大多没有进行详细描述。迄今为止，我们也很少见到关于红山古国祖形器与生殖观念的专门论述。但是，从考古发现出土的大量女性人物造像来看，红山古国生殖崇拜普遍存在确是不争的事实。本文讨论的男祖形和女祖形是指对男女性生殖器的模仿造型。关于祖和宗的关系，学者们普遍认为祖是干，宗是支，敬祖是奉宗的源头。甲骨文和西周金文中以"且"为"祖"，不从"示"。关于"且"字之造字本义，有学者认为是男性生殖器之象形，比较可信。从出土情况看，红山古国时期制作陶祖、石祖、玉祖进行生殖崇拜已经十分盛行。

（一）陶祖和玉祖

考古发掘表明，红山古国诸多遗址中出土了一些不知名的陶制品。这些陶制品无论是从形制上还是使用痕迹上看既不可能是生产工具，也不可能是生活用器，明显另有含义。仔细研究发现，它们都有一个共同特点：和男祖形器或女祖形器高度相似，而且这些不知名陶器往往在同一个遗址对应出现，既有男祖形器也有女祖形器，如在二道梁、哈民忙哈、小东山遗址均发现这些陶祖形器有对应出现的规律。二道梁遗址出土1件男祖形器和2件女祖形器（报告中分别称为人体塑像残件和纺瓜）[1]。91采：11，夹砂红陶泥塑成。上部残缺，根部突出两个卵圆形陶塑。残高2.4厘米（图5.1,1）。女祖形器2件，T50②：1，桂叶形，有纵向一凹槽，代表女阴。长5、厚0.5~1.5厘米（图5.1,2）。T70①：1，椭

---

[1] 内蒙古文物考古研究所：《巴林左旗友好村二道梁红山文化遗址发掘简报》，《内蒙古文物考古文集（第一辑）》，中国大百科全书出版社，1994年。

圆形,有纵向凹槽,代表女阴。长 2.2 厘米(图 5.1,3)。哈民忙哈遗址出土男祖标本 3 件和女祖标本 4 件[1]。标本 F10:3,男祖形器,顶部有一圆纽,且中间有一未透圆孔,底部饰有划纹。底径 5.2、高 4.5 厘米(图 5.1,4)。另有两件残器 H14:3、H22:3 都仅存底部一角和顶部一角,虽然无法确定其形制,但通过比较,应和 F10:3 为同类器物,是男祖形器。标本 F5:5,女祖形器,顶部有一未穿透的圆孔,表面有两组对称的竖向划纹,每组两道,圆孔处有一道凹槽,代表女阴。底径 5.7、高 4.8 厘米(图 5.1,5)。小东山遗址出土男祖形器和女祖形器各 1 件[2]。T3②:2,男祖形器,总体形状类似青铜短剑的剑体柄部,上部类枕状器,两端凸起,中间凹,中部有一周凹弦纹,其下为柱状,中空。通长 8.7、顶部宽 3.9、柱径 1.3 厘米(图 5.1,6)。T6②:1,女祖形器,平面呈椭圆形,剖面呈椭圆形,残。正反面及两端有凹槽,中间有一穿孔,象征女阴。残长 2.7、最宽 2.5、最厚 1.5 厘米(图 5.1,7)。

除了陶质祖形器,红山古国诸多遗址还出土了一些玉质祖形器,男祖呈较短的圆棒形,头端似舌形,尾端平齐,头部多饰阳弦纹,或饰较宽的阴刻粗弦纹。女祖多呈椭圆形,正面刻划一纵向凹槽,凹槽内有一孔,凹槽外两侧或有平行线,或光素无纹饰,象征女阴。那斯台遗址出土了玉质男祖,标本两件。标本 1 圆柱体,后端较粗。后部中间浮雕两个圆卵形凸起,中间有一凸线,上缘为额头阴刻状纹,下缘施两个小乳状突;颈背部刻出凸形线纹,腰背部横刻两道凸纹;尖端向背部翘起;两侧对穿一透孔,刻工精致,形象逼真,长 7.8、径 3.3 厘米(图 5.1,8)。标本 2 比标本 1 稍小,头额部阴刻"八"字形纹饰,两卵圆形凸起间有一钻孔直透尾端,腰部亦有一横向钻孔同纵向钻孔交叉,背部有四道凸弦纹,前端腹面阴刻一弯月形沟痕。长 9.9、径 3.8 厘米(图 5.1,9)。那斯台遗址出土女祖 2 件。一件桂叶形。长 4.1、宽 1.6 厘米(图 5.1,10)。另一件椭圆形,中间钻一圆细孔,形体较小,制作精致。长 1.6、宽 1.1 厘米(图 5.1,11)。牛河梁遗址出土男祖 2 件和女祖 3 件[3]。N2Z1M11:3,男祖形器,白色,磨制,剥蚀甚重,两侧有内凹的坑点,应为玉料的原面。体甚长,上体较直,下腹略显内弯。头端尖,尾端圆,下部肥厚。颈部以一周阴线显示首身分隔,以下有二匝凸起。长 12.7、最大径 1.9 厘

---

[1] 内蒙古文物考古研究所、科左中旗文物管理所:《内蒙古科左中旗哈民忙哈新石器时代遗址 2010 年发掘简报》,《考古》,2012 年第 3 期;内蒙古文物考古研究所:《内蒙古科左中旗哈民忙哈新石器时代遗址 2012 年的发掘》,《考古》,2015 年第 10 期。

[2] 辽宁省文物考古研究所、朝阳市博物馆、朝阳县文管所:《朝阳小东山新石器至汉代遗址发掘报告》,《辽宁道路建设考古报告集(2003)》,辽宁民族出版社,2004 年。

[3] 辽宁省文物考古研究所:《牛河梁——红山文化遗址发掘报告(1983~2003 年度)》,文物出版社,2012 年。

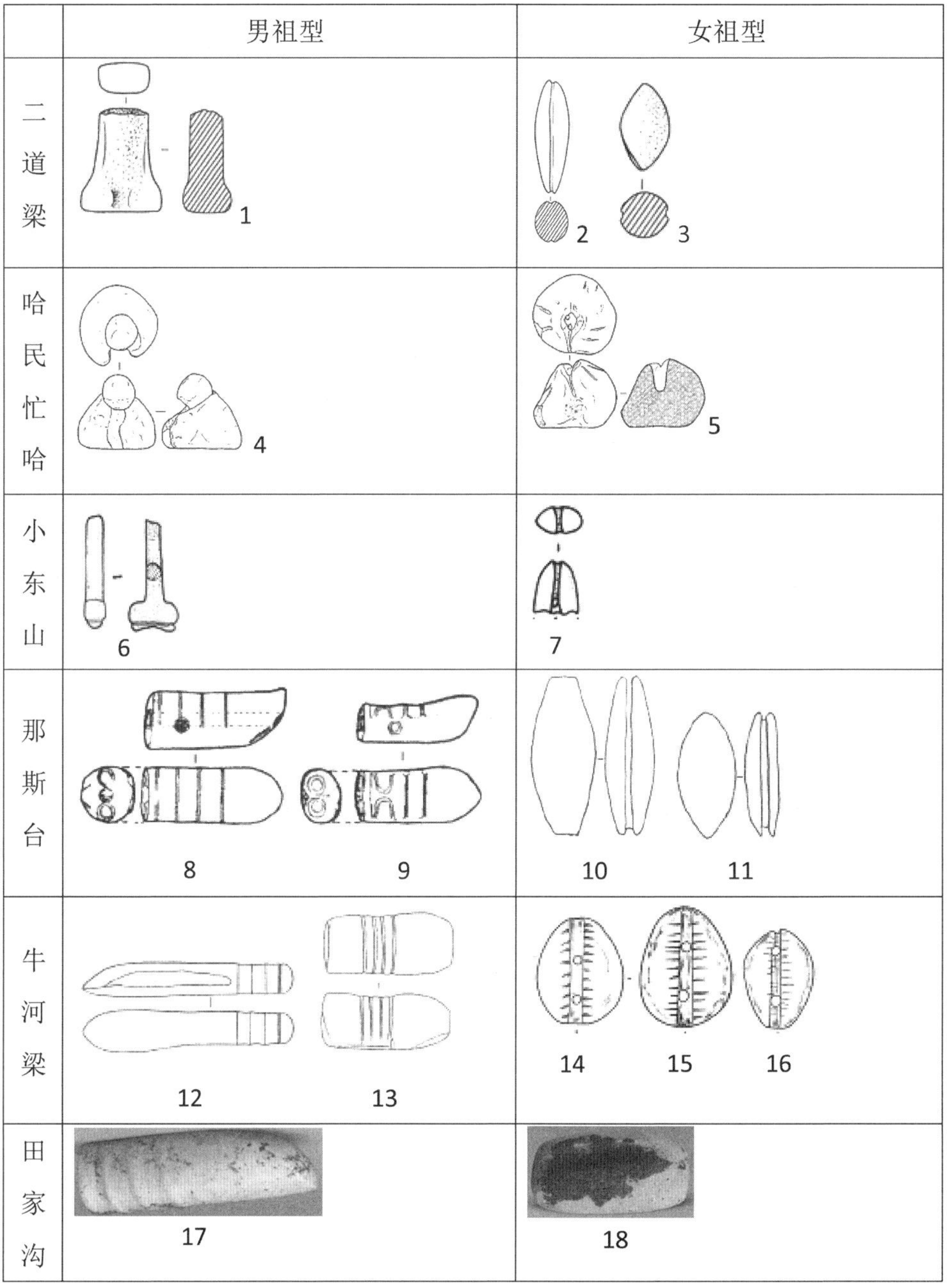

	男祖型	女祖型
二道梁	1	2 3
哈民忙哈	4	5
小东山	6	7
那斯台	8 9	10 11
牛河梁	12 13	14 15 16
田家沟	17	18

图 5.1 红山古国典型遗址出土的祖形器组合

米(图5.1,12)。N5SCZ1:3,男祖形器,器体呈扁圆形,短身,头部圆鼓,凹腰,腰间有四道弦纹,弦纹较粗,可见接头处,尾端较平。长6.1厘米(图5.1,13)。女祖形器3件,于N2Z1的冲沟内清理出土。都为白色玉质,大小、形制相近,都经磨制,近扁平体,正面正中作一竖向通体凹槽,象征女阴。顶面平弧,磨出一小台面,沟槽两侧刻划多道平行短线,由槽内一面钻二通透小孔。标本N2Z1C:3,槽两侧分别刻出9、12道短线,短线稍显下斜方向。长2.1、宽1.75、厚0.65厘米,凹槽宽0.25~0.3、深0.25厘米,孔径0.2厘米(图5.1,14)。标本N2Z1C:4,槽两侧分别刻出11、13道平行短线。长2.3、宽1.75、厚0.75厘米,凹槽宽0.3、深0.25厘米,孔径0.2厘米(图5.1,15)。标本N2Z1C:5,体较小,槽两侧各刻出13道短线,背面另见2组斜穿透孔。长2、宽1.4、厚0.7厘米,凹槽宽0.2、深0.15厘米,孔径0.2~0.35厘米(图5.1,16)。田家沟遗址发表男祖和女祖各1件。田家沟第三地点出土的男祖看上去胖乎乎的,头部光滑,尾部用瓦沟纹表现三周弦纹,男祖特征明显(图5.1,17)。M2:1,女祖出土于墓主右臂肱骨下,横置。整体近扁圆横柱状,中间厚,两端略有收分,一端收分较大,其余三面呈弧面,底面正中见一纵向长沟槽,剖面呈圆缓"V"字形,象征女阴,沟槽上面光平,见有灰渍,通体抛光。长4.9、宽2.5、厚2.05厘米,沟槽长3.9、宽0.9、深0.3厘米(图5.1,18)。2006年考古人员在朝阳市建平县东山岗红山古国积石冢墓葬中也发现了一件玉祖,背上有纵向浅沟槽,象征女阴。

(二)祖像与崇祖

之所以将上述器物统一归为男祖形器和女祖形器,是因为它们的造型与男女生殖器有诸多相似之处:一是整体造型相似,男祖形器突出圆柱形茎部和卵圆形根部;女祖形器突出椭圆形整体、纵向沟槽和沟槽内的圆形孔。二是微观纹饰相似,男祖形器突出在圆柱形茎的头部环绕柱体刻划一周瓦沟纹;女祖形器突出在纵向沟槽外刻划多条横向平行纹饰。如NSSCZI:3男祖头部圆鼓,颈部阴刻四道弦纹,是比较写实的男性生殖器官。N2Z1C:3、4、5女祖正面正中有一竖向凹槽,槽两侧刻划多道平行线,是比较写实的女性生殖器官。玉祖形器中除N2Z1M11:3男祖形器出土于墓葬外,其余均因缺乏地层关系和出土位置无法划入具体单位分析。但从器物造型上看,无疑是红山古国生殖崇拜的实证。生殖崇拜是本地区的传统,也是祖先崇拜的起点。

遗址中出现的男祖形器和女祖形器表明,红山古国居民对于男性和女性在生殖繁衍中的作用已经有了清晰的认识。第一,那斯台出土的两件玉质男祖形器和牛河梁遗址出土的两件玉质女祖形器均有用于佩戴的穿孔,应是随身佩戴的器物。红山古国时期居民之所以要佩戴祖形器是为了身份识别和性别认证。一方面红山古国时期由于生产力发展水平落后,居民生活水平低,温饱尚不能完全解决,服装衣物仅能遮挡严寒,人们不可能从服装特点上区分每一个人所属氏族部落和性别。因此,佩戴具有标识性的器物很可能是辨识性别最好的选择,而最可能采取的方式就是将区分男女性别的生殖器官制作成象征物佩戴于身上。另一方面,红山古国时期男女婚配是部落生存繁衍的大事,是日常生活的重要组成部分。虽然我们无法证实红山古国时期人们是如何认定男女性成熟期,但是男女祖形器的出现以及不具有普遍性的特点或许能为我们今后的研究打开思路。第二,红山古国部分遗址出土了陶质祖形器,似乎不适合佩戴,有些出土于房址内,应和人像一样具有祭祀和生殖崇拜的功能。一方面,红山古国时期出现过大量的女性孕妇像,这些造像显示了对女性生殖的重视,然而,全部通过孕妇像完成生殖崇拜似乎在制作上无法实现,单独表现女祖似乎更可行。另一方面,这种生殖崇拜是红山古国时期的一种普遍现象,每一个部落、氏族甚至每一个家庭都有这种需求。然而,限于每个家庭发展水平和工艺技术的不同,所有的家庭都塑造表现生殖的孕妇像是不可能完成的,这就导致有些弱势家庭不得不考虑用更简单便捷的方式,用更容易获取的资源来代替。此外,仔细分析发现,无论是男祖还是女祖在规格上都和真人生殖器官大小相差无几,这表明红山古国时期人们对于男性和女性在生殖繁衍中的作用已经有了较为理性、客观的认识。

二、神像奉宗

如果说男祖形器和女祖形器代表了已经逝去的最远先人——祖,那么人物造像就是真实地模仿已经逝去的最近先人——宗。目前,红山古国出土的泥塑、陶塑、石雕、玉雕人像大概有二十余件,多为肢体残件。

(一)泥(陶)塑人像与石(玉)雕人像

泥塑和陶塑人像体现了红山古国时期人们对"宗"的崇拜。这种崇拜的观念,在兴隆洼文化时期和赵宝沟文化时期就已萌生,并在红山文化时期得到了长足发展,成为红山古国进入初级文明阶段的重要特征之一。已发现的红山古国泥塑人像主要出自牛河梁女神庙内,标本 N1J1B:1 是女神庙内体型最大、保存最完整的一尊人像(图5.2,1)。和其他质地的人像相比,陶塑人像是最具普遍性的,不仅工艺精美,而且数量最多。人像不仅见于祭祀址,在聚落房址、灰坑和环壕内也有发现。如牛河梁遗址第五地点上层二号冢女性小塑像 N5SCZ2:4 出土于祭坛旁(图5.2,2)。牛河梁第三地点陶塑人像面部残件 N3G2:1(图5.2,

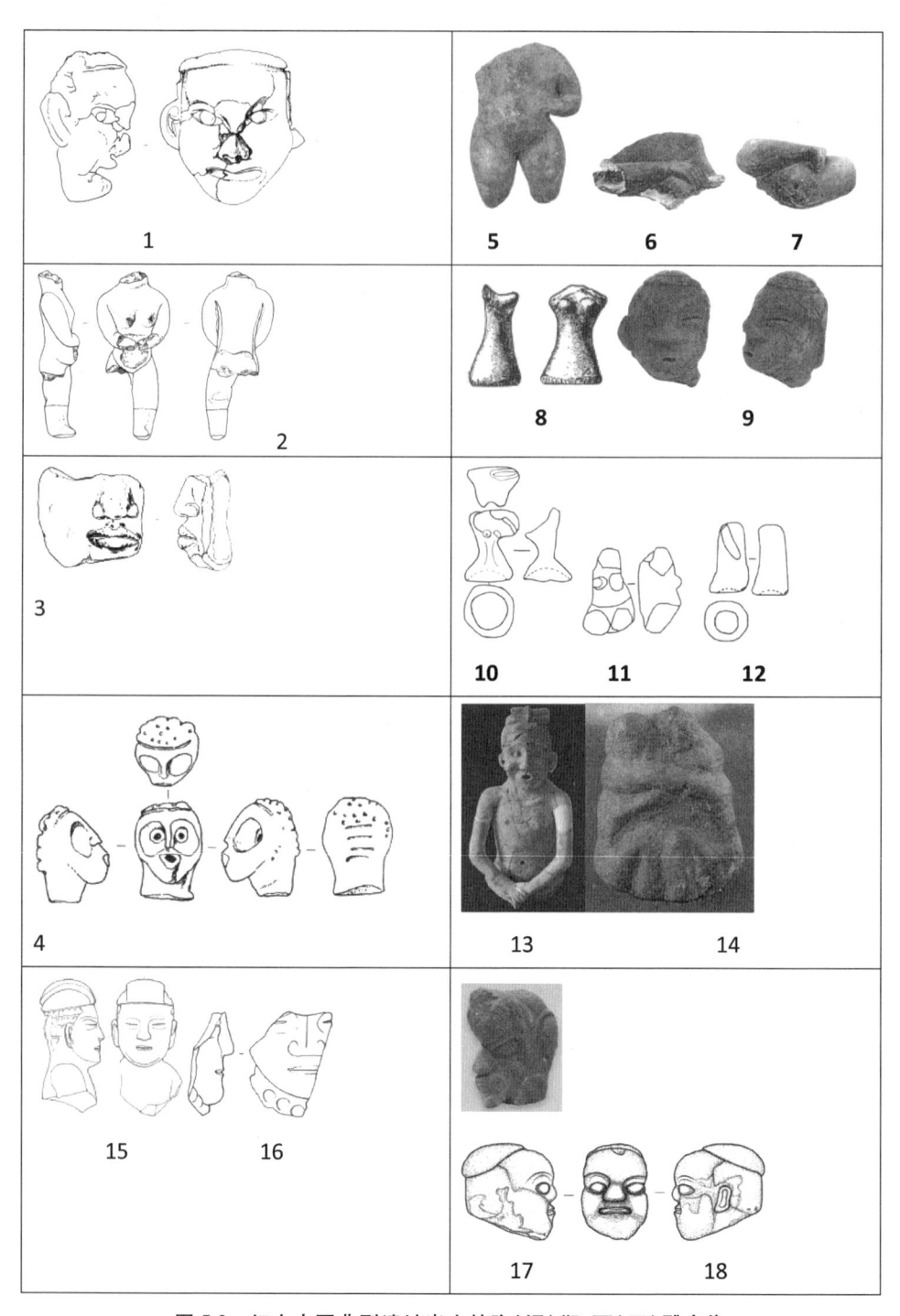

图 5.2 红山古国典型遗址出土的陶(泥)塑、石(玉)雕人像

3)出土于环沟西北部下堆积土内。牛河梁第一地点小型人体陶塑头部残件 N1H3：7(图 5.2,4)出土于灰坑内。喀左县东山嘴建筑群址出土小型人像4件 (TD9②：7、TD8②：5、TD1②：9、TD10②：10)，其中裸体孕妇塑像2件。4件人像均出于石圈形台址东侧或东南侧黄土层中(图 5.2,5~7)[1]。西水泉居住址内出土女性人体塑像1件(图 5.13,8)[2]。半拉山遗址人头像 K18：1 土于祭祀坑内(图 5.2,9)[3]。内蒙古赤峰市敖汉旗西台遗址 F4 出土女性陶塑 1件。七家遗址 F1 出土女性特征陶塑饰件3件，标本 F1：11、F1：12、F1：14(图 5.2,10~12)[4]。兴隆沟第二地点 F9 出土陶人像1件(图 5.2,13)。兴隆沟第二地点 H21 出土三人合抱陶塑人像1件 H21①：6(图 5.2,14)[5]。

红山古国石雕人像主要出土在那斯台、草帽山、哈喇海沟、半拉山和大半拉山五个遗址，共8件。其中人像6件，神像2件。巴林右旗那斯台遗址出土石人雕像2件，出土位置不明。敖汉草帽山遗址出土石雕人像3件，其中 ASCZ1：1，(图 5.2,15)、ASCZ1：2(图 5.2,16)出土于石基的外侧和祭坛旁[6]。辽宁朝阳半拉山遗址出土石雕人像2件，M41：1(图 5.2,17)出土于墓葬中，T0503①：1(图 5.2,18)出土于地层中[7]。

(二)人像与奉"宗"

红山古国房址内安置的人像是对逝去祖先的纪念，这是红山古国居民生死无界原始信仰的外在体现。当血缘关系最亲密的直系亲属逝去，居民会塑造陶质人像供奉并祭祀他们。从考古发掘情况来看，红山古国时期，人像往往出土于房址内，很多房址都兼具生活和祭祀双重功能。由于红山古国时期人群迁徙流动频繁，房屋经常在使用一段时间后就被废弃，而后再经过一段时间又被同一族

---

[1] 郭大顺、张克举：《辽宁省喀左县东山嘴红山文化建筑群址发掘简报》，《文物》，1984年第11期。
[2] 刘晋祥、杨国忠：《赤峰西水泉红山文化遗址》，《考古学报》，1982年第2期。
[3] 辽宁省文物考古研究所、朝阳市龙城区博物馆：《辽宁朝阳市半拉山红山文化墓地的发掘》，《考古》，2017年第2期。
[4] 赤峰市博物馆、敖汉旗博物馆：《赤峰市敖汉旗七家红山文化遗址发掘报告》，《草原文物》，2015年第1期。
[5] 中国社会科学院考古研究所内蒙古第一工作队：《内蒙古赤峰市兴隆沟聚落遗址 2002~2003 年的发掘》，《考古》，2004年第7期。
[6] 邵国田：《敖汉文物精华》，内蒙古文化出版社，2004年。
[7] 辽宁省文物考古研究所、朝阳市龙城区博物馆：《辽宁朝阳市半拉山红山文化墓地的发掘》，《考古》，2017年第2期；辽宁省文物考古研究所、朝阳市龙城区博物馆：《辽宁朝阳市半拉山红山文化墓地》，《考古》，2017年第7期。

群或另一族群重新使用。如果是另一组人群来此定居,那么此前供奉于房内的人像很可能被移出房址,弃置于附近灰坑中,因此,不排除房址或整个居住址废弃后,将人像弃置于灰坑和壕沟内的可能。陶塑人像除了大量出土于房址和灰坑中,还出土于祭祀址内。牛河梁遗址第五地点上层二号冢女性小塑像N5SCZ2：4,出土于该冢东南部 N5Z2M1 东北侧。喀左县东山嘴红山古国建筑群址发现的 4 件小型人像分别出土于石圈形台址东侧、东北侧、东南侧黄土层中。根据出土位置判断,东山嘴人像应出土在圆形祭坛旁。牛河梁和东山嘴出土的小型陶塑人像很可能是部落居民对"近祖"的真实造像,由于每一个近祖死后都要被造像祭祀,制作造像很普遍,所以造像不可能都按照真人大小去制作。但是对于"共祖",由于其部众广泛,有更广泛的影响力而备受尊崇,因此人像要按照真人大小制作,如牛河梁女神像基本是等比例制作。

红山古国陶塑人像无论是在祭祀址还是居住址都有发现,出土范围较广。虽然出土人像数量很多,但人物造型各具特色,应该是对逝去祖先的真实写照。房址内出土人像是红山古国对本地区之前的兴隆洼文化传统的继承和发展,寄托了活着的人对逝者的哀思,表明逝者如斯、生活如故的理性思考;红山古国专属祭祀区出现多例陶塑人像,也应是表达对逝去的祖先的崇敬,欲留住他们的音容笑貌。无论是泥塑、陶塑还是石雕、玉雕人像都是祖先的神像,是为逝去祖先的真实造像,因此每一尊人像都各具特色,形象生动。但是,从另一个角度看人物造像也反映了红山古国社会结构的一些特征。从时间上看,泥塑人像应该早于陶塑人像,石雕人像应早于玉雕人像。此外,红山古国还有大量的人面像出现,特别是用蚌壳制作的人面像在一些遗址偶有发现,人面像有很多用于系带的穿孔。红山古国人像质地和形制极具复杂性,这意味着对于祖先的崇拜具有普遍性,不仅仅是一个氏族、一个部落的事,很可能具体到每一个家庭,甚至每一个家庭成员。因此,红山古国晚期很可能仍处于"家为巫史"的阶段。此外,人像质地、大小、工艺的不同也表明社会群体之间虽然信仰一致,但社会结构相对复杂。

综合分析,祖神造像应包括祖像和神像。祖像是指根据男祖和女祖的形制造像,反映了红山古国居民对于生殖繁衍的渴求;神像是对男性祖先和女性祖先的人物造像,反映了红山古国居民对血缘宗亲的崇拜和认同。正是这种对生殖繁衍的需求和对血亲关系的认同推动了红山古国社会群体的不断发展、文化范围的不断扩大和文化统一性的不断加强。可以说,红山古国社会以祖神为中心、以造像祭祀为纽带的原始信仰高度认同造就了红山古国面貌的高度统一。

第三节　玉器系统与敬天奉神

红山古国玉器是红山古国最具标识性的特征之一,极具地方特色。从造型上看,红山玉器大体可分为几何形和动物形两类。

一、几何形玉器

红山古国玉器种类较多,型式丰富。但如果考虑其功能,应该有其共同之处,即均为祭祀用器,而非实用器。根据玉器整体造型特点,可以把红山古国玉器分为几何造型和动物造型两类。特别值得注意的是,几何造型玉器几乎全部有功能性(这里的"功能性"指非系带功能)穿"孔",而动物造型玉器几乎都不带功能性穿孔,仅有用于系带的实用性穿孔。

(一) 几何形玉器类型

红山古国几何形玉器可根据造型特征分为四类:玉璧、玉筒、玉镯(玉环)、玉管(玉珠)。此外,由于红山古国出土的玉坠多几何造型,因此暂将玉坠归入此类讨论。

1. 玉璧

玉璧是红山古国有孔玉器中数量最多的一类。根据功能孔的数量多少可分为单孔璧和多孔璧。单孔璧标本共30件(图5.3,1~30),有圆形璧、方形璧。中间有圆形孔,内外侧边缘磨薄呈刃状。绝大多数在一侧边缘有1~3个钻孔。在30件标本中,除了敖汉旗胡头沟[1]、草帽山[2]、哈民忙哈[3]和小泡子各1件外[4],其余均发现于牛河梁[5]。多孔玉璧标本共9件,有双联璧和三联璧。其中双联璧7件,三联璧2件。另有三孔器2件。双联璧N2Z1M21:7,通长6.1、最宽4.9、厚0.3厘米(图5.3,31)。N2Z1M21:6,通长5.5、最宽4.7、厚0.3

---

[1] 方殿春、刘葆华:《辽宁阜新县胡头沟红山文化玉器墓的发现》,《文物》,1984年第6期。
[2] 邵国田:《敖汉文物精华》,内蒙古文化出版社,2004年。
[3] 内蒙古文物考古研究所、科左中旗文物管理所:《内蒙古科左中旗哈民忙哈新石器时代遗址2010年发掘简报》,《考古》,2012年第3期;内蒙古文物考古研究所:《内蒙古科左中旗哈民忙哈新石器时代遗址2012年的发掘》,《考古》,2015年第10期。
[4] 刘丹、马海、王立新、石杰:《内蒙古开鲁县小泡子遗址的调查与初步认识》,《边疆考古研究(第13辑)》,科学出版社,2013年。
[5] 辽宁省文物考古研究所:《牛河梁——红山文化遗址发掘报告(1983~2003年度)》,文物出版社,2012年。

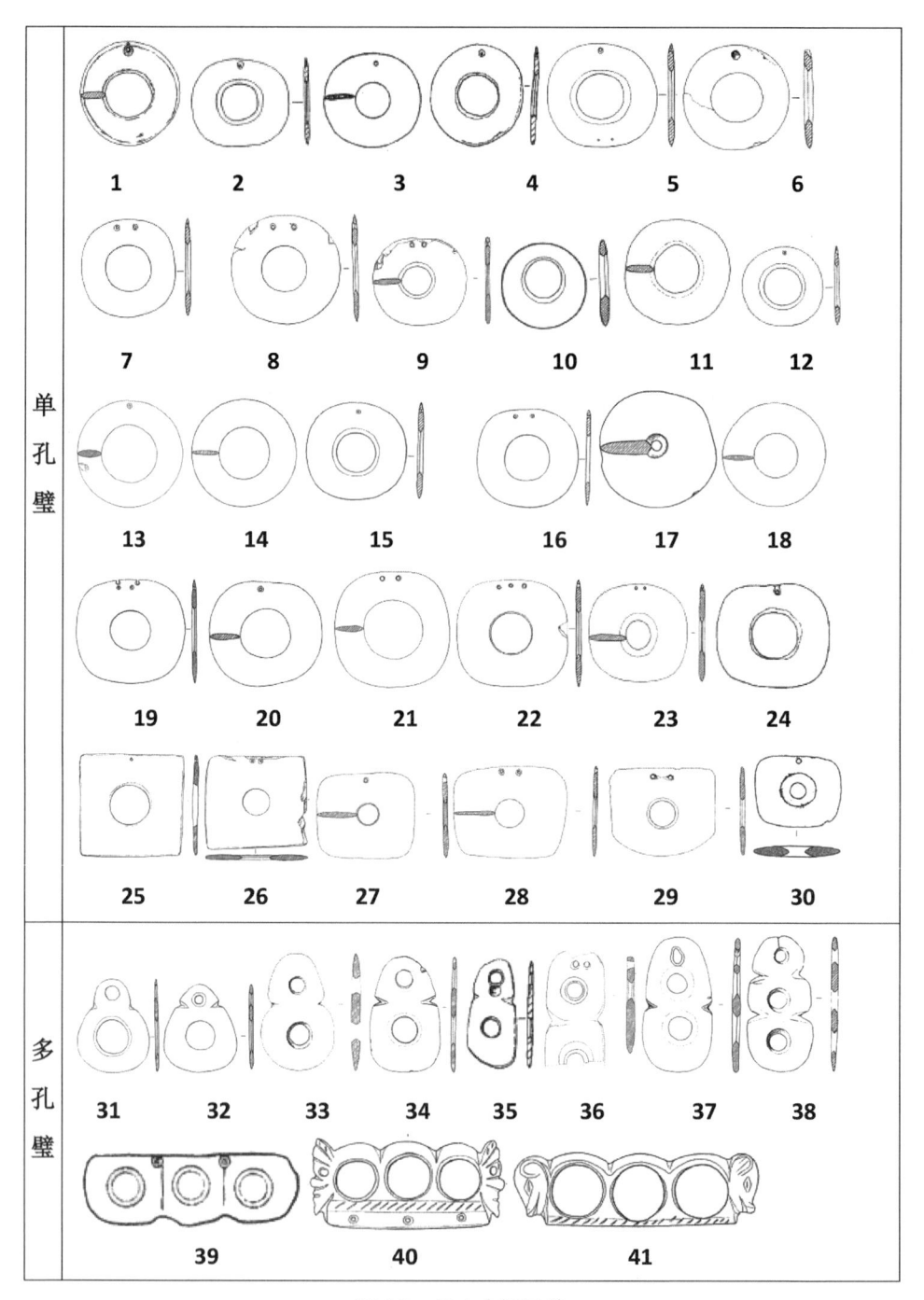

图 5.3 红山古国玉璧

1~2、5~30、31~34、36~37、40~41. 牛河梁出土　3、38. 胡头沟出土　4、35. 哈民忙哈出土　39. 那斯台出土

厘米(图 5.3,32)。标本 4,长 12.8、最宽 8、厚 1、上孔径 1.4、下孔径 2.1 厘米(图 5.3,33)。N16M1∶2,长 9.1、宽 5.6、上孔径 1.3、下孔径 2、厚 0.4 厘米(图 5.3,34)。哈民忙哈遗址出土 1 件,F37∶2,长 6.5、宽 3.1、厚 0.3 厘米(图 5.3,35)。N5SCZ1∶4,残长 11.5、宽 6.1、厚 0.8 厘米(图 5.3,36)。N16M1∶3,长 9.43、宽 4.83、上孔径 1.1、中孔径 1.4、下孔径 1.7、厚 0.6 厘米(图 5.3,37)。三联璧于胡头沟遗址出土 1 件,通长 6.4、最宽 3 厘米(图 5.3,38)。那斯台遗址出土 1 件,器体呈长条形,平背,背部边沿有两个钻孔,下沿为三个连弧状,中间有三个并列的圆孔,孔径 1.7 厘米,相邻两孔间均有一竖线刻痕。长 11.8、宽 3.8 厘米(图 5.3,39)。此外,牛河梁出土三孔器 2 件:双人首三孔器 N2Z1M17∶1,长 6.8、最宽 3.1、厚 0.6、大孔径 1.5 厘米(图 5.3,40):双猪首三孔器 N16~79M1∶4,长 8.9、高 2.6、厚 1.7、圆孔直径 1.9 厘米(图 5.3,41)。

2. 玉筒

玉筒标本共 19 件(图 5.4),均出自牛河梁遗址[1]。器体呈扁平圆筒状,腹壁斜直,一端作平口,另一端做斜平口。两端开口边缘较薄。在筒形内部可见线切割痕迹。靠近平口边缘常见两个圆孔,个别无孔或见 3 个圆孔。通高大于 11 厘米的 11 件,通高小于 11 厘米的 8 件。牛河梁遗址下层积石冢所出 3 件斜口筒形器近平口缘处都无钻孔,上层积石冢所出 13 件斜口筒形器近平口缘处都有双孔,仅有一例为三孔(N2Z1M21∶2)。

3. 玉镯、玉环

红山古国玉镯以牛河梁遗址出土的占大宗,其中有明确出土位置的共 27 件[2]。N2Z1M25 墓主为女性,出土镯 2 件,N2Z1M25∶4 出于右腕部(图 5.5,1),N2Z1M25∶5 出于左腕部(图 5.5,2)。N2Z1M26 墓主为男性,出土镯 1 件,N2Z1M26∶3 出于右桡骨下(图 5.5,3)。N2Z1M14 墓主为女性,出土镯 2 件,N2Z1M14∶2 出土于右腕处(图 5.5,4),N2Z1M14∶3 出土于左腕处(图 5.5,5)。N2Z1M14 墓主为女性,出土镯 2 件,N2Z1M15∶2 移位至颈下(图 5.5,6),N2Z1M15∶3 出在左腕部(图 5.5,7)。N2Z1M21 墓主为男性,出土镯 1 件,N2Z1M21∶15 出土于右腕部(图 5.5,8)。N2Z1M22 有镯 1 件,出土于右腕部(图 5.5,9)。N2Z1M23 有镯 1 件,N2Z1M23∶4 出土于右腕部(图 5.5,10)。N2Z1M24 为一男一女合葬墓,北室葬一成年女性,南室葬一成年男性,出土镯 2

---

[1] 辽宁省文物考古研究所:《牛河梁——红山文化遗址发掘报告(1983~2003 年度)》,文物出版社,2012 年。

[2] 辽宁省文物考古研究所:《牛河梁——红山文化遗址发掘报告(1983~2003 年度)》,文物出版社,2012 年。

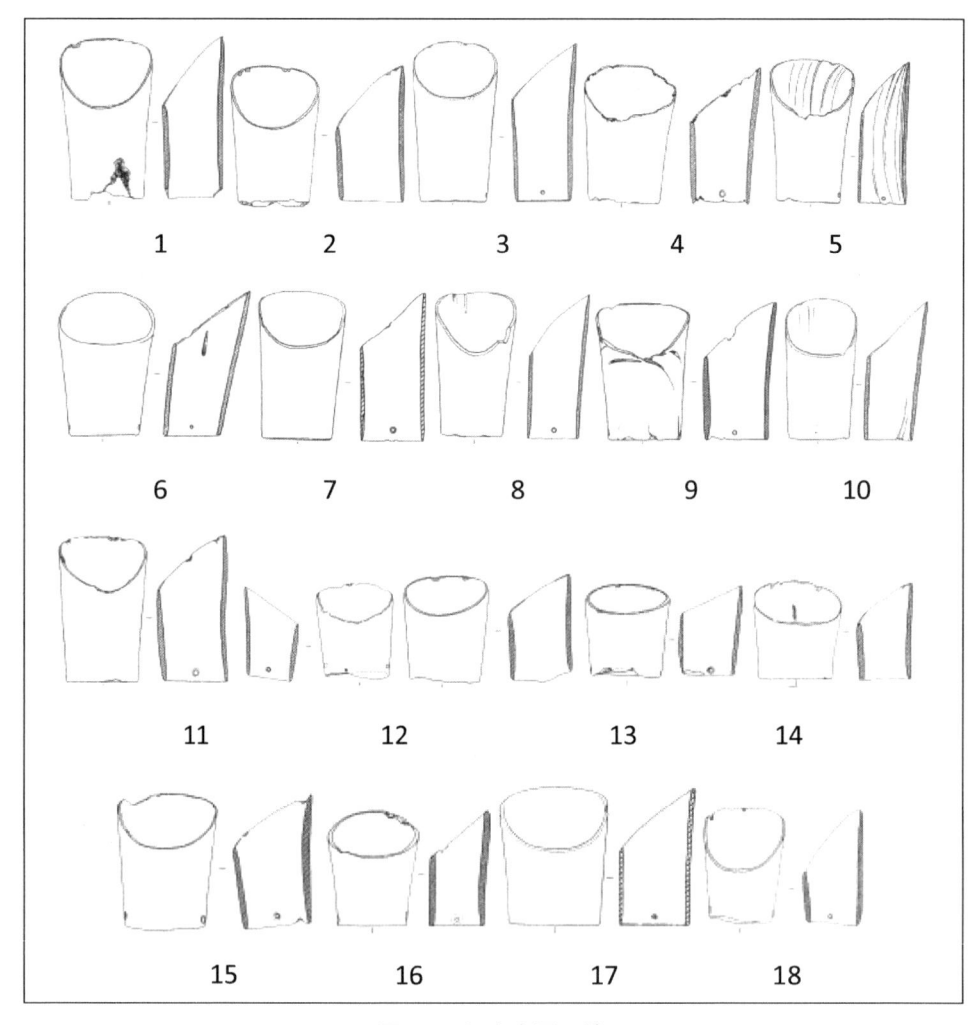

图 5.4　红山古国玉筒

件。其中 N2Z1M24：1 出土于南侧墓室墓主右腕部（图 5.5,11），N2Z1M24：2 出土于北侧墓室墓主右腕部（图 5.5,12）。N2Z2M2 墓主为男性，出土镯 1 件，N2Z2M2：1 出土于右腕部（图 5.5,13）。N2Z4M2 墓主为女性，出土环 2 件，N2Z4M2：2、3 出于双膝下外侧左右（图 5.5,14~15）。N2Z4M15 墓主为女性，出土环 2 件，N2Z4M15：1 出土于头骨上方（图 5.5,16），N2Z4M15：3 出于人骨左肩处（图 5.5,17）。N3M3 墓主为女性，出土镯 2 件，N3M3：3 出土于人骨架右腕部（图 5.5,18），N3M3：4 一截出土于人骨架左腕部，另一截出土于人骨架左肋骨旁（图 5.5,19）。N3M7 墓主为男性，随葬玉镯 1 件，N3M7：2 出土于人骨架右腕部（图 5.5,20）。N3M9 墓主为男性，出土镯 1 件，N3M9：1 出土于人骨架右腕

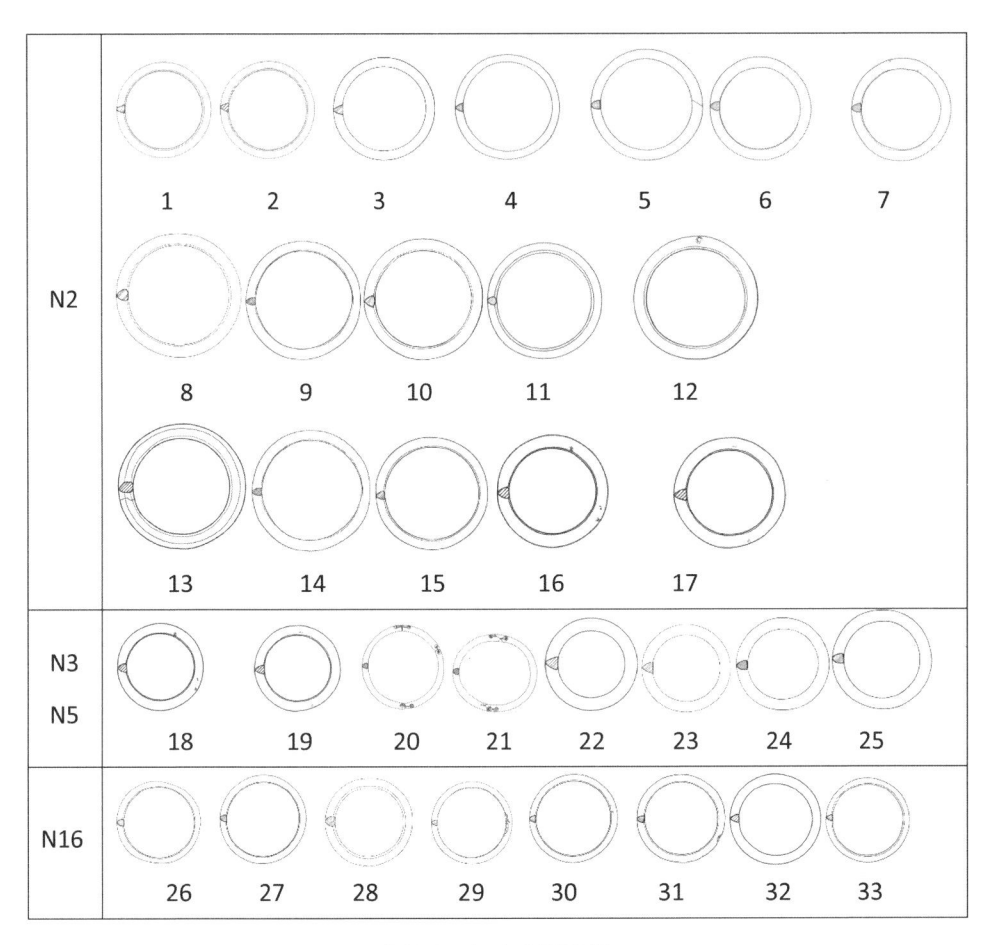

N2	1	2	3	4	5	6	7	
	8	9	10	11	12			
	13	14	15	16	17			
N3 N5	18	19	20	21	22	23	24	25
N16	26	27	28	29	30	31	32	33

图 5.5 红山古国玉镯

部(图 5.5,21)。N5Z1M7 墓主为男性,N5Z1M7:1 出土时套于墓主人右腕部(图 5.5,22)。N5Z1M1 墓主为男性,N5Z1M1:5 出于右手腕处(图 5.5,23)。N5Z2M2 出土镯 2 件,出土于左、右手腕部(图 5.5,24~25)。N16M1 墓主为男性,随葬镯 2 件,出土在人骨右侧盆骨外侧,交互叠压在一起,应为一对(图 5.5,26~27)。N16M4 墓主为男性,随葬镯 1 件,N16M4:3 套在右手腕上,出土时位于近肘部(图 5.5,28);另有环 2 件出土在盆骨上,两件交互叠压在一起(图 5.5,29~30)。N16M15 墓主为男性,出土镯 1 件,N16M15:2 出土于胸腹结合处中部,平置,位置偏高(图 5.5,31)。N16~79M2 出土镯 1 件,环 2 件。玉镯 79M2:3 出土于右手臂处(图 5.5,32),玉环 79M2:2 出土于胸部(图 5.5,33),79M2:8 出土于右脚部。

4. 玉管(玉珠)、玉坠

红山古国几何形玉器除了玉璧、玉筒、玉镯三大类外,还有柱状玉管、球状玉珠和不规则玉坠等器形,红山古国典型遗址大多都有出土,选出的32件标本主要来自牛河梁[1]、胡头沟[2]、田家沟[3]、那斯台[4]、海金山[5]、小泡子[6]、哈民忙哈[7]等遗址。

玉管标本共13件,出土于牛河梁、胡头沟、小泡子、那斯台遗址。器体呈短柱状,中部有一道自两面对钻而成的竖孔。N2Z1M25:2,器高1.1、端径1.5~1.2厘米(图5.6,1)。N2Z1M25:1,器高1.2、端径1.5~1.2厘米(图5.6,2)。N2Z1M21:11,长3.8、宽3.2、孔径1.1~1.4、通高2.8厘米(图5.6,3)。N3M7:3,通高2.6厘米(图5.6,4)。N5SCZ1:1,直径2.6~3.2、高2.8厘米(图5.6,5)。N5SCZ1:5,直径2.9~3.9、高3.6、孔径0.9厘米(图5.6,6)。N5采:51,直径3.1、高2.1、孔径0.9厘米(图5.6,7)。胡头沟遗址出土3件。其中M1:13,直径1.8、高1.2厘米(图5.6,8)。小泡子遗址出土1件(0076),直径2.6、高1.5厘米(图5.6,9)。标本10,那斯台遗址出土,椭圆形,长1.6、宽1.1厘米(图5.6,10)。N2Z1M21:8,出于右肩角处。白色,出土时已经残碎,圆筒状,中空,平口一侧见两个钻孔。长3.5、宽4.3、厚0.5、孔径1.2厘米(图5.6,11)。N2Z1M25:7,器长4.6、粗端斜口径2.8~3.1、壁最厚0.6厘米(图5.6,12)。标本13那斯台遗址出土,圆柱状,器身钻一透孔。直径0.5、高1.9厘米(图5.6,13)。

玉珠标本共6件,出土于那斯台、牛河梁和哈民忙哈遗址。标本11,那斯台遗址出土,圆珠形,有一圆弧面,在圆弧平齐面上有双孔交叉透钮,素面。直径1.44、厚1.33厘米(图5.6,14)。标本12,那斯台遗址出土,半球状,直径1.22、厚0.6厘米(图5.6,15)。标本13,那斯台遗址出土,圆珠状。直径1.33、厚0.56厘

---

[1] 辽宁省文物考古研究所:《牛河梁——红山文化遗址发掘报告(1983~2003年度)》,文物出版社,2012年。
[2] 方殿春、刘葆华:《辽宁阜新县胡头沟红山文化玉器墓的发现》,《文物》,1984年第6期。
[3] 辽宁省文物考古研究所:《凌源市田家沟红山文化墓葬群》,《中国考古学年鉴(2010年)》,文物出版社,2013年。
[4] 巴林右旗博物馆:《内蒙古巴林右旗那斯台遗址调查》,《考古》,1987年第6期。
[5] 辽宁省博物馆文物工作队:《内蒙古翁牛特旗两处新石器时代遗址》,《内蒙古文物考古》,1984年第3期。
[6] 刘丹、马海、王立新、石杰:《内蒙古开鲁县小泡子遗址的调查与初步认识》,《边疆考古研究(第13辑)》科学出版社,2013年。
[7] 内蒙古文物考古研究所、科左中旗文物管理所:《内蒙古科左中旗哈民忙哈新石器时代遗址2010年发掘简报》,《考古》,2012年第3期;内蒙古文物考古研究所:《内蒙古科左中旗哈民忙哈新石器时代遗址2012年的发掘》,《考古》,2015年第10期。

玉管	
玉珠	
玉坠	

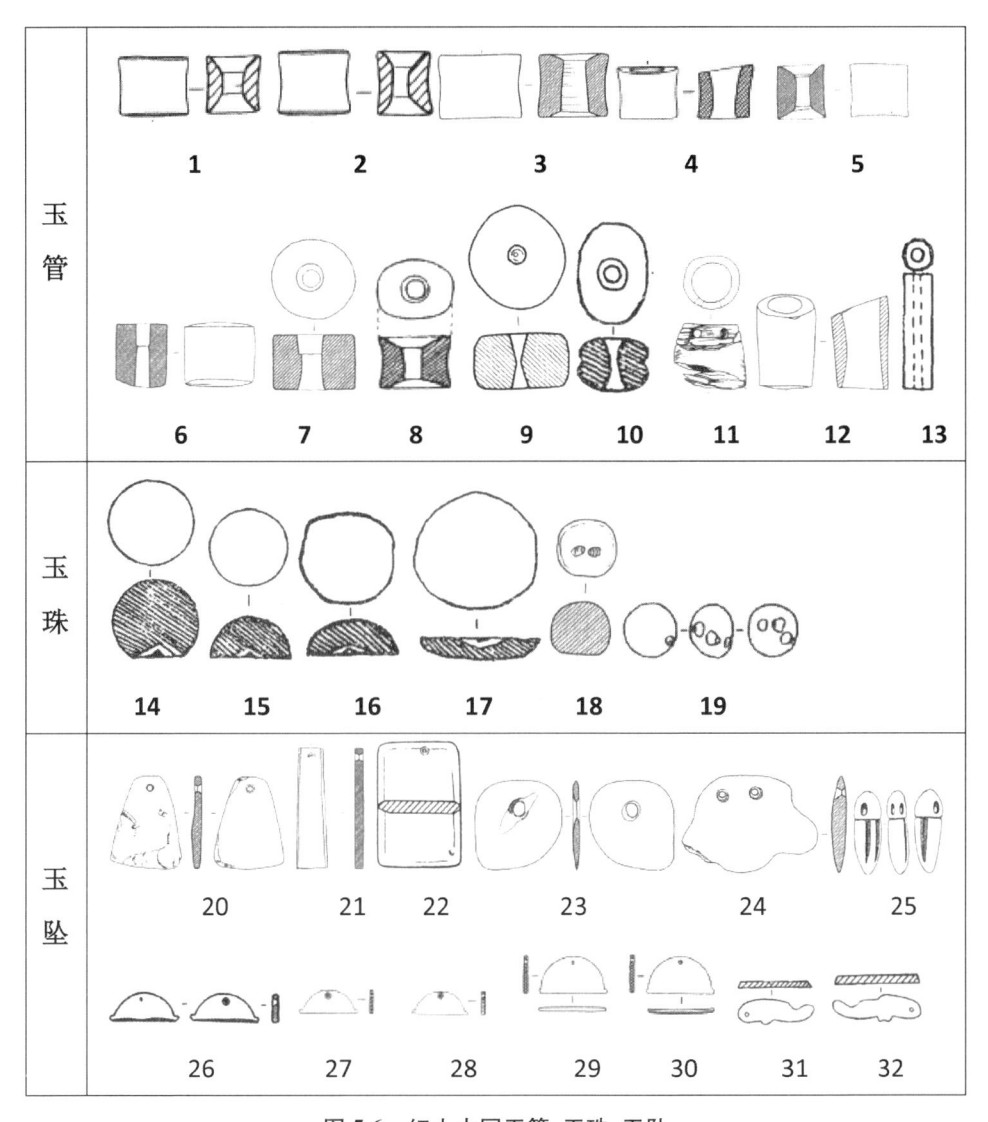

图 5.6　红山古国玉管、玉珠、玉坠

米(图 5.6,16)。那斯台遗址出土,扁圆形。直径 1.7、厚 0.3 厘米(图 5.6,17)。牛河梁遗址出土 1 件,N5Z2M2∶1,淡绿色玉,半球体,平底处斜向对钻一穿孔。底径 1.7,高 1.6 厘米(图 5.6,18)。哈民忙哈遗址出土 1 件,F40①∶9,直径1.8~2.1 厘米(图 5.6,19)。

玉坠标本共 13 件,出土于牛河梁、海金山、那斯台、田家沟、胡头沟遗址。N2Z1M23∶1,梯形绿松石饰,表层为绿松石质。长 5.2、宽 1.6~3.8、最厚 0.5 厘米(图 5.6,20)。N5SCZ1∶2,长条形玉饰。长 9.4、上宽 1.9、下宽 2.5、厚 0.6 厘米(图5.6,21)。海金山遗址出土1件,长方形玉饰。长4.3、宽2.8、厚0.4厘米(图5.6,22)。N2Z1M21:1,不规则圆形玉饰,长4.8、宽4.7、厚0.35厘米(图5.6,23)。N16①:11,不规则椭圆形玉饰,高4.8、存宽6.6、厚0.8厘米(图5.6,24)。那斯台遗址出土1件,为葱白色碧玺琢成,扁圆锥形,头颈部有一周阴刻弦纹,似为鱼鳃,双目对透呈孔,凹坑式圆嘴,左侧顺体刻一条沟痕,右侧为两条似为鱼翅,尾端变细呈钝尖,琢磨不够规整。长3厘米(图5.6,25)。半圆形绿松石耳饰共5件,牛河梁遗址出土4件,田家沟遗址出土1件。其中3件出自耳部,推测作为耳饰使用。田家沟遗址M5:1,直径2.05、高0.83、厚0.22厘米(图5.6,26)。N16M4:7,直径1.9、高0.74、厚0.12厘米(图5.6,27)。N16M4:8,直径1.8、高0.74、厚0.13厘米(图5.6,28)。N2Z4M2:4,两面材质不同,一面为淡绿色松石质,另一面为黑色石皮,各厚0.1厘米(图5.6,29)。N2Z4M2:5,淡绿色松石质,另一面全为黑色石皮,但有小块黑石皮斑痕。通长2.6、高1.5、厚0.2厘米(图5.6,30)。鱼形绿松石玉饰件2件,均出土于胡头沟遗址,形制相同。M3:3~1,片状,一面为绿松石质,另一面为黑色皮质。鱼形,圆头,曲尾,凸鳍,头部钻一孔示目。长2.7厘米(图5.6,31)。M3:5~1,片状,一面为绿松石质,另一面为黑色石皮。鱼形,圆头,曲尾,凸鳍,头部钻一孔示目。长2.5厘米(图5.6,32)。

(二) 几何形玉器与敬天

除了玉珠和玉坠外,红山古国几何形玉器中每一类器物无论形制有何变化,中间大而圆的孔几乎都是一致的。几乎可以肯定的是,中间圆形孔的非实用性特征十分明显,绝不是为了系带而作,而应与敬天通神有关。

玉璧应具有礼天的功能,而且具有普遍性。苍璧礼天、黄琮礼地[1]。圆形玉璧用于礼天,方形玉琮用于礼地,至迟到商周时期玉璧已经被作为重要的礼器。"明主之动静得理义,号令顺民心,诛杀当其罪,赏赐当其功,故虽不用牺牲珪璧祷于鬼神,鬼神助之,天地与之,举事而有福。乱主之动作失义理,号令逆民心,诛杀不当其罪,赏赐不当其功,故虽用牺牲珪璧祷于鬼神,鬼神不助,天地不与,举事而有祸。故曰:'牺牲珪璧不足以享鬼神'。"[2]玉璧和玉珪还有供享鬼神之功能。此外,战国时期关于和氏璧的记述表明了最高统治者对于玉璧的重视,不仅仅由于它是财富的象征,也可能是因为谁能用天下最好的玉璧敬天,谁就可以最大限度地得到上天护佑。牛河梁遗址墓葬中随葬的玉璧大多数都有明

---

[1] 李山译注:《管子》,中华书局,2009年。
[2] 胡平生、张萌译注:《礼记》,中华书局,2017年。

确的出土位置的。其中N2Z1M21中出土的10件玉璧左右对称地摆放,头的左右各1件,颌下1件,左右小臂内侧各1件,左右手端各1件,左右小腿骨下2件,腰部左侧1件;N5Z1M1的2件对称置于头部的左右两侧;N3M3的1件出于头部左侧顶结节上。N16~79M2出土的2件分别出土于左胸和右腰部;N2Z1M15的1件出土于腰部左侧。从上述分析可以看出,18件标本中以出土于头部的最多,有7件,约占总数的38.9%,其中有4件是分别对称出土于2座墓墓主人的头部左右,其他出土位置有胸部2件、腰部3件、上肢2件、手端2件、小腿2件。18件璧中的16件为肉上有小孔,应该是平时用于穿绳系带的。从性别上看,出土玉璧以男性墓较多,除N16~79M2墓主性别不详外,其余6座墓中,4例为男性墓,只有2例为女性。对称出土于头部两侧的2例,即N2Z1M21和N5Z1M1的墓主人均为男性。在出土于左腰侧的2例中,N2Z1M21的墓主人为男性,N2Z1M15的墓主人为女性。根据N2Z1M21出土的多件玉璧分布于墓主身体多个部位的情况推断,红山古国玉璧应是墓主礼天通神的法器,具有普遍性。

玉筒应具有束发通天的功能。一直以来,学术界对玉筒功能的认定存在较多的争议,但对其用于祭祀则没有异议。作为红山古国中最重要的玉器之一,牛河梁遗址下层积石冢和上层积石冢内都有玉筒随葬,并主要随葬在头部、胸部。牛河梁墓葬中出土的玉筒共17件,其中有明确出土位置的16件玉器中,8件位于头部,占50%,所占比例最大;5件位于胸部,约占31.3%;2件位于腹部,占12.5%;1件半成品位于足部,约占6.2%。从出土位置观察,斜口筒形器在墓葬中的出土位置以头部最多,应是束发通天器。其实,早在牛河梁遗址发现不久,李文信先生便撰文论证此器是一种玉冠,将头发装在圆筒里,用簪子在斜口处别住,立在头上[1]。孙力先生通过对玉筒进行模拟实验,基本确定它的使用位置在头顶,是王冠[2]。台湾学者杨美莉进一步提出,它虽然是戴在头上的,但目的并不是为了束发,而是供灵魂出入的通天法器[3],笔者认同此说。一方面玉筒的大小、高度、口径非常适合束发,斜口、对钻的双孔适合固定发髻;另一方面,玉筒上下贯通,能上通天庭、下达人体,符合红山古国居民的心理诉求。

玉镯大量出土于腕部,表明佩戴玉镯的墓主人的祭祀活动符合天神意志。

---

[1] 朱贵、徐英章:《李文信关于红山玉器的一封信及馆藏几件红山玉器研究》,《辽宁省博物馆馆刊(第三辑)》,辽海出版社,2008年。
[2] 孙力、王忠华:《红山文化马蹄形玉箍功能摭谈》,《第九届红山文化高峰论坛论文集》,吉林出版集团有限责任公司,2015年。
[3] 杨美莉:《凤荷前规、方传景祚——新石器时代北方环形玉器系列四——圆角方璧与马蹄筒形器》,《故宫文物月刊》,1993年第46期。

牛河梁遗址中出土的镯数量最多,36 件均有明确的出土位置。这 36 件镯出土于 22 座墓葬中,其中 11 座墓各出土 1 件,8 座墓各出土 2 件,3 座墓各出土 3 件。在 36 例标本中,出土时套在手腕上的共计 22 件,占总数的 61.1%。其中套在右腕上的有 16 例,占戴于腕部的镯总数的 72.7%;套在左腕上的有 6 例,占戴于腕部的镯总数的 27.3%。套于左腕上的大多数右腕上也佩戴镯,即佩戴 2 镯。在 1 人佩戴 2 镯的 7 例墓中,4 例女性墓和 1 例性别不详的墓分别套在左、右手腕上;另外 2 座墓的玉镯分别出土于右侧骨盆外侧(N16M1)和双膝下(N2Z4M2),这 2 座墓均属于第二期。因此,基本可以确定镯在第二期时使用位置尚不十分固定,但从第三期以后在使用时是以佩戴于手腕上为主了,尤其是以戴右腕为主。

玉管大多串戴在颈部和胸部,可能与身体躯干部通天有关。考古发现表明,玉管多出土于墓主的颈部和胸部,且数量较少,一般为一墓一件。这表明虽然玉管类玉器体量较小,但也和玉璧、玉筒、玉镯(环)类玉器在功能上同等重要。从出土位置看,很可能通过穿绳挂在脖子上或系带于胸部。如果说玉筒指向头部、玉镯指向手部、玉管可能指向人体躯干和头部连接的颈部,当与肉身通天有关。玉坠绝大多数都出土于墓主耳部,不可能是为了装饰,而是为了聆听天意。

综上所述,红山古国几何形玉器是为了敬天而制作的神器。从表面上看,玉筒戴在头上,玉镯戴于手上,玉管(玉珠)戴在颈部,玉坠戴于耳部,玉璧戴于身上,这是一组完整的器物组合,实现了玉器对身体的全覆盖,象征了地位和身份的尊贵。实质上,红山古国居民可能是借助佩玉实现全方位、立体化对通天的渴望。或许在红山古国居民看来,头部能产生意念,双手能采取行动,耳部能聆听天命,颈部可通身心。只有身体的所有关键部位全部佩戴穿孔玉器,才能具备通天的资质,才能实现全身心地与天沟通。

二、动物形玉器类型及功能

(一)动物形玉器

动物形玉器仅有用于佩戴的实用性穿孔,却没有非实用性功能的穿孔。根据造型特点,动物形玉器大体可分为四类:玉凤、玉龙、玉龟、玉蝗。勾云形玉器的造型特征明显,应是某种动物的具象化或动物的抽象化载体,虽然一直以来学界众说纷纭,莫衷一是,但学者们大多认同其为鸟兽造型。本书认为勾云形玉毫无例外的都属于鸟造型,因此将勾云形玉归类于玉凤。本书所引用的动物造型玉器玉凤、玉龙、玉龟、玉蝗等主要出土于牛河梁、胡头沟、东山嘴、那斯台遗址,根据遗址分布区的自然环境、生业模式等特征对其展开讨论,以期有所突破。

1. 玉凤

凤者,鸟也。玉凤是红山古国最具标识性的器物之一,也是造型最为复杂的器物。它既有具体化的,也有抽象化的;既有卧式的,也有立式的;既有整身造型的,也有面部造型的。根据玉凤的造型特征可以将其分为具象化和抽象化两型,具象化玉凤既有整身呈卧式、立式的,也有面部为双首、单首的;抽象化玉凤有双勾云形和单勾云形两类。

具象化玉凤造型丰富,栩栩如生,现列举标本12件。N16M4:1,出土于头骨下方,横置,正面朝上,呈卧姿,整体呈板状,做回首,弯颈,高冠,圆睛,疵鼻,喙扁且长,前端勾曲,与羽翅相接,背面光素,见三道槽痕和四个竖穿隧孔(图5.7,1)。N2Z1:C8,玉鸮首,出土于N2Z1M17东壁外0.5米处,滑石质,片状,正面用粗阴刻线雕出五官,圆目,弯喙,背面有对钻孔(图5.7,2)。N2Z1M23:3双凤佩,出于墓主人的下腹部,板状,正面用减地阳纹和较粗的阴线雕出背部相靠的双凤的形象,背面可见3组隧孔(图5.7,3)。N2Z1M26:2,双首鸮面,出土于墓主人腹部,横置,正面朝上,板状,正面两端各雕一鸮面兽首,上下对称,有3组隧孔(图5.7,4)。N2Z1M21:14,玉鸮面牌饰,出土于墓主人腹部,陈放平正,整体呈片状,两面都雕刻出兽首形象,中部并排钻两个小孔。那斯台遗址出土3件玉凤,双爪均呈展翅登枝状,标本5,背面有三组交叉透孔。高6.1、宽6、厚1.8厘米(图5.7,5)。标本6,背面较平有两组交叉穿孔。高4.4、宽4.6、厚1.7厘米(图5.7,6)。标本7,背面腹部有一道横凹槽,近头部有一组斜穿洞孔。高2.48、宽3、厚0.68厘米(图5.7,7)。胡头沟遗址出土3件玉凤,也呈展翅登枝状。M1:9,背面横穿一孔。高3.1厘米(图5.7,8)。M1:8,背面横穿一孔。高2.5厘米(图5.7,9)。标本10,背面横穿一孔。高3.8厘米(图5.7,10)。东山嘴遗址出土1件,TC6②:1,也呈展翅登枝状,为绿松石质,背面有横穿洞孔。高2.4厘米(图5.7,11)。牛河梁遗址出土2件呈展翅登枝状玉凤。N16~79M2:9,整体呈登枝状,近头部有两组呈十字交叉隧孔,一组残。高2.45厘米(图5.7,12)。N2Z4L:24,出土于N2Z4表土层中,上缘钻小系孔。高2厘米。

抽象化玉凤共发现23件,可分为两种:一种是双勾云形,另一种是单勾云形。双勾云形玉凤均出土于牛河梁遗址,有复杂型和简单型两种,复杂型标本3件。N2Z1M22:2,器体呈长条片状,上缘部居中对钻一小孔,顶缘正中钻孔上方有内凹。器身长14.2、宽4.6、厚0.45厘米(图5.7,13)。N2Z1M27:2,器体呈长方形,器体长边一侧居中有一圆孔。竖高9.8、横宽28.6、最厚0.5厘米(图5.7,

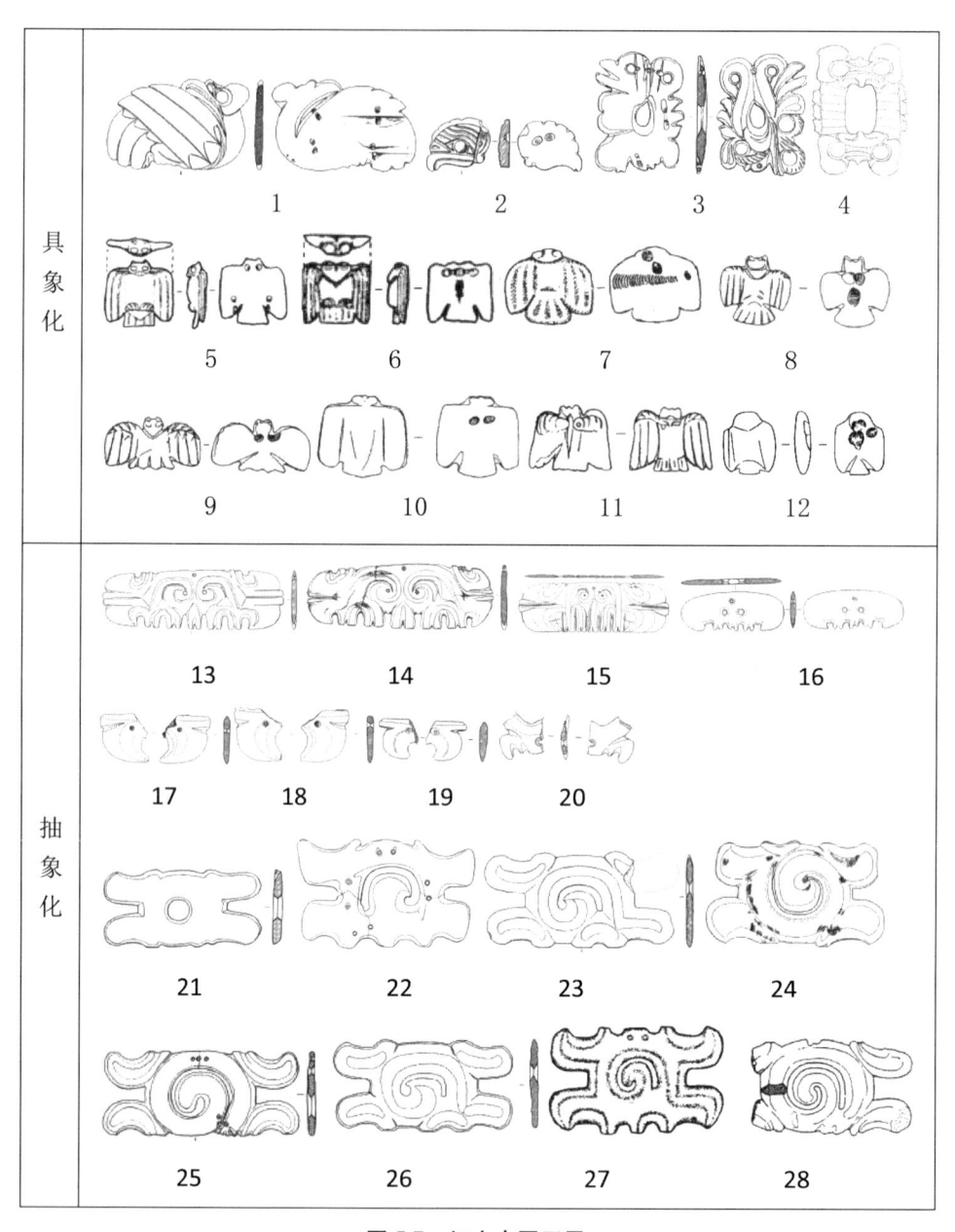

图 5.7　红山古国玉凤

14)。N16M15：3，器体平面呈圆角长方形板状，器体长边边缘居中钻一圆孔。长16.4、宽5.65、厚0.55厘米（图5.7，15）。简化型标本1件，N2Z1M9：2，出自牛河梁遗址，长方形，一侧长边为平直的弧线，另一侧两端可见向内弯曲的勾角，两个勾角中间是三个小凸起。主体中部可见一个或三个钻孔。器体呈扁平条状，器体中部对穿双孔，上部对穿单孔。长6.2、最宽2.4、厚0.4厘米（图5.7，16）。另有5件为抽象化玉凤残器，均出自牛河梁遗址。标本4件，N16M13：1-1，原为双勾云形玉器左侧下部勾角残件，在玉件右上部近残断处见一钻孔，两面对钻而成，此孔为勾角从原器断裂脱落后二次钻成。高4、残长3.7、厚0.55厘米（图5.7，17）。N16M13：1-2，原为双勾云形玉器右侧下部勾角残件，整体呈淡绿色，在玉件左上部近残断处见一钻孔，两面对钻而成，此孔为勾角从原器断裂脱落后二次钻成。高3.95、残长3.4、厚0.5厘米（图5.7，18）。N16Z1①：55，原为双勾云形玉器左侧下部勾角残件，在玉件右上部近残断处见一钻孔，双面对钻而成，用于穿系佩挂，此孔为勾角从原器断裂脱落后二次钻成，断裂面上也见有二次修整的磨痕。高2.25、残长2.35、厚0.35厘米（图5.7，19）。N2Z4L：23，原为勾云形玉器的一角残件，近顶边保存一对钻单孔。残长1.9、高2.1厘米（图5.7，20）。单勾型佩完整器8件，其中牛河梁遗址出土6件。N2Z1M21：3，长边近缘处斜钻一小孔。通长8.8、宽4.3、孔径1.2、厚0.5厘米（图5.7，21）。N2Z1M24：3，长边一侧居中近边缘处对钻双孔，另一侧偏卷勾处单钻双孔，短边两侧居中均单钻双孔。长17.9、宽10.8、厚0.8厘米（图5.7，22）。标本3，器体呈长方板状，只从长边一侧到中心卷勾有一条中间宽两端尖的阴刻纹。长22.2、宽11、厚0.7厘米（图5.7，23）。N5Z1M1：4，有四个对钻的隧孔，依器体的竖直方向两两相对，隧孔的钻孔方向为竖钻、横钻各二个，长20.9、宽12.4、厚0.9厘米（图5.7，24）。N2Z1M14：1，器体平面呈长方形，板状，近长边一侧正中背面单钻三圆孔，另一长边一侧近边缘处背面对钻三圆孔，通长15.8、宽6.9、厚0.6厘米（图5.7，25）。N16~79M2：1，器体呈长方形，反面分布有四组竖向斜穿隧孔，为方便钻孔，在钻孔部位先制作二至三道横向减地沟槽。通长22.5、宽11.4、厚1厘米（图5.7，26）。那斯台遗址出土1件，器体平面呈长方形，器体正面均按饰件的造型和纹饰琢磨出凹凸分明的装饰线。长18.2、宽11厘米（图5.7，27）。胡头沟出土1件器体呈长方形，上缘有双孔。残存长7.9、宽4.8、厚0.6厘米（图5.7，28）。

一直以来，为了解开抽象化玉凤造型之谜，学者们绞尽脑汁、反复论证，虽然仍莫衷一是，但是，绝大多学者还是基本认同这两类玉器是动物造型。1991年，陆思贤提出勾云形玉佩中央的弯勾是模拟身体蜷曲的龙，而四角则是模仿蛙、龟的蹼足或鸟类的勾喙[1]。王惠德则认为勾云形玉佩与 C 形龙和猪龙一样,是龙的表现形式之一[2]。邓淑苹认为典型的勾云形玉佩不是龙的抽象,而是凤的抽象,带齿兽面形玉佩则是两件勾云形玉佩的结合形式[3]。尤仁德将带齿兽面形玉佩以齿牙在上的角度来观察,认为它是双鸟相背、左右对称的造型[4]。1993 年,邓淑苹在介绍台北故宫博物院新入藏的一件中央镂空一对弯眉和一双圆眼、下边带有八颗牙齿的玉佩时,称之为"带齿动物面纹玉饰"[5]。杨美莉认为勾云卷角是红山古国的一种具有地域性特征的精神符号,它不仅体现于勾云形器上,还可见于彩陶纹饰上。勾云卷角造型的原始灵感,可能来自对强劲有力的鹰类之喙、爪的模仿[6]。李缙云认为带齿兽面形玉佩可能是抽象化的饕餮纹,而典型的勾云形玉佩可能是带齿兽面形玉佩的进一步抽象化,应不仅思考玉勾云形器的创型理念,而且要进一步探讨它们之间的演化关系[7]。1995 年 5 月,吴棠海在北京大学考古学系讲授古玉鉴定课时,将带齿兽面形玉佩称作"兽形佩",认为其中央主体部分是一个正视的兽面,两侧上角则各为一个侧视的龙首[8]。刘淑娟认为勾云形玉佩和带齿兽面形玉佩是平面、原始状态的饕餮纹[9]。1997 年,廖涣修撰文,认为勾云形器的原型是玉凤[10]。刘国祥提出勾云形器是为适应宗教典礼的特殊需要而专门制作的,其勾角和小凸齿是对鹿角和猪獠牙等实物形态的艺术化再现[11]。饶宗颐认为勾云形玉佩是古人对云气升天形状的模仿[12]。20 世纪,以玉勾云形器为主题的学术讨论颇为热烈,进入 21 世纪,勾云形玉器仍是学界关注的对象。柏岳认为带齿者的原型是鸟,应称为鸟形玉佩;而典型的勾云形玉佩,是抽象化的龙[13]。总之,对于勾云形玉器造型的创作理念,学者们基本围绕动物

---

[1] 陆思贤:《"勾云形玉佩"的形状结构及寓意的思想内容》,《内蒙古东部区考古学文化研究文集》,北京海洋出版社,1991 年。
[2] 王惠德:《龙为农神说》,《昭乌达蒙族师专学报(汉文哲学社会科学版)》,1991 年第 2 期。
[3] 邓淑苹:《龙兮? 凤兮? ——由两件新公布的红山玉器谈起》,《故宫文物月刊》,1992 年第 114 期。
[4] 尤仁德:《两件史前玉器研究》,《故宫文物月刊》,1992 年第 114 期。
[5] 邓淑苹:《带齿动物面纹玉饰》,《故宫文物月刊》,1993 年第 119 期。
[6] 杨美莉:《卷云山,翠石水磷磷,新石器时代北方系统环形玉器系列之一勾云形器》,《故宫文物月刊》,1993 年第 126 期。
[7] 李缙云:《谈红山文化饕餮纹玉佩饰》,《中国文物报》,1993 年 4 月 25 日。
[8] 吴棠海:《古玉鉴定第三册》讲义,1995 年。
[9] 刘淑娟:《红山文化玉器类型探究》,《辽海文物学刊》,1995 年第 1 期。
[10] 廖涣修:《中国最早的玉凤:试论红山文化"勾云形玉佩"之正名与演变(2)》,《中国文物世界》,1995 年第 139 期。
[11] 刘国祥:《红山文化勾云形玉器研究》,《考古》,1998 年第 5 期。
[12] 饶宗颐:《中国玉文化研究的二三题》,《东亚玉器第一册》讲义,1998 年。
[13] 柏岳:《对勾云形玉佩为"玉眼"说的商榷——兼谈红山文化玉器的命名问题》,《中国文物报》,2001 年 8 月 15 日。

说展开,主要是兽类和鸟类,包括龙、凤、鹰、鸟、鹿角与猪獠牙等。关于勾云形玉器之间是否存在演变关系的研究也始终受到学界关注。1993年,李缙云提出带齿兽面形玉佩可能是抽象化的饕餮纹,而典型的勾云形玉佩可能是带齿兽面形玉佩的进一步抽象化[1]。1995年,尤仁德在其论文中指出"勾云形佩大致走过随形型、完整型和简化型历程",即从带齿兽面形玉佩向典型的勾云形玉佩发展,再简化成局部的弯勾形—玉勾形器[2]。同年5月,吴棠海在北京大学考古学系讲授古玉鉴定课时,认为"红山古国常见的勾云形器,应是兽面玉饰朝向简单、抽象、几何形发展的演变结果"[3]。刘淑娟也认为勾云形玉佩是带齿兽面形玉佩的简化与抽象形式,是平面、原始状态的饕餮纹[4]。1997年,廖泱修撰文,认为玉勾云形器从原始型玉凤(典型的勾云形玉佩)逐渐演变成次生型(带齿兽面形玉佩)和衰弱型(简化的带齿兽面形玉佩)[5]。2001年,柏岳撰文认为不应将带齿兽面形玉佩与其他的勾云形玉器笼统地归为一类,带齿者的原型是鸟,应称为鸟形玉佩;而通常所称的勾云形玉佩,是抽象化的龙,意即两者之间并无承袭演变关系[6]。综上所述,关于勾云形玉凤形制的演变趋势大多数学者认为是由繁向简发展,即由带齿兽面形玉佩演化成典型的勾云形玉佩。笔者认为,红山古国勾云形玉器造型的来源最有可能是鹰。越来越多的证据表明,红山古国出土的双勾云形玉与鹰隼类动物有关,是鹰隼类猛禽的抽象化载体。"在我们把原始艺术当作研究对象来审视的时候,我们必须自觉地走进原始人所独有的'文化情景'中去,用原始人的思维方式去感知和理解原始艺术品……才能对原始艺术品做出较为符合原始人所感知的原意的理解和阐释"[7]。我们不妨将两种勾云形玉的造型放到红山古国时期大的环境中思考。首先,牛河梁第二地点一号冢中心大墓M26和牛河梁第十六地点中心大墓M4内出土的两件动物造型玉器都是鹰隼类动物,这至少表明鹰是两个冢的主要图腾,不排除中心大墓南侧中小型墓葬内出土的动物造型玉器也是抽象化鹰的可能。其次,就早晚关系来看,牛河梁第一地点一、二号冢内中心大墓营建的时间要早于南侧集

---

[1] 李缙云:《谈红山文化饕餮纹玉佩饰》,《中国文物报》,1993年4月25日。
[2] 尤仁德:《勾云形佩及相关器物探研》,《故宫文物月刊》,1995年第143期。
[3] 吴棠海:《古玉鉴定第三册》讲义,1995年。
[4] 刘淑娟:《红山文化玉器类型探究》,《辽海文物学刊》,1995年第1期。
[5] 廖泱修:《中国最早的玉凤:试论红山文化"勾云形玉佩"之正名与演变(2)》,《中国文物世界》,1995年第139期。
[6] 柏岳:《对勾云形玉佩为"玉眼"说的商榷——兼谈红山文化玉器的命名问题》,《中国文物报》,2001年8月15日。
[7] 刘锡诚:《中国原始艺术》,上海文艺出版社,1998年。

中埋葬的中小型墓葬；南侧的中小型墓葬有建筑规整的墓葬被叠压在结构简陋的墓葬之下的现象，且建筑规整的墓葬和中心大墓内通常有具象化鹰出土，相比之下叠压在下面的墓葬建造粗糙，没有写实性玉鹰出土，因此存在鹰由具象化向抽象化演变的可能。再次，从造型特点上看，双勾云形玉器有更多的形制特点和鸟类相近，而与兽类无缘。双勾云形玉器上面一对向外翻卷的角和鹰的双耳对应，下面一对向内弯曲带有瓦沟纹的宽尖角应是鹰隼站立时的羽翼。尤其重要的是，双勾云形玉器下面带有瓦沟纹的五个齿突，每个齿突均在最下方有一个凹槽，这和鹰(特别是猫头鹰)的喙爪高度吻合。根据瓦沟纹走向分析，中间的齿突明显单独成组，具有独立性，应代表鹰喙；左右两侧各有两个齿突，左侧的两个和右侧的两个分别单独成组。仔细观察发现，无论是左边的两个齿突还是右边的两个齿突都由一条向上弧起的瓦沟纹由外向内将两个齿突连在一起，似是鹰爪握住树干的姿态(经反复观察，猫头鹰有四个爪，握住树干时一般前面三个后面一个或前面两个后面一个)，至于凹陷的圆眼更形象地体现了猫头鹰的眼部特征。综合比较双勾云形玉器和猫头鹰的造型特点，二者的特征极其吻合。相比之下，双勾云形玉器和猛兽类动物比较，有很多特征对应不上。例如，双勾云形玉器五个齿突和两侧的尖角乍一看似乎像是虎豹类猛兽的牙齿，但仔细观察发现，虎豹类的门齿为四颗，是偶数而不是奇数。红山古国时期的居民长期和动物打交道，对自己崇拜的动物特征应该很熟悉，制作玉器时不可能反复出现错误。根据上述分析我们判断，双勾云形玉器最有可能是鹰(尤其是猫头鹰)的造型。双勾形佩根据齿突的数量分写实型佩和简化型佩。写实型佩标本3件，器体近似长方形，片状，左、右分别镂空，各作一个勾云状卷角，外围均琢磨出相应走向的浅凹槽纹路。两侧各置一对背向弯曲的勾角，每对勾角间均伸出两个小凸。主体部分上侧边缘两端各伸出一个小凸，下侧边缘伸出五个或七个小凸。器体中部有两个圆形钻孔，靠近上侧边缘中部有一个圆形钻孔。

  红山古国玉凤的不同造型当与时间早晚有关。牛河梁第二地点一号冢、第五地点和第十六地点的考古发现表明，具象化的玉凤应该早于抽象化的玉凤，有几组对应关系可证：一是N2Z1M26中心大墓出土双首鸮，而位于中心大墓M26南侧的M22和中心大墓M25南侧的M20均出土双勾云形佩，这表明具象型玉凤要早于双勾云形玉器；二是出土单勾云形玉器的M24叠压在出土龙凤佩的M23之上，这也表明具象化玉凤早于抽象化玉凤；三是中心大墓M25南侧的小型墓葬中，靠近南墙埋葬时间较早的M20内出土了双勾云形玉器，而M20南侧埋葬时间较晚的M21和M14均出土了单勾云形玉器，这表明双勾云形玉器在时间上有早于单勾云形玉器的可能。总之，我们可以推断：

具象化的玉凤要可能早于抽象化玉凤,其中的双勾云形玉器可能要早于单勾云形玉器。

2. 玉龙

玉龙是红山古国仅次于玉凤的一类重要器物。红山古国玉龙体型卷曲,整体如玦形,尾端渐收,头尾相距甚近。头部较大,双耳竖立,均呈圆尖状,双目圆睁,吻部前凸,嘴部微张,颈部偏中部位有一圆孔。牛河梁 N2Z1M4∶2,出土于辽宁省建平牛河梁遗址群第二地点一号积石冢 M4,颈部偏上小圆孔均自两面对钻而成。通高 10.3、宽 7.3、厚 3.3 厘米(图 5.8,1)。牛河梁 N2Z1M4∶3 与牛河

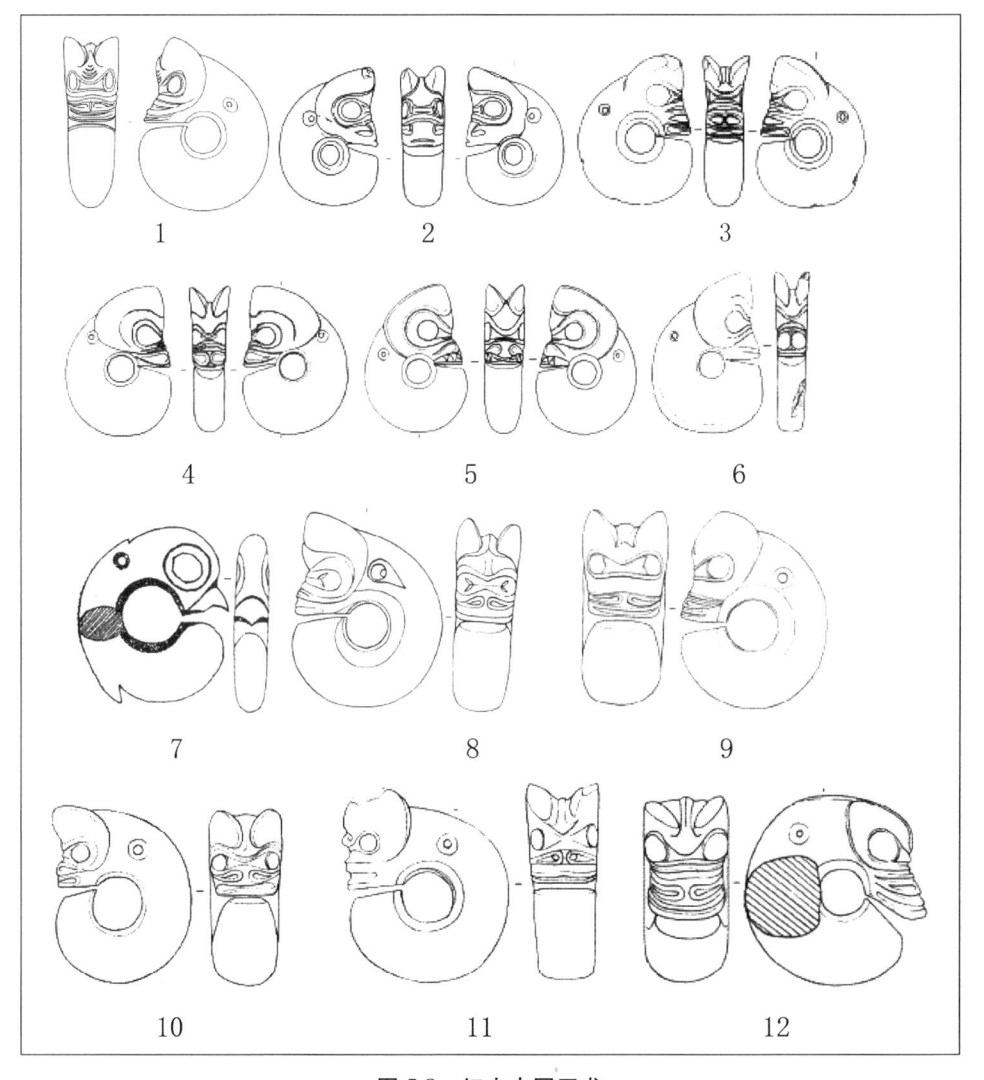

图 5.8　红山古国玉龙

梁 N2Z1M4：2 共出，颈部饰单钻孔。通高 7.9、宽 5.6、厚 2.5 厘米（图 5.8，2）。牛河梁 N16M14：3，颈部对穿一圆孔。高 9.69、宽 7.62 厘米（图 5.8，3）。牛河梁采集玉猪龙，颈部对穿一圆孔。高 14.1、宽 10.2、厚 4 厘米（图 5.8，4）。牛河梁采集玉猪龙，颈部对穿一圆孔。高 15.6、宽 10.7、厚 4.2 厘米（图 5.8，5）。巴林左旗羊场玉猪龙，颈部对穿一圆孔。高 16.3、宽 11.5 厘米（图 5.8，6）。巴林右旗那斯台出土玉猪龙，肩部有透孔。体高 5.5、体厚 1.1 厘米（图 5.8，7）。敖汉旗河西玉猪龙，颈部对穿一圆孔。高 7.1、宽 5.9 厘米（图 5.8，8）。巴林左旗尖山子玉猪龙采自刘家屯东山西坡，颈部对穿一圆孔，背部有两个并排的刻划符号。高 8.5、宽 6.2 厘米（图 5.8，9）。巴林右旗那斯台遗址采集玉猪龙，颈部对穿一圆孔。高 6.74、宽 5.2 厘米（图 5.8，10）。敖汉旗干饭营子玉猪龙，颈部对穿一圆孔。高 7.5、宽 5.8 厘米（图 5.8，11）。敖汉旗大五家村西采集玉猪龙，颈部对穿一圆孔。高 5.1、宽 5 厘米（图 5.8，12）。

3. 玉龟

红山古国玉龟出土数量相对较少，共 6 件。其中牛河梁遗址出土 4 件玉龟。N5Z1M1：6，质地均匀，局部有白色瑕斑，头部窄小而长，双目凸出，中腹部有一圆形凹窝，四足蜷缩，尾部略长（图 5.9，1）。N5Z1M1：7，有白色瑕斑和裂痕，头部较宽，双目凸出，背中部略平，四足蜷缩，尾部较短，尾部中部有一凹坑。长 9.4、宽 8.5、厚 2 厘米（图 5.9，2）。N2Z1M21：10，龟体平面呈椭圆形，只见龟甲，不见首尾以及四足，背甲隆起，其上有三道竖脊凸线，中间脊略高于两侧，用阴刻线勾勒出规整的龟背纹，腹部较平，中心部位有一圆窝，外围阴刻一周放射状短线，在圆窝壁上斜穿一钻孔，背腹之间前后各刻两道楔形槽。龟背长 5.3、宽 4.1，腹部残长 4.5、宽 3.8、圆凹径 2.3、龟体通高 2.7 厘米（图 5.9，3）。N16①：10，青白色，有白色瑕斑，器身呈椭圆形，头部近似三角形，颈部前伸，背部略鼓，腹部近平，斜钻横穿一隧孔，四足蜷缩，无尾部痕迹，通体抛光。长 6.2、宽 4.4、厚 0.9 厘米（图 5.9，4）。胡头沟遗址出土 2 件玉龟。M1：7，淡绿色，头部伸出，阴线雕出双目、口部，颈部微缩，背略鼓起，尾部较短，四肢曲展，腹部较平，颈下横穿一洞孔。长 3.9、宽 3.6、厚 0.6 厘米（图 5.9，5）。M1：6，淡绿色，有褐色沁痕，头部近似三角形，颈部前伸，口部呈圆尖状，背近圆形，四肢呈弧状略凸，尾部略短，腹部正中起一道凸脊，脊正中横穿一孔。长 4.8、宽 2.8、厚 0.5 厘米（图 5.9，6）。

4. 玉蝗

红山古国动物形玉器除了凤、龙、龟三大类以外还有昆虫类。主要有玉蝗 2 件，均出自牛河梁遗址。N16Z1①：47，出土于地层中，器体圆雕，略呈长方形，用减地沟槽将体躯分成头、胸、腹三部分。头部呈长方形，上窄下宽，用多重阴线

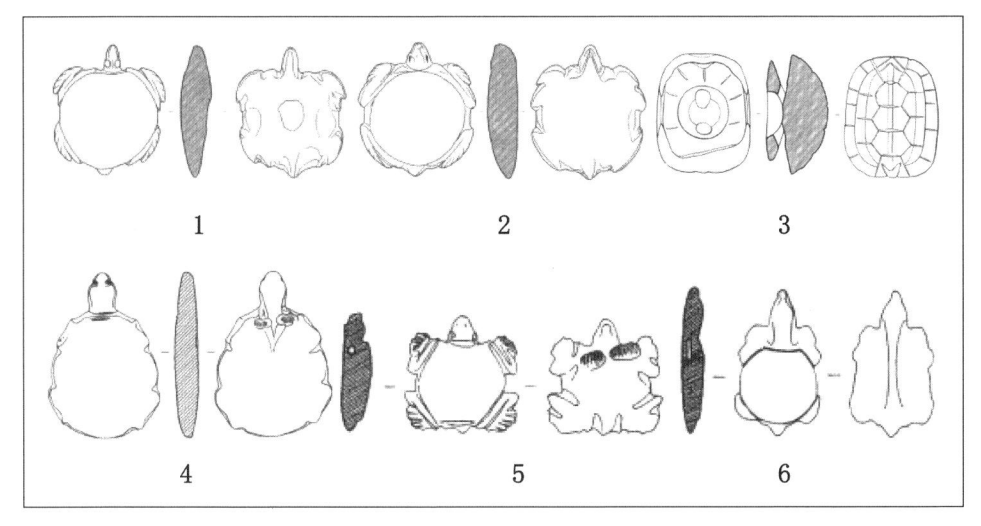

图 5.9　红山古国玉龟

将上部复眼与下部口器分开,口器较粗壮;胸部较短,背顶用"V"字形凹槽状宽线与翅膀分界,胸下用阴刻线表示两对前腿;腹部细长,用宽沟槽短线表现四道腹节,腹尾圆尖;翅膀呈直翅形,前翅叠压后翅,前翅狭窄而后翅较宽,作振翅欲飞状(图5.10,1)。N5Z2M9:1,出土于头骨旁,青绿色。圆雕,精工雕刻头部、眼、嘴、双翅、下弯的腹部,腹下前部对穿一钻孔。长5.5厘米(图5.10,2)。

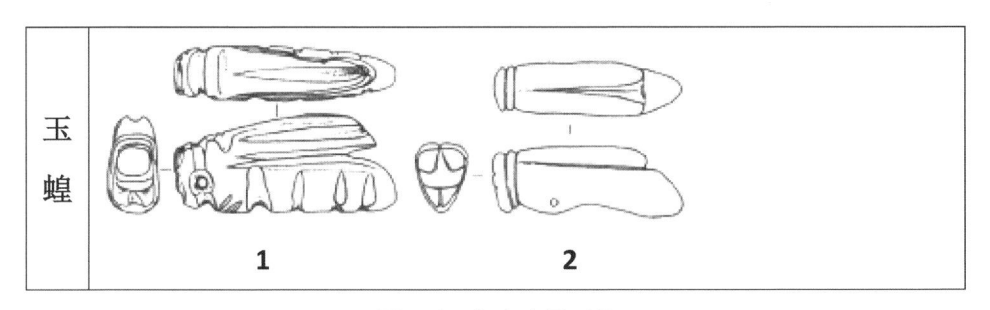

图 5.10　红山古国玉蝗

(二)动物形玉器与奉神

红山古国出土的无孔玉器多动物造型,经过认真比对,红山古国动物造型玉器主要有三类:玉凤、玉龙和玉龟,玉蝗出土数量较少,且不具有普遍性,暂不予以讨论。除了凤外,每类动物形玉器的形制又十分单一。据此推断,红山古国时期的动物崇拜仅仅是对于几种特有的动物,而并非泛泛地仿生。

第一,红山古国玉凤多出在最高等级的墓葬中,其中猛禽造型特征鲜明,应是以鹰隼类为原型,凤很可能是红山古国最崇拜的图腾,代表着红山古国居民最高层面的精神信仰。辽西地区史前凤崇拜是中华文化龙凤崇拜的重要源头,并且其凤文化与周边地区考古学文化或多或少存在着一定的联系[1]。红山古国典型遗址的中心大墓内出土多例玉鹰类造型玉器。如牛河梁第二地点一号冢内的中心大墓M26出土的玉凤为双首,口部完全张开略呈方形,圆凸的眼和尖锐的喙表现得十分明显;再如,牛河梁第十六地点中心大墓M4出土的玉凤为静卧姿态,出土于墓主头下,凤羽翼蓬松舒展,似回首梳理羽毛。上述两件器物形态各异、造型生动,制作极其精美,是不可多得的玉器精品。除了中心大墓中出土造型鲜明的凤外,在一些高等级墓葬中也出现这类写实性的凤。如牛河梁第二地点一号冢内的M17出土一件凤首,M23出土一件合体双凤。此外,特别值得注意的是,红山古国玉器中有两类抽象化的凤造型——双勾云形和单勾云形。前文已述,抽象化凤鸟可能时间上要晚于具象化凤鸟,如是,红山古国当是一个典型的鸟的王国,特别是牛河梁遗址出土的玉凤更是种类丰富,工艺精湛。可以说,凤鸟是红山古国最主要的图腾。为什么红山古国如此崇拜凤?这应该与红山古国的生业模式和生活方式有关。一方面,红山古国继承了东北文化区居民渔猎采集为主的生业模式,与动物打交道的传统使得红山古国居民对于在天空中翱翔的鸟类充满敬畏。赵宝沟文化时期南台地出土的三灵尊上凤就已经是最重要的动物之一,是赵宝沟文化居民敬奉的神灵之一,红山古国应是继承了这一传统并有所发展。另一方面,红山古国时期当自然环境恶化,居民频繁迁徙时,由于渔猎活动中猛禽的特殊作用,使得能遨游于空中的凤让人更加心存敬意,因此,很可能被作为最重要的神灵供奉。牛河梁遗址出土的一件鹰臂鞲,当可视作红山古国敬奉凤的实证。

第二,红山古国玉猪龙不见于最高等级中心大墓中,其重要性应低于玉鸟类器物,从加工工艺上看更可能是猪的造型。猪是红山古国居民最重要的食物资源,因此,玉猪龙是基于物质层面而产生的原始信仰。孙首道、郭大顺两位先生很早就提出"龙首形象最初来源之一当与猪首有关"[2]的观点。薛志强先生认为:"红山时期玉猪龙成批出现,是有着深邃厚重的历史文化积淀。"[3]他还列举了兴隆洼文化时期随葬野猪的三个例子:一是兴隆洼M118墓主殉葬一雄一

---

[1] 张星德、李能交:《辽西地区史前鸟形象作品的考古学观察与研究》,《北方文物》,2020年第1期。
[2] 孙守道、郭大顺:《论辽河流域的原始文明与龙的起源》,《文物》,1984年第6期。
[3] 薛志强:《关于红山文化玉雕龙造型的考证——兼谈中国人不是"猪"的传人》,《辽宁师范大学学报(社会科学版)》,2007年第5期。

雌两头野猪;二是兴隆沟F5的居住面上,共摆放12个猪头和3个鹿头;三是属于兴隆洼文化中期的H35坑底中部相对放置两个猪头骨,并用陶片、残石器和自然石块摆放出躯体。这些发现都表明兴隆洼文化时期野猪已经成为当时居民重要的食物来源,用野猪随葬是重要的祭祀活动之一,其目的当是为祖先提供享用食物。红山古国时期很可能延续了这一传统,只不过由于食物资源短缺,在红山古国唯玉为葬的大传统下,逐渐改变了实物随葬的传统,改用玉器随葬,抑或是通过制作玉猪龙来奉祖神。从某种角度上看,玉猪龙的出现和C龙的出现一样,都是祭祀活动发展到一定阶段的必然产物,主观上是为了祭祀祖先,客观上却形成了最初的龙文化因素。玉猪龙造型以猪为原型,这和红山古国分布区的动物资源特点十分吻合。红山古国居民的生业模式以渔猎采集为主,其中,野猪在红山古国居民的食谱中占有十分重要的地位,特别是红山文化晚期,随着鹿科动物数量的逐渐减少,野猪在食谱中的数量逐渐占据统治地位,玉猪龙的大量出土正如C形龙那样是红山古国居民生存需要的反映。一方面,从考古发掘来看,玉猪龙大多并非出自中心大墓,而是出土于等级和规格不是最高的墓葬中。这说明玉猪龙远没有玉鸮、玉凤类玉器重要,应该不会上升到精神层面。另一方面,一座墓葬出土两件玉猪龙的情况表明,这很可能与兴隆洼文化墓葬随葬两头猪的现象一致,是一种文化传承和演变,是祭祀祖先的需要。关于红山古国玉猪龙的来源,"据孙守道先生介绍,在通辽地区曾发现一件玉玦,肉上对钻一牛鼻孔,缺口的一端雕有突起的圆形双目,吻部刻有三道凹纹,已显现兽首的轮廓,似为兽首玦的雏形。"[1] 刘晓溪先生认为:"玦这类器型是有一个分支演变的过程,其中一支继续保留其基本形制,数千年来没有太大的变化,只是在工艺上更臻成熟;另一支在发展的过程中融入了其他雕刻品的一些因素,给玦这种简单的器型添加了一些装饰成分,最终形成了红山兽首玦这种变体。"[2] 这一观点值得我们重视。

辽西地区新石器时代玉龙还有一种形态,就是C形龙。目前,经过考古调查和发掘的C形龙共有2件,分别出自赛沁塔拉、东拐棒沟遗址。赛沁塔拉(汉译为三星他拉)遗址出土1件,墨绿色,龙体卷曲呈"C"字形,吻部前伸且上翘,嘴巴紧闭,鼻端紧闭,呈椭圆形,有对称双圆洞,应为鼻孔,双眼凸起呈菱形,颈脊起扁薄片状长鬣,弯曲上卷,尾端内卷,器体中部偏上有一对穿的单孔。高26、鬣长21、单孔孔径0.3~0.95厘米。东拐棒沟遗址出土1件,黄绿色,龙体卷曲呈

---

[1] 赵宾福:《东北新石器时代考古》,吉林大学出版社,2003年。
[2] 刘晓溪:《红山兽首玦研究》,《东北史地》,2010年第1期。

"C"字形,吻部前伸且上翘,嘴巴紧闭,双眼凸起呈菱形,颈后竖起一道长鬃,略上翘,尾端内卷,器体中部有一钻孔。高 16.8、鬃长 7.5、钻孔孔径 0.7~0.8 厘米。关于三星他拉出土的 C 形龙的年代有三种不同意见:张星德教授认为将三星他拉玉龙与赵宝沟文化相联系,比较后将其归入红山古国,对其渊源、特征和时代的解释可能更具有说服力[1],邵国田通过对 C 形龙和南台地尊形器上的刻划纹图案的比较,也认为它可能属于赵宝沟文化[2],郭大顺、邓淑苹两位先生认同此说。朱乃诚认为 C 形龙的年代属夏家店下层文化时期[3]。刘国祥认为 C 形龙属于红山古国时期[4]。因为没有出土过具有明确地层的 C 形龙,所以对这一问题的探讨至今仍停留于此。此外,关于 C 形龙的动物造型问题也是众说纷纭,莫衷一是。南台地发掘者把两件玉龙与赵宝沟文化鹿首龙纹饰作比较,认为无论是从头部轮廓、纹饰特点还是从艺术风格上,两者是有些联系的,至少长吻龙在雕刻中把鹿作为其原型之一是可以说得通的。笔者也认为 C 形龙为鹿的造型,属于赵宝沟文化时期,因为无论是从器物造型特点还是从考古发现的动物资源上分析,鹿在赵宝沟文化时期都有着不可替代的作用。赵宝沟文化时期出土的鹿科动物骨骼占比最高,是居民的主要肉食资源,C 形龙以鹿为原型与当时的自然环境密切相关,这对于以依赖型生活方式为主的赵宝沟文化居民来说至关重要。C 形龙的出现大概反映了他们对于鹿的需求,是媚神的产物。

第三,红山古国玉龟在高等级大墓中出现,意味着红山古国居民对龟的崇拜。考古发现表明,红山古国之前的兴隆洼文化、赵宝沟文化均不见龟崇拜的任何信息;而在东部沿海与红山文化同时期的大汶口文化诸多遗址中却出土了大量的龟板,显然红山古国晚期对于龟的文化认同是受到了大汶口文化影响。但是,红山古国唯玉为葬的传统又完全不同于大汶口文化用实物随葬的传统,大汶口文化用实体猪和龟随葬,而红山古国用玉猪龙和玉龟随葬。牛河梁 N5Z1M1 是保存完好的中心大墓,出土玉器基本保留在原位,其中两件玉龟出土于墓主双手部位,共出的动物造型玉器还有 1 件单勾云佩。胡头沟出土的两件玉龟虽然无法判断出土位置,但是均出于中心大墓,和玉龟共出的也有 1 件单勾云佩,另有 3 件立式凤鸟。龟是江河湖海里的灵物,在红山古国居民

---

[1] 张星德:《海金山遗址勾形玉器引发的思考——三星他拉式玉龙年代与文化属性考察》,《文博》,2008 年第 3 期。
[2] 敖汉旗博物馆:《敖汉旗南台地赵宝沟文化遗址调查》,《内蒙古文物考古》,1991 年第 1 期。
[3] 朱乃诚:《红山文化兽面玦形玉饰研究》,《考古学报》,2008 年第 1 期。
[4] 刘国祥:《红山文化研究》,科学出版社,2015 年。

看来龟是和空中的鹰隼、地上的猛虎同等主要的神灵,龟能拯救处于水患中的民众。

总之,红山古国居民两重世界的原始信仰不仅体现在坛庙冢群、彩陶人像上,还体现在玉器组合上,特别是动物造型玉器上。红山古国居民用玉器创作的凤、龙、龟造型分别源于天空、陆地和海洋,是红山古国居民立体化奉神的集中体现。红山古国对于凤、龙、龟三种动物神的崇拜是和祖宗神崇拜一致的,是原始信仰的重要组成部分。其中,凤是红山古国最重要的图腾,而对于龙、龟的神灵崇拜则是次要的,可以说,红山古国是典型的"鸟夷"。红山古国对于龟的认同是受大汶口文化影响的结果,当然,红山古国用玉制作龟随葬的传统完全不同于大汶口文化实物随葬的传统。但大汶口文化三联玉璧的出现显然是红山文化晚期进入古国阶段后和大汶口文化互动的结果。红山古国晚期龙、凤、龟三种动物神并存的现象一方面表现出了与大汶口文化之间的密切联系,展示出了东北地区鸟文化的诸多特征;另一方面也体现出了红山古国独立于大汶口文化的个性化特点。《大戴礼》记载:"毛虫之精者曰麟,羽虫之精者曰凤,介虫之精者曰龟,鳞虫之精者曰龙,倮虫之精者曰圣人。"《礼记》记载:"麟、凤、龙、龟谓之四灵"。诸多遗址发现玉凤的红山古国强烈指向文献记载中的东夷部落,特别是与传说中的少昊部落似乎更是有着千丝万缕的联系;而玉龟则展示了与黄帝部落之间非同寻常的联系。如此,《盐铁论》"黄帝杀蚩尤及两皡而为帝"的记载也并非空穴来风了。

可以这样说,红山古国所有的玉器几乎全部是通神的法器,而没有任何装饰功能。或者说,红山古国居民制作玉器的唯一目的是敬天崇祖通神,而所谓的装饰功能是我们当代人的思考;即便是有装饰功能也不是红山古国居民的主观愿望,而是主观通神产生的客观结果。主要原因有三:其一,红山古国时期的生产力发展水平尚不能满足人们的基本物质生活需要,而制作玉器需要花费大量人力物力。在衣食住行等基本需求尚不能解决的情况下,人们是不会动用大量社会资源追求装饰的美学效果的。其二,从大量的史前考古发现来看,人们死后的陪葬品多是与日常生活和饮食有关的陶器、石器、骨角蚌器,可见,他们最为关注的是基本物质生活保障。红山古国早期用陶器、石器、骨角蚌器等陪葬基本延续了这种传统,红山古国晚期唯玉为葬也一定体现了红山古国居民最重要的需求,或者说体现了比物质生活更重要的精神需求,绝不是简单的装饰功能。其三,红山古国玉器无论出土数量有多少,形制都相对统一,既有龙凤龟等动物造型,也有中间凿空的玉璧、玉筒、玉镯、玉管等几何造型,这体现了红山古国统一的制作理念,而这种理念绝不是物质层面的,应该是精神层面的。红山古国几何形玉器主体中央全部有非实用性穿孔,毫无疑问体现的是精神信仰,因为用于佩戴的穿孔一般都见于器物边缘,且有使用磨痕;而动物造型玉器多无孔,对于该类玉器的功能,我们应该从本地区的自然环境、生业模式以及生活方式中寻求答案。

第四节　彩陶系统与敬天崇祖

一、有底彩陶器

（一）有底彩陶器类型

红山古国有底彩陶器显然不是实用器,而是为逝去的祖先盛放祭品的祭器。红山古国有底彩陶器基本上分为彩陶钵和彩陶罐两种。

1. 彩陶钵

根据口腹部的形制变化,红山古国彩陶钵大体上可分为两型:敛口浅腹钵和敞口深腹钵。敛口浅腹钵的总体特征是口部微敛,折肩,弧腹;敞口深腹钵的总特征是口部微敞,不显肩,弧腹或折腹。

敛口浅腹钵,多为泥质红陶,敛口或直口,圆唇,折肩,弧腹,平底,口沿下施黑彩,标本12件。二道梁T23①:3,口径28.8、底径7.2、高9.6厘米(图5.11,1)。二道梁 H118:1,口径30、底径6、高13.8厘米(图5.11,2)。二道梁H156:1,口径26.4、底径8.4、高12.6厘米(图5.11,3)。西台 BG201~2③:4,口径26、底径7、高10.2厘米(图5.11,4)。牛河梁N5H41:5,口径33.5、底径7、高11厘米(图5.11,5)。牛河梁 N5H38:1,口径25.5、底径6、高7.6厘米(图5.11,6)。牛河梁 N5H14:4,口径28、底径7、高9厘米(图5.11,7)。西台T404G1~6D②:45,口径33、底径7、高11厘米(图5.11,8)。兴隆洼F106②:13,口径22.4、底径6、高8.2厘米(图5.11,9)。牛河梁N5JK4:1,口径31、底径5.2、高11厘米(图5.11,10)。三道湾子 H1:4,口径22、高8厘米(图5.11,11)。红山后XXXⅢ~13,口径31、底径7、高10.2厘米(图5.11,12)。

敞口深腹钵,尖圆唇,敞口,深弧腹或深折腹,平底,腹部多施黑彩,饰一道或数道宽带纹,或宽带纹间平行斜线纹,标本9件。兴隆洼 F106②:P6,深弧腹,底部残,口沿及腹部施有黑彩。口径10.2、残高6.6厘米(图5.11,13)。西水泉T7②:20,深弧腹,口部施黑陶衣一周,腹部为深红色。口径19.5、高10厘米(图5.11,14)。西台 F13③:11,深弧腹,口沿至上腹部施红彩。口径29、高10、底径5.6厘米(图5.11,15)。红山后CXYⅢ~8,深弧腹,圆底,口沿自上而下施一道

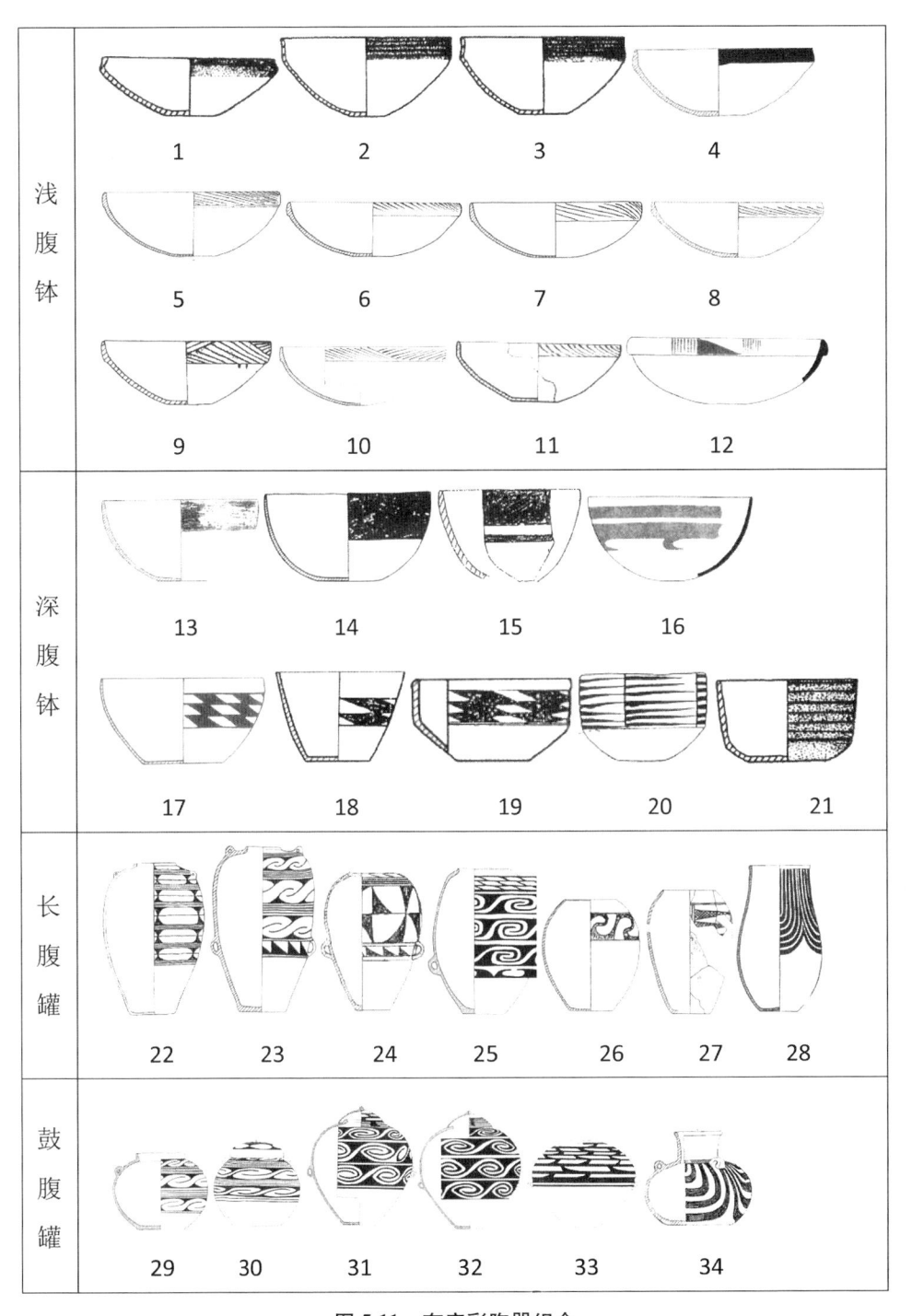

第五章 敬天崇祖奉神的原始信仰 ·253·

浅腹钵	1, 2, 3, 4, 5, 6, 7, 8, 9, 10, 11, 12
深腹钵	13, 14, 15, 16, 17, 18, 19, 20, 21
长腹罐	22, 23, 24, 25, 26, 27, 28
鼓腹罐	29, 30, 31, 32, 33, 34

图 5.11 有底彩陶器组合

细红彩、一道粗红彩,下端施连勾纹。口径23、底径4.3、高11厘米(图5.11,16)。老牛槽沟T37②:20,深弧腹,腹部施黑彩菱形几何线纹。口径30、高15.8、底径14.4厘米(图5.11,17)。三道湾子H1:13,斜直腹,器身施两道菱形黑彩。口径14、高9厘米(图5.11,18)。三道湾子H1:12,深折腹,口沿施菱形彩绘纹。口径13、底径6、高7厘米(图5.11,19)。西水泉H4:2,深折腹,器壁施黑色平行线纹。口径9.8、高6.9厘米(图5.11,20)。二道梁T69①:1,深折腹,腹部施7道长条黑彩。口径15.2、底径10、高8.8厘米(图5.11,21)。

2. 彩陶罐

根据腹部形制变化,红山古国彩陶罐大体上可分为两型:长腹罐和鼓腹罐。长腹罐的总体特征是小口,耸肩,长圆腹,肩部或腹部多饰双耳;鼓腹罐的总特征是大口,溜肩,圆腹,腹部多饰双耳。

长腹罐,标本8件。兴隆沟F4②:1,溜肩上有一对对称的钮,器身施黑彩,绕器身四道弦纹,在间隔弦纹上下两侧有弧线三角纹,依次环绕器身,共5组。高54、口径14.3、底径15.7、胎厚0.7厘米(图5.11,22)。兴隆沟H38①:1,鼓肩处有一对钮,腹部偏下有一对对称桥状耳,器身上部及中部施有3组黑彩弧线三角涡纹,每组之间以每组四道的弦纹隔断,其下施三角形纹饰,上下各一道弦纹。高60.2、口径13.5、底径17.5厘米(图5.11,23)。兴隆沟T5①:5,中腹部偏下有一对对称桥形双耳,自高领下至腹壁下端底部施红衣,在其上施黑彩,再施弦纹和三角纹。残高37、口径10、底径8.4厘米(图5.11,24)。牛河梁N5JK1:1,下腹部左右各有一个桥状耳,器表涂有红陶衣,上腹部施四道平行条带纹,其间有连成组的平行短线纹,中腹部施黑彩双勾连涡纹,下腹施一周单勾涡纹。口径12.2、底径9.6、高33.8、腹径24.5厘米(图5.11,25)。小东山F5:6,腹部施成组的双勾曲线纹,每组图案间刻划弧线,图案上下界各有一周弦纹。口径15、腹径28、底径12.7、通高30.5厘米(图5.11,26)。小东山F5:5,器身上腹部施较细长的网格纹排列的三角形图案,图案上部施有两周弦纹,被竖向刻划弦纹分隔成几部分。口径16.8、最大腹径27、底径12、高38.5厘米(图5.11,27)。蜘蛛山T1③:47,自口沿处至中腹施有四组黑彩鳞形纹,下腹部素面。口径10、高37厘米。(图5.11,28)。那斯台遗址采集1件,器身中腹位置有一对对称的桥形耳,颈部素面,颈部下施有一周大三角状短斜向线段纹,其下施两排竖向菱形纹,下腹部素面。口径10、底径9.5、高35厘米。

鼓腹罐,标本6件,其中,牛河梁遗址出土完整或复原陶器5件。N5Z2M2:4,肩部有一对对称的小桥形耳,一耳残缺,器身自口沿处至腹部施有三条黑彩勾连窝纹带,窝纹带之间为平行直线纹,近底部素面。口径11.4、底径

10.8、高 18 厘米（图 5.11，29）。N10：1，肩部有一对对称的小桥形耳，扁圆腹，平底较大，有桥状单盖钮，盖与罐体均绘黑彩，罐体为三组勾连花卉纹，间以横平行线纹，近底部素面。口径 13.5、盖径 17.5、高 27 厘米（图 5.11，30）。N2Z4M5：1，器身的中腹位置有一对对称的桥形耳，器身通体施红色陶衣，下腹部绘黑彩。器身自口沿处至上腹部施有三条黑彩勾连窝纹带，口沿处施有四圈平行线纹，其间施 4 组斜宽带纹，近底部素面，圆顶器盖倒置，顶部有桥形钮，施有窝纹黑彩带。口径 10.5、底径 11.6、高 40.4 厘米（图 5.11，31）。N2Z4M6：1，器身的中腹偏下位置有一对对称的桥形耳，器身通体施红色陶衣，自肩部至下腹部施有四道黑彩勾连窝纹带，圆顶器盖倒置，顶部有桥形钮，施有四道彩带，其间施斜宽带纹，近底部素面。口径 13.2、底径 12、高 42.36 厘米（图 5.11，32）。N2Z4M7：2，器身的中腹位置有一对对称的桥形耳，器身通体施红色陶衣，自肩部至中腹部施有多组黑彩涡纹，下腹部及近底部素面。口径 12.4、底径 10.5、高 29.5 厘米（图 5.11，33）。兴隆沟 H18①：16，内外壁呈红色，在肩部有三个基本呈等距的鼻钮，自颈部至腹壁以三个鼻钮为界，施 3 组黑彩垂弧状宽带纹。通高 15.2、口径 7.7、最大腹径 18、底径 11、胎厚 0.70 厘米（图 5.11，34）。

（二）有底彩陶器功能——祭祖

有底彩陶器一般见于各个遗址的灰坑、祭祀坑、积石冢封土和墓葬中。在牛河梁第五地点下层的灰坑中常见彩陶罐、钵组合，并伴有石器和骨器出土。很多学者认为这里曾是红山古国居民的居住址，如是，灰坑出土的陶器组合很可能是日常生活所用。然而，在牛河梁第一地点的祭祀坑和牛河梁遗址积石冢墓葬中我们也见到了这种罐、壶、钵和器盖的组合。尽管各个单位的陶器组合都有自身的特点，但是我们从中依然可以找到一定的规律。首先，每个单位的有底器组合中都有钵或钵形器盖，其总量也最多。其在墓葬和祭祀坑中大量出现应具有十分重要的祭祀功能。根据民俗学资料分析，钵应是类似于碗一类盛放主食的餐具。据器物组合分析，报告中的圜底钵、折腹钵不仅有盛放功能，而且已经具有器盖功能，一般和罐类套放使用。其次，彩陶壶是仅次于钵的第二大器物，器型相对复杂。这种器物一般小口，束颈，鼓腹，腹部有双耳，通常和折腹钵或圜底钵共存，应该是套用。这类器物小口深腹不利于储存固体食物，而应该是储存水的器皿。再者，牛河梁遗址还见有三足盅，这种器物一般为捏塑，器型和容积都很小，不会是和钵、罐一样的实用器。从容积分析，要么是婴幼儿的食具，要么是盛放酒的酒具。而在牛河梁遗址我们几乎不见婴幼儿的人骨，如果排除人骨腐蚀掉的可能性，那么就只有一种可能：这种三足器应是一种酒具。当然这仅仅是一种推断,还需要更多的研究来证实。但是,钵、罐、壶、三足器大量出现在牛河梁这样的大型祭祀址应当不是为了提供给活着的人使用,而是作为祭祀逝者的一种祭器,具有祭祀祖先,祈祷先祖在另一个世界饮食无忧的功能。

从红山古国祭祀址所表现的特征分析,红山古国社会是以血缘关系为纽带,以社会化管理为前提,以统一的宗教信仰为目标而形成的。第一,在牛河梁遗址已发掘的五个地点中,每个地点都是一个大的宗族群体,同一地点不同的冢代表宗族下的家族,同一冢内的中心大墓墓主是家族首领,围绕中心大墓分布的小型墓葬埋葬的则是家族成员。而整个牛河梁遗址群应该是由多个有血缘关系宗族形成的一个大的部落或部落联盟。第二,从牛河梁各个地点的祭祀址分布及冢群、墓葬结构分析,红山古国晚期的社会化管理已经具有很高的程度。聚落的统一布局、坛庙冢群的统一建筑模式、玉器彩陶的统一加工制作、随葬理念的统一等无不表明其社会化管理已超越氏族公社阶段。

二、无底彩陶器

（一）无底彩陶器类型

无底彩陶器是红山古国最具代表性的器物之一。无底彩陶器工艺精湛、形式统一,祭祀功能明显。根据器形特征,无底彩陶器大体上有无底筒形器、无底钵形器、无底塔形器、无底豆形器四种类型。

1. 无底筒形器

无底筒形器是无底器中数量最多的一种,主要发现于祭祀址,居住址基本不见,其中牛河梁遗址出土的无底筒形器数量最多,但施彩的并不十分多,现选取标本19件以作分析。

根据器体高矮和底部起台与否,无底筒形器可分为四型：底部起台的高体筒形器、底部不起台的高体筒形器、底部不起台的矮体筒形器和底部不起台的扁体筒形器。

底部起台高体筒形器,标本5件。器体较高,口径小于通高,口沿外折,鼓腹或微鼓腹,底沿外凸,器腹多饰双勾连涡纹和单勾连涡纹,5件标本均出土于牛河梁遗址。N2Z4L：1,复原口径26、腹径31、高47、底径25厘米(图5.12,1)。79T③：5,口径25、底径29、高40厘米(图5.12,2)。79T③：6,口径25.5、底径30.5、高37.5厘米(图5.12,3)。N2Z4M4：W2,口径21.4、最大腹径27.2、通高43.2、底径25.5厘米(图5.12,4)。79T③：8,口径23、底径27、高37厘米(图5.12,5)。

底部不起台高体筒形器,标本 4 件。器体瘦高,口径小于通高,底沿内收,器腹多饰黑彩平行宽带纹或垂环纹。胡头沟标本 11,口径 37、底径 30、高 64 厘米(图 5.12,6)。东山嘴 TE8②:7,口径、底径大体一致,约 36 厘米(图 5.12,7)。胡头沟标本 5,口径、底径大体一致,约 32 厘米(图 5.12,8)。牛河梁 N2Z4A:20,复原口径 32、高 59.7、腹径 36.5、底径 34.2 厘米(图 5.12,9)。

底部不起台矮体筒形器,标本 5 件。器体较矮,口径与通高相当,圆唇,底沿内收,腹部多饰三条平行线,平行线间有上下两组平行斜线形成菱形网格纹。N2Z4B:40,口径 24.2、高 22、底径 20.6 厘米(图 5.12,10)。N2Z4B:42,口径 23.9、高 12.6、底径 23 厘米(图 5.12,11)。N2Z4B:12,口径 23、高 23.6、底径 23 厘米(图 5.12,12)。N2Z4B:3,口径 23.5、高 22、底径 23 厘米(图 5.12,13)。N2Z4B:L6,口径 22、高 23.5、底径 22 厘米(图 5.12,14)。

底部不起台扁体筒形器,标本 5 件。器体甚扁,口径大于通高,底沿内收,腹部施平行宽带纹。N2Z4B:L5,口径 23.5、高 13、底径 21.5 厘米(图 5.12,15)。N2Z4B:L3,口径 24.6、高 13、底径 23.5 厘米(图 5.12,16)。N2Z4B:L2,口径 24.2、高 12.7、底径 23 厘米(图 5.12,17)。N2Z4B:L15,复原口径 29.5、高 12、底径 23.5 厘米(图 5.12,18)。N2Z4B:L1,口径 23.9、高 12.6、底径 23 厘米(图 5.12,19)。

2. 无底钵形器

无底钵形器整体呈无底覆钵状,尖圆唇,敛口,折肩,底沿内收,标本 5 件。N2Z1:96,敛口,薄圆唇,折肩处起圆棱,直腹,无底,底缘不起台,器身施菱格纹黑彩带。复原口径 13.5、高 9.5、底径 25.5 厘米(图 5.12,20)。N2Z4B:L4,微鼓腹,圆肩,底内沿削平台,肩处内壁显一道凹槽,绘菱形方格纹带。口径 12.7、高 9.6、底径 24.4 厘米(图 5.12,21)。N2Z1:95,敛口,圆唇,折肩处起圆棱,微鼓腹,无底,底内沿起台,器身施斜线纹黑彩。口径 13、高 9.6、底径 24 厘米(图 5.12,22)。N2Z1:133,敛口,圆唇,肩微展,曲腹,无底,圈底内起台,器身施连续菱格纹黑彩。复原口径 15、高 7.3、底径 21.6 厘米(图 5.12,23)。草帽山 ASCZ②:4,泥质红陶,挂红衣,敛口,圆唇,折肩起棱,腹部微鼓,底沿切削而成,肩口间施以放射状宽带黑彩纹,腹部施长条状形几何纹,其三个为一组,上下排列,共三组。口径 12、高 8.2、底径 21.8 厘米(图 5.12,24)。

3. 无底塔形器

无底塔形器,一般双小口,上腹部斜弧,上小下大呈覆碗状,束腰,腰部有镂孔,下腹部斜弧,上小下大呈覆斜弧腹筒形罐状,无底,底沿内折,呈子母口状。5 件标本均出土于牛河梁遗址。N2Z2:49,近于复原。泥质红陶,器表施红陶衣,

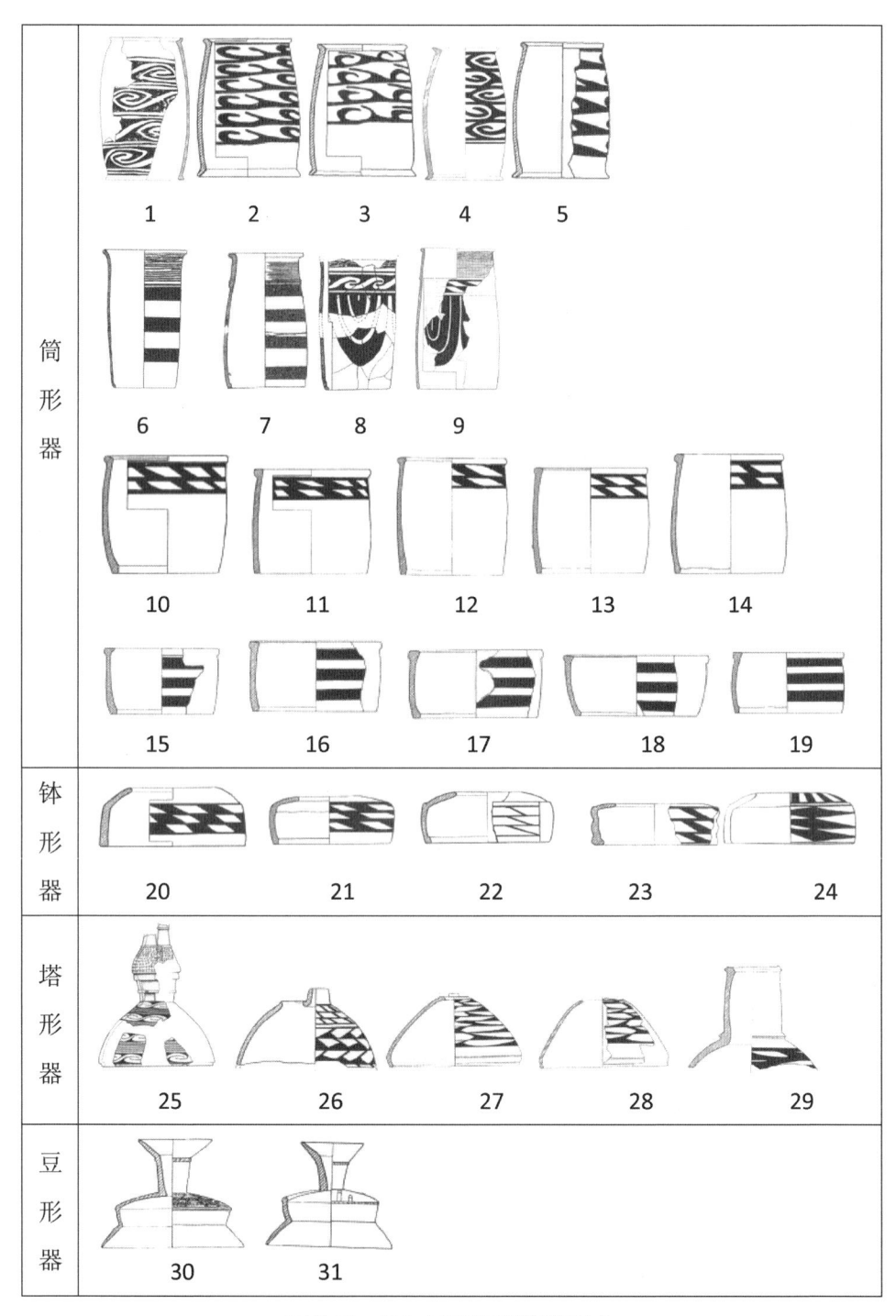

图 5.12 红山古国无底彩陶器组合

双口,口上端残缺,可见口下起一凸棱,颈部呈椭圆形,颈筒壁下部并连,腹部较鼓呈覆钵体,下腹部内收,腹面施坑状窝点纹,再施挂黑彩,腹下边出较宽的裙边,以与束腰相接,束腰以中部一方棱为界分为上下两部分,上下各有镂孔4个,方棱与镂孔相间部位施4个小泥饼,覆钵状器座,座面绘约4组平行横线相间得而勾连涡纹黑彩带。器存高55、上腹径18、束腰颈径15、底径44.6厘米(图5.12,25)。N13T39∶1,残器,只存有器的上部残片。泥质红陶,似有陶衣,半球状体,短颈,嘴沿小,与嘴紧靠,口大部分残缺,器身通体施黑彩,为环绕器体的平行带状纹,内填三角斜线纹,口下三周宽带纹,中间附加宽斜带纹。嘴径1.6、残高9、残腹径16厘米(图5.12,26)。N2Z4M4∶W10,残件。覆钵状,底口近直立,底缘边出平面,缘上部外壁施两道凹弦纹,以上内收,近束腰处残断,器表施红衣,绘七道无勾涡纹黑彩,上下相邻纹样相对反向,留有先单线勾边,后内填彩的痕迹。底径51.7、残高27.7厘米(图5.12,27)。N2Z4M4∶W57,覆钵状,底大口,内敛,短平沿,方圆唇,沿上有折起圆棱,座身上部可见残断的束腰镂孔痕迹,通体施红陶衣,绘黑彩勾连纹,纹样以无卷勾的弧线三角为基本单元组成带状图案,从上至下共九道,各组由短渐长。上口径11、底径51.4、残高28.2厘米(图5.12,28)。N2Z4M4∶W60,残件。上部呈直筒状,筒的上下两端起一道横截面呈三角形的凸箍,下接的腹部外撇,上绘勾连纹黑彩,器表施红陶衣。上径10、下径13、残高19.3厘米(图5.12,29)。

4. 无底豆形器

无底豆形器整体呈覆豆式,喇叭状柄,盖有宽沿、折腹,盖面有镂孔。2件标本均出土于牛河梁遗址。N1J1B∶10,泥质红陶,形如倒置的豆,喇叭状柄,盖的沿腹间起明显折棱,盖面施有五周压印蓖点式之字纹,并有四组长条形镂孔,间小泥饼四个,喇叭状柄口与柄体交接处和盖面与盖口交接处各施一周附加锥刺纹。口径11.7、高8.4、柄孔径2.33厘米(图5.12,30)。N2T3109⑤∶2,泥质黑陶,形如倒置的豆,喇叭状柄,盖有宽沿、折腹,宽沿下和折腹处起明显折棱,盖面施压印之字纹,遗有两个小圆饼钮,之字纹间又镂三组削长条状透孔,每组五条,中部镂孔较长,折腹与柄的中部又各起圆凸棱,棱面上压小斜线。口径18、通高14、柄口径9.5厘米(图5.12,31)。

(二)无底彩陶器的功能——敬天

牛河梁遗址无底彩陶器的器形主要有筒形器、扁钵形器、塔形器和豆形器四类。牛河梁遗址第二地点、第三地点、第五地点和第十六地点的每个积石冢均可见筒形器、钵形器和塔形器,其中无底筒形器数量最多,无底钵形器数量很少,而无底塔形器每冢一般只见一件,豆形器(报告中成为熏炉器盖)在发表的报告中仅见两件。

这四种器形有一个重要特点:中空无底。它们既不是生者的日用器物,也不是死者的生活用器。从数量上看,同一冢内无底筒形器数量最多,无底钵形器数量相对较少;塔形器一般来说一冢只有一件;豆形器在牛河梁遗址群目前仅见二件,数量最少。从出土位置来看,筒形器大都出于积石冢的冢体之上,以 N2Z1 为例。北界墙处筒形陶器在冢体北台壁和北内界墙之间,紧靠在冢体北台壁的外侧。筒形器均立置,东西单行排列,依次紧贴,能辨认出的有 60 个个体,都为彩陶器,多半面绘彩,有彩面与无彩面之间画线为界,有彩的一面向外。冢的东侧也在冢台东壁外侧和东内界墙之间发现筒形器残片,冢南侧的筒形器位置则在冢台南壁与隔墙之间。从筒形陶器与冢界墙的相对位置看,筒形陶器紧贴着内界墙,这种做法似乎表明该冢的这几道内界墙是专为框定筒形器而设置的。关于筒形器的功能还是应同遗址的祭祀性质相联系,结合筒形器最主要的特点不仅是无底部,而且在底缘有特意和固定的加工,这显然有上下贯通之意,应是一种祭器。张忠培先生认为无底筒形器就是陶琮[1],是冢内逝去的祖神沟通天神的法器,也是沟通天神的通道。张星德先生认为红山文化晚期筒形器则围绕整个冢的围墙密集摆放,只有个别冢的中心墓葬周围有无底筒形器,其他绝大多数墓葬没有筒形器在墓葬边伴出,预示着除中心大墓墓主人外的死者不能再单独享受祭祀。这既是宗教权力集中的一种表现,同时也是以筒形器象征陈设各种祭品来体现中心大墓墓主人权力地位的礼制形成的表现。[2] 同时,公共权力的设立往往被认为是国家产生的重要标志。通过对红山古国筒形器出土情况的分析,使我们得以从另一个侧面理解国家公共权力产生的过程,并对红山古国在文明起源进程中的位置有了一个较为明确的定位。[3]

每座积石冢还发现一定数量的扁钵形器。它的形制也很特殊:扁平体,无底、小口。其底圈的做法,与筒形器完全一致。说明这也是一种与筒形器功能相同、关系密切的冢上祭器。由于还没有发现这类陶器的原位保留的资料,对其具体陈祭的方式、摆放的部位仍不明确。但根据每个冢出土的数量分析,各个冢出土的扁钵形器一般在 4~5 件不等,且在筒形器出土的各个方位也多见有扁钵形

---

[1] 郭大顺:《写在牛河梁遗址发掘报告出版之际》,《郭大顺考古文集》,辽宁人民出版社,2017 年。
[2] 张星德、王健:《红山文化筒形器的形制与功能研究》,《渤海大学学报(哲学社会科学版)》,2020 年第 4 期。
[3] 张星德、齐伟:《无底筒形器与红山文化文明进程》,《文物世界》,2005 年第 6 期。

器残件出土。从出土位置和数量上比较分析,扁钵形器应具有以一当十的作用。据此推断扁钵形器同筒形器应分属两种不同性质的人群,或男女或老少或两个婚姻体等。扁钵形器和筒形器的不同祭祀功能还有待进一步考证。从口部看,钵形器均为敛口,而筒形器多为直口和敞口,这似乎和筒形罐、敛口钵一一对应。其中是否存在进一步联系还有待研究。从纹饰上看,扁钵形器器腹彩陶纹饰一般为一组间距相等的平行线,间以平行斜线纹构成,有层层跃进、步步上升之感。这些纹饰在筒形器上也比较常见,似乎代表的是通天之路。综合分析,筒形器和扁钵形器应是一组对应的器形。

塔形器的可复原器极少,但大体形制、结构已清楚。它有三种形制,但都是无底,腹中镂孔,顶部单孔,说明它与筒形器一样,也是专用于积石冢上、同葬俗有关的一类祭器。塔形陶器在每座积石冢中发现的数量很少,形制也远较筒形器为复杂。根据几个积石冢所发现的塔形器资料分析:它应该摆放在冢的四个正方向的中部及冢的正顶中心部位,这说明与筒形陶器相比,这类塔形器的地位更为重要。其功能我们可以从牛河梁第二地点的两件塔形器顶部残件中得到结论。牛河梁遗址 N2Z1∶92 和 N2Z4A∶41 两侧均有对称的椭圆形耳,"是一种对男性的崇拜物,故也可称之为祖形器"[1]。牛河梁遗址女神庙遗址出土的塔形器当是女神庙内祭祀男祖的象征性器物。而这种塔形器无底中空、双孔或单孔的造型和出土于冢的正顶中心部位的位置都似乎表明这里是逝者沟通天地的再生之门,同时也表明 5 000 年前的红山古国晚期是父权制社会。

如果说塔形器是对男性的崇拜物,那么豆形器(报告称之为陶熏炉器盖)应该就是对女性的崇拜物,两者也应是一组对应的器物。从口部来看,塔形器尖口双耳,豆形器敞口无耳;从颈部来看,二者均有中空长颈,塔形器颈上供男祖,豆形器颈上供女祖;从器座来看,二者均有器座,塔形器器座鼓腹,豆形器器座折腹;从纹饰来看,男祖形器饰圆窝点纹,女祖素面无纹饰。豆形器器座镂孔为三组或四组应与生殖崇拜有密切关系。在牛河梁第一地点塔形器 N1J1B∶10 和豆形器 N1J1B∶14 共存,且二者共出于女神庙中,这是红山古国早期母权制社会生殖崇拜的实证。

彩陶是红山古国陶器工艺的最大特点之一,也是红山古国最重要的元素之一。彩陶纹饰主要施于钵、盆、罐、瓮和无底筒形器、钵形罐、塔形器等器物腹部,多红地黑彩。根据有无器底的器型特征,牛河梁遗址红山古国彩陶可分为有底

---

[1] 郭大顺:《写在牛河梁遗址发掘报告出版之际》,《红山文化学术研讨会论文集》,辽宁人民出版社,2013年。

彩陶器和无底彩陶器两大系统。彩陶纹饰规整,施纹类型相对单一。有底彩陶器上的纹饰主要施于钵的口沿、壶的腹部。无底彩陶器上的纹饰主要施于无底筒形器、无底钵形器的腹部。有纹饰的无底筒形器、无底钵形器多半面施纹。无底塔形器的纹饰一般施于下腹部,仅见的 2 件无底豆形器无彩陶纹饰。

红山古国两大陶器系统应有两大功能:有底彩陶器的功能应是祭祖神,而无底彩陶器的功能应是通天神。从个体数量上看,有底彩陶器较少,而无底彩陶器较多。有底器中的钵、罐、壶、器盖等应有着不同的祭祖功能。无底器中的筒形器、钵形器、塔形器和豆形器也有着各自不同的通神功能。祭祖是为了通神,以牛河梁遗址为代表的红山古国社会正是以祭祖为手段达到通神目的的神本社会。神灵至尊、以祖通神、敬天法祖的思想,成为了红山社会的主流文化,也是中华后世文化的原始"基因"。塔形器的大量出现和豆形器的减少似乎证明红山古国晚期以 N1 为代表母权制社会正在逐步走向衰弱,而以 N2、N3、N5、N16 为代表的父权制社会正在形成。

第五节　红山古国原始信仰体系的理论构建

一、原始信仰体系的微观分析

红山古国时期,在日常生活中人们应该是通过在衣服上系带不同的标识物对男女性别进行辨别的。大量的穿孔骨角牙制品是狩猎活动的产物,更是男性性别的标识物。男性在狩猎活动中占有重要位置,起着关键作用,一是狩猎活动需要强健的体魄,男性体质优于女性决定了男性更多地参与到狩猎活动中;二是狩猎活动极具危险性,要求猎人既要有胆量还要有敏锐的洞察力,女性的性别特征决定了她们不具备这样的优势。当男性主导的狩猎活动获得丰富的战利品后,他们便将动物锋利的牙齿佩戴在衣服上,以象征他们赫赫战功。于建设先生曾指出:男性佩戴野猪牙是为了彰显自己狩猎的成果,野猪牙越多证明他狩猎的能力越强,在部落中越受人尊敬,他受到女性的青睐度也就越高。同样,女性在渔业活动中居于主导地位,主要是因为渔业活动对于狩猎活动来说相对容易,危险性小。当鱼类和蚌类资源被充分开发后,对于肉食资源是一种极好的补充,不仅可以获得丰富的肉食资源补充能量,蚌壳也被作为生产工具和生活用具充分利用起来。女性可能更中意于使用蚌刀、佩戴蚌饰,以此彰显自己在渔业活动中的重要作用。总之,由于编织业发展水平有限,红山古国居民不太可能从简单的服饰上辨识性别特征,区分男女性别特征最可能的方法是通过系在衣服上的骨角牙蚌类饰品。

红山古国居民死后男女的性别身份也有器物标识。红山古国时期祭祀址出土的管、珠、璧类器物不仅有骨质和蚌质的,还有陶质的,而且陶质的占比更高。这表明并不是每个红山古国社会成员都会享有"唯玉为葬"的待遇,普通社会成员死后可能仅仅有象征性的随葬。红山古国时期有一种圆形陶片普遍见于各个遗址,从钻孔情况看,大体可分为三类:一类是穿孔陶片(报告中多称作"纺轮");一类是半穿孔陶片,即中间的圆孔没有钻透;一类是无孔陶片,仅是周缘磨制成圆形。圆形陶片在很多遗址均有出土,如白音长汗四期出土12件,柳树林遗址出土6件,二道梁遗址出土15件,二道窝铺遗址出土3件,七家遗址出土3件,哈喇海沟遗址出土5件。这些圆形陶片一般是在陶器破损后用残陶片磨制而成,中间穿孔,直径3~5厘米不等,厚约0.2~0.8厘米。不仅红山古国遗址大量发现圆形陶片,在中原仰韶文化和东部大汶口文化的一些典型遗址中也大量发现圆形陶片。花厅墓地的发掘者描述:在"M115、M117、M106三座墓葬里,纺轮是和一些装饰品一起出土的,且都没有用石制工具随葬。M108、M105两座墓葬,出现了石制工具,出现了鱼镖,但都没有发现纺轮。"[1]在南区墓葬M102内,陶纺轮放在墓主人两腿之间;M107内1件石纺轮放置在右胸偏下位置;M110内陶纺轮放在右小臂的位置;M115内两件不同质地(一件陶质、一件石质)的纺轮握在墓主左手中;M117出土的骨纺轮在右臂附近。姜寨遗址M23随葬了一件圆陶片,打制成圆形,与陶钵、陶罐、尖底瓶、骨镞、骨匕同出于墓主人的脚部,墓主人是五十岁左右的女性[2]。武功赵家来龙山文化墓葬M4中出土一件圆陶片,位于墓主人的右肩附近,无其他共出的随葬品[3]。而在垣曲古城东关遗址的庙底沟二期文化遗存中也曾出土了一件圆陶片,中央有一凹坑,可能没有钻透[4]。由上述可见,圆形陶片不仅有中间穿孔、半穿孔和无孔之分,而且中原地区、东部沿海地区都有大量出土,分布广泛。红山古国分布区之前的兴隆洼文化、赵宝沟文化均不见这种器型,据此推断红山古国圆陶片当是中原农耕文化的舶来品。

---

[1] 南京博物院:《花厅——新石器时代墓地发掘报告》,文物出版社,2003年。
[2] 西安半坡博物馆、陕西省考古研究所、临潼县博物馆:《姜寨——新石器时代遗址发掘报告》,文物出版社,1988年。
[3] 中国社会科学院考古研究所:《武功发掘报告——浒西庄与赵家来遗址》,文物出版社,1988年。
[4] 中国历史博物馆考古部、山西省考古研究所、垣曲县博物馆:《垣曲古城东关》,科学出版社,2001年。

白音长汗							
	1	2	3	4	5	6	7

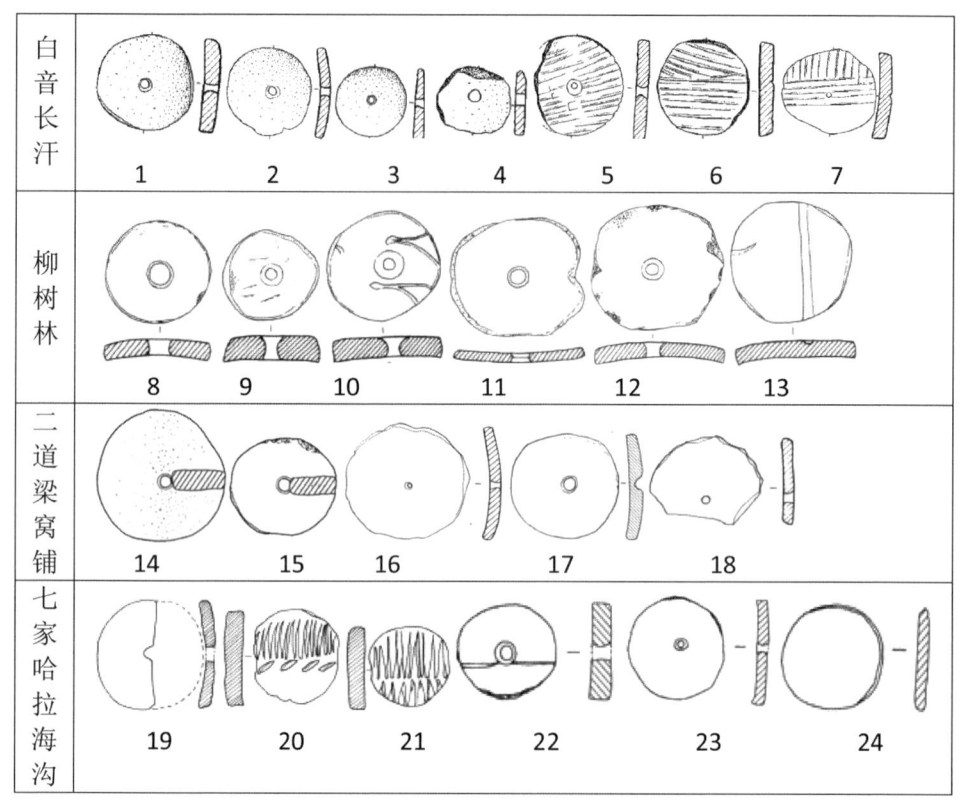

柳树林						
	8	9	10	11	12	13

二道梁窝铺					
	14	15	16	17	18

七家哈拉海沟						
	19	20	21	22	23	24

图 5.13 红山古国典型遗址出土的圆陶片

这种被称为陶纺轮的圆形陶片无论从微痕分析还是从形制上观察都不宜作为纺轮类生产工具使用。首先,从材质上看,圆形陶片质地脆弱,易于磨损,不适合作为纺轮使用。其次,从使用痕迹来看,绝大多数穿孔没有任何磨损痕迹,当不是为了使用而制作。再次,圆形陶片中间半穿孔和无孔的两类器物不是仅仅出现一两次的偶然发现,不应被作为半成品看待。有些陶片仅仅是磨制成圆形,中间没有穿透,不是由于时间仓促来不及完成,而很可能是故意而为的。因为在陶片上穿孔是极其容易的,并不需要耗时费力。因此,圆形陶片应该不是作为纺轮类生产工具使用的,而是另有他用。

那么圆形陶片到底有何功用呢?研究这一问题我们需要关注两个方面:一是器物出土的普遍性,二是出土位置的特殊性。所谓普遍性就是这种圆形陶片不仅见于红山古国分布的辽西地区,在中原地区更是大量发现,不仅在新石器时代的仰韶文化早期大量出现,而且晚至商周时期也普遍存在。所谓特殊性是指从出土概率上分析,这种圆形陶片似乎与女性有着某种特殊的关系。基于上述两点,我们可以尝试对圆形陶片的使用功能做出两种推断:第一,具有玉璧一样的祭祀功能。红山古国诸多遗址都出土了圆形陶片,以中间钻孔者占比最高。从出土情况看,圆形陶片在房址、灰坑、地层和墓葬中均有出土,十分普遍,当是生产生活和祭祀时经常使用的器物。从数量的普遍性和形制相似性这两个角度上看,圆形陶片和玉璧有着一致性,其祭祀功能应该大体相同。红山古国时期不可能每一个普通居民都能享有玉璧随葬,因为既不可能有充足的玉料让每个人都拥有,也不可能在人均寿命非常低下的条件下有能力为每个人耗费人力和财力去制作玉璧。红山古国遗址分布区面积近20万平方公里,即便是排除人群流动频繁导致的遗址点增多因素,我们也能认识到出土的玉璧数量远远不能与人口数量对等。然而,原始信仰的高度一致必然使得红山古国居民找寻各种玉璧类玉器的替代品,于是,大量的圆形陶片、陶管、陶珠、骨管、骨珠、圆形蚌片等出现了,红山古国诸多遗址出土的大量陶、骨、角、蚌质管、珠类器物就是实证。从这个角度上说,圆形陶片有可能就是低等级的"璧",具有祭祀功能。第二,具有女祖形器一样的身份识别功能。虽然目前尚未有明确的数据支撑红山古国时期圆形陶片与居民性别有何关系,但是红山古国之后的小河沿文化大南沟墓葬、河北省阳原县姜家梁墓葬中出土的被称为"纺轮"的圆形陶片多出于女性墓葬之中。此外,中原仰韶文化和东部沿海的大汶口文化圆形陶片也多出土于女性墓葬之中,如属于大汶口文化的花厅墓地出土的圆形陶片多见于女性墓葬之中。这给我们的研究提供了另一种启示:圆形陶片或许与女性身份有关。用圆陶片区别女性身份的原因,一是陶片易得,红山古国时期夹砂陶烧制火候低,易碎,在聚落中容易被发现。二是制作简单,磨制陶片不仅省时省力,而且没有更高的技术性要求,加工工艺简单。三是女性可能是制陶业的主要力量,或许正是因为女性是制陶业的主力,用磨制的圆陶片随葬以标识女性身份才最具说服力。至于圆形陶片有穿孔、半穿孔和无孔之分,或许与女性的年龄特征和婚育情况有对应关系,当然这仅是一种推论,尚需更深入的研究来证实。

如果说圆形陶片是具有玉璧一样功能的祭祀用器,那么它更应该是大众化的,显然具有普世价值。由此,我们也不难想到在生产力尚不发达的红山古国,穿孔蚌片、骨管、骨珠等器物很可能是普通民众拥有的,其功能应该与巫觋阶层随葬的玉璧、玉管、玉珠一样,是祭祀用器。从精神层面分析,红山古国有两重世界,即天人的世界、神的世界,而这些中央有非实用性功能穿孔的玉器、陶器、骨角蚌器就是人神互动的通道。从物质层面分析,红山古国社会已经出现分阶层的趋势,巫觋阶层死后用珍贵的玉器陪葬,他们是社会的上层;而普通民众用陶器、骨器、蚌器随葬,他们构成了社会的下层。当然,我们必须指出,这里的社会上层是基于对神灵信仰而产生的,而不是基于物质财富的多寡而形成的。但是,我们必须认识到,无论是巫觋还是普通民众他们都有统一的文化认同和相同的原始信仰,即敬天、崇祖、奉神,而红山古国的形成正是基于这种统一的文化认同和相同的原始信仰。

二、原始信仰体系的理论构建

红山古国社会原始信仰高度统一,然而,就微观层面观察,高等级社会人群随葬的器物多为玉器、彩陶和人像,而低等级社会人群随葬的仅有日常生活普遍使用的陶器和骨角蚌器。牛河梁遗址坛庙冢群和高等级社会人群使用的精美玉器、彩陶和人像反映了发达的原始信仰。高等级社会群体原始信仰体系的外在表现是在地下用一整套的玉器随葬,在地上用一整套的彩陶器祭祀。地下玉器分为三组:第一组是玉祖,包括男祖形器和女祖形器;第二组是几何形玉器,包括玉筒、玉管、玉璧、玉镯等;第三组是动物形玉器,包括玉凤、玉龙、玉龟等。地上彩陶也分为三组并与地下玉器形成对应关系:第一组是无底塔形器和豆形器,和地下男祖形器和女祖形器形成对应关系;第二组是无底筒形器和无底钵形器,和地下玉筒、玉管、玉璧、玉镯等几何形玉器形成对应关系;第三组是陶塑或泥塑猛禽和猛兽,和地下玉凤、玉龙、玉龟等动物形玉器形成对应关系。此外,地下墓葬内埋葬着逝者的尸骨,地上坛庙冢上供奉着逝者的造像,也形成了对应关系,并且这是整个祭祀的核心。以地下逝者的尸骨和地上供奉的人像为核心,围绕这个核心在地下用三组玉器随葬、在地上用三组陶器进行祭祀,从而建立了一套相对完善的原始信仰体系,主要是崇祖、敬天、奉神(图5.14)。其中崇祖是信仰的核心。红山古国时期人们普遍相信人间和神界是互通的,人神是可以互动的,即于建设先生所说的"生死无界、人神互动"。人死后只不过是肉身腐烂,而灵魂犹在。如果建立起通往人间的通道,那么祖先的灵魂是可以重返人间的。因此,红山古国居民在祖先逝去后,在冢外为祖先造像,以期祖先的灵魂能附着在人像上,便于人间祭祀。换句话说,红山古国居民原始信仰体系的核心就是生死无界。为了实现这一信仰,红山古国居民进行了三个维度的架构。一是崇祖。红山古国居民制作玉质男祖形器和女祖形器,表明他们对于男性和女性在生殖方面的作用以及生命的诞生已经有了科学的认知;同时冢上放置无底塔形器和豆形器也当是为不同性别的人群建立生命的通道。二是敬天。墓葬中随葬的玉筒、玉管、玉璧、玉镯都有特殊意义的圆孔,无疑不是普通祭器,应该是通往人间和天界的通道;而冢上所放置、被张忠培先生称为"陶琮"的无底筒形器和豆形器恰好和几何形玉器形成了对应关系,当不是巧合,都是祖先神往来天地人间的

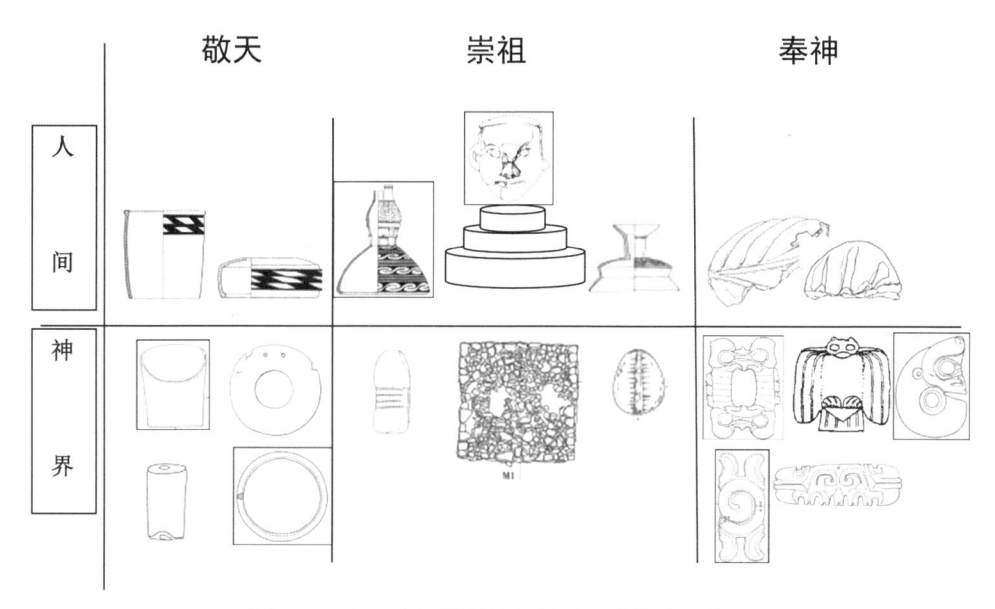

图 5.14　红山古国原始信仰体系理论构建示意图

通道。三是奉神。墓葬中随葬的玉凤、玉龙、玉龟等玉器和庙内供奉的猛禽和猛兽基本上代表了天空、陆地和海洋三界的典型动物,应是红山古国居民原始信仰的重要组成部分,表达了对于动物神的敬畏。

总的来说,红山古国居民以祭祀祖先为核心,以祖先神为媒介,敬天奉神。红山古国居民普遍相信通过冢内随葬玉祖、冢外供奉陶祖,逝去的祖先能获得新生;通过冢内随葬几何形玉器、冢外放置无底筒形器和无底钵形器,逝去的祖先能通往人间和天界;通过冢内随葬动物形玉器、冢外供奉泥塑动物神像,逝去的祖先能获得神灵的护佑。正是这种高度统一的原始信仰凝聚了更庞大的社会力量,吸纳了更多的氏族部落,扩大了更广的地域范围,形成了更统一的文化面貌,于是,红山古国晚期进入了古国时代。

第六章 文明曙光来临的红山古国

红山文化晚期进入古国阶段,文明的曙光来临。首先,从社会性质上说,红山文化属于神本社会。红山文化晚期牛河梁遗址各个地点出现的高等级中心大墓表明,大巫集团已经出现,他们以神灵为中心,上能沟通祖神天神,下能传达上天神谕,无所不知、无所不能。从社会结构上说,红山文化是酋邦结构。掌控神权的大巫是各个部落的首领,能号令部众,具有强大的组织能力和社会动员能力。部落联盟阶段各部落间是一种松散的结盟,一个部落首领不能对另一个部落行使绝对的强制权。他们仅能代表本部落行使权力,既可选举部落联盟首领,也可当选部落联盟首领。他们对本部落具有绝对权威,对外部落实行联盟。从社会发展阶段上说,红山文化晚期已经进入了古国阶段。以牛河梁遗址群为代表的红山文化晚期社会已经进入部落联盟为基本特征的古国阶段。诸多文献资料和考古发现表明,红山古国应与蚩尤或少昊部落联盟关系更为密切,属于"东夷"文化集团。蚩尤与炎帝黄帝都是古国时期的王,但作为部落联盟首领,他们主要依靠祭祀神灵来整合社会资源,动员社会力量,而不是依靠强制力。根据史书记载,无论是炎帝、黄帝还是蚩尤,他们是部落联盟最大的巫、是古国的王、是酋邦的酋长,但这一时期真正行使公权力的国家机构还没有形成。

第一节 神 本 社 会

一、神本社会的基本特点

于建设先生认为:"神本社会是以神灵为中心,以祭祀神灵降福、避灾为主观目的,客观上形成管理社会、整合社会资源的社会机制。神本社会是远古社会发展到一定历史阶段的产物。"[1]综合分析,神本社会的基本特征可概括为以下几个方面。

第一,社会运行以神灵为中心。中国的思想文化发展道路就是一条由巫而王的道路。巫神传统是中国文化的总根源;巫神传统的日益理性化成为中国思想的根本特色。大量的考古发现和先秦文献典籍证明,巫神传统是中华文明形成的主要机制,这既是理解中国思想文化的总钥匙,也是解读红山文化的总开关。于建设先生认为:中华文明的起源,从发展机制上看是由巫师通神灵、由祖神通天神的机制;从结果上看是由神权诞生王权、由祭祀制度而发育成礼乐制度的成长道路,即由巫而王、由祀而礼的发展道路。

第二,社会活动以祭祀为重心。既然神灵是整个社会运行的中心,那么祭祀神灵就是整个社会最重要的活动。如果说祭祀的本质是调整神与人之间的关系,那么礼乐的本质就是调整人与人之间的关系。巫的主要任务是表达人间的诉求,解读神灵的意志,王的主要任务是代表上帝调整人间秩序。巫恰恰是利用了祭祀活动巩固了自己的社会基础,巫神的崛起为王本社会的到来建立了通道,祭祀的发展为礼乐秩序的产生奠定了基础。神灵至尊、以祖通神、敬天法祖的思想,成为了红山社会的主流文化,也是中华后世文化的原始"基因"。

第三,调整人神关系的巫依靠祭祀神灵而拥有更强大的社会动员力。红山文化高度统一的文化面貌不是王权强制力的结果,而是神权统和力的表现。巫的权力是在调整人神之间关系时逐步建立起来的,更具公信力。因为人神关系是虚无的,人神关系的强化减弱了人和人之间紧张的关系,缓和了社会矛盾;一旦人神关系转化为人和人之间的关系,就会产生财富分配不均衡,社会矛盾就会加剧。当调整人神关系的巫依靠强制手段维持社会秩序时,国家也随之出现,巫就演变为王。和王相比,调整人神关系的巫因依靠精神信仰来凝聚社会组织从而发动能力就更强大。牛河梁遗址诸多家群集中埋葬于牛河梁并非因为他们来自一个血亲族群,而是因为不同的氏族文化集团有着共同的原始信仰。

第四,人神关系是社会的基本矛盾。从红山文化的聚落遗址来分析,红山社会的利益分层并不严重,仍然处于氏族社会的晚期阶段,在严酷的生存环境压力下,在巨大神本思想的笼罩下,人际关系是简单的、紧密的。以血缘为纽

---

[1] 于建设:《红山文化十讲》,《第五届红山文化高峰论坛专辑(第二辑)》,赤峰学院学报编辑部,2011年。

带的氏族社会结构并没有发生解体的现象，人们仍然过着原始公社的平等、民主、协作的生活。红山社会的墓葬虽然出现了明显的等级分化现象，但这种分化似乎并不是由于占有财富的多寡而决定的，而是受社会意识形态的严重影响。不同部落在这里统一埋葬，一是反映了他们之间理想的共同性，都是为了实现一个神圣、重大的信仰汇集到了一起；二是反映了各个族群之间的平等性，相邻而居、和谐相处；三是反映了牛河梁是特别重要的一座神山。这反映了红山社会是以氏族血亲制度为基础，以共同原始宗教为纽带的信仰同盟。神本社会中诞生出了一批专门从事意识形态工作的神职人员，这些神职人员并非社会财富的占有者，而是代表着人间的利益诉求。并非由于财富的积累导致了权力的出现，而是由于信仰的需要，导致了财富的集结。这极有可能是东西方文明起源和发展不同的关键所在。

二、红山古国是神本社会

中华文明经历了满天星斗式的孕育，从古国出发，经历了方国，发展到了帝国，形成了多元一体的格局。与此相适应，中华文明的社会性质也经历了神本、王本、民本的发展过程。红山文化所处的古国时代，正是典型的神本社会时代。中华文明是正是经历了漫长的神本社会，才最终走上了高度集权的王本社会，而红山文化正是神本社会的典型代表。

（一）天神是红山社会的至上神

在红山古国居民的世界观中，天神是深不可测、极其神秘的，是整个社会最具威慑力的神，是至高无上的。第一，红山古国居民的先祖逝去后选择山丘的最高点埋葬。这里是离天最近的地方，表达了居民对天神的一种诉求。红山文化的聚落房址大多沿河分布，建筑在二级台地上，而墓地大都建于冈丘之上，这样的理念表明活着的先民认为逝去的祖先虽然肉身埋于地下，但其灵魂会去往另一个世界，那就是神界。第二，红山古国的祭坛和陵冢大多为三层结构。牛河梁遗址群无论是第一地点的一号和二号陵，还是第五地点上层的一号陵冢台外围都有三重石墙，这种三重结构的陵还见于牛河梁第十六地点和朝阳半拉山等地点，说明红山文化居民已经有了两重世界的原始宇宙观。红山文化的渔猎采集业十分发达，居民在日常从事渔猎活动和采集活动时必然会对自然界产生思考，白天的风雪雷电，夜晚的明月繁星无不让红山古国居民产生一种神秘感，而在和自然界的斗争中红山古国居民一定感悟到有一个最伟大的神灵在掌控一切，这个神灵一定就在遥远的天际，虽无形但却有情。这样，祖先神生活在地下世界，动物神生活在地上世界,天神在天界,由祖神、动物神和天神生活的神界和活着的人生活的人间是两重世界,两重世界的世界观是红山文化信仰的出发点。两重世界不仅在陵冢建筑上有所体现,在无底彩陶器特别是无底筒形器和无底钵形器上面的彩陶纹饰上也表现得非常清晰。牛河梁红山文化陵冢三重石墙内出土了大量的无底器,其中独具特色的彩陶纹饰最引人瞩目。彩陶纹饰大体可分五类,即宽带纹、宽带和斜线交叉形成的菱形网格纹、垂环纹、勾连涡纹和三角纹。仔细观察发现,同一器物上无论是哪种纹饰大多都分为上、中、下三条。如无底筒形器上的宽带纹一般是由口沿下的上、中、下三条平行宽带构成,菱形网格纹一般是由三条平行宽带间饰上下两组平行斜线构成,垂环纹一般是三条"U"形曲线构成的半重环,勾连窝纹一般分为上、中、下三条。装饰有上、中、下三条构图纹饰的无底彩陶器和外、中、内三重结构的石墙都出现在祭祀区陵冢上,而且无底彩陶器大都摆放在陵冢上石墙内,这绝不是偶然的,而是有意为之。上、中、下三条纹饰和内、中、外三重石墙都与天上、人间、地下相对应,无论是天神、动物神还是祖神都表明了红山文化居民对于神的信仰高度一致。

(二)祖神是神本社会的核心

祖神是红山古国神本社会的核心,红山文化居民高度重视对于逝去祖先的祭祀,主要表现在三个方面。第一,为祖先建立陵冢,死后归葬。以牛河梁为代表的坛庙冢群是目前发现的红山文化规模最高、体量最大的祭祀建筑群;无论是坛庙、冢,还是彩陶、玉器,其建筑和加工工艺都是无与伦比的。活着的人和逝去的祖先在享用的居所和使用器物方面是完全不对等的,埋葬逝去祖先的陵冢和神庙是聚落房址无法比美的;陵冢和庙内出土的彩陶和玉器规格也远比聚落房址出土的陶器、石器高。此外,牛河梁和半拉山陵冢内出现了大量的二次葬,表明居民死后归葬先祖陵区的现象具有普遍性,向死而生是红山文化居民的诉求。第二,陪葬玉器和彩陶。红山古国"唯玉为葬"的现象十分普遍,牛河梁、半拉山等遗址的墓葬内几乎不见罐、钵和壶类生活用器和骨角蚌器等生产工具,而仅以玉璧、玉镯、玉筒、玉珠等几何形玉器和玉凤、玉龙、玉龟类动物造型玉器随葬。即使是牛河梁早期墓葬随葬的玉器不多,但几乎不用实用器随葬,而是用规格更高、制作更精美的彩陶随葬。随葬品的等级之高明显区别于日常生活所用,这充分表明对于逝去先祖的祭祀是红山古国居民生活中的头等大事。第三,为祖先造像祭祀。不仅为祖先建造高规格的陵冢、陪葬高等级的随葬品,而且还要为祖先造像,并建造专门用于安放先祖造像的神庙是红山古国祖先崇拜的又一重要实证。牛河梁第一地点发现的两处庙址、半拉山墓地祭坛上建造的庙址都应该是专门放置人像的专属圣地。随着入葬陵园的人数不断增多,陵冢规模也在不断扩大,特别是二次葬的大量出现,使得一墓一祭方式的实现困难重重,祭祀址进行了分区,即墓葬区和祭祀区分离,半拉山遗址是墓葬区和祭祀区分离比较典型的代表。随着埋葬区和祭祀区的分离,专门用于供奉祖先神像的庙产生,祭祀活动便由埋葬祖先的墓葬区转到供奉祖先神像的庙内或坛上。

(三）祖神通天神是根本途径

如果说敬天是中国文化的逻辑起点,那么祭祖则是中国传统文化的现实道路,通过祭祖实现敬天是红山古国社会原始信仰体系运行的根本途径。祖神对于族群有着深厚的感情,有着高度负责的精神,祖神生前有着成功的业绩和超凡的法力。同时,祖神与天神有着密切的关系。巫祖一旦升天后无论如何都会替人间言事的。后人祭祀祖神比起祭祀天神更直接、更有效、更可靠。于是当大巫死后晋升为祖先,后继的巫便求助祖先神的护佑。对祖神的祭祀和求助,成为了中华文化的又一个十分重要的特色。根据红山文化的考古发现推断,牛河梁遗址群不仅仅是一个埋葬与祭祀的场所,更重要之处在于它是祖先灵魂升天的圣地,是乞求祖先保佑、与祖先神沟通的场所。祖先就是神灵,祭祖是敬天最直接、最便捷、最可靠的通道。红山古国陵冢内墓葬里随葬的玉筒、玉镯、玉璧、玉珠等玉器中间都有圆形孔,这些玉器就是祖先灵魂升入人间和天界的法器,圆孔就是通道,而墓葬内随葬的玉凤、玉龙、玉龟等玉器则是他们来往于人间和天界的助手。与此相对应的是,陵冢外祭坛上出土了大量的无底筒形器、无底钵形器,庙内出土了泥塑禽类和兽类雕塑,这些器物应该是祖神升入人间和天界的法器和助手。红山古国的祖先崇拜成了中国传统文化的另一个最重要特色。灵魂不死、祖神升天、保佑后世的观念,直接导致了"事死如事生"的文化传统。人们相信:人和神、生和死的界限没有绝对的分隔,人死只不过是进入了更高的一个境界,到了众神的身边。那些大巫生前精通一切,死后也会对生者做出更大的贡献,特别是能升天为神,为人间言好事。因此,人们会不遗余力地祭祀他们,这种事死如事生的文化传统一直续延的今天。从殷商时期残酷的活人殉葬,到周秦时期的作俑制度,再到唐、宋、明、清的厚葬,视死如生的传统一直在延续,建墓筑陵的观念从未中断。于建设先生认为"家"与"冢"两个字表达了生与死是同等重要的理念。追根溯源,人们对祖神的顶礼膜拜是理性主义使然,其终极目的是通过祖神沟通天神。

（四）巫觋是沟通天人关系的媒介

如何使得祖神沟通天神呢？张光直先生认为："对于中国古代文明的主要特征认识,可做一个扼要阐述,这就是经过巫术进行天地人神的沟通是中国古代文明的重要特征;沟通手段独占的政治因素,即人与人关系的变化;中国古代由野蛮时代进入文明时代过程中主要的变化是人与人之间关系的变化,即技术上的变化是次要的;从史前到文明的过渡中,中国社会的主要成分有多方面的、重要的连续性。"[1]巫术作为沟通祖神的手段必然要产生一个专业化的社会群体。李泽厚认为：巫师队伍的出现,主观目的是沟通天人,和合祖先,降福氏族;在客观效果上看则是凝聚了氏族,扩大了部落联盟,形成了复杂的社会形态,保持了正常的社会秩序,巩固了群体的内部统一,整合了社会的各类资源,推动了社会分工的更加细化,形成了更大的社会发动能力,使得红山古国社会的发展达到了前所未有的高度[2]。红山古国的巫是神灵的代言人,是人间利益的诉求者,自然也是人间的领袖。牛河梁第十六地点出土的一件玉人像应是大巫的化身,出土在中心大墓墓主左侧盆骨外侧,顺置,背面朝上。微闭双眼,嘴微张,上臂自然下垂,双前臂曲肘贴于胸前,十指张开,手心向内,双腿并立,呈跪姿,侧视双足斜立,足跟向上贴于臀部,圆尖状双足向下。这不是一件普通的人像,应是大巫作法祈求祖神护佑的姿态。此外,那斯台遗址也曾出土过大巫的造像。大巫是在经常的巫术仪式实践活动中产生出来的。他们是和天神关系最密切的人,他们以靠自身的品质和法力感召神灵,代表人间表达各种诉求,经常得到天神的响应。大巫不仅有超人的智慧、刚毅的性格,而且更需要高尚的品德,以真诚地祭祀祖神,指导族人的行动。在红山古国大巫祭神沟通的是天与人的关系;巫通过一系列的敬畏忠诚,实现了敬神、娱神、享神、悦神的目的,进而能使天神消灾赐福。巫是人间的圣人,从"圣"字结构上看,"耳"的含意就是聆听天神的圣谕,"口"的含义是上帝对人间的旨意。于建设先生认为：当经济发展到一定阶段,财富的累积使得阶级产生,社会矛盾加剧,巫的主要职能不再是沟通天与人的关系,而转向通过武力调整人与人之间的关系,这时巫就转变为王;原本祭祀祖先的一整套祭祀理念就转变为维护社会秩序需要人们必须遵守的一整套礼仪,祭祀转变为礼仪。

---

[1] 张光直著,郭净译：《美术·神话与祭祀》,辽宁教育出版社,2002年。
[2] 于建设：《红山文化十讲》,《第五届红山文化高峰论坛专辑（第二辑）》,赤峰学院学报编辑部,2011年。

即中国文明起源的道路为"由巫而王、由祀而礼。"[1]

第二节 酋邦结构

一、酋邦社会的基本理论

（一）埃尔曼·塞维斯的酋邦理论

20世纪60年代,美国文化人类学家埃尔曼·塞维斯提出一种新的人类社会分类理论。他认为古代社会经历了游团（地域性的狩猎采集集团）——部落（一般与农业经济相结合）——酋邦（具有初步不平等的复杂社会）——国家（阶级社会）的发展阶段[2]。其中第三个阶段——酋邦阶段,即属于文明起源时代,相当于学术界所说的原始社会末叶的军事民主制时期。酋邦具有数千人口,存在一定的等级和隶属关系。按照这一理论,国家由酋邦发展而来,部落则发展为酋邦,酋邦是部落与国家之间的一个发展阶段。塞维斯利用民族学资料建立起一种推测性和高度一般性的直线发展序列来表述人类社会组织的四个连续进化阶段,即游群、部落、酋邦、国家,并且首次对酋邦进行了系统的理论阐述。塞维斯认为游群是社会结构最简单的层次,是地域性的狩猎采集群体,以血缘关系为纽带。部落是第二个社会发展层次,是许多血缘群聚合形成的一个较大型的社会,作为一种社会类型,部落明显要比游群来的复杂,并具有新的组合形式和更大的多样性。塞维斯认为酋邦阶段这种社会等级系统以一个最高酋长为中心,而与其血统关系亲疏便成为了决定系统内不同个人和群体地位高低的主要依据,是具有一种永久性协调机制的再分配社会。塞维斯进一步指出酋邦在两个重要方面超越了部落,一是它比部落人口密度大,生产力更强;二是它更为复杂和组织更严密,特别是存在协调经济、社会和宗教活动的中心。塞维斯的第四个社会发展阶段是国家。国家已经具有行使强制性制裁的合法权力,具有完善的政治结构,明确的阶级分层以及专门化的手工业。国家区别于酋邦的另一个特点是社会出现了政治阶级的分化,因此在国家里,贵族阶层是官僚、军事领袖

---

[1] 于建设:《红山文化十讲》,《第五届红山文化高峰论坛专辑（第二辑）》,赤峰学院学报编辑部,2011年。

[2] Elman R. Service, Cultural Evolution Primitive Social Organization; E. R. Service, Origins of the An Evolutionary Perspective, *New York State and Civilization: The Process of New York*, W. W. Norton, 1975.

和上层祭司。塞维斯将文明起源等同于国家起源。他对将国家看作是压迫机构，其起源在一定程度上与维护私有财产合法化有关的观点持不同见解，也不赞成国家起源的冲突理论。他认为，国家的起源基本上是建立在集中领导权的制度化之上的，早期文明和早期国家是一种神权官僚体制的演化，这种体制主要是组织经济而不是其他，因此它是一种再分配的体制，而不是为了获得个人权力或财富的掠夺性体制。

（二）西方学者对酋邦理论的阐述

桑德斯、普莱斯、科林·伦福儒以及厄尔等学者发展了塞维斯的酋邦理论。如伦福儒认为酋邦社会存在以团体为本位和以个人为本位的两种社会类型；20世纪70年代，厄尔则根据他对夏威夷土著社会的民族学研究提出了一种复杂酋邦的概念，把酋邦制本身的发展过程分为简单酋邦社会阶段和复杂酋邦社会阶段。塞维斯的酋邦理论自产生之日起，就一直处于发展变化中。弗里德否定了塞维斯的部落发展阶段，他将游团与部落合并为一个平等社会发展阶段，然后在塞维斯的酋邦和国家之间，放进了一个分层社会，也就是把社会划分为平等社会、酋邦社会、分层社会和国家四种类型，并把它们作为社会发展依次演进的四个进化阶段[1]。他将分层社会看作是连接最复杂等级社会与最简单国家社会之间的合乎逻辑的模式。弗里德提出了国家职能的冲突论。分层社会由于人口的增长等因素而产生分化，使得社会内部的纷争、压力和冲突加剧，不同集团开始争夺稀有资源，最后其中一个集团取得了优势，这个集团为了保持自己的优势地位，就要权力集中化，而使人口、资源、分配关系、血缘关系和社会成员的地位发生变化，导致社会体制的缓慢演变，最终使得阶层社会成为孕育早期国家的摇篮。所以说国家产生的最初功能是用来维护社会分层，之后才产生了一系列的次生功能，如为了捍卫领土和主权而建立军队和警察；为了社会治安而制定民法和刑法；为了控制人口而确定国民身份；为了国家机器的运转而建立赋税制度等[2]。

（三）中国学者对酋邦理论的发展

第一次将"酋邦"概念介绍给中国史学界的是张光直教授。他在《中国青铜

---

[1] Morton H. Fried, *The Evolution of Political Society*, Random House, 1967.
[2] Morton H. Fried, *On the Evolution of Social Stratification and the State*, Columbia University Press, 1960, pp.713–731.

时代》一书中,将"游团""部落""酋邦"和"国家"这些概念与中国的考古学文化的各个发展阶段相对应[1]。此后这一理论逐渐为国内一些学者所接受,谢维扬在1987年发表的《中国国家形成过程中的酋邦》[2]一文中不赞成按照摩尔根所描述的国家经由实行军事民主制的部落联盟转化而来的观点来讨论中国早期国家形成的问题,认为中国前国家社会的政治组织与摩尔根所描述的易洛魁、雅典和罗马的部落联盟有很大的不同,应该属于非部落联盟类型,作者称之为"部落联合体",可名为"酋邦"。文章最后还强调,由于中国早期国家是经由酋邦而不是经由部落联盟转化而来的事实,决定了中国早期国家从一开始就较欧洲具有浓厚的专制主义色彩,而缺乏民主的传统。童恩正先生将酋邦理论运用于自己对中国早期文明及西南古代民族等问题的研究中,先后发表了《中国北方与南方古代文明发展轨迹之异同》[3]《有关文明起源的几个问题——与安志敏先生商榷》[4]等一系列重要文章,在学术界引起了广泛反响。李宏伟对摩尔根的氏族和酋邦这两种理论模式进行了比较研究,提出了新的国家起源模式:氏族—部族—分化社会—原始国家,并且强调"原始国家"指的仅是因一个社会自身内部因素的作用进化而来的,非外力征服产生的早期国家[5]。王震中认为酋邦除了启示我们在部落到国家之间还应有一个相对独立的发展阶段之外并无普遍意义,因此觉得酋邦不一定符合中国前国家社会的形态。因为古代世界各地的地理环境和社会环境千差万别,阶级社会之前的社会不平等的表现形式也是多种多样的,而"酋邦制"只是其中一种表现形式而已。进而他得出结论说:"这一模式只是启示我们,由部落到国家还应有一个相对独立的发展阶段,有相应的社会结构和体制特征,这一发展阶段是文明和国家起源研究中关键点之一。"[6]陈淳认为:中国和世界其他文明古国一样,早期国家诞生之前,酋邦在中华大地上犹如满天星斗,但是其发展轨迹又因种种缺陷表现为昙花一现、特征各异和此起彼伏的"轮回"[7]。从以上论述可以看出,学者们普遍认为酋邦是高于氏族部落,而低于国家的部落联盟。综合国内外对"酋邦理论"的释读,并结合大量考古学材料的佐证,大致可以将"酋邦理论"归纳为三个标准:一

---

[1] 张光直:《中国青铜时代》,生活·读书·新知三联书店,1983年。
[2] 谢维扬:《中国国家形成过程中的酋邦》,《华东师范大学学报》,1987年第5期。
[3] 童恩正:《中国北方与南方古代文明发展轨迹之异同》,《中国社会科学》,1994年第5期。
[4] 童恩正:《有关文明起源的几个问题——与安志敏先生商榷》,《考古》,1989年第1期。
[5] 李宏伟:《两种国家起源模式的比较研究——国家起源道路新探》,《中央民族大学学报(哲学社会科学版)》,2003年第2期。
[6] 王震中:《中国古代文明与国家形成研究》,中国社会科学出版社,2007年。
[7] 陈淳:《文明与早期国家探源:中外理论、方法与研究之比较》,上海书店出版社,2007年。

是有统一的原始信仰与统一的文化面貌;二是有明显的社会分层与社会分工;三是属于部落联盟结构,各部落酋长虽能充分调动社会资源,但不具有强制力。根据这三个标准判断,红山文化晚期社会是酋邦结构,具备了酋邦社会的一系列特征。

二、红山古国是酋邦结构

红山古国时期的中国正处在文明来临前的关键阶段,是国家孕育时期。龚缨晏[1]、叶文宪[2]、陈淳[3]、何国强与曾国华[4]等大多数学者基本认同距今约5 000~4 000年的一千年左右时间,无论是时间稍早的红山文化、大汶口文化、良渚文化,还是时间稍晚的龙山文化都已经进入了以部落联盟为主的酋邦社会。阿诺德认为:社会复杂化的现象不一定都是在农业经济的基础上产生的,复杂的渔猎社会也会形成酋邦[5]。"尽管我国酋邦社会在黄河、长江流域新石器时代的农业社会中十分发达,但这种复杂社会在我国北方以渔猎或畜牧为基础的生态经济区也发展得相当成熟"[6]。红山古国正是依托北方渔猎采集经济发展起来的酋邦社会。

第一,红山古国有一致的原始信仰与统一的文化面貌。原始信仰的一致主要体现为祭祀建筑的统一和随葬观念的统一。经过系统考古发掘的红山文化祭祀遗址主要集中于赤峰南部和朝阳地区,牛河梁、半拉山、田家沟、胡头沟、东山嘴都比较有代表性。此外,很多学者以河流为单位对红山文化分布区内的红山文化遗址群做了系统调查,如少郎河、羊肠子河、昭苏河、阴河、半支箭河、教来河、孟克河、蚌河、老虎山河等。通过发掘和调查发现,红山文化晚期祭祀址基本都具有积石为冢、一冢多墓、石墙环绕、坛冢相依的建筑特征;同时玉器随葬、彩陶祭祀、造像祭祖的祭祀理念也相当统一,这些都表现了红山古国原始信仰的高度一致。红山文化面貌的统一主要表现在聚落集群分布上。赤峰考古队曾对赤峰西部半支箭河流域进行了区域性考古调查,共发现含红山文化陶片的遗址点160处。根据周南教授的研究,这160处遗址点实际上可归并为125个"村落"

---

[1] 龚缨晏:《略论中国的史前酋邦》,《杭州大学学报》,1995年第2期。
[2] 叶文宪:《部族冲突与征服战争:酋邦演进为国家的契机》,《史学月刊》,1993年第1期。
[3] 陈淳:《酋邦的考古学观察》,《文物》,1998年第7期。
[4] 何国强、曾国华:《从民族志和考古学资料看中国国家的起源》,《中山大学学报(社会科学版)》,1999年第3期。
[5] Arnold, J. E., Labor and the rise of complex hunter-gatherers, *Journal of Anthropological Archaeology*, 12, 1993, pp.75–119.
[6] 叶万松:《中国文明起源"原生型"辨正》,《中原文物》,2011年第2期。

级的遗址。而其中大约半数的"村落"遗址在空间上可聚合为13个较大的群体,其中分布于调查区域东南部的6个群体,由于相距较近,相互之间似乎又集结为一个更高层次的群体。敖汉旗的考古调查也揭示了聚落址集群分布的这一规律。据邵国田先生研究,敖汉旗境内红山文化遗址点的结群现象十分普遍。一般每群包含3~5个遗址点,多者可达20余个遗址点。而以河谷为纽带,若干遗址群又聚集成更高层次的群体。这种规模的群体所占据的地域面积均在数百平方公里以上,所包括的遗址群的数量多少不等。敖汉旗的调查资料显示,这一时期的遗址已明确出现大中小三级结构,面积较小的遗址多为4 000~5 000平方米,中型遗址多在3~10万平方米,而大型遗址的面积可达2~3平方公里。一个遗址群往往以一个大型或中型遗址为中心,周围则是若干较小的遗址,虽然我们无法排除大型遗址是由同一个群体或不同群体在流动频繁、不断迁居过程中形成的可能,但也同样不能排除遗址群中的确已出现中心聚落的可能。从牛河梁祭祀遗址群以及周边大大小小规模不同、建筑风格却相同的祭祀址分布来看,红山文化晚期已经形成了大的部落联盟。

第二,红山古国有了明显的社会分层和专业化的劳动分工。红山文化墓葬和随葬品反映了社会的等级差异。红山文化中心大墓墓主人在冢内一人独尊的现象,表明他对所在群体曾经有过最高管理权,然而放眼整个部落联合体,他又可能只是更高一层决策机构中的一员而已。而这种管理层中的两级决策机构,正是衡量酋邦社会的一个最实质性的标准。王立新先生根据对牛河梁遗址群的分析,将红山文化这种超部落社会组织的一些突出特征概括为五个方面:一是流行以女神崇拜为中心的多神崇拜;二是出现了权力阶层;三是权力阶层内部有等级之分;四是高阶层的管理权主要是通过对"通神"权的控制而获得的;五是丧葬礼与祭礼已初步形成[1]。熊增珑认为红山文化社会分工的一个突出表现就是社会分层逐步发展,"随着社会经济的发展和社会结构的复杂化,社会分层不仅扩展到不同的社群之间,同时也渗透到不同层级的亲属集团内部。由此逐渐产生了领导和被领导者。红山文化早期,墓葬规模都比较小,随葬品都很少,数量种类并没有大的差异,显示出平等的社会关系。到红山文化晚期,墓葬等级的差别则说明了社会成员之间差异的存在,有的墓内只见少量的随葬品,而且墓葬的砌筑很简单。有的墓葬砌筑整齐,规模宏大,随葬精美的玉器或彩陶器,表现出墓主非凡的身份。而且在大墓周围都是一些小型墓葬,足以体现社会等级的初步形成。而且大规模祭坛、墓葬及其他建筑的修建,没有指挥者和被指挥者

---

[1] 王立新:《试论红山文化的社会性质》,《先秦考古探微》,科学出版社,2017年。

是不行的,这些指挥者逐步成为社会的上层人物,拥有更多的享有物质占有权和社会管理权"[1]。此外,红山文化晚期的社会分工也呈现专业化趋势,主要表现在高等级的建筑业、彩陶制作业和玉器加工业。首先,根据红山文化晚期的建筑可以看出一批专业化的建筑人员已经出现。如从牛河梁墓地的设计、墓葬的砌筑、坛庙冢的修建可以看出,当时已经出现了能够熟练地进行设计和修建的人员。如东山嘴祭坛的设计,中心呈方形,周围多用加工过的石块砌出整齐的石基,主次建筑分明,讲究对称观念。无论在建筑理念,还是技术上都达到了一个新的水平。其次,制陶业的兴盛同样也是专业化劳动分工的体现,尤其是墓地中出土的无底筒形器、墓葬中出土的精美彩陶罐。刘国祥先生对红山文化的生活用陶器、祭祀用陶器和彩陶工艺进行了研究,指出:"祭祀类陶器群的出现,是红山文化制陶业兴盛的标志。"[2]三是玉器加工业的专业化水平非常高。当时已经出现了一些具有高超技能、专门制作玉器的工匠,因为在墓葬中随葬的精美玉器,不是任何人都能制作的。玉器选料、切割、钻孔、雕琢、成型必须有专业技术才能制作完成。

第三,红山古国属于酋邦(部落联盟)结构,各部落酋长具有强大的社会动员力,但具有强制力的国家机器并未产生。红山文化晚期社会已经进入部落联盟时代。以牛河梁遗址为例,如果说三号地点的一个陵冢代表了一个家族,二号地点的陵冢群就应代表一个氏族,那么整个牛河梁已发现的十六个地点(应该还有更多待发现的地点)就是一个大的部落。如果说牛河梁的十六个地点代表了一个部落,那么已发掘的东山嘴、半拉山、胡头沟、田家沟等诸多独立的祭祀址和每一个遗址周边尚未被发现的祭祀址应该可以被认定为另外的一个或几个部落。此外,老虎山河成群的祭祀址和其他地域的祭祀群也同样存在,如牤牛河上源 11 个遗址群集群分布于大约 700 平方公里的流域范围内。如果说单一的聚落群这一小范围的地域性社团对应的是氏族这一级的社会组织的话,那么,11个遗址群可能代表的是由若干个氏族组成的部落,每一个部落应该有一个最高首领——酋长。如果我们把由沿河分布的多个遗址点构成的群体看成一个部落,那么红山文化分布区内多个沿河分布的部落就构成了部落联盟——酋邦。顾名思义,所谓的酋邦就是部落联邦制,即若干个部落由于共同的原始信仰和共同的文化价值取向走到一起组成的松散的部落联盟。部落联盟盟主由各部酋长统一选举。盟主应经具备了古国"王"的含义。红山古国的"王"尚未具有管理

---

[1] 熊增珑:《红山文化墓葬埋葬特点及相关问题研究》,《北方文物》,2008 年第 4 期。
[2] 刘国祥:《红山文化研究》,文物出版社,2015 年。

酋邦(部落联盟)的强制力,其管理酋邦、动员社会的统合力完全依赖于人们对他的信仰。首先,红山古国时期的战争迹象不明显。考古发现表明,无论是聚落址还是祭祀址,无论是房址、灰坑还是陵冢、墓葬出土的遗物都没有发现战争杀伐留下的蛛丝马迹。其次,红山古国无底彩陶器上的彩陶纹饰表现的是安静、祥和,而不是狞厉、恐怖。无论是勾连花卉纹、垂弧纹、菱形网格纹、三角纹,还是宽带纹都规范工整而不凌乱,显示出红山古国以神为本的社会性质和人神互动的原始信仰。

第三节 古国阶段

一、古国阶段的基本理论

何谓古国?根据苏秉琦先生关于古国的理论和郭大顺先生的阐释,古国是凌驾于氏族公社之上的高一级组织,是国家产生的前夜,是原生型模式,是中华文化共同体最早的形式,在中华文明发展史上有特殊的地位和作用。

第一,从社会结构上说,是凌驾于氏族公社之上的高一级组织形式,是部落联盟。苏秉琦先生认为:红山文化约在距今5 500年率先跨入古国阶段,以祭坛、女神庙、积石冢群和成批成套的玉器为标志,反映了原始公社氏族部落的发展已经达到产生基于公社又凌驾于公社之上的高一级组织形式。即早期原始城邦制的国家已经产生,而与此同时代的中原地区迄今还未能发现与红山文化坛、庙、冢和成套的玉礼器相匹敌的文明遗迹。古文化、古城、古国这一历史过程在燕山南北比中原地区看得清楚得多,而且先行一步[1]。

第二,从发展阶段上说,古国时代是国家产生的前夜,是"三部曲"中的第一部。苏秉琦先生在对中国文明起源讨论作系统阐述时,对辽河文明的先导地位赋予了新的含义,这一系统论述即著名的"三部曲"。先生认为中华国家起源经历了古国—方国—帝国三个阶段,大体划分为距今约6 000到4 000年的古国阶段;距今约4 000到2 200年的方国阶段;距今约2 200年左右进入了帝国阶段。古国阶段以北方的红山文化、山东的龙山文化、环太湖流域的良渚文化为代表。方国阶段以夏商周至春秋战国为代表。最后到了秦汉时期形成了统一的中华帝国。这三个阶段循序渐进,依次发展,脉络清晰,构成了中华国家的发展史,同样是一部中华文明的发展史。先生认为,中华大地各大区域古文化和不同阶段各

---

[1] 苏秉琦:《苏秉琦文集》第三卷,文物出版社,2009年。

有代表性的诸民族,其国家形成大都经历过古国—方国—帝国这三个阶段[1]。

第三,从发展模式上说,古国是"三模式"中的原生型模式。苏秉琦先生在提出"三部曲"的同时也提出了"三模式"理论,即原生型、次生型和续生型,并认为辽西地区的红山文化(古国)、夏家店下层文化(方国)到秦帝国更具典型性。它是中国古代国家形成的"原生型"模式,理由是这一地区从距今近万年的查海—兴隆洼等先红山文化时期起,从玉器制作的专门化到玉器使用的专一化等方面,就已反映出由社会分工到社会分化的历史发展进程,并为红山文化以坛庙冢为象征的古国的出现准备了条件。

第四,从历史进程上说,古国时代是一个文化频繁交汇的时代,也是一个中华文化共同体最早形成的时代,大体和前五帝时代的炎黄蚩尤古三帝对应。郭大顺先生对于这个时代进行了阐释[2]:一是社会发展水平先行一步的红山文化在这一文化交汇中既吸收相邻诸文化先进因素,又必然要对相邻诸文化产生更多影响。中原地区虽也是在大约同时经历了由氏族向国家过渡的历程,但比辽河流域晚了一步,是在北方的影响下,又是以从洪水到治水为动力而形成国家的,以晋南陶寺遗址为代表的中原古国,约相当于五帝后期的尧舜时代。与北方相比,中原古国的形成是"次生"的。到了方国时代,西辽河流域的夏家店下层文化,以连锁式城堡带和星罗棋布的城堡群、彩绘陶礼器为代表,社会等级、礼制完全形成,青铜文化高度发达,已是雄踞北方,并与夏为伍的强盛方国。二是指红山文化和仰韶文化的结合。苏秉琦先生将红山文化与仰韶文化的交流形式归纳为从融合到碰撞。融合的标志是仰韶文化彩陶的代表性图案玫瑰花卉与红山文化代表性图案龙鳞纹的结合,推测其具体结合过程和途径是:源于华山脚下仰韶文化优生支系庙底沟类型的"一枝花"经渭水北上,顺太行山西麓沿汾河河岸,到晋北和冀北桑干河上游的张家口地区,仍是"一枝花","一朵花"则远达辽西朝阳、阜新地区。就仰韶文化与大汶口文化的交流而言,大汶口文化中虽然出现了仰韶文化庙底沟类型特征的玫瑰花卉彩陶图案,但并未完全融合到大汶口文化陶器群中去,未落地生根,苏秉琦先生比喻二者的关系为"邻居关系";而对于红山文化来说,仰韶文化彩陶因素则已成为该文化要素之一,苏秉琦先生比喻二者的关系为"兄弟关系",可以说,红山文化之所以成为北方地区史前文化发

---

[1] 苏秉琦:《中国文明起源新探》,商务印书馆(香港)有限公司,1997年;生活·读书·新知三联书店,1999年。

[2] 郭大顺:《考古追寻五帝踪迹》,《文化的馈赠——汉学研究国际会议论文集(考古学卷)》,北京大学出版社,2000年。

展最高水平的代表,南北文化的结合是重要原动力。

第五,古国时代在中华文明发展史上有特殊的地位和作用。苏秉琦先生认为:"中华民族的各支祖先,不论其社会发展有多么不平衡,或快或慢,但大多经历过古文化、古城、古国这一从氏族到国家的发展道路,经历了从古国到方国,然后汇入帝国的国家发展道路。女真—满族政权早期发展就是一个发展较落后的且长期处于'四夷'地位的古国。在女真人社会内部分散的奴隶主政权间经历过无数次的兼并、重组之后,才在沈阳东北二百多公里的新宾建立了后金国,成为偏居一隅的一大方国。之后努尔哈赤通过一系列兼并战争先后征服蒙古各部;1636年皇太极改后金为大清,建立了蒙、满、汉三个八旗,为入主中原作了充分的政治、军事、文化及人才方面的准备。1644年清军入关完成了清帝国的统一伟业,这是秦汉后新一轮由北方民族入主中原建立帝国、几次重复华夏族早期古国—方国—帝国三部曲的翻版。"如果我们向前追溯历史,不难发现:拓跋氏建立统一黄河流域的北魏王朝、迁都洛阳之前,鲜卑部落也是在沿大兴安岭一路南下到达平城的过程中,不断发展壮大部落联盟的;阿保机建立地控大漠南北的辽王朝之前,也经历了契丹古八部联盟时代。红山古国虽然最终并未发展成为像北魏和辽那样独霸一隅的方国,但她地处北方渔猎文化和中原农耕文化的最前沿,和庙底沟文化集团、大汶口文化集团鼎足而立,为华夏族的产生打下了最原始的底色,成为中华文明主根系中的直根系。

红山文化晚期已经进入古国时代。从社会性质上看,中国历史大体上可分为三个阶段:神本社会、王权社会、皇权社会;从阶级属性上看,由低级到高级可分为四个阶段:原始社会、奴隶社会、封建社会;从国家形态上看,由低到高可分为三个阶段:古国—方国—帝国。无论是怎样的划分角度,时间节点大体一致。距今约5 500~4 000年的五帝时期是神本社会、原始社会、古国阶段;距今约4 000~2 200年的夏商周时期是王权社会、奴隶社会、方国阶段;距今约2 200年的秦帝国建立至清帝国灭亡是皇权社会、封建社会、帝国阶段(表6.1)。因此,从时间上看,距今约5 500~5 000年的红山文化晚期是前五帝时期,属于神本社会,与古国阶段相对应。

表6.1 中国古代国家形态三阶段

距今年代	王朝	社会性质	阶级属性	国家形态
5 500~4 000	前五帝和五帝时期	神本社会	原始社会	古国
4 000~2 200	夏商周时期	王权社会	奴隶社会	方国
2 200~	秦汉至明清	皇权社会	封建社会	帝国

二、红山古国的运行机制

(一) 社会发展的外在表现

从文化面貌上看,红山古国社会不仅具备了东北地区渔猎文化的典型特征,同时也包含了中原地区农耕文化的大量元素。正是两种文化在辽西地区的激烈碰撞和相互融合使得红山文化面貌一新。"红山文化时期正是各地古文化个性充分发展时期,也是诸文化频繁交汇时期……对红山文化的形成和发展,更为重要的是南北区间的文化交汇,这主要指的是与中原仰韶文化的关系"[1]。"当仰韶与红山一旦进一步结合起来,中国文化史面貌为之一新"[2]。

一是红山古国的绚丽彩陶是中原农耕文化传统影响的结果。红山文化对于中原地区彩陶的吸收是连续不断的,并且最终经过创新形成了独具特色的彩陶器物群。红山文化早期,后岗一期文化影响到辽西地区,以红顶钵和彩陶壶为代表的器物群进入辽西地区并始终保留了下来;红山文化中期,随着后岗一期文化的衰落和庙底沟文化在中原的强势崛起,白泥窑子文化深入到辽西地区,以敛口钵和彩陶罐为代表的器物群进入辽西地区;红山文化晚期,庙底沟文化衰落大汶口文化正在兴起,红山文化获得一次难能可贵的发展契机,大量吸收内蒙古东南部庙子沟文化的彩陶纹饰,形成了独具特色的无底彩陶器物群,并最终步入古国阶段。

二是红山古国的精美玉器是受东北渔猎文化传统深远影响的结果。从宏观上看,红山文化的环壕聚落和非环壕聚落、半地穴式房址、独立的墓葬区和祭祀区、积石墓都是东北渔猎文化的典型特征。从微观上看,石镞、石叶、石片等细石器,石斧、石刀、石磨盘、石磨棒、石臼、石杵、石饼、石环、石网坠等打制和磨制石器,骨锥、骨针、骨匕、蚌刀等骨角蚌器,之字纹筒形罐、斜口罐等陶器,泥塑、陶塑、石雕人像等都普遍见于以渔猎采集为主的东北文化区。红山古国的玉璧、玉镯、玉管、玉玦等几何造型玉器和玉龙、玉凤、玉龟等动物造型玉器虽然独树一帜,但却可以从本地区先行的兴隆洼文化和赵宝沟文化中找到源头。因此,红山古国的文化面貌也显示出强烈的渔猎文化特征。

红山文化之后的小河沿文化并不是红山文化的直接承继者,而是受到大汶

---

[1] 郭大顺:《红山文化研究回顾》,《中国考古学研究的世纪回顾——新石器时代考古卷》,科学出版社,2008年。
[2] 苏秉琦:《纪念仰韶村遗址发现六十五周年(代序言)——论仰韶文化》,《中原文物(特刊)》,1986年。

口文化的影响更多。无论是埋葬习俗还是随葬品它都和红山文化迥然不同,红山文化最具典型特征的彩陶器物群、玉器组合和人物造像基本不见于小河沿文化;而小河沿文化陶器中的盆、豆、壶组合是大汶口文化的典型器,陶器纹饰也和大汶口文化可有一比。红山文化造型独特的玉龙、玉凤、勾云形玉等玉器组合在小河沿文化中基本不见,但在此后的夏家店下层文化、商、西周、春秋和战国时期都有发现,如属于夏家店下层文化时期的大甸子墓地、属于商代的妇好墓、属于西周时期河南三门峡虢国墓地和北京琉璃河燕国墓地、属于春秋晚期的陕西韩城梁芮国墓和陕西凤翔上郭店村墓、属于战国中期的陕西凤翔南指挥镇3号墓都出土过典型的红山文化玉器。

红山古国是东北渔猎文化与中原农耕文化碰撞产生的火花,从形成的那一刻起就光彩夺目,带有极强的文化包容性和吸附力。正是这种文化特性使得红山文化在不断汲取周边文化元素以发展壮大的同时也更脆弱、更容易融入其他文化之中。在激烈的文化交流碰撞中红山古国社会获得了急速发展,也正因如此,红山古国晚期社会迅速衰落,这与其文化的脆弱性不无关系。

(二)社会运行的内在动因

红山古国阶段的到来是东北渔猎文化与中原农耕文化激烈碰撞、融合产生的结果,有其历史必然性。红山古国社会运行的根本动因是其渔猎采集为主的经济模式,这种经济模式决定了红山古国人群流动频繁的生活方式和聚落化劳动分工,进而导致了红山古国社会敬天、崇祖、媚神的原始信仰,而高度统一的原始信仰最终导致了红山文化晚期进入古国阶段。

第一,山地丘陵为主的地形地貌决定了以渔猎采集为主的经济模式。红山古国所在的辽西地区位于东北地区西南部,西北、西南、东南三面环山,中间是辽河平原,东北面向东北平原敞开。本区位于蒙古高原向华北平原的过渡地带,西辽河水系的绝大多数支流都自西向东,最终向南注入渤海。红山古国所在的辽西地区水资源和动植物资源十分丰富。考古发现表明,辽西地区在红山文化以及先行的兴隆洼文化和赵宝沟文化遗址中往往会出土大量的野生动物骨骼,以鹿、猪为主。气候环境方面,距今约6 500~5 000年的辽西地区适逢大暖期稳定阶段,这里气候温暖湿润,植被茂盛,平均气温较现在高出2~3度,生物的多样性为人类的生存繁衍创造了条件。大暖期的气候环境一方面有利于植物资源的多样性发展,另一方面也为鹿和野猪等大型动物的生存提供了优越的生存环境。同时,这也为居民提供了更广泛的食谱,使他们既能获得充足的植物资源,也能获得丰富的肉食资源,为生存提供了充足的保障。通过渔猎获得更多的肉食资源,通过采集获得更多的植物资源,实现两种资源的有机补充,是红山古国居民赖以生存的主要生业模式。红山古国分布区出土了大量的石镞、石叶、石片等细石器和骨角蚌器,这表明自兴隆洼文化以来,本地区久远的渔猎经济始终占有重要地位。出土大量的石器和陶器组合表明采集业占有重要地位,而原始种植业并不十分发达。这在植物考古研究成果中也有更充足的证据支持。红山古国晚期由于气候逐渐转向干冷,食物资源匮乏,居民逐水草而居,进行了频繁的迁徙,正是渔猎采集经济发达的表现。

第二,以渔猎采集为主的生业模式决定了人口流动频繁的生活方式。渔猎经济的发达,使红山古国居民比纯农业区居民占有更大的活动范围,虽然他们的聚落可能比农耕聚落缺乏稳定性,但群体与群体之间的接触却更加频繁,所以在这样的人群中更容易冲破狭窄的血缘关系的约束,在相同历史、文化传统的前提下接受或创立地缘组织结构[1]。"红山文化在文化交流中的活跃,还同该文化具有东北文化渔猎人的本性有关。渔猎文化以随动物群而流动为主要生活方式,这与农耕文化固守本土的习俗有很大的不同,由此培养出开放而不封闭的文化心态,突出表现为看待外部世界的态度的差别,开放的渔猎人有对各种文化,特别是不同经济类型、不同文化传统的诸文化先进因素大幅度吸收的先天优势,并能将其与本土文化有机地融为一体"[2]。以渔猎采集为主的生业模式决定了红山古国居民迁徙频繁的生活方式。距今约5500~5000年,随着大暖期气候开始剧烈波动,气温逐渐向干冷方向转变,植被稀疏,鹿、野猪等大型食草动物被迫迁徙。居民相对稳定的生活被打破,为寻找充足的食物资源,人们开始了频繁的迁徙。从考古发现来看,红山古国社会的群体特征体现在了三个方面:一是遗址数量急剧增多。无论是西拉木伦河以北还是西拉木伦河以南地区,遗址数量都呈现了激增态势。二是聚落布局不规整,文化层稀薄。兴隆洼文化和赵宝沟文化时期聚落布局规整,房址大多成排分布,每排整齐划一,门道方向一致。然而,经过考古发掘的红山文化房址大多无分布规律,同一聚落内的房址往往门道方向不一致,有分群现象,房址数量相对要少,多叠压打破现象。多数聚落文化层稀薄。三是单个房址面积小,小家庭结构趋势明显。红山文化的房址远比兴隆洼文化和赵宝沟文化的面积小,大多在30平方米左右。这些特征表明红山古国社会的小群体结构是为了适应频繁迁徙生活的需要。

---

[1] 张星德、金仁安:《红山文化聚落的层次化演变与文明起源》,《理论界》,2006年第1期。
[2] 郭大顺:《从世界史的角度研究红山文化》,《第八届红山文化高峰论坛论文集》,辽宁大学出版社,2014年。

第三,迁徙往来无常的生活方式导致了敬天崇祖媚神的原始信仰。为适应红山文化社会群体迁徙频繁的生活方式,劳动分工普遍呈现以聚落为单位的社会化趋势,并主要表现在制陶业、石器和骨角蚌器加工业、建筑业、编织业、雕塑业的社会化以及玉器制作的专业化。生活方式与劳动分工是不可分割的统一体,有什么样的生活方式就需要有什么样的劳动分工与之相适应。红山古国居民迁徙无常、居无定所的生活方式,要求劳动分工一定要与之适应。由于每个聚落群体都要面临相对独立的生存发展,因此每一个单一的聚落群体至少需要能完成房屋建筑、陶器制作、骨角器加工、工具编织、简单的人像雕塑等基本劳动,甚至以单一房址为单位的每个家庭可能也要完成一些基本劳动分工。考古发现表明,独立的陶窑区基本是以单一聚落为单位的,从出土的陶器数量上看,四棱山窑区和上机房营子窑址均属于某一个单一聚落,而不属于更复杂的高等级部落。此外,每一个遗址出土的陶器形制相对统一,而和另一个遗址的陶器相比又有诸多差异,这也能说明陶窑的相对独立性。和制陶业相似,房屋建筑业、石器和骨角蚌器加工业、器物编织业、雕塑业也应该是以单一聚落为单元的社会化分工。这种分工是为了适应社会发展的需要。但是,玉器加工业却体现了更高等级的社会分工。

"红山文化所在的辽西区作为东北文化区的一部分,采集、渔猎经济仍是人们的主要经济生活。发达的渔猎经济或以渔猎为本的天然本性,可能是红山文化祭祀发达从而产生急速社会变革的经济基础"[1]。红山文化以山地丘陵为主的自然环境、以渔猎采集为主的生业模式、迁徙往来无常的生活方式决定了这个社会群体特有的原始信仰。一是以山地丘陵为主的自然环境决定了敬天的精神信仰。山地丘陵是引发红山文化居民敬天思想的原生动力。二是以渔猎采集为主的生业模式决定了奉神的精神信仰。和动物打交道是红山文化居民产生奉神思想的客观基础。三是迁徙往来无常的生活方式决定了崇祖的精神信仰。迁徙无常的生活方式势必会引发红山文化居民对于死后魂归何处的深度思考。因而,当死后归葬被确立为生者的终极目标后,认祖归宗的理念便顺理成章地产生。

第四,高度统一发达的原始信仰是红山文化晚期进入古国形态最主要的推力。严文明先生认为:"红山文化的经济并不十分发达,却能调集大量的人力资源,在一个选定的地区营建宗庙、祭坛和巨大的贵族冢墓,所能凭借的只能是强

---

[1] 郭大顺:《辽河流域文明起源道路与特点的再思考》,《考古学研究(九)——庆祝严文明先生八十寿辰论文集》,文物出版社,2012年。

烈的宗教信仰和强大的组织力量……这种信仰一经同某种权力机构结合起来，就会产生巨大的力量。传统的氏族统一部落是做不到这一点的，因此说红山文化时期已经产生某种国家政权是合乎情理的。"[1]红山文化晚期进入古国阶段，文明曙光已经来临。首先，从社会性质上说，红山古国属于神本社会；从社会结构上说，红山古国是酋邦结构；从社会发展阶段上说，红山文化晚期进入古国阶段。牛河梁遗址各个地点出现的高等级中心大墓表明，大巫集团已经出现。他们以神灵为中心，上能沟通祖神天神，下能传达上天神谕，无所不知、无所不能。他们也是各个部落的首领，能号令部群，具有强大的组织能力和社会动员能力；能代表本部落行使权力，即可选举部落联盟首领，也可当选部落联盟首领；他们对本部落具有绝对权威，对外部落实行联盟。以牛河梁遗址群为代表的红山古国社会已经进入部落联盟阶段，蚩尤应该就是这个时期的部落联盟首领，他与炎帝、黄帝都是古国时期的王，但作为部落联盟首领，他不具备行使绝对权力的能力。于建设先生认为文明应该分为初级阶段和高级阶段，其根本区别就是行使王权的国家机关是否产生。部落联盟阶段各部落间是一种松散的结盟，一个部落首领（即使他当选为部落联盟首领）不具备对另一个部落行使绝对的强制权。显然，根据史书记载，无论是炎帝、黄帝还是蚩尤，他们都是部落联盟首领或者说是古国的王，这一时期真正具有强制力的国家机构还没有形成。

继承与发展、吸收与创新是红山文化的根本特色，也是红山古国社会运行的根本动因。红山文化是继承本地区先行的兴隆洼文化、赵宝沟文化而发展起来的一支以渔猎采集为主要生业模式的考古学文化，是东北地区史前文化发展的高峰。然而，"文化交流是跨进文明社会的原动力，红山文化与周邻地区文化交流，既多方位又十分频繁，可见文化交流对红山文化社会变革，显然作用更大"[2]。红山文化早期受后岗一期文化影响，红顶钵出现，和本地区之字纹筒形罐形成特色鲜明的陶器组合；红山文化中期受庙底沟文化影响，纹饰和造型丰富的彩陶钵和双耳壶被红山文化吸收，红山文化陶器组合日趋稳定，彩陶文化获得进一步发展；红山文化晚期由于庙底沟文化衰落，大汶口文化崛起，但还未侵入到辽西地区，红山文化获得了一个独立发展的机会，由此进入古国阶段。结合考古研究和文献资料分析，庙底沟文化与炎帝文化关系密切，大汶口文化与黄帝文化关系密切，而红山文化似乎与蚩尤或少皞文化更接近。小河沿文化应不是

---

[1] 严文明：《重建早期中国的历史》，《早期中国——中华文明起源》，文物出版社，2009年。
[2] 郭大顺：《辽河流域文明起源道路与特点的再思考》，《考古学研究（九）——庆祝严文明先生八十寿辰论文集》，文物出版社，2012年。

红山文化或蚩尤文化、少皞文化的直接承继者,而是经过大汶口文化或黄帝文化改造后的地方考古学文化。如果将考古发现与文献记载相结合,进行系统梳理,那么可以做出这样一种推论:距今约5 000年,大汶口文化或黄帝文化集团通过阪泉之战打败庙底沟文化或炎帝文化集团,之后通过涿鹿之战打败红山文化或蚩尤文化集团,深入辽西地区,小河沿文化由此产生。同时,随着大汶口文化或黄帝文化集团向西、向北的扩张,中原地区强大的庙底沟文化或炎帝文化迅速衰落,呈现出多元化趋势;而原本就极具活力的红山文化或蚩尤文化被迅速融入大汶口文化或黄帝文化之中,因此,在之后的小河沿文化、夏家店下层文化、商文化乃至更晚的西周、春秋和战国时期,红山文化独有的动物造型玉器一枝独秀。红山文化之所以成为东北地区史前文化的一座高峰,是因为它生活方式上具有灵活机动性,文化信仰上具有开放包容性。继承与发展、吸收与创新使得红山文化迅速发展壮大,红山文化属于渔猎文化,红山文化与中原农耕文化的结合,在吸收后者先进文化因素创造出具自身特点的新文化因素方面表现出自身优势,就是与渔猎为本的经济和文化形态有关的[1]。

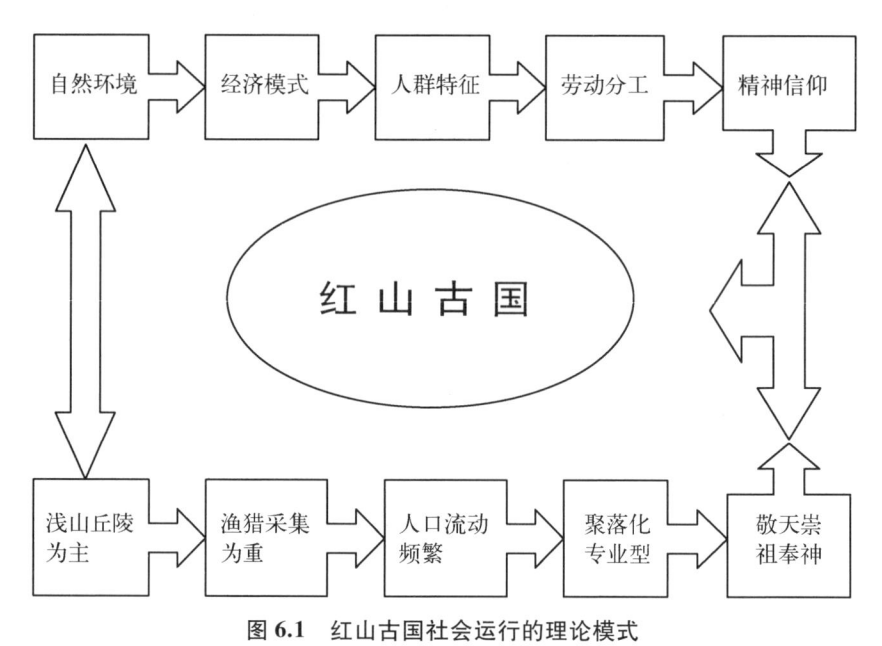

图6.1 红山古国社会运行的理论模式

从时间上看,红山文化早期距今约6 500~6 000年,中期距今约6 000~5 500年,晚期距今约5 500~5 000年。红山文化是以神灵为中心的神本社会,晚期进

---

[1] 郭大顺:《东北文化区的提出及其意义》,《郭大顺考古文集》,辽宁人民出版社,2017年。

入古国阶段。红山古国的基本运行模式大体可从三个维度来阐释:

第一,红山古国是部落联盟结构,或者说是酋邦结构。界定酋邦社会,我们先区分两个基本概念:一是酋邦和首领;一是酋和酋长。所谓酋邦是多个酋的联邦,或者说是多个部落的联盟;所谓酋就是单一的一个部落。酋长是一个部落的首领,而酋邦首领是多个部落共同的首领,也是古国的王。红山古国的社会结构自上而下大体可分为三级社会组织:最高一级组织是部落联盟(酋邦),首领由各个部落酋长推选,他是红山古国的王,也是最高统治者;中间一级是部落(酋),首领是酋长;第三级社会组织是有血缘关系群体组成的氏族公社,作为氏族首领的族长管理本氏族内部事务;氏族公社内最基层的组织是单一的血亲家庭。一个部落联盟内有多个部落,每个部落内有若干氏族公社,每个公社内部有若干家庭,这样自上而下形成一个庞大而统一的社会组织,即古国王—酋长—族长。

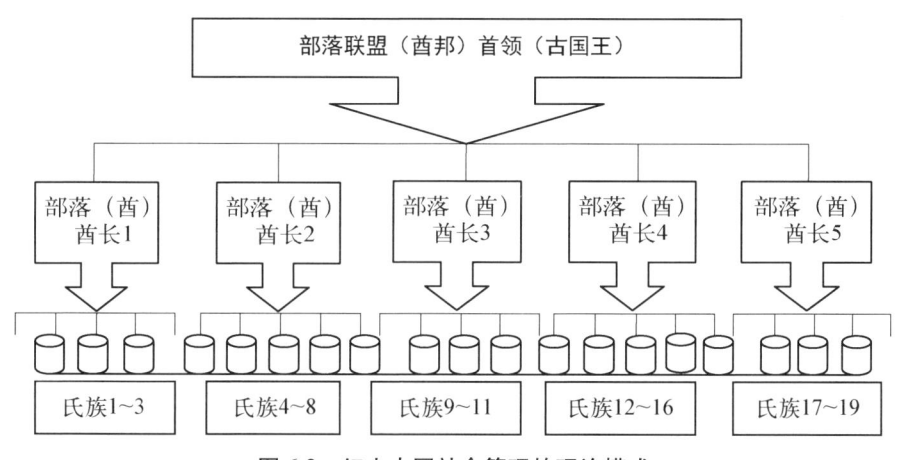

图 6.2 红山古国社会管理的理论模式

第二,红山古国社会实行军事民主制,部落联盟首领通过各部酋长民主选举产生。首先是各个氏族共同推选本部落酋长,然后再由各个部落酋长民主选举酋邦首领,或者由最强大的部落酋长担任联盟首领,其他各部落酋长依附于该部落,一旦部落联盟产生,各个部落便联合成一个统一体。由联盟首领组织召集各个酋长共商国是,统一行动,一致对外。由于社会主要矛盾并非人与人之间的关系,而是人与神之间的关系,因而调和人神关系的古国王不需要强制力,而是通过与各个部落酋长独占祭祀的权力和居民统一的原始信仰掌控整个王国。部落联盟首领(古国王)虽然具有一定的权力,但是对于各个部落并没有绝对的控制权,因此管理相对松散。从考古发现的聚落址和祭祀址分析,牛河梁遗址群所代表的应该是一个大的部落。而以牛河梁为中心,北越西拉木伦河,南至大小凌河的诸多沿河分布的红山文化遗址群或许就代表了若干个部落。红山古国就是若干个文化面貌高度统一、有着统一原始信仰的部落组成的联盟。

第四节　五帝时代

司马迁在《史记·五帝本纪》中,以黄帝开篇,中经颛顼、帝喾,言至尧舜,之后,从禹开始记述《史记·夏本纪》。学术界公认夏王朝的建立时间是公元前2000年左右,据此推断,五帝时代下限是在公元前2000年以前;而对于五帝时代的上限,学界基本认同是在公元前3000年前后。这样看来,五帝时代的时间大体在公元前3000年~公元前2000年之间,经历了1 000年左右。但是,我们必须认识到,五帝时代并不是这五位古国王前后相继,而是在这1 000年左右的时间跨度里不同的时间段先后出现了五位具有旗帜性的五位古国王,他们彼此之间绝不是父死子继的前后相承,而是隔若干代,甚至不排除不同部落集团之间的更替,特别是黄帝至尧这段时间。司马迁也曾说过:"学者多称五帝,尚矣。然尚书独载尧以来;而百家言黄帝,其文不雅驯,荐绅先生难言之。"苏秉琦先生认为:"按照古史传说,五帝时代又可分为两大阶段,黄帝至尧以前是第一阶段,尧及其以后是第二阶段。"〔1〕可见,阪泉之战、涿鹿之战后开启的黄帝时代距今约5 000年,是五帝时代早期。考古发现表明,距今约5 500年红山文化晚期以牛河梁遗址为代表的大凌河地区已经进入古国阶段;距今约5 000年左右,红山古国湮灭于历史的长河中。红山古国的下限正是五帝时代的开始,因此,红山古国在五帝时代之前,属于前五帝时代。

一、从历史文献分析前五帝时代和五帝时代的中华文化格局

关于前五帝时代的文献记载仅有只言片语,但我们仔细研读仍能发现一些重要线索。《史记·五帝本纪》记载:"轩辕之时,神农氏世衰。诸侯相侵伐,暴虐百姓,而神农氏弗能征。于是轩辕乃习用干戈,以征不享,诸侯咸来宾从。而蚩尤最为暴,莫能伐。炎帝欲侵陵诸侯,诸侯咸归轩辕。轩辕乃修德振兵,治五气,艺五种,抚万民,度四方,教熊罴貔貅䝙虎,以与炎帝战于阪泉之野。三战,然后得其志。蚩尤作乱,不用帝命。于是黄帝乃征师诸侯,与蚩尤战于涿鹿之野,

---

〔1〕 转引自郭大顺:《从桑干河流域史前考古的两个实例看古史传说的"涿鹿之战"》,《郭大顺考古文集》,辽宁人民出版社,2017年。

遂禽杀蚩尤。而诸侯咸尊轩辕为天子,代神农氏,是为黄帝。"从司马迁《史记》的这段记载中,我们可以大体推断前五帝时代的社会特征。

第一,前五帝时代中国北方有三股较为强大的势力:炎帝神农氏、黄帝轩辕氏、蚩尤部落。最初,神农氏为盟主的部落联盟是最强大的,黄帝时轩辕氏取代了神农氏后来居上,成为部落联盟的盟主,进一步壮大了部落联盟。虽然关于五帝时代的传说众说纷纭,但是学界有几点共识需要给予关注。一是三皇时代和五帝时代是两个时代,三皇时代较五帝时代更为久远,且时间更为漫长。二是三皇应该是三个氏族或部落的统称,而不是三个具体的历史人物。燧人氏、伏羲氏、神农氏普遍被认为是传说中的三皇,体现了旧石器时代晚期人们钻木取火、狩猎捕鱼、种植业发端的三个阶段。根据传说所体现的时代特征分析,三皇时代大约从旧石器时代中晚期人类使用钻木取火一直延续到新石器时代早期,持续约百万年时间。三是五帝应该是新石器时代晚期国家产生前中国历史上出现的有重大贡献的几位部落联盟首领,他们是具体的历史人物,但可能不会前后相继。

第二,轩辕氏取代神农氏、擒杀蚩尤都是通过战争手段解决的,这说明部落间冲突不断加剧,大的部落联盟正在形成,中国社会进入了一个大的转型期。一是早期占据统治地位的神农氏部落联盟衰落,无力控制局面。"轩辕之时,神农氏世衰。诸侯相侵伐,暴虐百姓,而神农氏弗能征"。表明原有的部落联盟逐渐解体,各个部落内部战争不断。二是轩辕氏正在逐渐成为新的部落联盟盟主,成为领导核心。"于是轩辕乃习用干戈,以征不享,诸侯咸来宾从。"

第三,从战争发生的地点来看,阪泉和涿鹿都在今天的河北省北部的上谷(河北省怀来县),该地区既是三大部落联盟的交汇地点,也处于中原农耕民族与北方渔猎民族的分界线上。"【集解】服虔曰:'阪泉,地名。'皇甫谧曰:'在上谷。'……【正义】《括地志》云:'阪泉,今名黄帝泉,在妫州怀戎县东五十六里。出五里至涿鹿东北,与涿水合。又有涿鹿故城,在妫州东南五十里,本黄帝所都也。'""【集解】服虔曰:'涿鹿,山名,在涿郡。'张晏曰:'涿鹿在上谷。'【索隐】……案:'《地理志》上谷有涿鹿县。'"阪泉和涿鹿两个地点相近,且都在河北省北部这一中国历史上的农牧交界地带,让我们不能不考虑这两场战争不一定完全是中原大战,很可能与农耕民族对渔猎民族的战争有关。

关于炎帝、黄帝和蚩尤三大部落集团的时空框架研究一直备受史学界关注,特别是黄帝部落时空框架的研究更是举世瞩目。虽然一直以来史学界对于炎帝、黄帝和蚩尤三大部落集团的研究众说纷纭、莫衷一是,但仔细梳理文献记载中的只言片语,剔除一些儒家大一统观念束缚下的不实记载,清除道家阴阳五行学说记述中含有的杂质,抽丝剥茧,我们还是能大体框定炎帝、黄帝和蚩尤三大部落集团的分布空间。

第一,炎帝部落集团在阪泉之战前分布于黄河中游的陕西、山西、河南境内,以华山为中心。一是以炎帝为首领的神农氏部落联盟是农耕部落。"【集解】:皇甫谧曰:'《易》称庖牺氏没,神农氏作,是为炎帝。'班固曰:'教民耕农,故号曰神农。'"二是炎帝集团以牛为图腾。"【正义】:《帝王世纪》云:'神农氏,姜姓也。母曰任姒,有蟜氏女,登为少典妃,游华阳,有神龙首,感生炎帝。人身牛首,长于姜水。有圣德,以火德王,故号炎帝。初都陈,又徙鲁又曰魁隗氏,又曰连山氏,又曰列山氏。'《括地志》云:'厉山在随州随县北百里,山东有石穴。神农生于厉乡,所谓列山氏也。春秋时为厉国。'"根据文献记载,炎帝氏族的称号与农耕有关,活动范围在黄河流域中下游,人群特征与牛有关;炎帝部落无疑最早从事农业生产,属于农耕部落。也正是因为黄河流域发达的农业奠定了坚实的物质基础,所以成就了炎帝所在的神农氏率先成为部落联盟盟主。徐旭生先生也认为炎帝的故地大约是在今陕西岐山县一带[1]。金宇飞先生则根据对"炎"字与火的关系推断炎帝集团具有"尚红"的文化特征,他认为神农氏晚期(自公元前4000年至公元前3000年)则似乎以豫西一带为中心。炎帝之称号是神农氏晚期才开始有的,可能正是在中心或都城从关中迁往豫西之后,或者说在一个新的政治社会体制开始形成和逐渐确立之后,神农氏开始被尊称为炎帝了,这个转折点大约是在公元前4000年前后[2]。可见,炎帝部落集团活动大体以华山为中心。

第二,黄帝部落集团在阪泉之战前主要分布于黄河下游的山东、河北境内,以泰山为中心。一是黄帝出自少典国有熊氏部落的轩辕之丘,当在今天的山东境内。《史记·五帝本纪》载:"黄帝者,少典之子。""【正义】:《舆地志》云:'涿鹿本名彭城,黄帝初都,迁有熊也。'案:黄帝有熊国君,乃少典国君之次子,号曰有熊氏,又曰缙云氏,又曰帝鸿氏,亦曰帝轩氏。母曰附宝,之祁野,见大电绕北斗枢星,感而怀孕,二十四月而生黄帝于寿丘。寿丘在鲁东门之北,今在兖州曲阜县东北六里。"黄帝姓公孙,名曰轩辕。"【索隐】:案:皇甫谧云'黄帝生于寿丘,长于姬水,因以为姓。居轩辕之丘,因以为名,又以为号'"。梳理文献发现,黄帝应是从少典部落分离出的有熊氏成员,出生在今山东境内;对于长于姬水的记述应是周公制礼作乐以及孔子儒家大一统思想影响的结果,并不可信。此外,

---

[1] 徐旭生:《中国古史的传说时代》,文物出版社,1985年。
[2] 金宇飞:《炎黄传说的考古学证明》,《复旦学报(社会科学版)》,2003年第3期。

关于黄帝部族活动于泰山附近的记载也非常普遍。《太平御览》卷十五引《黄帝玄女战法》记载:"黄帝与蚩尤九战九不胜。黄帝归于太山,三日三夜雾冥。"尤其是这一传说所说的地理背景是在太山,太山即泰山。《淮南子》曰:"黄帝治天下,而力牧、太山稽辅之。力牧、太山稽辅,黄帝师。"《韩非子》师旷谓晋平公曰:"黄帝合鬼神于西太山之上……"上述太山即山东境内泰山,可见,黄帝活动范围大体以泰山为中心。二是黄帝打败炎帝部落和蚩尤部落后,疆域扩展到东至黄渤海、西到陇西、北达长城、南及长江的广大地区,这正是仰韶文化和大汶口文化的核心分布区;黄帝联盟的大本营涿鹿也在大汶口文化分布区。《史记·五帝本纪》载:"东至于海,登丸山,及岱宗。西至于空桐,登鸡头。南至于江,登熊、湘。北逐荤粥,合符釜山,而邑于涿鹿之阿。""【集解】徐广曰:'丸,一作"凡"。'骃案:《地理志》曰丸山在郎邪朱虚县。……【正义】……《括地志》云:'丸山即丹山,在青州临朐县界朱虚故县西北二十里,丹水出焉。'""【正义】泰山,东岳也。在兖州博城县西北三十里也。""【正义】广平曰阿。涿鹿,山名,已见上。涿鹿故城在山下,即黄帝所都之邑于山下平地。"三是黄帝部落经常迁徙,当与黄河下游洪水泛滥有关。《史记·五帝本纪》载:"迁徙往来无常处,以师兵为营卫。"中国古代居民迁徙无常的现象无论是在北方渔猎文化还是在中原农耕文化中都存在。但北方渔猎游牧文化逐水草而居,是为了追赶鹿群、放牧牛羊;而中原农耕文化迁徙无常是为了躲避洪水泛滥、被迫转移。从动机上说,北方渔猎游牧部落的迁徙是主动进攻,而中原农耕部落迁徙是被动退让。黄帝部落"迁徙往来无常处"应该与新石器时代晚期黄河下游洪水的大规模泛滥有关。四是黄帝注重祭祀天地鬼神、山川封禅,属于东部沿海的"鼎"文化集团。《史记·五帝本纪》载:"万国和,而鬼神山川封禅与为多焉。""【索隐】……言万国和同,而鬼神山川封禅祭祀之事,自古以来帝皇之中,推许黄帝以为多。多犹大也。"又载:"获宝鼎,迎日推筴。""【集解】晋灼曰:'筴,数也,迎数之也。'瓒曰:'日月朔望未来而推之,故曰迎日。'【索隐】《封禅书》曰'黄帝得宝鼎神策',下云'于是推策迎日',则神策者,神蓍也。黄帝得蓍以推算历数,于是逆知节气日辰之将来,故曰推策迎日也。【正义】筴音策。迎,逆也。黄帝受神筴,命大挠造甲子,容成造历是也。"这里有三个重要信息:封禅祭祀;获宝鼎;推策迎日。中国历史上历代帝王封禅都在泰山,这里是大汶口文化的核心地区;鼎是大汶口文化最具标识性的器物;迎日推筴应该是黄帝根据日出日落制作历法的记述。五是黄帝部落集团仓颉造字的传说均能在大汶口文化分布的东部沿海地区找到证据。在山东地区的大汶口文化中,有诸多与居住、祭祀、生产、生活有关的符号,这些符号整体结构相当一致,具有象形文字的特征和极强的表意功能,和仓颉造字的传说相吻合。总之,综合文献记载分析,诸多线索都指向黄帝部落集团活动以泰山为中心。

第三,蚩尤部落集团在涿鹿之战前分布于燕山和长城以北,与东北渔猎文化关系密切,这可从诸多方面得到证实。一是在三大部落联盟中,蚩尤部落的军事实力最强,且显示出"非我族类"的特征。"蚩尤最为暴,莫能伐"。黄帝部落根本不是蚩尤部落的战争对手,不是黄帝部落力量不足,而是战略战术上的不同导致黄帝无法应对。在中国历史上,北方渔猎游牧民族在军事战争中始终处于主动地区,如东胡对抗燕齐、匈奴对抗秦汉、鲜卑对抗魏晋、契丹对抗北宋、女真对抗南宋、蒙古和满族对抗明无不显示更强大的军事实力,原因是渔猎游牧民族善于运动战,更机动灵活。虽然黄帝部落更强大,但对于这种机动灵活的游击战似乎力不从心。"蚩尤作乱,不用帝命"。蚩尤部落根本不会听从黄帝的指令,可能是文化传统上的不一致导致意识上不认同。二是蚩尤部落集团显示了渔猎文化的诸多特征。"【正义】《龙鱼河图》云:'黄帝摄政,有蚩尤兄弟八十一人,并兽身人语,铜头铁额,食沙石子,造立兵仗刀戟大弩,威振天下,诛杀无道,不慈仁。万民欲令黄帝行天子事,黄帝以仁义不能禁止蚩尤,乃仰天而叹。'"这段话的信息量也很大,更清晰明确地阐明了蚩尤为首领的部落联盟的渔猎文化特征鲜明。首先,蚩尤应该和黄帝一样是部落联盟盟主,只是不被中原文化认同罢了。"【集解】:应劭曰:'蚩尤,古天子。'……【索隐】案:此纪云'诸侯相侵伐,蚩尤最为暴',则蚩尤非为天子也。又《管子》曰'蚩尤受卢山之金而作五兵',明非庶人,盖诸侯号也。……【正义】……孔安国曰'九黎君号蚩尤'是也。"其次,蚩尤部落应该和野兽打交道。身穿兽皮做的衣服,故"兽身人语";部落成员身强体壮,抗击打能力强,故"铜头铁额";饮食生猛,茹毛饮血,故"食沙石子"。再次,蚩尤集团武器精良、嗜血成性、滥杀无辜、毫无约束。因此,"黄帝以仁义不能禁止蚩尤,乃仰天而叹"。《太平御览》记载与此一致:"蚩尤,少昊氏之末,九黎之君名也。始作乱,伐无罪,杀无辜,善用兵为无道,非始造之也。"可见,蚩尤始终未能得到传统观念的一致认可。三是蚩尤部落对抗的是整个中原农耕集团。"黄帝乃征师诸侯,与蚩尤战于涿鹿之野,遂禽杀蚩尤"。黄帝在战争前要率先联合其他部落或部落联盟打败蚩尤。此外,根据史书记载,关于黄帝部落与蚩尤部落战争的经过颇为曲折,耐人寻味。"【正义】……天遣玄女下授黄帝兵信神符,制伏蚩尤,帝因使之主兵,以制八方。"《山海经》曰:"蚩尤作兵伐黄帝,黄帝乃令应龙攻之冀州之野。""冀州之野"当是中土以外的地方,由于冀州之南也为中土,冀州之野可理解为冀州之北。蚩尤当是在黄帝部落北方主动攻击的,属于北方渔猎文化集团。即便是以炎黄部落联盟的力量去攻打蚩尤也没有占据优势,不得不借助玄女、天女的力量,这足以见得蚩尤部落的强大。根据文献记载,即便是最后蚩尤被擒杀,这场争斗也依然没有结束,不久战争再起,而黄帝平息战争的基本政策是用曾经打败蚩尤这一事件来做舆论宣传。"蚩尤没后,天下复扰乱,黄帝遂画蚩尤形象以威天下,天下咸谓蚩尤,不死,八方万邦皆为弭服。"可见,蚩尤几乎是那个时代的战神。这种军事力量的绝对优势只有北方渔猎游牧部落才会拥有,农耕部落之间即便是经济文化差距再大,也不会有如此大的悬殊。文献记载的蚩尤部落诸多特征体现在军事战争中便具有了战略战术优势,因为渔猎文化逐水草而居,与动物打交道的传统造就了人群强健的体魄和善于制造具有杀伤性武器、善于把握时机、善于打运动战的优势,而这是农耕民族始终无法有效应对的,因此,蚩尤部落应与北方渔猎文化有极为密切的关系。四是黄帝擒杀蚩尤后的一系列举动都表明了黄帝部落集团对于蚩尤部落集团的完全排斥,这显然不是同一大的文化群内部的矛盾,而是两个不同的大文化群之间的激烈碰撞。《黄帝四经》完整地记述了黄帝与蚩尤战争的准备、交战、获胜、处置的全部过程,其中的多处细节颇耐人寻味。战前作为黄帝重要大臣的力黑曾经问谋,而太山之稽曰:"子勿患也。夫天行正信,日月不处。启然不台,以临天下。民生有极,以欲淫溢,淫溢即失。"战时,"力黑曰:战数盈六十而高阳未夫。……天佑弗戒,天地一也。为之若何? 太山之稽曰:子勿言佑,交为之备。"战后,"剥其□革以为干侯,使人射之,多中者赏。劗其发而建之天,名曰蚩尤之旌。充其胃以为鞠,使人执之,多中者赏。腐其骨肉,投之苦醢,使天下酯,使天下礫之。"战前蚩尤阴谋略地,黄帝无可奈何;战时蚩尤无往而不胜,黄帝被动应战;战后蚩尤被擒,黄帝部落剥下蚩尤的皮制成箭靶,剪下他的头发制成旌旗,用他的胃制成皮球,把他的骨肉剁碎。这一方面表明了黄帝部落在战争中始终处于劣势,被动应战;另一方面也表明了黄帝部落对于蚩尤部落文化的极端排斥,并使其妖魔化。蚩尤被擒杀后,尸骨也被分别葬之,山东东平境内有蚩尤冢,故后世多以为蚩尤为东夷部落,实乃误导。正如黄帝陵在陕西一样,当黄帝部落战胜炎帝部落后,其势力范围从东部沿海向西扩展到整个中原地区,于是,人们根据黄帝在中原的活动轨迹和黄帝陵在陕西推断黄帝部落主要活动在中原,这也在情理之中。

《逸周书·尝麦解》有一段记载非常重要:昔天之初,诞作二后,乃设建典,命赤帝分正二卿,命蚩尤于宇少昊以临四方,司□□上天未成之庆。蚩尤乃逐帝,争于涿鹿之阿,九隅无遗。赤帝大慑,乃说于黄帝,执蚩尤,杀之于中冀,以甲兵释怒,用大正顺天思序,纪于大帝。用名之曰:绝辔之野。乃命少昊清司马、鸟师以正五帝之官,故名曰挚。天用大成,至于今不乱。"命蚩尤于宇少昊以临四方"无外乎两种解释：一是蚩尤将部分侵占的土地还给少昊，二是蚩尤接受少昊的管辖。可能正是这种关系调和不当，导致了蚩尤逐帝的涿鹿之战。这段话涵盖了两个重要信息：一是蚩尤和少昊属于邻国，蚩尤很可能是因为侵占了少昊部落的领土，被炎帝裁定归还领地，接受管控；二是涿鹿之战后，蚩尤被杀，少昊可能听命于炎黄二帝的指令，因此取得了东夷集团的统治地位。虽然战后蚩尤被杀，少昊暂时获得东夷集团的统治地位，但是不久后"少昊氏之衰，九黎乱德，人神杂糅，不可方物"《楚语》。之后"颛顼诛九黎，其子孙为三国；高辛之衰，又复九黎之恶，尧兴又诛之；尧末又在朝，舜臣尧又窜之，后禹摄位，又在洞庭逆命，禹又诛之。"《夏氏尚书详解》。可见，九黎君蚩尤死后九黎部落力量仍然不可小觑，颛顼、帝喾、帝尧、帝禹时继续为乱。此外，《盐铁论》记载"黄帝杀蚩尤及两皞而为帝"，黄帝很可能是先于涿鹿之战擒杀蚩尤，后歼灭两皞的。蚩尤和少昊很可能是位于黄帝文化集团北方、同属于东北夷文化集团的首领，因与黄帝部落集团经常发生冲突而被杀。

从宏观上看，除了炎黄集团对抗蚩尤集团外，炎黄集团内部的炎帝部落和黄帝部落也有对抗。五帝时代早期有共工与颛顼争夺帝位的记载，《列子·汤问》和《淮南子·天文训》记载："共工氏与颛顼争为帝，怒而触不周之山，折天柱，绝地维，故天倾西北，日月星辰就焉；地不满东南，故百川水潦归焉。"共工与颛顼争夺帝位当是黄炎战争的继续。五帝时代晚期有舜举八恺八元、流放四凶的记载。《史记·五帝本纪》载："于是舜归而言于帝，请流共工于幽陵，以变北狄；放驩兜于崇山，以变南蛮；迁三苗于三危，以变西戎；殛鲧于羽山，以变东夷：四罪而天下咸服。"舜时"举八恺，举八元，宾于四门，流四凶族，迁于四裔"。舜的推举和流放显然不是为了选贤与除恶，而是为了调和内部矛盾，整合各方面力量，巩固自身统治。

表6.2　历史文献记载的五帝时代格局

分　　期	距今年代	中原地区	东部沿海地区	东北地区
前五帝时代	5 500~5 000	炎帝部落集团	黄帝部落集团	蚩尤部落集团
五帝时代早期	5 000~4 500	炎黄部落集团		少昊部落集团
五帝时代晚期	4 500~4 000	颛顼—帝喾—尧—舜		共工部落集团

根据上述分析，我们大体可以推断：前五帝时代，炎帝、黄帝、蚩尤三大部落联盟呈鼎足之势，位于黄河中游的中原地区、以华山为中心的炎帝神农氏部落集团逐渐衰落，位于黄河下游的东部沿海、以泰山为中心的黄帝轩辕氏部落集团，

遵循时令、发展农业、训练军队,日益壮大,位于北方的蚩尤部落集团凭借强大的军事实力始终居于主动地位,与炎帝、黄帝两大部落集团形成鼎足之势。距今约5000年左右的五帝时代早期,黄帝轩辕氏部落集团首先在阪泉之战中打败了炎帝部落集团,形成了更加强大的炎黄部落联盟,扩大了疆域;然后,黄帝领导的炎黄联盟在与北方的蚩尤部落联盟战争中虽费尽周折,但最终擒杀了蚩尤,打败了蚩尤部落集团,建立了更强大的部落联盟,黄帝也因此被奉为中华民族的人文始祖。之后的很长一段时间黄帝部落的颛顼、帝喾掌控着中原地区和东部沿海地区,但是,黄帝部落始终面临炎黄集团的内部矛盾以及炎黄集团与蚩尤集团的外部矛盾。内部矛盾主要表现为炎帝部落的共工与黄帝部落的颛顼之间的帝位之争;其结果就是五帝时代晚期黄帝部落集团统治衰弱,而炎帝部落集团自尧开始掌握统治权。外部矛盾主要表现为炎黄集团与九黎的矛盾一直存在,炎黄部落在涿鹿之战的胜出并不意味着蚩尤部落人群的灭亡和文化的消失,而是在文化的交流与融合过程中他们也保持了发展的相对独立性。五帝时代早期炎黄集团内外斗争依然存在,或许就是因为三大文化集团之间的矛盾始终并未彻底消解,而且这种斗争在五帝时代晚期有升级趋势,并最终导致了国家的产生。

二、从考古发现分析前五帝时代及五帝时代的中华文化格局

"放眼五千年前的红山文化时期,华夏大地主要活动着以红山文化为代表的北方文化区集团,以仰韶文化为代表的中原文化区集团;以大汶口文化和崧泽文化为代表的东南沿海文化区集团这三大文化集团"[1]。赵宾福、薛振华以地层学为基础,通过陶器之间的共存关系和形态比较分析,将红山文化自早至晚划分为三个大的发展阶段:第一阶段处于仰韶时代早期,年代与中原地区的半坡文化晚期和后冈一期文化相当,约为公元前4500年至公元前4000年;第二阶段处于仰韶时代中期,年代与中原地区的庙底沟文化相当,约为公元前4000年至公元前3500年;第三阶段处于仰韶时代晚期,年代与河套地区的庙子沟文化相当,约为公元前3500年至公元前3000年。[2] 从时间上看,属于红山文化第三阶段(晚期)的牛河梁遗址碳十四测年数据有4例,东山嘴遗址碳十四测年数据有1例,小东山遗址碳十四测年数据有1例,五道湾碳十四测年数据有1例。根据测定的数据来看,以牛河梁遗址为代表的红山文化晚期进入古国阶段的时间

---

[1] 于建设:《红山文化十讲》,《第五届红山文化高峰论坛专辑(第二辑)》,赤峰学院学报编辑部,2011年。
[2] 赵宾福、薛振华:《以陶器为视角的红山文化发展阶段研究》,《考古学报》,2012年第1期。

当在距今 5 500~5 000 年,属于前五帝时代。这一阶段庙底沟文化、大汶口文化和红山文化三大文化集团逐鹿中原,中国北方文化的总体特征是:距今约 6 000 年,在庙底沟类型的强势影响下,中国大部分地区形成了一个长达七八百年的稳定的文化共同体,这一时代形成了以中原为中心的早期中国文化圈,而这一时代也被称为"庙底沟时代"。

(一)庙底沟时代(距今 6 000~5 000 年)

距今约 6 000~5 500 年的红山文化中期是庙底沟文化扩张的时代,距今约 5 500~5 000 年的红山文化晚期辽西地区进入红山古国时代,中原庙底沟文化开始走向衰落,在燕山以北的影响力逐渐退回到燕山以南,在山东地区的影响力也受到刚刚崛起的大汶口文化的挤压,势力范围逐渐被向西压缩,但这一时期由于大汶口文化尚未深入辽西地区。这一方面使得红山文化得到了自由发展,并最终进入古国阶段;另一方面也为大汶口文化向燕山以北扩张提供了空间。张忠培先生对于这一阶段的中华文化格局有过详细阐述:"公元前三千二、三百年,分布于黄河、长江中下游和燕山南北及西辽河流域的诸考古学文化,出现了普遍性的剧烈动荡,形成了新的格局:(一)永定河以西的黄河流域,西阴文化统一的局面已经解体,自西而东分别转变为马家窑及其后继者半山文化、以菜园子遗址为代表的遗存、半坡四期文化及随后的泉护二期文化、庙子沟文化、义井文化、秦王寨文化和大司空文化。分裂代替了统一,出现了形式上与中国历史上诸侯割据类似、性质上有所区别的局面,形成了相互之间竞进的势态,加速了中国西部和北部的开发。(二)同时,黄河下游、长江中下游的诸考古学文化,已迈入了新的发展阶段:大汶口文化刘林期→花厅期;大溪文化→屈家岭文化;崧泽文化→良渚文化。在燕山南北及西辽河流域形成了雪山一期文化,红山文化也已步入它的后期阶段。其时,已改变了西阴文化向东、南扩张和主要、甚至单向影响其他文化的局面,形成了相互影响、碰撞、对抗,甚至是分布于东、南的文化影响了分布于西方的文化,呈现出强力的文化渗透,乃至造成逐鹿伊、洛地区的形势。[1]"张星德先生就庙底沟时代红山文化的形成过程做了阐述:红山文化的早期主要接受来自后冈一期文化的影响,随着庙底沟文化势力的强大,红山文化开始与庙底沟文化接触,受庙底沟文化影响,这时红山文化进入了它的中期阶段。庙底沟文化势力消退后,在黄河流域地区多种新兴文化酝酿并发展起来,自西向东存在着海生不浪文化、半坡四期文化、大司空村文化、秦王寨文化等等,东

---

[1] 张忠培:《中国古代文明形成的考古学研究》,《故宫博物院院刊》,2000 年第 2 期。

边的大汶口文化也发展到了一个新的阶段……在红山文化晚期遗存中,除了该文化自身的因素外,还可以看到来自海生不浪文化的因素(如重叠三角纹彩陶)、来自大司空村文化的因素(如敛口,耸肩,小平底的深腹钵)以及来自大汶口文化的因素(如双钩纹彩陶、唐兴翼陶)等等,这些具有不同文化传统,属于不同经济类型的因素在红山文化地区相碰撞,推进了红山文化的发展,这一时期红山文化发展到了它的最高峰,以坛庙冢以及与之配套的玉器群等体现的文明星星之火就在这样的历史背景之下出现了[1]。赵宾福、任瑞波两位学者从东北地区新石器时代彩陶发展演变的角度探讨了前五帝时代仰韶—庙底沟彩陶对辽西地区的影响,认为中原彩陶对东北地区的影响可划分为四个阶段[2]:第一阶段(公元前5500年~公元前4500年)是东北地区彩陶的初始期,彩陶的器形和花纹比较单一。左家山下层文化、新乐下层文化、赵宝沟文化中都出现了红顶钵和红顶碗式的彩陶,这些简单的彩陶可能与老官台文化有关系。第二阶段(公元前4500年~公元前4000年)集中出现在红山文化,出现的彩陶花纹为三类细平行线纹,很有可能是从后岗一期文化传播来的。第三阶段(公元前4000年~公元前3500年)彩陶出现在红山文化和哈克文化中,出现的彩陶花纹包括双勾连涡纹、单勾连涡纹,是受庙底沟文化彩陶旋纹影响而产生的。第四阶段(公元前3500~公元前2500年)彩陶出现在红山文化、小河沿文化、小珠山中层文化遗存中,在这一阶段的彩陶花纹中,与内蒙古中南部海生不浪类型共见的花纹有方格纹、三角纹、垂鳞纹、双勾连涡纹,与大汶口文化共见的彩陶纹饰包括双勾连涡纹、方格纹、残折线和残弧线纹,与雪山一期诸遗存相同的纹饰包括折线三角纹、实心三角纹。上述彩陶花纹中,小珠山中层文化的各类彩陶无疑是大汶口文化北传的结果。方格纹、三角纹、垂鳞纹从庙子沟文化向东传入东北辽西地区。可见,距今约5 500~5 000年随着庙底沟文化走向衰落,大汶口文化所在的东部沿海地区和红山文化所在地辽西地区获得了一个相对独立的发展期。这一阶段辽西地区的红山文化进入古国阶段,获得了独立发展。

(二)大汶口时代(距今约5000~4500年)

距今约5 000~4 500年是大汶口文化鼎盛期和燕山南部雪山一期文化、燕山北部小河沿文化形成期。这一时期东方沿海地区的大汶口文化集团势力范围急剧扩张,首先向西取代了中原地区的庙底沟文化,占领了整个中原地区;然后向

---

[1] 张星德:《红山文化分期初探》,《考古》,1991年第8期。
[2] 赵宾福、任瑞波:《中国东北地区新石器时代彩陶研究》,《考古与文物》2016年第1期。

北扩张,在燕山以南形成了雪山一期文化;在燕山以北取代了北方的红山文化,占据西辽河流域,形成了大汶口文化因素占主导的小河沿文化。苏秉琦先生认为这一时期东方对中原的影响大于中原对东方的影响,他指出:"在它们的前期,我们很难分辨两者的哪一方对另一方的影响更多一些,两者在文化面貌上的差异是比较大的;而在它们的后期,则显然像是东边对中原的影响要多一些。"[1]郭大顺先生认为:"大汶口文化中期以后,以大汶口文化对中原仰韶文化的影响为主,而中原对东方的影响减弱。到了大汶口文化晚期,更有大汶口人向豫西地区的大规模移民。"[2]高广仁先生指出:"大汶口文化前期同西邻的仰韶文化有相当密切的交往,主要表现为较多地吸纳河南仰韶文化因素;同时仰韶文化庙底沟类型中也见到釜形鼎之类的东方因素。到后期……主要表现为大汶口文化向西影响的力度加大,远及洛阳和信阳地区,更有大汶口人以相当的规模沿淮河北岸向西迁移。"[3]栾丰实先生指出:"在仰韶文化晚期阶段,随着仰韶文化的衰落和大汶口文化的崛起,中原和海岱地区之间文化交流的趋向,发生了根本性的逆转。中原仰韶文化对东方的影响迅速回落并趋于消失,而东方对中原地区的文化传播和影响渐居主导地位,并呈现出方兴未艾之势。"[4]徐基先生也指出大汶口文化对中原的影响有从文化交流到人口迁移的趋势,这种趋势是"大范围、大场面、深层次的移民进驻和扎根繁衍"[5]。此外,小河沿文化的形成可以看作是大汶口文化向西辽河地区扩张的标志。小河沿文化发生于红山文化中晚期,在红山文化晚期阶段曾经经历过一个并存的阶段;红山文化结束后,小河沿文化仍然延续了若干时间,其间与以黄河下游地区为分布中心的大汶口文化有过较为密切的联系[6]。可见,距今约5 000~4 500年的大汶口时代,大汶口文化取代了庙底沟文化,向西、向北扩张,影响了整个中国。这一阶段辽西地区红山古国衰落,淡出了历史的舞台,大汶口文化因素占主导的小河沿文化获得了空前繁荣。

---

[1] 转引自郭大顺:《大汶口文化陶器礼器化进程及其意义》,《郭大顺考古文集》,辽宁人民出版社,2017年。

[2] 转引自郭大顺:《大汶口文化陶器礼器化进程及其意义》,《郭大顺考古文集》,辽宁人民出版社,2017年。

[3] 转引自郭大顺:《大汶口文化陶器礼器化进程及其意义》,《郭大顺考古文集》,辽宁人民出版社,2017年。

[4] 转引自郭大顺:《大汶口文化陶器礼器化进程及其意义》,《郭大顺考古文集》,辽宁人民出版社,2017年。

[5] 转引自郭大顺:《大汶口文化陶器礼器化进程及其意义》,《郭大顺考古文集》,辽宁人民出版社,2017年。

[6] 张星德:《论小河沿文化与红山文化的关系》,《辽宁省博物馆馆刊》,2006年第12期。

(三) 龙山时代(距今约 4 500~4 000 年)

距今约 4 500~4 000 年是中原龙山时代,龙山时代灰陶取代红陶成为主导因素应该是受大汶口文化晚期影响的结果。张忠培先生以空三足器演变为视角详细探讨了距今约 4 500~4 000 年的中国史前文化格局[1]。他认为约相当于泉护二期文化时期,居于颍水上游禹州市的秦王寨文化居民(谷水河遗址三期),吸收了西夏侯期大汶口文化陶鬶这一文化因素,产生了空三足器概念,随后,秦王寨文化居民以陶鬶的空三足器概念,将传承下来的釜形鼎改造成釜形斝,导致其考古学文化为之大变,秦王寨文化居民便从秦王寨文化发展到了荆村文化(即以往称为的庙底沟二期文化)阶段。荆村文化形成之时,向西越过函谷关和潼关,沿着渭河河谷发展,将约自华县以东的陕、晋、豫交界地带的泉护二期文化居民或其后裔挤到渭河河谷的南北两厢,荆村文化进至武功浒西庄遗址 H33 时期之后,便以釜形斝之空三足的概念将传承下来的联体单把罐形釜灶(案板遗址 H20:43)改造成为灵台桥村 H4:91 和 H4:32 那样的宽弧形挡单把鬲,造成考古学文化之大变。至此,约自华县以西的荆村文化居民,进入了客省庄文化的发展阶段。此后,居住在晋中地区的泉护二期文化这一文化谱系的一支系的居民,发展到太谷白燕遗址 F2 及 F4 时期,吸收了荆村文化釜形斝的空三足器概念,将其传承下来的与灶配套的折沿陶釜,改造成与荆村文化相区别、形态又不同的折沿釜形斝。随后,白燕遗址以 F2 及 F4 遗存为代表的文化居民又以折沿釜形斝的空三足的概念,改造了传承下来的双扳手联体釜灶,使之成为侧装双鋬手宽弧形挡陶鬲(杏花村遗址 H118:7)。同时,又创制了单把宽弧挡陶鬲(杏花村遗址 H118:10),随之,呈现出考古学文化之文化大变,使之走出了传统,步上了杏花文化的发展旅程。这股空三足器革命浪潮继续向前推进!当杏花文化走到了它的宽平挡鬲阶段时,我们看到约自洛阳盆地以西的陕、晋、豫邻近地区形成了以陶斝和侧装双鋬宽弧挡陶鬲为核心的陶器组合的东关文化。东关文化吸收了客省庄文化的单把尖角挡陶鬲,转变为三里桥文化。东关文化的陶斝形态多样,IH198:11 这样形式的陶斝是其主流形态。这类陶斝的形态和荆村文化主流形态的陶斝不同,当不是传承荆村文化陶斝的产物。从它上部的陶釜来看,颇像泉护二期文化的陶釜。泉护二期文化的陶釜,当是它的祖源。故可认为

---

[1] 张忠培:《黄河流域空三足器的兴起》,《华夏考古》,1997 年 1 期;张忠培、杨晶:《客省庄与三里桥文化的单把鬲及其相关问题》,《宿白先生八秩华诞纪念文集》,文物出版社,2002 年;《杏花文化的侧装双鋬手陶鬲》,《故宫博物院院刊》,2004 年第 4 期。

是泉护二期文化的后裔,受到了荆村文化陶斝概念的启发,将陶釜改造成陶斝,制成了形态和荆村文化不同的另一文化谱系的陶斝。接着,掌握这一陶斝的考古学文化居民,又模仿陶斝将具有自己特色的联体釜灶革新为侧装双錾手宽弧挡陶鬲,这样,便将自己的考古学文化推进到了东关文化发展阶段。可见,距今约4500~4000年的龙山时代彻底地用灰陶代替了彩陶,更深刻地进行了一场划时代的革命。这一阶段辽西地区小河沿文化衰落,夏家店下层文化形成并获得发展。

表6.3 考古研究发现的前五帝时代与五帝时代格局

分　　期	距今年代	中原地区	东部沿海地区	东北地区
前五帝时代	5 500~5 000	庙底沟文化（晚期）	大汶口文化（中期）	红山文化（晚期）
五帝时代早期	5 000~4 500	大汶口文化晚		小河沿文化
五帝时代晚期	4 500~4 000	龙山文化		夏家店下层文化

三、文献记载与考古发现的对比研究

通过梳理文献记载和考古研究成果,我们发现文献记载的炎帝、黄帝、蚩尤部落活动区域分别与庙底沟文化、大汶口文化、红山文化分布区在时空框架上有一定的重合。此外,无论是从动态的发展阶段上分析,还是从静态的宏观微观上比较,我们都能发现关于文献记载的炎、黄、蚩尤三大部落集团与考古发现的庙底沟、大汶口、红山三大文化集团在时空框架上有对应关系(图6.3)。

第一,从发展阶段上看,文献记载的炎黄蚩尤逐鹿中原、黄帝统一华夏、颛顼—尧舜禹三个阶段与考古发现的庙底沟、大汶口、龙山三个时代有对应关系。第一阶段(距今约5 500~5 000)是庙底沟文化衰落、大汶口文化兴起与红山文化独立发展期,这一阶段与炎帝文化衰落、黄帝文化兴起高度吻合,应是五帝时代之前或前五帝时期。王震中先生认为:随着时间的推移,由仰韶早期(半坡时期,距今6 900~5 900年)进入仰韶中期(庙底沟时期,距今5 900~5 600年)后鸟纹取代了鱼纹,又新出现了火纹,将庙底沟遗址出土的火形纹样彩陶盆所反映的辰星大火与炎帝族中姜姓这一支相联系应该说是有根据的[1]。此外,根据司马迁《史记》记载,正是在炎黄两大集团混战的背景下,北方蚩尤部落联盟壮大。该阶段相当于红山文化晚期,是红山文化独立发展期。考古发现和历史文献记

---

[1] 王震中:《中国古代文明与国家形成研究》,中国社会科学出版社,2007年。

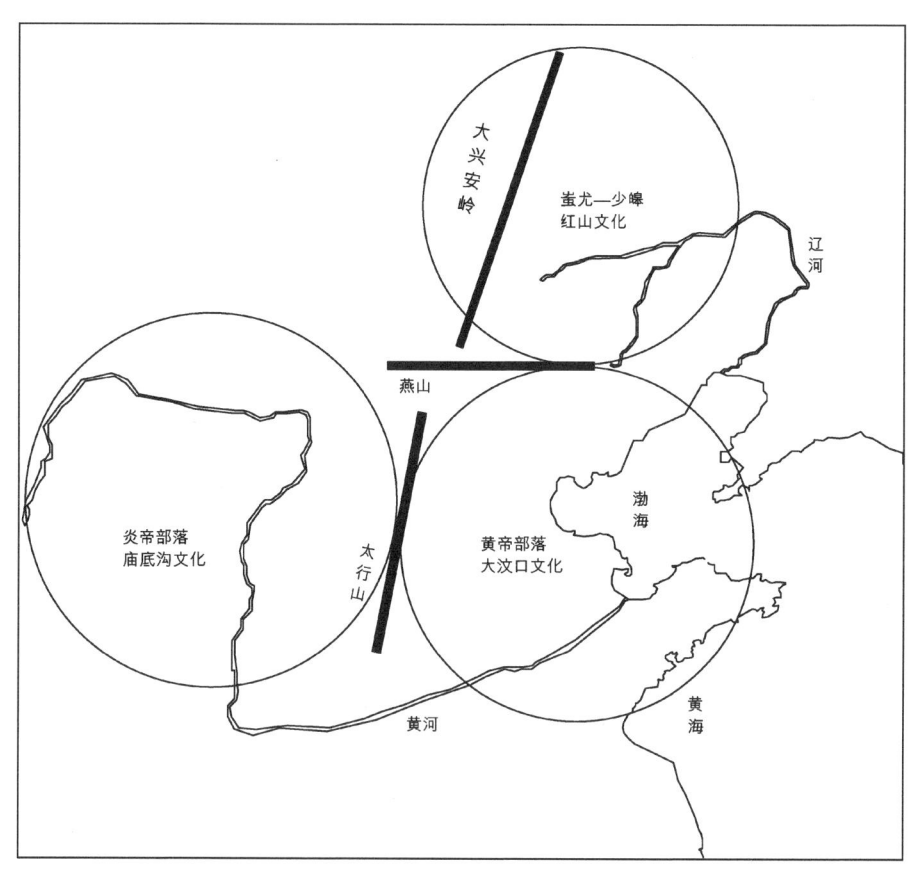

图 6.3 前五帝时代炎帝、黄帝、蚩尤三大部落联盟与庙底沟、
大汶口、红山三大文化集团分布格局示意图

载表明,红山古国代表的北方文化集团与蚩尤部落集团在时空框架上很大程度上是吻合的。一是从生业模式上看,中原的庙底沟文化和东部沿海地区的大汶口文化都是农耕文化,只有红山文化属于东北渔猎文化区,且处于两大文化区接触地带的最前沿。渔猎民族由于长期和动物打交道,善于搏斗,具备强大的组织力和战斗力,因而使得农耕集团在面对渔猎集团时显得力不从心。二是从社会结构上看,红山古国是部落联盟为主的酋邦结构。《史记·正义》记载的"黄帝摄政,有蚩尤兄弟八十一人"表明蚩尤集团仍是部落联盟结构,"兽身人语,铜头铁额,食沙石子"是指身披兽皮做的衣服,头部有装饰或面具,饮食生猛。"造立兵仗刀戟大弩,威振天下,诛杀无道,不慈仁"指善于制造武器、不受约束、杀戮成性,这些都是渔猎人群的典型特征。"万民欲令黄帝行天子事,黄帝以仁义不能禁止蚩尤,乃仰天而叹"。这表明蚩尤部落缺乏教化,不听从黄帝的劝导,这

既可能有语言上不畅通的缘故,也可能是两种文化传统的差异所致。黄帝仰天长叹的背后是农耕民族在对抗渔猎民族时无奈的表现,这种军事对抗在中国历史上反复上演,并大多以渔猎和游牧民族的胜利收场。三代时期商与鬼方、周和犬戎、春秋战国时期燕赵和东胡、秦汉帝国与匈奴、魏晋南朝和鲜卑、隋唐帝国与突厥和靺鞨、北宋与辽、南宋与金、明与蒙古的对抗中无不显示北方的军事优势,甚至在中国历史上元帝国和清帝国一度实现了对全国的统一。因此,我们推断:让黄帝仰天而叹的蚩尤部落集团一定与北方渔猎文化有关。第二阶段(距今约5 000~4 500 年)是大汶口文化兴盛期,在该阶段黄帝部落集团先后打败炎帝部落集团和蚩尤部落集团,进入鼎盛期。这和五帝时代早期对应。考古学研究也支持大汶口文化向西、向北扩张这一理论。从考古研究看,红山文化衰落后小河沿文化出现,小河沿文化的元素更多地来自大汶口文化,而兴隆洼文化以来的渔猎文化元素在小河沿文化中日益减少。《史记·正义》引《龙鱼河图》云:"蚩尤没后,天下复扰乱,黄帝遂画蚩尤形象以威天下,天下咸谓蚩尤,不死,八方万邦皆为弭服。"天下复乱很可能是指北方渔猎文化集团若干部落在蚩尤死后,不断南下骚扰中原,以至于黄帝不得不用擒杀蚩尤这件事来警示渔猎集团各部落酋长。第三阶段(距今4 500~4 000 年)是龙山文化时期,该阶段与颛顼改革直至尧舜禹禅让吻合。

第二,从宏观层面分析,红山文化晚期进入古国时代,时间与前五帝时代大体同时。距今6 500 年左右,仰韶文化最先繁荣,向北越过燕山影响西辽河流域,向东覆盖海岱地区;距今5 500 年左右大汶口文化由东向西、由南向北推进影响黄河中上游和燕山南北;距今5 000 年左右,红山文化转入中原、小河沿文化繁盛;距今4 500 年左右受中原龙山文化影响,燕山以北的夏家店下层文化取代小河沿文化。郭大顺先生认为五帝时代可以分为前后期,即以黄帝为代表的前期和以尧舜禹为代表的后期。黄帝和传说中的尧舜禹并不是前后相继的继承关系,中间应该有缺环。大约以距今5 000 年为界,仰韶时代晚期和龙山时代早期与五帝时代前后期有相互对应关系[1]。苏秉琦先生则从空间上对五帝时代的格局给出了精辟的阐释,他说:"华山一个根,泰山一个根,北方一个根,三个根在陶寺结合,这就是五帝时代的中国。"[2]郭大顺先生认为这段话可以从几

---

[1] 郭大顺:《考古追寻五帝踪迹——苏秉琦主编〈中国通史·远古时代〉学习笔记》,《文化的馈赠——汉学研究国际会议论文集·考古学卷》,北京大学出版社,2000 年。

[2] 苏秉琦:《现阶段烟台考古——在第一次环渤海考古座谈会上的讲话》,《华人·龙的传人·中国人——考古寻根记》,辽宁大学出版社,1994 年。

个层次理解[1]：一是说中原地区是五帝时代诸代表人物活动的主要地域,特别是在"前五帝时代"和五帝时代前期以华山周边为中心(华山一个根),五帝时代后期以晋南陶寺为中心,但不限于中原。二是说五帝时代诸代表人物有多个活动地域,每个地域又有不止一种考古学文化以及它们所代表的部落集团。除中原地区以外,还有以山东大汶口文化和环太湖地区的良渚文化为代表的东南沿海地区(泰山一个根)和以红山文化为代表的以辽西为主的燕山南北地区(北方一个根),分布在这三大区域的主要考古学文化可能与五帝时代诸代表人物有更密切的关系。三是说诸地域各考古学文化之间,并不是孤立存在的,而是相互有所交流,而且这种交流是非常频繁的。其中,仰韶文化与大汶口文化东西之间的交流,仰韶文化与红山文化南北之间的交流,为五帝时代前期的主导交流态势。例如,红山文化作为东北渔猎文化区的一个组成部分,是以饰压印"之"字形纹的筒形陶罐为主要考古学文化特征的,却吸收了中原仰韶文化的彩陶等先进文化因素,从而使文化面貌产生重大变化,并促成了红山古国的最终形成。《史记·五帝本纪》"神农氏衰,诸侯相侵伐"的记载明确阐述了前五帝时代和五帝时代前期这两个阶段的更替和后一时期各大区域诸代表性部落集团的频繁交汇。郭先生还特别指出了各区域诸文化交汇的趋势：在黄河流域,仰韶文化前期,也就是前五帝时代,中原主要分布区之外还影响到很大的区域。但是到了仰韶文化后期,也就是五帝时代前期,交流的方向发生逆转,东方大汶口文化由于社会变革较快等原因,加大了对仰韶文化的影响,使靠近东方的豫西仰韶文化率先改变面貌,作为仰韶文化主要特征的彩陶简化,小口尖底瓶减少,而来自东方的"鼎豆壶"占据了主要位置并逐渐取而代之。这尤以王湾遗址的早期到中期的变化最具代表性。在西辽河流域,大汶口文化越过燕山,到达红山文化分布区,并影响到小河沿文化。

第三,从微观层面分析,考古发现的红山文化晚期、大汶口文化中期以及仰韶文化晚期遗存与文献记载的前五帝时代特征相对应。金宇飞先生认为："阪泉之战和涿鹿之战,发生在炎帝神农氏末年……也就是公元前3000年之时。公元前3000年,仰韶文化几乎是突然结束,代之而起的是龙山文化。龙山文化是继仰韶文化之后的黄河中下游发展起来的一种新石器时代晚期文化,距今五千年至四千年左右。考古资料表明,仰韶文化与早期龙山文化在文化传统上是完全不同的。前者以红陶为主……而后者以灰陶为主……仰韶文化与龙山文化之间在风俗传统上的传承几乎没有,因此,公元前3000年,导致一个尚红时代突然

---

[1] 郭大顺：《考古追寻五帝踪迹(续论)》,《中原文物》,2006年第3期。

结束的原因,不会是什么技术革命,很可能是一场改朝换代的政治社会革命。"〔1〕郭大顺先生认为:"中国新石器时代晚期的三大文化区系,以距今5 000年为界的两大发展阶段和各区各段先后形成文化中心,以及在文化的频繁交汇中文化重心由北而南、由东而西的转移趋势,反映出中国文明起源和从古国逐步向方国过渡的一些主要轨迹。"〔2〕

大体上以距今5 000年为界,距今约5 500~5 000年是炎帝、黄帝和蚩尤三大部落联盟鼎足而立的前五帝时代,这一时期在考古学上表现为庙底沟文化晚期、大汶口文化中期和红山文化晚期共时。与前五帝时代主要代表人物有关的这三个大区诸考古学文化之间,无论经济类型和文化传统都各不相同。简言之,中原是以粟作农业和彩陶、小口尖底瓶为主要文化特征的,东南沿海地区是以稻作农业和鼎豆壶为主要文化特征的,而辽西地区是以渔猎经济和之字纹筒形陶罐为主要文化特征的。距今约5 000年是黄帝先后打败炎帝和蚩尤两大部落联盟,基本实现黄河流域统一的五帝时代早期,这一时期在考古学上表现为:黄河流域是大汶口文化晚期,西辽河流域小河沿文化形成,东方的鼎、豆、壶影响了中原并长期成为中国传统文化的主要载体。距今约4 500~4 000年是颛顼绝地天通到尧舜禹禅让的五帝时代晚期,这一时期在考古学上的表现是中原进入龙山时代和西辽河流域进入夏家店下层文化时期,以空足鬲为主要标识的陶器成为主要文化载体,并被三代时期一直沿用且有所发展。从文化传播路径上看,距今约5 500~5 000年的庙底沟时代主导路线是由西向东和东北,方式是陆上传播,即苏秉琦先生所说的 Y 字形文化交汇;距今约5 000~4 500年的大汶口时代主导路线是由东向西,方式是陆上传播,由南向北不排除海上传播。张星德先生认为就辽东半岛积石墓而言,解决了红山文化与辽东半岛之间地域上的不接壤问题,也使积石冢这一因素通过山东半岛进入辽东半岛直至朝鲜半岛,具有了更看得见的可能性〔3〕。

总之,前五帝时代和五帝时代诸部落集团的活动轨迹,有一个从前五帝时代期各区域诸考古学文化以发展个性为主并频繁交汇,到五帝时代由四周向中原汇聚并走向最初文化共同体的过程。中原大地由于它特定的地理和人文优势,

---

〔1〕 转引自郭大顺:《大汶口文化陶器礼器化进程及其意义》,《郭大顺考古文集》,辽宁人民出版社,2017年。
〔2〕 郭大顺:《史前三大考古文化区交汇与中国文明起源》,《故宫学术季刊》,2007年夏季号第24卷第4期。
〔3〕 张星德:《环渤海地区史前积石墓再认识》,《渤海大学学报(哲学社会科学版)》,2017年第1期。

对四周具有很大的吸引力,在文化的发展上具有巨大的凝聚力。其间虽然各区域诸考古学文化之间的文化传统和经济类型各不相同,却并未分道扬镳,而是向一起聚集,在文化交流的基础上实现了文化认同。中华文脉之所以从未间断,一方面是因为中原地区的这种巨大的凝聚力起到了关键作用,另一方面也与渔猎民族海纳百川的胸襟和强大的文化基因有关。红山文化所在的辽西区作为东北文化区的一部分,采集、渔猎是人们的主要经济活动,发达的渔猎采集业可能是红山文化祭祀发达从而产生急速社会变革的经济基础。在社会生产力发展水平较低的情况下,红山文化跨进古国时代主要表现于原始信仰和精神领域的超前发展。形成了以血缘关系凝聚在一起、以宗法制度为纽带的双螺旋体,这个双螺旋体将整个社会整合在一起,形成了一个跨越时空的强大部落联盟,这就是红山古国。在5 000年前这场文化大格局的嬗变中,以渔猎采集为主要经济模式的红山古国虽然最终退出了历史的舞台,但它强大的文化基因却深深地植入中华文明的骨髓中,具有顽强的生命力。红山古国的湮没或许正如中国历史上鲜卑建立的北魏、契丹建立的辽、女真建立的金等那样,虽然不是靠农耕立国,但却拥有强大的社会发动力。他们在与农耕王朝的军事对抗中,虽然一度取得辉煌的胜利,但却最终融入中原文化,实现了文化认同。从考古学视角看,前五帝时代中国北方呈现三足鼎立之势,即以庙底沟文化为代表的中原农耕部落集团、以大汶口文化为代表的东部沿海农耕部落集团和以红山文化为代表的东北渔猎采集部落集团;从历史学视角看,距今5 000年左右中国北方的阪泉和涿鹿正是炎帝部落集团、黄帝部落集团和蚩尤部落集团三大势力进行角逐的地区。三种文化、三大部落集团形成的新文化格局为五帝时代的到来拉开了序幕。五帝时代是中国跨入文明社会的时代,也是开始走向文化一统的时代,还是中华文明初现的时代。这个时代,既为夏商周三代奠定了基础,也为中华文化的发展、中华文明的形成和中华国家的产生准备了条件。

第五节 文 明 曙 光

一、关于文明的基本理论

（一）摩尔根关于文明的理论

1877年,美国民族学家摩尔根通过对北美洲印第安人的研究,在《古代社会》中提出了人类社会从"蒙昧社会"经"野蛮社会"到"文明社会"的几个发展阶段假说,并且把"蒙昧社会"和"野蛮社会"各自分出了低级、中级和高级三个层次[1]。低级蒙昧阶段相当于旧石器时代的狩猎和采集社会,语言产生于这一阶段;中级蒙昧阶段仍是渔猎经济,但是发明了弓箭,相当于现代考古学所指的中石器时代;高级蒙昧阶段始于弓箭的出现,止于陶器的发明。低级野蛮社会表现为制陶业的发明和流行,出现了农业和家畜,但是还没有出现字母和文字;中级野蛮社会始于家畜和农业的出现,止于冶铁术的发明;高级野蛮社会始于铁器的制造,止于文字的发明。显然摩尔根将文字的发明和使用作为文明时代开始的标志。像他以前和与他同时代的进化论者一样,他支持社会文化的直线演化模式,指出没有一种文化可以不经历所有的低级阶段就可以到达较高的层次。他将民主、和谐、平等看作是人类社会发展的理想和终极境界。摩尔根认为,人类只有一个起源,各大陆的社会发展虽然情况不同,但途径是一样的,凡是达到相同进步状态的部落和民族,其发展都极为相似,正如他认为原始社会必然是按照母系社会—父系社会—军事民主制社会这一逻辑方式存在和发展的一样。人类的发明和发现、政治观念、家族观念和财产观念都体现了人类的进步,他就是想从这些演变线索来研究人类社会发展的一般趋势。

1884年,恩格斯发表《家庭、私有制和国家的起源》[2]一书,这本书以摩尔根的理论为基础,论述原始社会产生、发展和衰落的过程,揭示了在私有制基础上形成的阶级对抗和作为阶级统治工具的国家的起源和实质。关于人类社会由氏族社会进入国家的道路,恩格斯在《家庭、私有制和国家的起源》一书中主要讨论了三种模式,即由氏族组织演变为国家的雅典模式,通过部落征服进入国家的德意志模式和由平民打破了旧的贵族制度建立起国家的罗马模式。这三种形式下形成的国家有两个共同的特点:按地区划分它的国民和凌驾于血缘关系之上的公共权力的设立,由此形成了国家区别于氏族组织的两项标准。这一理念成为我国史学界几十年来研究史前社会的指导理论。

(二)柴尔德关于文明的理论

英国著名考古学家戈登·柴尔德在20世纪30~40年代将摩尔根的进化论思想运用到考古学研究中。在《远古文化史》[3]中,他将处于狩猎、采集阶段的旧石器时代等同于蒙昧阶段,新石器或铜石并用时代的农业社会约等同于野蛮

---

[1] [美]摩尔根著,杨东莼等译:《古代社会》,商务印书馆,1971年。
[2] 马克思、恩格斯:《马克思恩格斯选集》第4卷,人民出版社,1972年。
[3] V. G. Childe, The Urban Revolution, *The Town Planning Review 21*, 1950.

阶段,而将青铜时代的社会视为文明社会,并将考古发现的一些物质资料作为文明社会出现的主要标志,提出了"城市革命"的著名论断。他认为城市的出现是文明开始的标志,并且给城市生活开列出十项标准:(1)早期城市的规模较之前的聚落要广大,人口要较稠密;(2)社会分工,即职业专门化,如工匠、运输工人、商人、官吏等;(3)剩余财富的集中;(4)大规模的公共建筑;(5)脑力劳动和体力劳动的出现;(6)文字的发明;(7)科学的产生,如数学、几何学、天文学;(8)艺术品的出现;(9)贸易的出现;(10)专门化的工匠成为政治构成的下层人员。

柴尔德的理论在考古学界有着长期的影响,尤其是这十种物质标志更成为人们划分文明社会与野蛮社会的主要标准。其实,并不是所有文明都具有这十个特征。比如有些早期国家和城市并不一定出现了文字、数学和天文知识。随着对世界各古代文明研究的深入和考古发现的积累,这些标准的普遍适用性受到了怀疑和挑战,甚至有些已经被否定了。美国人类学家克拉克洪就认为不论任何文化只要具备了下列三种因素中的两项,就是一个古代文明,这三项标准是:有高墙围绕的城市,城市居民人口不少于5千人;文字;复杂的礼仪中心。

(三)夏鼐关于文明的理论

我国考古学家夏鼐先生在日本的一次演讲中阐述了我国学术界对文明和早期国家的看法。他指出,文明是指一个社会已由氏族制度解体而进入了有国家组织的阶级社会的阶段。这种社会有城市作为政治、经济、文化各方面活动的中心,并出现了冶炼金属和文字。他在《中国文明的起源》一书中,先从小屯殷墟谈到郑州商城,再谈到二里头都城遗址,指出夏商已是文明社会,商代殷墟文化"具有都市、文字和青铜器三个要素",是一个灿烂的中国文明,并明确提出都市、文字和青铜器可以作为中国古代文明的标志[1]。之后中国学者在探讨文明起源时,基本遵循了文明三要素原则。

(四)苏秉琦关于文明的理论

苏秉琦先生关于中国文明起源研究的思想独树一帜。他在区系类型学说[2]

---

[1] 夏鼐:《中国文明的起源》,文物出版社,1985年。
[2] 苏秉琦、殷玮璋:《关于考古学文化的区系类型问题》,《文物》,1981年第5期;苏秉琦:《苏秉琦考古学论述选集》,文物出版社,1984年。

的基础上,先后提出了条块说和满天星斗说(满天星斗说即指中国文明的起源是多元的);提出了文明起源的三种形式:裂变、碰撞与融合;文明起源的三个过程:古文化—古城—古国。与此相关,他还提出了国家发展的三部曲与三模式。他在最后完成的总结性著作《中国文明起源新探》中全面而系统地阐述了这些观点。其中,古文化—古城—古国的理论[1],则是以辽宁西部东山嘴、牛河梁等红山文化祭祀遗址的发现为背景的。所谓"古文化"指的是原来认定为原始文化的新石器文化中与文明起源有联系的那一部分;"古城"指与古文化相联系的中心聚落和超中心聚落;"古国"指其中已具备的基于公社又高于公社的政治实体。古国就是早期国家,也就是原始国家。这里的古国不是泛指古代国家,而是指国家的早期阶段。国家发展三部曲是指古国—方国—帝国[2]。与之相对应的典型遗迹是红山文化、夏家店下层文化和秦帝国。国家发展三模式的"原生型"以5 000年前的红山文化坛庙冢、4 000年前夏家店下层文化石城堡为标志;"次生型"以夏商周三代为中心;"续生型"以秦汉以来先后入主中原的鲜卑、契丹、女真建立的政权为代表。苏秉琦先生的这些思想在中国文明起源和发展的研究中具有十分重要的指导作用。

目前在考古学、历史学、人类学和民族学等一系列著作中,大体以城市、文字、金属器和礼仪性建筑等要素的出现作为文明的标志。关于中国的文明起源,学界一般把夏、商、周三代作为中华文明的发端。不过从考古学发现的实证来看,中国文明至迟开始于商代。商代已具有都市、文字和青铜器三要素,这标志它已进入辉煌灿烂的文明时代。虽然由于历史、地理、经济和文化上的种种原因,世界各地进入文明时代的标志并不一致,但是,将国家和阶级社会的出现看作是文明诞生的标志,这一点学术界的意见基本一致。国家是阶级矛盾不可调和的产物,是统治阶级用于镇压被统治阶级的工具,国家的产生也预示着战争成为解决矛盾的重要手段。从这个角度上说,夏朝的建立标志着国家产生,标志着中国进入了文明社会。显然,如果以国家的产生为标志,红山文化还未进入文明的门槛。然而,中国历史的发展是极具中国特色的,中华文化也是迄今为止世界上唯一一个薪火相传、从未中断的文化。对于五帝时代的记载始终不绝于史,中国最早的文字可追溯到黄帝时期的仓颉造字,而绝不是成熟的甲骨文。因此,关于中华文明起源的讨论要充分考虑到礼制在文脉传承中的重要性。根据张光直

---

[1] 苏秉琦:《辽西古文化古城古国兼谈当前田野考古工作的重点或大课题》,《文物》,1986年第8期。
[2] 苏秉琦:《华人·龙的传人·中国人——考古寻根记》,辽宁大学出版社,1994年。

先生东方文明连续性理论和学术界关于文明理论的探讨,笔者认为中国的文明社会可以分为三个阶段:即文明的初级阶段、中级阶段和高级阶段。文明初级阶段社会的主要特点是"神本"社会,其主要标志是大巫产生,部落联盟形成,生产工具以石器为主,社会主要矛盾是人与神的关系;文明中级阶段社会的主要特点是"王本"社会,其主要标志是王和国家产生于阶级对立的等级社会,并代表少数上层社会的贵族并具有强制力,生产工具以青铜和铁器为主,社会主要矛盾是人与人之间的关系;文明高级阶段社会的主要特点是"民本"社会,其主要标志是国家职能转移为代表绝大多数人的利益,更具象征性,生产工具以机器为主,主要矛盾是人与自然的关系。文明的初级阶段大体上和五帝时代对应,持续1 000年左右;文明的中级阶段大体上为夏商周三代至清末,持续4 000年左右;文明的高级阶段从中华民国建立至今。距今约5 500~5 000年的红山古国虽然文明尚未产生,但是曙光已经来临。

二、红山古国与文明曙光

中国是文明古国。弗兰克福特于20世纪50年代提出:在世界范围内独立发展的文明只有三处:即近东(埃及、两河流域)、中国和南美。丹尼尔则认为全世界最古老的独立发展的六大文明是两河流域、埃及、印度、中国、墨西哥和秘鲁。科特雷尔在《古代文明百科全书》一书中又把全世界的古代文明划分成埃及、西亚、印度、欧洲、中国和美洲六个地区。尽管学者对于文明古国的认定标准不完全一致,但都承认世界上存在着不同的文明发祥地,既独立发生发展,又经过相互影响而逐渐扩大了文明的领域,并从不同的传统上影响了人类历史发展进程。中国作为世界文明古国之一,也有着自己的发祥地。严文明先生认为中国文明起源的模式是呈重瓣花朵型结构,有中心、有主体、有外围。与其他单一文明大不一样,这种结构是一种非常稳定的结构,具有很大的凝聚力,又因为它发展不平衡,有竞争,有合力,文化内容丰富多彩更具活力。中国文明的起源及早期发展模式是多元化而非单一模式的,几个主要文化区有各自的文化特点[1]。作为文明之初的国家更早形态的"古国"可追溯到庙底沟文化、大汶口文化、红山文化时期。古国阶段不同于方国阶段的根本特征在于:社会运行不是靠国家机器的强制力执行,而是靠部落联盟"契约"的约束力管控。红山古国的起止时间大体在距今5 500~5 000年,文明的曙光已经来临,红山文化晚期已经步入了文明的初级阶段。

---

[1] 严文明:《中华文明起源》,《第五届红山文化高峰论坛专辑》,赤峰学院学报编辑部,2008年。

(一)红山文化晚期是神本社会、酋邦结构,进入古国阶段

第一,从社会性质上说,红山文化晚期属于神本社会,即用原始信仰整合社会资源,不具备强制力。红山文化聚落址出土的大量细石器、骨角蚌器基本上都是生产工具,即便是锋利的石镞、骨锥等也是渔猎工具,而不是武器;反映的是人与自然的关系,而不是人与人之间的关系。以牛河梁遗址坛庙冢群为代表的祭祀址出现大量的彩陶、玉器和人物造像集中反映了居民对逝去祖先的崇拜。彩陶器是为祖先供奉食物的盛器,玉器是祖先往返天地人间三界的法器,人物造像是对逝去先祖的真实写照。如果说聚落居住址出土的生产工具反映了人与自然的关系,那么聚落祭祀址出土的祭祀用器则突出反映了人与神的关系。红山文化晚期是以神灵为中心的神本社会,巫觋阶层通过祭祀神灵、与神灵沟通,特别是与祖先神沟通来管理部落,整合社会资源。依靠神灵和原始信仰的力量实现社会管理是红山古国的根本特色。

第二,从社会结构上说,这个阶段属于酋邦结构,即各部落酋长通过部落联盟推选首领,实行各部酋长内部的军事民主禅让制。红山文化晚期炎帝、黄帝、蚩尤三大部落联盟鼎足而立,每一部落联盟都是因为相同的文化信仰、相同的生活方式、共同生活在相同的自然环境中而形成的。部落联盟内部各个部落酋长只有休戚与共、选贤与能才能形成更强大的政治实体,才能使得本部落生存下去,因此他们必须保证联盟内部稳定,而最好的方式就是实现部落联盟内的民主选举。从"有蚩尤兄弟八十一人"的记载可以看出,蚩尤应该是若干个部落酋长民主选举的联盟首领。从关于五帝时代晚期尧舜禹的"禅让"记载也可以推断,尧舜禹成为部落联盟首领前应是联盟内不同部落的酋长,经过一番残酷的竞争后他们成为了联盟首领。虽然深受儒家思想影响的古代史书经典记述的尧舜禹的"禅让"是如此的令人萌生敬意,但史学界早有人质疑历史记述的真实性。笔者认为五帝时代晚期部落联盟首领的选举应不会像史书记载的那样一帆风顺。一方面,史前社会结构是以血缘关系和宗法关系凝结在一起的,当一个部落酋长成为联盟首领时,他一定会优先考虑与自己血缘关系最亲的人成为继承者,这是人性使然。然而,这种理念一定会打破部落联盟内部的平衡,遭到其他部落的强烈反对。这种通过血缘关系继承和通过民主选举继承的矛盾始终存在于五帝时代。总的来看,五帝时代基本上维系着部落酋长选举模式,但是我们也必须看到,这种矛盾已经很尖锐了。《史记·五帝本纪》记载:"尧曰:'谁可顺此事?'放齐曰:'嗣子丹朱开明。'"尧的大臣放齐迎合了尧的心理,表明衷心。"尧曰:'吁!顽凶,不用。'"一方面很可能是丹朱的确是烂泥扶不上墙;但另一方面,很

可能是尧想立丹朱克承大统遇到的阻力太大,恐难实现,因此不得不作出让步。《尚书》记载:舜受终于文祖,流共工于幽州,放驩兜于崇山,窜三苗于三危,殛鲧于羽山,四罪而天下服,尧年老时舜继承大位很可能是因为尧迫不得已的禅让。法家韩非子认为:"舜逼尧,禹逼舜。"韩非子再明白不过地阐明了五帝时代的"禅让"是史学家受儒家思想影响杜撰出来的,而不是历史事实。曹丕接受汉献帝禅让帝位时脱口而言:"舜禹受禅,我今方知。"客观地说,军事民主制正是酋邦社会运行的基础,一旦某一部落联盟首领为了长期拥有联盟领导权、设立国家机构,这种以军事民主制为基础的酋邦社会便会被打破而走向终结。

第三,从发展阶段上说,红山文化晚期属于古国阶段。即通过血缘关系和宗法关系构建部落群体,通过一致的原始信仰凝聚全社会的力量,通过民主选举方式实现部落联盟首领对古国的有效管理,从而形成一个比以往更强大的社会组织,这就是部落联盟。红山文化分布区面积约20万平方公里,文化面貌高度一致。郭大顺先生认为:"牛河梁遗址群规模之宏大,组合之完整,在红山文化分布区内是唯一的,已具该文化最高层次中心聚落规格。而最高层次中心聚落的出现,是古国出现的一个重要标志。"[1]聚落居住址内发现的半地穴式房址、瓢形灶和斜坡式门道,房址内大量的细石器、骨角蚌器、斧锛类和磨盘磨棒类石器组合反映了红山古国以渔猎采集为主的生产方式和流动频繁的生活方式。聚落祭祀址内坛庙冢群集中分布、一冢多墓、唯玉为葬、彩陶人像共出的现象表明红山古国精神信仰的高度统一。根据文献记载,在阪泉之战和涿鹿之战之前,炎帝、黄帝和蚩尤三大部落集团都已经进入部落联盟时期,不仅炎帝、黄帝是古国的王,蚩尤也是古国的王。

(二)红山古国虽没有城市、金属和文字,但却已经具有了"国"的雏形

红山文化已经有了带有多个城门的方形城壕,用于祭祀的珍贵玉器和稳定表意功能的文化符号。这个时代虽然没有进入文明社会的门槛,但文明的曙光已经来临。

第一,红山古国已经有了最初的"城"。敖汉旗西台遗址方形环壕已经具备了城墙的雏形。一是环壕平面呈方形,环壕内发现聚落房址;二是环壕南侧壕沟开有三个城门,且中间的主城门最宽,两侧城门相对要窄。牛河梁遗址群目前已经发现十六个地点,均为单纯的祭祀建筑,文化面貌高度统一。虽然没有完整的城墙,但各个地点均统一分布在牛河梁的梁顶和周围山丘的顶部,且方圆50千

---

[1] 郭大顺:《从牛河梁遗址看红山文化的变革》,《中国文明研究》,文物出版社,2005年。

米范围内并未发现居住址。此外,牛河梁周边还有东山嘴、田家沟、半拉山等多处红山文化晚期大型公共墓地,从墓地祭祀建筑形制和出土的精美彩陶、玉器、人像分析,这些地点和牛河梁一样属于单纯的祭祀建筑。方形或圆形冢体周围多三层石墙环绕,极具特色。或许这一地域正是红山古国王陵所在地,这里依山建陵,因山而城,山陵分布区就是古国王城。

第二,红山古国已经统一使用成组、成体系的玉器和彩陶。以玉器为例,红山文化东山嘴、胡头沟、田家沟、牛河梁、半拉山、草帽山等遗址均出现唯玉为葬的现象。从形制上看,红山文化玉器有两个系列:一类是几何造型玉器,主要特征是都有圆而中空的孔用于通天地,器形包括玉筒、玉璧、玉镯、玉管等;另一类是动物造型玉器,主要功能是通神灵,器形包括玉凤、玉龙、玉龟等。玉器组合成体系,葬玉制度化是红山文化最具标志性的特点。从祭祀角度看,红山文化玉器和商周青铜器都是当时最为珍贵、规格最高的礼器,非普通人所能享用。《越绝书》记载了风胡子的一段话:"轩辕、神农、赫胥之时,以石为兵……至黄帝之时,以玉为兵,以伐树木为宫室,凿地。……禹穴之时,以铜为兵……当此之时,作铁兵……"风胡子的这段话大体和人类进入新石器时代的四个阶段相对应:距今约10 000~5 000年的新石器时代以石为兵;距今约5 000~4 000年以黄帝为代表的五帝时期以玉为兵;距今约4 000~2 200年的夏商周时期以铜为兵;距今2 200年的秦汉以后作铁兵。红山古国晚期唯玉为葬的现象表明中国历史上确实存在一个专门以玉器作为祭器和礼器的时代,这个时代恰好和五帝时代早期相对应。

第三,红山古国已经有了相对统一的文化符号。红山文化牛河梁遗址第一地点女神庙内出土的彩绘壁画和其他地点出土的彩陶纹饰已经具有图案化特征,其主体元素甚至具备了符号功能。如出土于女神庙北多室中室的N1J1B:11正面图案为"亞"字形。"从牛河梁第一地点女神庙内壁画表现主题来分析,牛河梁遗址彩绘亞字形和亞字形壁画表现的是'舞';但从象形字形体特征分析,两幅壁画和'巫'字非常形似"[1]。此外,还有几类红山文化彩陶图案广泛见于牛河梁各个地点和其他遗址。这些彩陶图案绝大多数分上、中、下三段,施于无底彩陶筒形器和无底彩陶钵形器器腹,且半面施彩。这些图案绝不是为了装饰,而具有极强的表意功能,上、中、下分别代表天界、人间和地界,寓意天地相同、人神互动、生死无界。红山文化独有的文化符号系统虽然有别于大汶口

---

[1] 马海玉:《从牛河梁遗址女神庙彩绘壁画看"舞"与"巫"字起源》,《郭大顺考古文集》,文物出版社,2017年。

文化符号系统,但是两种文化都各有文化符号的现象意味着已经离文字出现不远。

如果说城市、金属、文字是文明的三要素,那么红山古国显然还没有真正步入文明社会。但是,红山古国的方形城壕、专属祭祀的玉器群和彩陶器群、具有极强表意功能的彩陶图案已经具备了三要素雏形。据此推断,红山古国时期文明曙光已经来临。发达的坛庙冢群、独特的玉器群、鲜明地方特色的无底器群和彩陶纹饰、丰富的人物造像等都显示了该文化的独特性和统一性。城市是聚落发展到一定阶段出现的质变,是社会分层和阶级矛盾加剧的产物;金属特别是青铜器在西方主要用于生产,而在东方主要用于祭祀,是生产力发展水平的一次飞跃;文字的出现是祭祀发展到祭礼的产物,是为了祭祀活动的需要。红山古国时期已经具备了文明三要素雏形,只不过表现形式不同而已。红山文化牛河梁聚落群的出现表明,社会已经出现分层;专属祭祀的器物虽不是青铜器,但也是极为珍贵的玉器;虽然祭祀活动中没有产生专门记录在龟甲上的文字,但却产生了专属祭祀的陶质无底器和具有表意功能的彩陶纹饰。从考古发现的红山文化遗址分布来看,红山古国的疆域大体在燕山以北、北越西拉木伦河到霍林河、西至大兴安岭东南麓、东至下辽河,面积约20万平方公里。从规模和等级来看,以牛河梁遗址群为代表的坛庙冢群当是古国王陵。虽然目前尚未发现与之匹配的红山古国王城,但敖汉西台遗址方形环壕聚落已经出现,且南城壕已经出现三个城门。结合牛河梁遗址群和西台遗址分布的位置推断,红山古国王城在西拉木伦河以南的可能性更大,只不过由于红山文化人群迁徙流动频繁,居住址临建性强,因此,不像中原地区的古城那样能留存至今。郭大顺先生认为以牛河梁坛庙冢遗址群为代表的红山古国出现不是偶然的。一方面,本地区先行的查海—兴隆洼文化已有社会分工与分化,并已经出现了专业制作和专人使用的玉器;赵宝沟文化聚落区与祭祀区分开,高水平祭器——四灵尊出现,这些都对红山文化发展起到了推动作用。另一方面,东北古文化区吸收中原仰韶文化彩陶等先进因素,促成了红山古国的形成;仰韶文化庙底沟类型北上与辽西区红山文化碰撞,对红山文化进一步发展为古国起到了催化剂作用。[1]

红山古国所处的辽西山地决定了以渔猎采集为重的复合经济模式,这种经济模式决定了红山古国人口流动的频繁和社会结构、劳动分工的简单化;而频繁的迁徙又导致了文化交流的充分和文化面貌的统一,进而导致了红山古国原始

---

[1] 郭大顺:《关于辽西区文明起源道路与特点的思考》,《文史哲》,2004年第1期(《新华文摘》,2004年第2期转载)。

信仰的高度一致。也正是因为红山古国有着高度一致的原始信仰,红山古国社会才具有强大的组织动员力和社会发动力。公元前3500年~前3000年,中国北方形成了庙底沟文化集团、大汶口文化集团、红山文化集团三足鼎立的格局,这和史书关于前五帝时代炎帝、黄帝、蚩尤三大部落联盟鼎足而立的记载高度吻合,中华文明由此发端。红山古国是东北渔猎采集文化与中原农耕文化激烈碰撞的产物,是东北地区史前文化的一座丰碑,其巨大的文化包容性代表着中华文化发展的主流,红山古国也因此对中华文明的发展、中华民族共同体的形成产生了极大的推动作用。

后　　记

　　编写一部关于红山文化的学术专著是我一直以来的梦想,好在这个梦想终于可以实现了。自 2007 年进入辽宁大学考古学及博物馆学专业学习新石器时代考古学的那一刻起,我便如饥似渴地研读各个时期的发掘报告,尤其是对红山文化的一系列考古发现更加着迷。2015 年初调入赤峰学院以后,我十分高兴能有这样一个良好的研究环境,十分珍惜这个天赐的机缘。最初仅仅是想系统梳理一下前辈们几十年来关于红山文化的研究成果,虽然浩如烟海的典籍报告和数以亿计的文字论述一度让我眼花缭乱、心力交瘁,但是,随着时间的流逝,经过抽丝剥茧,我逐渐有了更大的收获,不仅系统吸收了一些优秀的研究成果,而且对于一系列问题有了一些不成熟的看法。诸如:红山文化遗址为什么会出现爆发式增长?聚落为什么布局不规整?原始农业究竟占有多大比例?社会究竟是怎样运行的?怎样运用马克思主义唯物史观系统阐述红山文化自然环境、经济模式、人群特征、劳动分工、社会结构、原始信仰、文化源流、发展机制等?怎样系统完整地阐释红山文化社会发展的理论体系?理清这些问题后,我有一种"凿通"的感觉,于是冒出了一个想法:编写一部研究专著。我深知这是一个庞大的系统工程,一年来殚精竭虑,百倍努力,不敢亵渎如此宝贵的文化资源,不敢浪费每一天的宝贵光阴。书稿告竣之日,倍感欣慰,总算能见到一点曙光了。

　　应该说我是幸运的,这份幸运不仅来自赤峰学院为我提供了一个良好的创作环境,一代又一代学者已经积累下的大量研究成果为本书写作奠定了坚实的基础。在撰稿的一年多时间里,张星德教授、于建设教授给予我莫大的支持和帮助,在此深表谢意!

　　十余年来本人一直得到张星德先生的教诲,这份幸运一直伴随我到今天。从张先生那里我系统地学习了考古学理论和方法,在先生的推荐下去牛河梁考古工作站参与查海遗址考古报告的整理,并对红山文化有了近距离接触和了解。书稿能系统地运用考古学理论和方法,完全得益于先生的教诲。

2015年本人调入红山文化研究院工作后,得到了于建设先生的赏识和培养,这份幸运也一直陪伴我到今天。于先生是红山文化研究的资深学者,从先生那里我学到了将考古学资料和历史文献学相结合、运用中国古代思想史和文化史等多学科、多角度研究红山文化的方法。书稿中关于神本社会、两重世界、文明初级阶段等论述都受到了先生学术思想的启发。

红山文化高峰论坛召开的五年时间里,我有幸聆听郭大顺先生、刘国祥先生、赵志军先生、王仁湘先生、朱泓先生、赵宾福先生、陈国庆先生、田广林先生、雷广臻先生等知名学者关于红山文化的学术报告,先生们的诸多理论成果都是我能完成创作的不竭源泉。此外,吉林大学、山东大学、辽宁师范大学等高校关于红山文化研究的多篇博士论文也为书稿的创作提供了大量可参考的素材。书稿凝聚了无数前辈和学界同仁的集体智慧,我是站在巨人的肩上完成了这部书稿,不敢居功。

自2013年红山文化研究院成立以来,学校主要领导高度重视红山文化研究,并组建了由于建设教授任首席专家、孙永刚博士为院长的研究团队。书稿的告竣是我们研究团队集体智慧的结晶,凝聚着大家的心血。

在本书编辑过程中,赤峰市巴林右旗博物馆商原驰馆长为本书提供了封面用图,赤峰学院刘颖女士和2020级文博专业硕士研究生张颖、周午昱、李丹阳和2018级文修专业贾石语同学参与部分章节文字和图片的校对与加工工作。书稿即将告竣之际,对所有为本书出版付出辛劳的朋友们深表敬意和感谢!由于本人能力有限,书中所提出的一些观点尚不够成熟,论证也不够充分,存在的漏洞和缺点在所难免,诚请读者批评指教。

编 者

2020 年 11 月 26 日